北京市北京学研究基地资助项目

从幽燕都会到中华国都

——北京城市嬗变

韩光辉　著

商 务 印 书 馆

2011年·北京

图书在版编目(CIP)数据

从幽燕都会到中华国都:北京城市嬗变/韩光辉著. —北京:商务印书馆,2011
ISBN 978 - 7 - 100 - 07378 - 3

Ⅰ. 从… Ⅱ. 韩… Ⅲ. ①城市史—北京市 Ⅳ. ①K291

中国版本图书馆 CIP 数据核字(2010)第 184307 号

从幽燕都会到中华国都

——北京城市嬗变

韩光辉 著

商 务 印 书 馆 出 版

(北京王府井大街36号 邮政编码100710)

商 务 印 书 馆 发 行

北京市白帆印务有限公司印刷

ISBN 978 - 7 - 100 - 07378 - 3

2011 年 5 月第 1 版　　　　开本 787 × 1092　1/16
2011 年 5 月北京第 1 次印刷　　印张 16¾

定价: 35.00 元

目　　录

前　言

　　作为个案城市,北京有文字可考的历史已三千余年。事实上,北京的前身蓟城并不是自周初武王封黄帝之后于蓟才开始的。早在商代,蓟作为殷商北方属国即已长期存在,并且也以蓟为都城。如果考虑到商代至少是商代中期以蓟为都的事实,北京的历史大约有 3 500 年。这是因为在奴隶制时代,作为方国都城的蓟已具备了城市的功能。这应是一个类似于考古学在湖北黄陂发现的方圆仅二里上下的盘龙城商代故城的小城。

　　数十年来,关于北京城市历史的研究有大量的成果问世。其中,北京大学历史系主编的《北京史》(北京大学出版社,1985 年)属简明北京城市通史,曹子西主编的十卷本《北京通史》(中国书店,1994 年)、吴建雍等完成的五卷本《北京城市发展史》(北京燕山出版社,2008 年)属北京城市通史,全面探讨了各历史时期北京城市文明发展的历史。侯仁之主编的《北京城市历史地理》(北京燕山出版社,2000 年)、尹钧科主编的七卷本《北京城市史》(北京燕山出版社,2011 年)则从历史地理角度进行了不同专题的深入研究。他们为北京城市发展研究作出了重要学术贡献。作为历史地理学者,作者也重视并爱好北京城市古代文明及其发展演变、探讨不同历史阶段尚未受到学界特别关注的专题研究,前后连缀起来,形成本书的一条思路,希望既能得到读者的欢迎,又能得到社会对这些专题的关注和学界对这些研究的教正。

　　古史传说及考古发现表明,黄帝本人的活动地域及其后裔建立的奴隶制方国蓟都均曾发生过迁徙与转移。商代中期以后,蓟人活动的中心开始转移到永定河洪积—冲积扇上来,并在这里形成了蓟丘、蓟水、蓟等地名。地名随主人迁移在中国古代是常见的社会人文现象,也是“名从主人”地名命名规律的组成部分。蓟聚落所在地的文化遗存均位于海拔 50 米至 100 米等高线之间的山麓洪积—冲积平原或山前台地上,属早期人类活动的主要地域范围,同时又位于交通沿线,并以后来长期延续且定向稳定发展的聚落最终形成区域中心城市。在蓟城出现之前,聚落蓟即已形成并曾迁徙过。在周初武王封黄帝之后于蓟以前,“蓟”这个聚落不仅存在,且是蓟的国都,作为方国国都同样应该具备了早期城市的功能。如此说来,蓟城的早期历史至少还应上溯到商代蓟都时期。经过商代数百年的发展,才为武王灭商之后封黄帝后裔于蓟奠定了基础。

　　历经商周更代,蓟作为周初“兴灭国、继绝世”的地方封国,仍然沿用了昔日的旧城。

春秋时期,蓟国被日渐强大起来的北方山戎族灭亡,蓟城遭到破坏。唇亡齿寒,与之毗邻的燕国,即周初分封召公于北燕的方伯大国,首当山戎继续南进之兵锋,固有"山戎病燕"及"燕外迫蛮貉,内错齐晋,崎岖强国之间,最为弱小,几灭者数"的文献记载。正是在这种形势之下,燕一度迁都于临易,并发生了齐桓公救燕,北伐山戎,解除山戎南下军事威胁。燕国迁都于蓟的政治历史事件,事在燕庄公至襄公时期。自燕国迁都于蓟至灭亡于秦,蓟城作为燕国都城长达四百余年,故有"燕都蓟城"之称。

经此四百余年的发展,又经秦王朝的短期统一及西汉前期的发展,蓟城在太史公司马迁的笔下已是南通齐(山东)赵(河北南部及山西中北部),东北与乌桓、夫余等民族毗邻,既有鱼盐枣栗之饶,又缩东北之利的一方都会。而在著名的《盐铁论》中,更将燕之涿、蓟(蓟城)与当时的通都大邑如邯郸、临淄、荥阳、宛丘、洛阳、阳翟等并称为"富冠海内"的"天下名都"。由此看来,战国以降,蓟城已是当时国内为数并不多的著名都会之一。

魏晋至隋唐,中间虽曾经历过十六国北朝分裂割据政权的统治与破坏,但蓟城位于中原、蒙古草原、东北平原及黄土高原交接地带和农业文化与畜牧渔猎文化过渡地带的特殊地理区位,及贯通各大地理单元之间的交通形势,并未发生任何改变,因而蓟城一方都会的地位始终未动摇,只是政治和社会治乱制约下的经济与文化繁荣的程度有所升降嬗变罢了。因此,自战国以迄隋唐,蓟城始终是以幽燕地区都会的城市职能和城市面貌出现的。而军事重镇只是一方都会蓟城多种职能中的一种职能而已。

也正是由于蓟自燕都之后至隋唐幽州治所的一千五百余年间,在中原汉族政权与北方游牧民族政权之间、在中原农业文化与北方游牧渔猎文化的长期对峙、交往、碰撞、融合过程中,一直扮演了举足轻重、无可替代的一方都会角色,才逐步迎来了在此建立帝都的曙光。此后,又经过数百年的演进发展,终于赢得了封建一统帝国都城的地位,历时也已达七八百年。如果古老的蓟城在其发展的进程中,具备的仅仅是军事重镇职能,充其量只配作"藩镇"城,要上升为政治文化中心是很难想象的。

为客观地反映出幽州蓟城起源和城址演变的地理条件与社会基础及其兴衰演进的历史全貌,拟从城市的奠基、兴起、嬗变与发展四个历史阶段叙述政权兴替、社会治乱、经济发展与文化交流融合的进程,以便更深入、更全面地认知北京早期城市发展的历程及其成长繁荣凌驾于其他城市之上最终成长为中华一统国家都城的历史必然性和不可替代性。由于城市是区域中心,区域又是城市兴起与发展的基础,二者关系密切;同时,由于缺乏直接用于阐述城市发展历程的史料,故在叙述城市的成长历程时,不可能割裂区域与城市的空间联系而孤立地讨论城市,因而通过探讨区域发展来揭示和反映城市的兴起与发展也势所难免。

燕山及毗邻之山南地区自古即有幽陵、幽都及幽州之称。《尔雅·释地》载"燕曰幽州"，《周礼·职方》载"东北曰幽州"，均视幽州为古代"九州"之一。西汉幽州为武帝所置十三刺史部即十三州之一，至唐与五代幽州，均以蓟城为治所为区域中心。幽州由区域概念到行政区划名称，直到后晋石敬瑭以幽云十六州地赂辽，辽朝升幽州为南京，建为陪都才被取消且未得恢复，因而沿用了一两千年。

据《辽史·百官志》，辽"既得燕、代十有六州，乃用唐制，复设南面三省、六部、台、院、寺、监、诸卫、东宫之官"。"乃用唐(官)制"，其中包括唐末设置、五代沿用、用以管理都城城市的军巡院。在辽南京则改军巡院为警巡院，管理京城狱讼与治安。而城市民政仍有附郭之蓟北(大兴)、幽都(析津)二县管理。"澶渊之盟"之后辽朝诸京的行政管理受北宋开封府都厢制度的影响，警巡院逐渐由狱讼、治安机构演变为城市行政管理机构，管民政、狱讼和治安。到金代，中都路大兴府下置左、右警巡院，管理中都城市民政，而大兴、宛平二附郭县仅管理城外乡镇村落，且两县县治迁移到施仁门和会城门外，警巡院与县平行隶属于大兴府。元大都新城在规划建设的过程中，至元初，中都复置左、右警巡院，官吏组成更完备，经过演变，至大德中大都新城则置左、右警巡院，南城(旧中都城)置南警巡院，三院分别管理大都新、旧二城。到至大中，"增(置)大都警巡院二，分治四隅"，位于大都新城的南、北两端。至元代中后期，大都城市共置有五个警巡院，"领民事及供需"，"领京师坊事"，"分领京师城市民事"，"以治都城之南(南城)"，及"分治四隅"。警巡院成为与州县平行独立的行政实体。在金代承安《题登科记后》和元代《元统元年进士录》登科进士以警巡院为籍贯更进一步证实了警巡院与县同属县级行政区划。城市职能由一方都会上升为一统封建帝国的都城，城市规模包括城市人口和城市占地面积迅速扩大，独立城市行政管理机构出现、城市行政建制形成，形成了建制城市，这无疑是中国古代城市史上的辉煌创举。

同时，大都还设置南、北二城兵马司，"掌京城盗贼奸伪拘捕之事"，下设巡军弓手。据《经世大典·序录·弓手》："中统五年，验郡邑民户众寡，置马步弓手，夜游逻……皆以防盗"，"每百户取中产者一人以充"，及《元史·兵志》、《元史·本纪》和《元文类·弓手注》确定了不同时期大都城市的弓手和户数的比例关系。希望这一研究成为探讨不同时期大都城市户口的基本思路。

明清时期，北京城市户口仍然是复杂的难题。在《大英百科全书》(英文)、《世界大都市》(日文)等国际名著中均因对中国古代都市户籍制度和户口隶属关系的无知与混淆，出现不少错误。研究认为，户籍制度，乃国家对所属疆域进行户口统计与管理的准则。在不同历史时期，户籍制度既具有历史继承性，又不断有所变迁。只有深入研究不同时期户籍制度的内容、特点和变迁，才有可能真正弄清不同时期更接近事实的户口数据。在此基础上，探讨了清代北京城市人口的增长，尤其是北京内城八旗人口增长的过程，以及控制京师八旗人口的政策和措施。在没有人口控制理论与方法的古代，无法控制人口自然增长的情况下,清政府成功地使用了调节人口的机械增长即人口外迁和限制人口内迁,解决了京师八旗"无余财给之,京师亦无余地处之"的社会问题。

北京作为政治中心与国家经济重心分离,其大量人口只能依赖周边地区的粮食供应。人是生产者,又是消费者。人作为消费者,需要一定的生活资料维持自身的生存和发展。在各种生活资料中,粮食的地位尤为重要,"一日不食则饥,三日则疾,七日则死,有则百姓安,无则天下乱"。为解决粮食供应,北京除开发与发展京畿农业之外,进行区际间粮食的调配与运输成为不可回避的重要决策。输入北京的巨额粮食,除用于皇粮、官俸、兵饷及匠吏工食外,还大量用于城市市场平粜、贫民赈济与近畿州县救灾等,因而有效地稳定了城市社会生活,保障了城市社会秩序的安定。但每当王朝末季外部粮食输入发生困难甚至运道中阻之后,城市粮食供需矛盾急剧恶化,便直接导致城市人口的饥疫与流离,危及社会的稳定乃至政权的存在。封建时代国都城市粮食供需过程及其演变,从正反两个方面揭示了北京与周边地区的密切粮食供求关系。

中国是世界上倡行与发展慈善事业最早的国家。据《周礼·地官》,司救(周代官名)职责之一就是"凡岁时有天患民病,则以节巡国中及郊野,而以王命施惠"。郑氏注,"施惠即赈恤也。"西周之后,中国历代政府均仿行之,因有禀贫民之政。元朝政府对大都城市贫乏之家例行赈粜之外,还实行了"计口赈恤,尤甚者,优给之"的红贴粮制度。即"赈粜粮之外,复有红贴粮。红贴粮者,成宗大德五年(公元1301年)始行"。"令有司籍两京贫乏户口之数,置半印号簿文贴,各书其姓名口数,逐月对贴以给。大口三斗,小口半之。其价视赈粜之直,三分常减其一,与赈粜并行。每年拨米总二十万四千九百余石"。清代"视民如伤,饥寒交恤,视前代尤为切至"。清代自顺治,尤其康熙之后,善政频施,在州县城乡设置了常平、裕备、社、义诸仓,以备州县村镇赈济;在京师外城则设置了赈粜米局(厂)、施粥饭厂、栖流所及育婴堂等赈恤机构;这些机构在收养灾黎、救治饥贫方面发挥了重要作用,产生了良好的社会效果。

城市郊区是指包围城市而又毗邻城市的环状地带,是城区用地周围的田园景观地带和紧密为城区服务的农副业经济区,是城市的重要组成部分,拥有明确的行政界线,也为城市提供了后备建设用地。早在西周时期,我国已有"邑外为郊,离城五十里为近郊,百里为远郊"和"以宅田、士田、贾田任近郊之地","以官田、牛田、赏田、牧田任远郊之地"的记载,但现代意义上的城市行政界线的变迁和形成,是在漫长的历史进程中,伴随着城市规模的扩大和城市职能的完善逐步实现的。北京城市郊区的形成和发展就是典型的一例。早在元代中期和明代即已逐渐形成了直属于京师城市的郊区,只是由于政治和历史原因,以及土地私有形成的行政管辖区域的参差和大量"飞地",使当时属于京师城市的郊区界线尚不甚明确。清代北京城市的郊区称为城属,其外部行政界线划定于雍正中(公元1723~1735年)。在雍正年间,清朝政府勘定京师城属与周边州县间的行政界线,建立界牌(碑),以期永远遵守,划定了我国古代第一条都城的行政界线。按照城市郊区是在行政上隶属于城市的城市外围地区,是城市重要组成部分的概念,这是我国古代封建王朝划定京师城市郊区行政界线的重要实践。

清代"康雍乾"时期,为解决内城旗人"京师亦无余地处之"的问题,政府拨款建房于城外,迁移内城兵丁携眷口驻扎郊区,在北京内城八门外、西北郊圆明园周围和香山脚下,形成了以旗为通名的村落,同时于康熙末年在昌平南境郑家庄建造理王府和兵丁住房,形成了京郊大型驻防聚落,显示了郊区建设用地的功能。乾隆初期因政治原因,平毁王府、迁移驻防旗人,该聚落很快衰落了。今天保留下来的遗址就位于北京北郊平西府。

明长城的修筑始于洪武初年对元朝残余军事力量的防务,断断续续,最终完善于隆庆至万历初年。随着军事防务的加强,至明代中期全线划分为九大军事防区,驻扎重兵,史称九边或九镇。其中北京地区长城沿线防务分属于蓟镇和宣府镇。在嘉靖年间,俺答南牧,明朝政府为加强京畿防务,遂将蓟镇分作蓟州镇、昌(平)镇和真保镇。大量驻军沿长城内侧分散驻扎形成的军事据点,经过二三百年的演变,至清代伴随中华民族新的大统一局面的形成,游牧民族及其经济文化与农业民族及其经济文化之间矛盾冲突的缓解,大部分即已演变为一般性居民点,分布于长城内外侧的关隘谷地中,沿河谷阶地呈带状展布,显示了以经济开发为主的职能。它们的存在极大地推动了长城沿线山地沟谷农业的开发与发展,从而导致并加速了平原人口向山地沟谷迁移定居的过程,改变了山地景观的原始状况。

中国赏石文化历史悠久,自古以来中国人主张"天人合一",追求人和自然的和谐统一,积淀形成了赏石中的文化现象。饱含着人的智慧和创造的人工构筑山水就被称作假山水体,是一种源于自然山水而又超越自然山水的文化景观,并形成了蕴涵山水景物的私家园林和皇家宫苑两大系统。从西汉长安太液池中瀛洲、方丈、蓬莱三神山的构筑,至北宋汴京艮岳的叠建,到金元琼华岛万岁山奇石的罗致,再到明清北京城御花园堆秀山及宫苑诸多假山奇石的收藏、搬运、配置和堆砌,自古便形成了皇家宫苑叠置观赏石的传统,消长流变,达到了极高的水平。神山、艮岳、万岁山、堆秀山名称的变化则反映了一个基本事实:随着山水审美的发展,早期宫苑假山宗教、神学的主导功能已渐渐让位于假山奇石的自然观赏。宫苑中除构筑假山之外,更多的则是单体异石或称奇石的观赏。异石、奇石,顾名思义,是因质地、色泽或形态特别,在自然界中并非广泛存在而得名。因此,赏石文化的丰富内涵和悠久历史都是值得深入研究的。

作为附录,本书最后介绍了《北京历史地图集》的编制理论、方法、内容及社会评价。历史地图集是反映(表示)人类历史时期区域发展、时间联系、人地关系和地理环境演变的专题地图集。一部完整的城市(区域)历史地图集应该是系统而全面地反映各类地理客体历史变迁的系列地图集的总称。它不仅仅反映区域政区沿革和城市变迁,而且还应该更多地反映区域自然地理和人文地理的历史变迁及其规律。业已出版发行的《北京历史地图集》(第一集),实乃有关北京地区政区沿革与北京城市变迁的地图集,它与续集(第二集),即北京地区早期人类开发的自然环境及其变迁地图集,和正在编绘中的第三集,即北京地区历史人文地图集,以及拟着手编绘、将来用以充实第二集的北京地区自然环境演变和自然灾害地图集,共同组成完整的《北京历史地图集》。这个系列图集最终完成以后,将能全面反映北京有史以来人地关系演变状况和人类文明发达的全过程,反映北京城市发展的历史。

比较而言,作者更重视古代城市的实证研究,包括个案城市研究,对城市研究的理论和方法则较少涉及。希望通过大量实证研究,为城市研究的理论和方法提供更多基本素材,也希望通过对北京城市史的文字研究与历史地图表现的密切结合,收到更好效果,还希望为当今城市建设和管理有所裨益。

第一章　蓟聚落起源与蓟城兴起的地理和社会基础

北京自见诸文献记载的"蓟"开始,距今也已有三千余年的历史,北京及其早期城市蓟实为中国乃至世界上历史最为悠久的城市之一。因而关心蓟城起源及其早期发展的中外学者不乏其人。但由于古代文献记录和考古成果的某种局限,又使该问题的探索甚为棘手,以致众说纷纭,有必要阐述个人看法。

一、蓟城出现前的原始聚落蓟

人类社会进步的历史表明,聚落是城市形成与发展的物质基础,而城市又是聚落发展的结果。但并不是所有的聚落都可以成长为城市。只有那些拥有特定政治、经济、文化背景及优越的交通条件的聚落,才有可能成长为城市;即古代城市的兴起和发展,与人类政治、经济活动的方式和生产力发展的水平及交通区位息息相关。而原始聚落的出现、兴起又与早期农业活动和人类定居紧密关联。新石器时代的考古文化也普遍地证实了这一点。在北京地区最有代表性的遗址是北埝头,在那里出现的十座半地穴式房址,距今 6 500～6 000 年,是目前在北京地区发现的最早的典型原始聚落。在昌平雪山二期文化遗址中也发现了三座半地穴式房址,距今 4 000 年,则属新石器时代晚期的原始聚落。

前者与西安半坡聚落遗址同属于新石器时代中期,比半坡聚落稍晚。其差异只是在于遗址处的房址多少,规模大小及有无围沟上。一般认为,西安半坡聚落已拥有了有力的防卫设施和内部功能分区,及一定规模的制陶手工业、建筑业和农业,可视为早期城市的雏形。而距今 8 000～7 500 年的内蒙古敖汉旗境兴隆洼聚落遗址的发现,则使我国北方地区原始聚落兴起的时间已上推到七八千年以前,而且亦有大型围沟环绕。因而兴隆洼聚落遗址成为我国目前发现的最早也最完整的原始聚落。由此可以推测,作为蓟城前身的原始聚落至迟也应该产生于 6 000 年以前,即北埝头原始聚落出现的时期。

根据早期人类活动的地域分布及其环境特征,北京地区早期聚落均应该像北埝头遗址一样出现在有良好水源条件的高亢黄土地上,即河流二级阶地、山前洪积冲积扇及山前台地上。这里便于原始农业、挖土制陶及聚族定居的发生和发展。而不同地区之间的经济交流和文化传播自然沿着贯穿这些地方的交通线进行，进而又推动了道路沿线聚落的发展、形成较大型的聚落。这种较大型聚落同时又应该是部族首领的居地；部族首领在这里组织农业劳动、手工生产、房舍营造及产品交换等。因此，最先出现的原始聚落也最有条件和可能形成较大的聚落。在北京地区这样的聚落应该位于北京小平原周边的山麓洪积冲积扇上或台地上，并位于或靠近区际交通线。根据目前考古发现，除平谷盆地北沿之外，昌平雪山遗址所在台地及永定河洪积冲积扇应该最有条件形成北京地区最早且规模最大的聚落。昌平雪山遗址除一二期新石器时代的文化之外，还有属于青铜时代的三期文化即"夏家店下层文化"遗存。三期文化虽明显不同于一二期文化，但也足以说明，雪山遗址在北京地区古文化发展进程中的重要性。

古老蓟城与当今北京所在的永定河洪积冲积扇上，至今未能发现新石器时代、铜器时代乃至商周早期重要文化遗存，但绝不能因此而否定早期重要文化遗存的存在。其未能发现的原因主要是由于以下两点。①北京地区地质运动和永定河河性共同导致的河流改道泛滥及泥沙沉积对遗址的冲蚀与淹埋，战国文化层在宣武区被埋藏在地表以下 7 米处，距今仅七八百年的金中都城南墙水门被淤埋在五六米以下的事实，应是很好的说明。②自古以来北京地区的开发强度是毗邻其他地区所无法比拟的；这种开发及城市拓展带来的遗址破坏又是难以想象的。

根据"蓟城"前史研究的成果[①]，蓟的来源与黄帝部落的经济活动密切相关。按照古文字学的解释，"蓟"字的构成，从草即从术，术在古代即粘稻；从刀又从鱼，系一兼营农业与渔业的早期族称。按古代文献的记载，北京及附近地区的早期居民主要是黄帝之子禺京之后，也就是兼营稻作和渔业的蓟族。蓟族长期生聚中心的丘岗也就获得了"蓟丘"的名称。这是一个部族名与地物名相结合的地名，符合我国古代地物"名从主人"的命名规律。蓟族首领生息的聚落自然也就称作"蓟"了。这就是蓟城兴起之前的原始聚落。

至于原始聚落蓟的地望却是难于确指的难题：这主要是由于口语或传说地名在转变为文字地名的过程中未能明确记录下来。目前只能根据古史传说及考古资料进行推测。黄帝是传说中原各族的共同祖先，生于新石器时代中晚期之交，距今约 5 000 年上下，大致相当昌平雪山遗址一期文化之末。当时，他得到各部落的拥戴，在阪泉战败炎帝，又在涿鹿击杀蚩尤，成为部落联盟的首领，就发生在北京附近地区。因此，北京地区至今还保留着若干黄帝史迹传说，绝不是偶然的。联系前述雪山一期文化尤其二期

① 李江浙："蓟城前史初探"，载《京华旧事存真》第二辑，北京古籍出版社，1992 年。

文化与周边地区密切的文化联系及其交汇融合的物质文化面貌,黄帝及其子禺京和禺京后裔最初生息繁衍中心当在雪山台地上,这个台地当是最早的蓟丘,在此形成的原始聚落或即称作蓟;并以此为中心形成了一个地方性奴隶制小国蓟。至殷商时期臣属于商朝,为一宾服方国,其弱小可以想见。刘玉奎《新增都门纪略》称都城以北百余里有"蓟丘",当即雪山文化所在之台地。其应有所本。

按照盘庚迁殷之前,商人"不常厥邑"的迁徙习俗,当亦影响到其北方属国蓟,或者蓟人原本也是一个经常迁徙的部族。古史传说及近年来考古发现均已表明,黄帝本人的活动地域及其后裔建立的奴隶制方国蓟都均曾发生过迁徙与转移,因而在河北涿鹿、北京平谷均有黄帝史迹和传说,古代在北京城西和昌平西部均有蓟丘地名,在北京西郊又有蓟水等。这些史迹显然都与早期蓟人主要活动地域有关。根据在北京地区发现的夏商时代文化遗存的文化面貌推测,雪山三期"夏家店下层文化",平谷刘家河商代遗址(不排除该时期还有其他类似遗址存在)应是夏商时期蓟人活动中心或即蓟都所在地的文化遗存;商代中期以后,蓟人活动的中心开始转移到永定河洪积冲积扇上来,并在这里形成了蓟丘、蓟水、蓟等地名。地名随主人迁移在中国古代是常见的社会人文现象,也是"名从主人"地名命名规律的组成部分。雪山、刘家河与后来蓟城所在地的文化遗存均位于海拔 50 米至 100 米等高线之间的山麓洪积冲积平原或山前台地上,属早期人类活动的主要地域范围,同时又位于交通道路上。其中平谷刘家河恰恰位于早期自中原经蓟地通往东北平原的交通路线上,这条路线东出山地入卢龙道;雪山及后来的蓟丘所在地则均位于太行山东麓南北大路北段不同时期通往蒙古高原和松辽平原的道路分歧点上,因而赢得了不同时期交通枢纽的地位,从而推动了这些地方聚落的发展。其中又以后来长期延续且定向稳定发展的聚落最终形成区域中心城市。因此,在蓟城出现之前,聚落蓟即已形成并曾迁徙过。由此可见,在周初武王封黄帝之后于蓟以前,"蓟"这个聚落不仅存在,且是蓟的国都,作为方国国都同样应该具备了早期城市的功能。如此说来,蓟城的早期历史至少还应上溯到商代蓟都时期。经过商代数百年的发展,才为周武王灭商之后封黄帝后裔于蓟奠定了基础。因此,笔者不赞同那种将武王克商封黄帝之后于蓟的年代作为蓟城建城之始的论点,更不赞同至公元 1995 年蓟城建城 3 040 年的结论。理由有两点:①蓟无论在周还是在商均是方国都城,何以在周为城,在商则不为城? 主张蓟在周为城在商不为城者显然出于主观臆断,并无科学依据;②武王克商并封黄帝之后于蓟的年代目前仍然众说纷纭,莫衷一是。截至 20 世纪 80 年代中外学者关于武王灭商年代的探讨已有 20 余种说法,取其一而定论之,亦不妥当。

二、蓟城兴起与发展的地理和社会基础

1. G. 泰勒代表的北京原始城址起源的不可知论[①]

G. 泰勒(1880~1963 年),负有国际声望的澳大利亚地理学家,曾先后在悉尼大学、美国芝加哥大学和加拿大多伦多大学任教。他坚持地理学的统一性,强调自然环境对人类的影响。1942 年当选为美国地理学会会长。就在他当选作就职演说时,根据实地考察和研究心得,报告了关于北京早期城址选择与城市起源的下述看法:

"要指明北京所以凌驾于黄河冲积平原的绝大部分城市之上的任何环境因素,是困难的。本来可以期待北方的主要城市,或者是在大平原的中心,或者是靠近主要的河流,或者是在沿海的一个良好港口上发展起来。但是这样的条件,北京都不具备"。

"看来在北京城址的选择上,显然包含有许多'人'的因素。在古代,巫师们认为这一城址是特别吉利的","大约早在公元前 723 年(按燕穆公六年),由于巫术上和政治上的原因,导致了这个城市的诞生。当时蓟是燕国的首都。以此为起点,似乎再没有其他城市相与颉颃"。"必须承认,北京城址的选择,不是由于任何明显的环境上的因素……"[②]

显而易见,泰勒教授的演讲,以不可知论取代了北京城市起源和兴起拥有特定环境、社会基础及历史文化背景的客观事实。

用今天新发现的资料与研究成果批评泰勒教授的上述观点不免有偏颇之嫌,但为了科学地说明北京早期城市起源和兴起的环境条件与地理基础,也不能不客观地剖析其错误,并揭示其错误发生的根源。

事实上,泰勒的观点至少发生了四点错误:①以西方资本主义城市兴起的环境条件衡量兴起和发展植根于东方上古时代经济条件下的北京,显然不妥当;②全面否认北京早期城市兴起与发展拥有自己独特的优越地理基础,无视自有人类活动以来这里就是人类连续发展与频繁交往的重要舞台和场所,也不妥当;③将北京早期城址的选择归结为人的主观因素即巫师们的认识,更为不妥;④将蓟城诞生兴起定在公元前 723 年,也是错误的。其实泰勒教授所谓巫师们认为该城址吉利,实质上就是中国古代尤其唐代以后在城市选址和规划建设中经常运用的风水术或称堪舆。其实质是地形、水源、大气与交通条件的最佳组合和优化配置。给这种最佳组合与优化配置的地理环境遮上巫术

---

① 参考了侯仁之教授的若干观点,见《历史地理学的理论与实践》,上海人民出版社,1979 年。

② Griffith Taylor. 1949. A Study of Site, Evolution, Pattern and Clasification in Villages, Towns and Cities. *Urban Geography*. Methuen & Co. Ltd. ,London. pp. 26~29.

的面纱或外衣显然是不当的。北京早期城市的选址,恰恰满足这四个地理环境要素的最佳组合,再加上深厚的历史文化背景,最终使它成长为统一多民族国家的都城;而其他毗邻城市恰恰完全不具备或不完全具备这些条件,则形成为北京周边的附属城市。北京城市的兴起,是自有人类以来尤其全新世以来生聚并活跃于北京地区的人类长期适应、选择和改造周围环境的最终结果。

2. 蓟城兴起与发展的地理与社会文化基础

在搞清蓟城出现之前已拥有原始聚落及蓟城的确切位置之后,来探讨蓟城兴起和发展的地理基础和社会及历史文化背景才有了可能性。

(1)蓟城城址选择的优越微观地理因素

第一是良好的气候条件。自古以来北京地区即属于暖温带湿润大陆性季风气候,四季分明。距今 7 500 年至 2 500 年,年平均气温比现今高 2～3 摄氏度,降水较现在丰沛,蓟城所在冲积平原年降水量可达 700 毫米左右。冬季以偏北风、夏季以偏南风为主,使风向季节变化明显,利于区域内冷暖干湿的调节转换。因而植物繁茂,禽兽出没,利于农业兴起和聚落的形成与发展。

第二是优越的地形与土质条件。蓟城城址坐落在永定河(古代㶟水)洪积冲积扇脊部前缘,即北京西山向山前小平原(华北平原北端)的过渡地带,海拔高度在 48 米上下。背后山地正是"北京人"、"新洞人"、"山顶洞人"及"东胡林人"的活动空间,而东部西向由卢沟河与潮白河携带的大量泥沙淤积而成的冲积平原,多沼泽洼地与泛滥平原。在山麓带 50～100 米上下等高线之间的地带已形成石器时代及铜器乃至铁器时代文化的时期,这里还基本上是一片未被开垦的处女地。在更早的地质时期,具体讲在二三百万年前,这里还是被三面山地环抱的海湾,经过漫长的沧海桑田的变化,尤其 2 500 年以来至近代的气候变化,最终导致了沼泽消亡,才演变为人类活动可以利用的地区。因此,山前洪冲积平原 50 米等高线上下的地带最早提供了古代人类离开山地后首先居住的区域条件。上覆拥有天然肥力、质地疏松的黄土,又为早期农业的兴起及定居的发生、聚落的孕育提供了良好的物质基础。在这片洪冲积平原上突兀起海拔相对高度 5 米上下的丘阜——蓟丘,为人类逃避古代㶟水水患提供了地形条件,因此也成为蓟城选址和建设的首要依据。

第三是丰沛的水源条件。蓟城坐落的地方,恰恰位于卢沟河洪积冲积扇脊背前缘潜水溢出带的东侧。卢沟河水自古难以直接利用,但其带来的丰沛地下水源,一方面,高水位地下水提供了居民凿井汲取的便利,可直接用于生活与生产;另一方面,地下水出露形成泉源及径流与水面,又为城市兴起提供了点缀乃至给排水条件。按《水经注》的记载,在蓟城邻近有:"(高梁)水出蓟城西北平地泉,东注,迳燕王陵北,又东迳蓟城北……";"(洗马沟)水上承蓟水,西注大湖,湖有二源,水俱出(蓟)县西北平地,道(导)

泉流结西湖。湖东西二里,南北三里,盖燕之旧池。绿水澄澹,川亭望远,亦为游瞩之胜所也。湖水东流为洗马沟,侧城南门东注……"①蓟城附近溢出之泉水及其形成的高梁水,尤其是西湖、蓟水、洗马沟水不仅为早期聚落的起源和城市兴起提供了良好水源,而且提供了必要的排水条件。由上所述丰沛的泉源及河湖水系与古代蓟城密切的位置关系来看,附近水源自古以来就是蓟城兴起与选址的依据条件。由此亦反证自商代中期以来蓟都就位于此,并长期沿用是不应该有什么疑问的。西湖即后来的莲花池,洗马沟水即莲花河。

良好的气候、优越的地貌部位与丰沛水源的最佳组合恰恰是新石器时代聚落选址的基本依据,体现了早期人类以黄土为本,近水而居、赖阶地与台地为生的生聚特点,也与蓟人长期经营农业兼事捕鱼业的经济方式及定居生活相适应。因此,蓟城选址符合我国古代"凡立国都,非于大山之下,必于广川之上。高勿近旱而水用足,下勿近水而沟防省,因天材,就地利"②的原则。

(2) 蓟城兴起与发展的宏观地理形势

如果说地貌形态、气候与水源是原始农业聚落兴起的初始条件,那么便利的交通道路形成的枢纽地位则成为原始聚落发展壮大并上升为城市的最终决定因素。蓟由早期聚落发展成为城市且又历久不衰即有力地证明了这一点。而蓟所处的中原、东北平原与蒙古草原三大地域单元交接地带的地理区位,及农业、渔猎、畜牧文明所代表的不同地域文化交汇融合的社会文化背景,形成的宏观地理形势决定了来自不同地域不同方向的交通线在此辐聚,又在此辐散,形成稳定枢纽;蓟乃此枢纽所在。

要复原蓟城早期交通形势,首要的是要再现蓟城兴起之前及其发展过程中北京地区乃至更大地域范围的古代环境状况。

距今 13 000～11 000 年末次冰川消融,气候转暖回湿,河流解冻;此后至距今 7 500 年,气温升高,河流活动加剧,北京小平原乃至华北大平原形成泛滥平原及星罗棋布的湖泊沼泽;直至距今 2 500 年之后气温下降、变冷变干、沼泽逐渐消亡、泛滥平原演变为干旱平原,人类活动才开始向低平地区扩展。③ 因此在原始聚落蓟出现,蓟城兴起与发展的时期华北大平原包括蓟城以南、以东地区的环境与当今所见完全不同,严重阻隔了南北交通。那时,自中原经华北到达北京小平原,再分赴蒙古草原、东北平原,只有一条孔道可以畅通,这就是侯仁之教授提到过的沿太行山东麓自古形成的南北交通大道。这条大道沿新石器时代人类最早开发定居的山前洪积冲积扇 50 米至 100 米等高线之间的地带走向,既避开了山地的崎岖,又避开了泛滥平原的阻隔。

① 《水经注疏》卷 13《水注》,江苏古籍出版社,1989 年。
② 《管子·乘马》,中华书局,2004 年。
③ "北京城为什么坐落现在这块地方?",《中国地质报》,1987 年 12 月 18 日。

　　发源于太行山山地的众多自西而东的河流形成的洪积冲积扇一方面为南北文化传播交流提供了良好的交通路线走向；另一方面因这些河流与南北交通线多相直交，形成了许多渡口。渡口处的客货中转和物资集散职能，形成城市兴起和发展的动力条件。历史发展与长期选择的结果，往往在优势区位上形成城市。这条南北大道上一个最大的渡口，也是最北面的渡口，就是卢沟河上的古渡口。跨越这个渡口即进入了军都山前平原。这个渡口实际上也就是军都山前平原的南面门户。但值得注意的是，这个渡口因冰期后气候变化引起的降水及径流变动和地质构造作用，使卢沟河河道由北向南摆动，并不稳定；而卢沟桥代表的古代渡口则是辽代以来卢沟河河道基本稳定之后形成的，与古代蓟城的兴起和发展关系并不是太大。这也恰恰证明，蓟城兴起和发展初期原本就未曾受到卢沟河摆动带来的渡口位移的影响，这又恰恰证明蓟城选址的科学和古代先民在城址选择上的聪明才智。

　　进入军都山前平原，则借助于天然形成的山地峡谷通道，西北的南口、居庸关、东北的古北口、松亭关、喜峰口乃至后来形成的渝关（山海关），跨越山地丘陵，可分别到达蒙古草原、东北平原及辽东半岛等；反之，则可经过蓟城到达中原各地。前述雪山二期文化所反映的来自周边不同地域的文化交汇融合面貌即有力地反映了这一交通形势对文化传播与物质交流的积极影响。

　　由此可见，自古以来，沿太行山东麓北上的古代交通线进入军都山前平原后歧分三支，可分别去往各地。这个分歧点及由各地辐聚然后南下通往中原的交会点，因卢沟河河性及地质运动的作用导致的卢沟河古代渡口的不稳定，并未能直接重合到卢沟河古代渡口上去。但这种交通线的分歧点与交会点或称交通辐散与辐聚中心的重合、形成的交通枢纽自古以来就是城市兴起与发展的最佳场所，在中外城市发展史上概莫例外。贯穿与联通大地域的通达交通线形成了城市兴起与发展的基本条件和活跃的动力。正是来自中原、蒙古和黄土高原及东北平原的数条交通干线形成的枢纽地位及其物质文化背景共同刺激并推动了蓟由原始聚落发展为城市。在蓟城兴起与发展，对外交通线基本格局形成之后，卢沟河才南向摆动到今天的位置。至金章宗明昌三年（公元 1192 年），在卢沟河新形成的古代渡口上建成了有史以来卢沟河上的第一座大桥"广利桥"，俗名卢沟桥。这是一座长达 266.5 米，桥面宽 7.5 米的十一孔拱形大石桥，造型壮丽、雕饰精美，287 根桥栏望柱上雕刻着 485 个千姿百态的石狮子。元代，威尼斯旅行家马可·波罗（公元 1254～1323 年）称之为世界上独一无二的桥，并第一个将它介绍到西方，因而被西方文献称作"马可·波罗桥"。这座举世闻名的大桥作为古代太行山东麓南北大道北段的必经要津，已存在了 800 余年，其在古代南北交通上的地位与作用是无与伦比的。

　　在卢沟桥建成、渡口客货中转职能消失之后，就更不可能在此形成新的城市。主要原因在于以下两点。①选址科学合理而又稳定地控制了南北交通枢纽的古代蓟城,历经发展至封建时代地位日渐重要;兼卢沟河河道的南移虽使蓟城进一步远离了卢沟河,但与卢沟桥的距离仅 15 千米,客货至此不必中转即可直达蓟城。②卢沟河本身的河性排斥了在卢沟桥附近形成新城市的可能性。

卢沟河河性的特点是有以下两点。①卢沟河全长 650 千米,流域面积 5.08 万平方千米,位于季风气候显著的北方地区,降水 80% 左右集中在夏季的 7、8 月份,易致暴雨洪水。历史上最大洪水流量达 9 400 立方米/秒,洪水冲出河床,淹没两岸聚落、农田在历史上屡见不鲜。②卢沟河上游桑干河,发源于山西北部管涔山,流经黄土高原,兼降水集中,尤其古代晚期水土流失严重,使径流含沙量仅次于黄河,最高达 436 千克/立方米,故历史上原本曾叫做"清泉河"的河流渐次改名为"卢沟河"、"浑河"、"小黄河",清康熙三十七年(公元 1698 年),在卢沟桥以下至狼城河口两岸筑堤,祈望河道永久安定,改名"永定河"。永定河进入北京地区,切穿西山山地,至三家店始进入北京平原,河床落差达数十米,宽度亦由 150 米上下迅速扩展到 500~1 000 米,致使泥沙大量沉积,形成地上河,使河床迁徙不定。利用卫星影像复原的永定河古代河道变迁图明显可见,废弃古河道形成的扇形覆盖了古代蓟城以北及以南至西山山前地带,摆动幅度甚大。

正是由于这些原因,卢沟桥所代表的卢沟河古代渡口,不可避免地经常遭到洪水的严重威胁,甚至危及过古代蓟城。由此益加证明古代先民在蓟城选址上的高明,也揭示了在卢沟桥代表的古代渡口上未能形成城市的根源。直到明末为防范李自成农民军北上,在卢沟桥东端建筑了拱北城,是为拱卫北京的军事城堡,清代改名拱极城。桥东所建汉白玉石碑上的"卢沟晓月"为乾隆御笔,是形成于金代的燕京八景之一。民国十七年(公元 1928 年),北平设特别市后,宛平县政府迁至拱极城。1937 年 7 月 7 日日寇发动的"卢沟桥事变"就发生在这里,中国人民的抗战从此开始。拱极城城墙上至今还保留着当年激战弹洞的创伤。就在这场战争之初,著名的国际主义战士白求恩就在桥西南 160 多千米的太行山黄石口村献出了宝贵生命。1961 年卢沟桥被列为国家级重点文物保护单位,1995 年抗日战争胜利五十年,又在宛平城中创建了"中国人民抗日战争纪念馆"。

总之,优越的地理环境,自石器时代以来历经长期开发形成的人文基础和南北文化交流融合因素及南北交通的枢纽地位的有机组合,最终使聚落蓟超越其他毗邻聚落而迅速成长起来,并历久不衰,发展成为元明清一统封建大帝国的都城。这显然不是什么"巫术"所能取代和包含得了的内容。而新石器时代昌平雪山和平谷刘家河遗址所代表的蓟人中心聚落或蓟都的衰落,恰恰从反面证明了优越地理环境对早期城市兴起与发展的重要作用,但也不能排除部落战争对城市破坏导致城市迁移的可能性。

第二章　北京早期城市的奠基

一、蓟 与 蓟 都

北京地区为远古人类发祥地之一。自距今 70 万年以来，即先后出现了"北京人"、"新洞人"、"山顶洞人"、"东方广场古人类"等古人类活动的踪迹。经过连续的发展至距今大约一万年进入新石器时代。至平谷上宅和北埝头遗址代表的新石器时代中期即距今六七千年前后，幽燕腹地，不仅出现了原始农业，而且还出现了原始聚落。人类社会的发展进入了一个全新的阶段。

在北埝头遗址发现的十座半地穴式房址及在昌平雪山二期文化遗存发现的三座半地穴式房址，表明了北京地区人类定居生活的开始。

与西安半坡早期聚落遗址同属于新石器时代中期，但北埝头原始聚落稍晚。其主要差异在于遗址中房址的多少，规模大小及有无防御设施的围沟上。一般认为，西安半坡聚落已拥有有力的防卫设施和内部功能分区，及一定规模的制陶手工业、建筑业和农业，可视为早期城市的雏形。而距今 8 000～7 500 年的内蒙古敖汉旗兴隆洼聚落遗址，不仅规模大而且亦有大型围沟环绕，从而将我国北方地区原始聚落的兴起和发展的时间上推到七八千年以前。早期聚落由小到大，由无防卫设施到有防卫设施是人口增长、生产力提高的结果。由此可以推测，作为蓟前身的原始聚落至迟也应该出现于六千年以前、即北埝头原始聚落出现的时期。

根据考古学在北京地区发现的新石器时代的人类近水而居，赖台地、阶地及冲积扇黄土谋生的地域分布及其附近多河网湖沼的环境特征，恰与蓟族经济活动的方式相适应。说明蓟字来源的解释[①]和文献记录的古史传说均是可靠的。

古代地名来源于长期生聚的部族的族称即"名从主人"是我国古代重要的命名方式之一。蓟族长时间生聚中心地区的台地丘岗称作"蓟丘"，河流称作"蓟水"，就是古代部族名与地物名相结合的地名。蓟族首领生息的聚落自然就赢得了"蓟"的名称。蓟就是蓟城兴起之前的原始聚落。

---

① 李江浙："蓟城前史初探"，载《京华旧事存真》第二辑，北京古籍出版社，1992 年。

要确切地指出原始聚落蓟的具体方位,是很困难的。这主要是由于历史太久远,没有文字的记录;在出现文字之后,口语或传说地名在转变为文字地名的过程中又未能明确记录下来。但根据古史传说和考古发现可以作出前述推测。

人类社会进步的历史表明,聚落是城市形成与发展的物质基础,而城市又是聚落长期发展的结果。但并不是所有的聚落都可以成长为城市,只有那些拥有特定政治、经济、文化背景及优越交通条件的聚落,才有可能成长为城市甚或区域中心城市。这就是说,古代城市的兴起与发展,与人类政治、经济活动的方式和生产力发展的水平及其所处的交通区位息息相关。

上述雪山、刘家河及后来的蓟城所在地的文化遗存均位于海拔 50 米至 100 米等高线上下的山麓洪积冲积平原或山前台地上,属早期人类活动的主要地域范围,同时又都位于古代交通要道上。其中平谷刘家河遗址恰恰位于自中原北上经平谷盆地北沿通往东北地区的交通路线上,这条路线东出山地入卢龙道;雪山及蓟城所在地方则均位于太行山东麓南北交通线北段不同时期通往蒙古高原和松辽平原的分歧点上,因而赢得了不同时期交通枢纽地位,从而推动了这些地方聚落的发展及文化面貌交汇融合特点。其中又以后来长期延续且定向发展的聚落最终形成区域中心城市。因此,在蓟城出现之前,原始聚落蓟即已形成并曾迁徙过,而且还是蓟都所在。其作为方国国都,同样应该具备了早期城市的功能。由此看来,蓟城的早期历史至少还应上溯到商代蓟都时期。经过商代数百年的发展,才为武王灭商封黄帝之后于蓟奠定了基础。因此,将文献记载武王克商封黄帝之后于蓟的年代作为蓟城建城之始,并把 1995 年作为蓟城建城 3 040 年,结论未必恰当。理由是,蓟无论在周还是在商均是方国都城,何以在周为城,在商就不是城?主蓟在周为城在商不为城者显然出于主观臆断,并无科学依据。

按《吕氏春秋》的记载,周克商之初,"封国四百,服国八百",可见周初封国之多。当时封国的性质属于这种类型,即追思先圣王而褒封其后裔的封国,其作用在"兴灭国、继绝嗣",笼络先王后裔,稳定周初统治。这就决定了这是一种因地方势力或方国就地封赏仍然由其首领管理统治的"宾服"地位,类似于唐宋边远地区的羁縻制度和明清时期的土司制度。武王克殷,未及下车,而封黄帝之后于蓟,恰恰属于这种类型。《史记·周本纪》谓封"帝尧之后于蓟",是一回事。帝尧原本也是黄帝之后。

这些文献记录及北京地区有关黄帝的早期传说与史迹,以及蓟的来源,均有力地旁证了周初封黄帝之后于蓟,是毋庸置疑的史实。

蓟作为"宾服"之国,在周初仍然是弱小的,一如商代。历西周,至春秋初期蓟国灭亡。蓟的灭亡不是亡于燕,而是亡于北方山戎的南下。山戎是长骑射善攻掠以畜牧为主的部族,至春秋初期日渐强大,故在当时文献中常有山戎侵燕,甚至越燕伐齐的记录。按《史记·燕召公世家》有"燕外迫蛮貉,内错齐晋,崎岖强国之间,最为弱小,几灭者数矣"的记载,位于燕国以北的弱国蓟已先期灭亡,燕才成为山戎的直接攻掠对象。

在当今北京所在的卢沟河洪积冲积扇上至今未能发现新石器时代乃至商周时期蓟城的重要文化遗存,但也不能随意否定其存在。综合考察,至今尚未发现商周蓟城重要文化遗存的主要原因在于:①北京地区地质运动和卢沟河河性共同导致的河流泛滥改道对早期文化遗存的冲蚀与淹埋,战国文化层在宣武区被埋藏地下 7 米处,距今仅七八百年的金中都南水门被淤埋在五六米以下的事实,便是很好的说明;②自古以来蓟城所在地区的开发强度和城市的反复建设是毗邻其他地区所无法比拟的,这种开发及城市拓展带来的遗址破坏相当严重;③按商周时期"衣服有制,宫室有度,人徒有数,丧祭械用皆有等宜(仪)"[①]的王制及商代南方方国都城、湖北黄陂盘龙城的规模推测,商代蓟都方圆也应在二里左右,是一小城,并且为西周时期的蓟国所沿用。这一小城显然容易遭到破坏和改造。

二、燕 与 燕 都

《史记·周本纪》说:"燕、蓟二国俱武王立,因燕山、蓟丘为名"(图 2—1)。蓟已如上述,燕即《史记·燕召公世家》所说"周武王之灭纣,封召公于北燕"。北燕即北方燕地,亦即所谓因燕山为名的北方方国,在甲骨文中称作"匽"。甲骨文中常见的"匽来"卜辞及"妇匽"不仅是早在商代"匽"国即存在的实证材料,而且说明了"匽"是比蓟与殷商王朝关系更为密切的殷商北方属国。概因其与商朝关系过从甚密,在武王灭商过程中

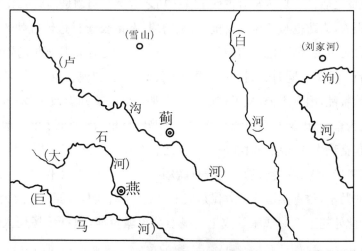

图 2—1　西周蓟、燕相对位置图

---

① 《荀子·王制》。

被灭掉了,因而有"及武王克商,……肃慎、燕、亳,吾北土也"①的说法。由此可见,燕与肃慎、亳等均是武王灭商从商人统治下拓展的疆土,而蓟却不同。蓟作为先圣王黄帝之后创立的方国,到西周仍然受到褒封。这里的燕亦即甲骨文及金文中的匽,又作匽或偃,因匽、匽与燕的音义在古代相同,故《史记》、《春秋》、《左传》等早期史传著作均记作燕。而在房山琉璃河西周遗址出土的铜器铭文中燕与匽通假,更证明商代燕的存在。

周初分封召公于商代燕地,已不属追思先圣王、褒封其后裔,而是《荀子·君道》所谓为"兼制天下,立七十一国,姬姓独居五十三人"的封国,其作用是"封建亲戚,以藩屏周"。② 这七十一国除封建之周朝宗室五十三人即五十三国之外,还有周王亲戚与勋臣,因而是周初分封的主要国家,号称方伯之大国。周公之鲁,召公之燕,管、蔡、霍三叔之国均属宗室封国,而姜太公之齐则属勋臣受封。封建亲戚、藩屏周朝则是周初分封的另一种类型的封国。

房山琉璃河西周遗址出土的青铜罍与青铜盉内有内容完全相同的铭文,均记录了周王褒扬太保召公、册封燕侯及授民封疆的内容。其中,"令克侯于燕",不仅证实了《史记》有关召公受封于燕记载的正确,而且说明了商属燕国存在并于周初已被灭亡的事实。周初封召公于北燕就是封于旧燕地,故仍称作燕。

由长篇铭文的内容还有两点值得注意。①召公封燕,其属民与封域除商代匽人土众之外,还有附近羌、马、微、克等其他九个国族,因周初燕的封域远较商代匽国大,故是为镇抚一方的方伯大国,即《尚书》所说的"孟侯"之国。②实封或就封的第一代燕侯又称匽侯不是召公,而是召公元子克,盉、罍铭文可证;同时,实封时间也不在武王灭纣之时。《史记·周本纪》与《燕召公世家》均将召公封于燕或称北燕的时间系于武王灭商应该是对的,克商之后论功封赏符合古代王者庆功之常例。问题是商纣虽被推翻,但东方殷民势力还很大,为防范与镇压其反抗,武王留周、召诸公于身边辅佐朝政显然较派他们去镇守一方更重要,因而他们均未就国。武王克商后七年病死,幼子成王即位,周公监国或称代行天子事。同时分封并已就国的管、蔡、霍三叔流言反周公,煽动武庚及东方殷商旧贵族叛乱,因有周公、成王东征南伐之举。周公旋师返政于成王,受命营建洛邑,而召公代为首辅,因又有召公统兵北伐,"日辟国百里",③平息了北方殷民及殷属各国族的叛乱包括燕人的叛乱。时在成王十年之后。抚定北方,稳定周初统治,召公居首功,因而在周王册封燕侯的盉、罍铭文开首就颂扬召公,"王曰:太保,佳乃明,乃鬯享于乃辟。余大对乃享,令克侯于燕。"太保是成王时召公的官职,可能就是召公抚定北方后的特授,可知此处的王系周成王。成王褒扬召公忠诚贤能,除继续留任太保辅佐周王

---

① 《左传》昭公九年。
② 《左传》僖公二十四年。
③ 《诗·召旻》。

外,仍承认武王的册封,令召公兼燕侯之爵,但由召公元子克就国,犹周公元子伯禽代周公就封鲁国。克就封燕应在成王十五年前后。由此可证武王封召公于北燕不误,但未就国。可以进一步证实这一史实的最有力的证据则是在琉璃河遗址中出土的"堇鼎"所铸26个字的铭文:

　　匽侯命堇饟太保于宗周。庚申,太保赏堇贝,用作太子癸宝䵼鬻 §◊§ 。

　　这里的匽侯就是代召公就封于燕的第一代燕国国君克,宗周即西周都城镐京,在今西安市西;太子癸当是匽侯克的元子,即召公之嫡孙。故该铭文记述了堇这个人奉匽侯之命,前往镐京向太保召公贡献食物,而受到太保赏赐,用作匽侯太子癸宝䵼铸造或购置费用的事。由此可见,召公受封后的确并未就国,而留在周都辅弼王室,与《燕召公世家》记载相一致。

　　燕都故城遗址在今房山琉璃河董家林,已被考古学所证实。只是其南部已被圣水(大石河)冲毁。但从其残存部分来看,是一东西长约 3.5 千米的大城。从出土器物的铭文及其反映的文化面貌演化过程判断,这就是自召公元子克受封至因"山戎病燕"而被迫迁都临易之前的燕国都城,作为燕都的历史长达约三百年。若从周初召公元子克就封为封国都城的角度考察,燕都稍晚于武王封黄帝之后于蓟约 20 余年,合其迁都于蓟之后的历史也不应该是 3 040 年。

　　由上所述,蓟与燕虽均是周初分封,但性质不同;因而决定了两城职能与规模的明显差异;前者是弱国小城,而后者却是方伯之国的大城。二城相互独立,客观并存。但燕都故城的衰落从根本上打破了幽燕地区两个中心城市对立并存的格局。

三、燕都蓟城

　　在北方邻国蓟被山戎灭亡之后,燕首当其冲,成为山戎南下攻掠的直接对象。按《世本》,"桓侯徙临易",燕国曾徙都。桓侯于公元前 697 年至 691 年在位,徙都应在此数年间,临易城位于易县东南易水之滨,故名。徙都原因是"山戎病燕",迫于来自北方的军事压力故而向南迁徙。按《史记·燕召公世家》,"燕外迫蛮貉,内错齐晋,崎岖强国之间,最为弱小,几灭者数矣"。外迫蛮貉,按当时燕国地缘政治形势,主要威胁在春秋时期也还是山戎的不断南下。足证蓟已先期灭于山戎。从在滦平、延庆等地考古发现的春秋时期山戎墓葬文化内涵来看,春秋初期山戎已进入奴隶社会,广泛使用了铜器,生产力有了明显提高;尤其是直刃匕首式青铜短剑、铜戈、铜镞、铜马具的较多发现表明,山戎是一个长骑射、善攻掠又拥有一定军事实力的部落。由

《左传》、《史记》、《国语》、《管子》等古代文献常记载有山戎入关侵燕,甚至"越燕伐齐"的史实,燕国"几灭者数"显然与山戎南进有关。召公以下九世至惠侯,燕之世系失载,亦可见春秋时期燕国在林立诸侯中政局不稳的事实。燕国迫于山戎军事压力迁都临易应该是没有疑问的。

徙都临易之后,燕国继续遭到山戎的攻击。据《史记·齐太公世家》,齐桓公二十三年(燕庄公二十八年,公元前663年),山戎再次伐燕,庄公告急于齐。[①]为雪"山戎越燕伐齐"之耻,也为借机争取霸主地位,"齐桓公救燕,遂伐山戎,至于孤竹而还"。孤竹,古国名,在今河北卢龙一带。按《国语·齐语》、《管子·大匡》、《管子·封禅》等文献记载,桓公伐山戎,还同时征服了孤竹、令支(离支)、屠何等北方部族,使"山戎走","九夷始听,海滨诸侯莫不来服"。[②]

桓公北伐的胜利,摧垮了山戎族的实力,甚至直到战国时期,燕北山戎,"各分散居溪谷,自有君长,往往而聚者百有余戎,然莫能相一",[③]仍处于分裂散居状态,从而解除了长达数百年的山戎不断南下侵掠的武力威胁。当时,燕庄公感激齐桓公救援之恩,执天子之礼送桓公返齐境,因有桓公开沟割燕庄公所至之齐地予燕及燕君从命"复修召公之政,纳贡于周"[④]的历史事件。由此亦可见,齐桓公北伐山戎对燕国意义之巨大,从而也为燕国迁都于蓟并北向拓展廓清了道路,奠定了基础。

燕庄公三十三年(公元前658年)死,子襄公立。襄公在位四十年(公元前657年至618年),燕国国力有所增强。按《韩非子·有度》,"燕襄王(按当为襄公)以河为境,以蓟为国"的记载,是时燕国已迁都于蓟。"以河为境",当时黄河下游歧分二支,在齐桓公割让齐地之后,燕国疆域即已到达流经今河北沧州的南支北岸,并维持到战国时期;"以蓟为国",即以蓟城为国都。由此看来,临易作为燕国都城还不足半个世纪。而自迁都于蓟至燕灭于强秦,蓟城作为燕都长达400余年。因此,蓟城自此而后又有燕都之称,且历久不衰,足见影响之深远。

自蓟国灭亡至燕襄公迁都于蓟,因山戎频繁南下抄掠,原作为蓟国都城的蓟衰落了大约一二百年的时间。燕国迁都于蓟,自然不会直接沿用已衰落了的蓟都小城,但无非有两种可能:①是平夷已残破的蓟都旧城,拓展重建;②是另选城址,规划新建。考古学提供的证据说明,燕国迁都于蓟是在原有基础上拓展重建的。

首先,在广安门外桥南约700米处,护城河西岸的考古遗址中发现了战国与战国以前的文化遗迹,包括粗、细绳纹陶片、碎绳纹砖、陶鬲腿、饕餮纹残半瓦当等,其中

---

① 《史记·燕召公世家》记山戎伐燕事在燕庄公二十七年,即公元前664年。
② 《管子·小匡》。
③ 《史记》卷110《匈奴列传》。
④ 《史记》卷32《齐太公世家》。

后者被公认为燕国宫殿常用构件,其为战国遗物似无可疑。其他古陶残片,年代最早接近于西周时代。① 还在宣武区笤帚胡同地表以下 7 米处发现了战国文化层。出土方折式"匽"字刀币 10 枚,伴出古代建筑构件饕餮纹半瓦当二件及许多细绳纹陶片。

其次,在北京城区西南部陆续发现了为数不少的春秋战国至西汉时期的陶井。1956 年发现 151 座,其中战国 36 座,汉代 115 座,以宣武门到和平门一带最密集,计达 130 座;1965 年发现 65 座,仅内城西南角经宣武门至和平门一线就发现 55 座,其中西汉早期陶井 29 座;70 年代初又发现了一批战国至汉代的陶井。这些配合工程建设项目的发现,在空间分布上虽明显带有局限性,但仍然可以透视出陶井分布的范围大约就是春秋战国至秦汉时期蓟城城址所在。

再其次,在宣武门至和平门以南,在永定门火车站、天坛、陶然亭、蒲黄榆、宝华里、定安里一带,不断发现数量甚多的战国至汉代的小型墓葬,其中 1973 年在法源寺附近、1974 年在白纸坊以北发现了两处战国墓群;1977 年在西单白庙胡同路南发现了西汉墓等。墓群与上述陶井及建筑构件等一起为探索春秋战国至汉代蓟城城址提供了可靠线索。

依据上述考古资料提供的线索可以得到如下两点推测。

第一,西周蓟都及春秋战国燕都均位于宣武门、和平门及白云观东西一线的南北两侧,其中西周蓟都小城当位于广安门外护城河一线的东西两侧。燕国迁都于蓟,则在此基础上向北向东开拓,形成一个东西长、南北窄的大城,其形制可由战国时期规划建设的燕下都武阳城得到印证,但其规模应比武阳城小。武阳城是一个东西长约 8 千米,南北宽约 4 千米,而内部又以南北向城墙分隔为东西两城的大城。其中东城为宫殿区,此外还有作坊区、居民区及墓葬区等功能分区。而燕都蓟城的大致范围,北城墙大致位于西长安街与复兴门大街一线,南城墙则在法源寺东西一线以北,东城墙在前门大街一线,西城墙则在白云观东侧南北一线。城内偏西部当有南北向城墙将大城分隔为东西两部分。西部较为高亢而又临近西湖水源,无疑是宫殿区与作坊区所在,东部则以居民区及墓葬区为主。西周蓟都乃至商代中晚期蓟都均位于西部,未来的考古工作应注意该区地下的发掘。

第二,西周蓟都可能有陪都存在,其陪都当在蓟都西北,即人们常说的广安门以西,八宝山至石景山以北地区。蓟人曾以此作为避开并抵御山戎南下侵掠的缓冲设施;这里也正是燕国迁都于蓟之后建置宁台、元英、磿室诸宫,并曾储放乐毅破齐收回的燕国

---

① 赵正之:"北京广安门外发现战国和战国前的遗址",《文物考古资料》,1957 年 7 月。

"故鼎"及夺取的齐国器物的地方,即所谓"齐器设于宁台,大吕陈于元英,故鼎反乎磨室"。① 考其方位,大致在今石景山区模式口至金鼎山一带。②

1974 年,考古工作者在白云观以西对《水经注》所说的"蓟丘"进行的考古发掘,发现一处古城西北角的北城墙基下压着三座东汉墓葬,说明该古城始建年代应晚于东汉,其不可能是春秋战国至两汉时代的蓟城。③ 这一结论极其重要。它至少说明,古代蓟城在东汉之后曾发生过城址的局部变动。事实也正是如此。魏晋时遭水患破坏的蓟城东部被放弃,④而保留西部,城墙略有拓展,遂形成魏晋至隋唐时期的蓟城,此后沿而未改。

燕都蓟城来源演变的线索大体如此,即春秋战国时期的燕都蓟城是古代蓟国都城蓟的延续和发展。近年来有论者硬将相距 40 余千米的琉璃河古城和蓟城扯在一起,甚至认为琉璃河古城的发现使北京建城的历史上推到 3 000 年前的西周初年。事实上,按照历史文献的记载,自古老的蓟都开始,北京建城的历史亦已上溯到 3 000 年以前。论者在这里实际上是犯了移花接木,而又否认木客观存在的错误。究其根源在于以下三点。①论者将迁都视为迁城或谓城址转移,是一常识性错误。按论者逻辑,明成祖自南京迁都于北京,南京则可视为北京的前身,进而在城市发展史上可视为一座城市;民国十七年(1928 年)国民党政府迁都南京,北京又可视为南京的前身。其间的荒唐自不待言。②无视"燕、蓟二国俱武王立,因燕山、蓟丘为名,……蓟微燕盛,乃并蓟居之,蓟名遂绝"⑤的文献记载,及前述"武王克商,……肃慎、燕、毫,吾北土也"和琉璃河出土盉罍铭文关于授民封疆、召公所属十国族均不含蓟的事实,也忽视未来蓟城考古深入可能带来的新发现,而只依目前的考古成果过早下结论,亦未免有些操之过急。③理论依据和历史事实包括文献记载与考古发现对论证城市起源和发展无疑都是重要的。哲学家认为,目前中国某些学术领域正处于一个理论的浅薄期,实践丰富,但缺乏理论;一味实践,忽视理论;燕城与蓟城关系的论证恰恰反映了这一弊端。因而建议有关的专家学者注意城市理论的学习和修养,正确认识国都迁移与城址迁移的本质差异,并大力丰富自己的考古实践,以便为客观认识和科学论证燕与蓟及其与北京城市的关系奠定基础。

---

① 《史记》卷 80《乐毅列传》。
② 常征:"辨蓟丘",《中国古都研究》,浙江人民出版社,1985 年。
③ 《北京考古四十年》,北京燕山出版社,1990 年。
④ 《水经注·鲍丘水注》:元康五年(公元 295 年)六月,"(西山)洪水暴出,毁损(戾陵堨)四分之三,……所在漫溢"。《后汉书·五行志》:灵帝建宁四年(公元 171 年)五月,"(太行)山水大出,漂坏庐舍五百余家"。均可说明卢沟河水灾破坏之严重。
⑤ 《史记》卷 5《周本纪》。

四、北京早期城市的奠基

在北京地区发现的新石器时代的文化遗存,包括怀柔县宝山寺转年遗址、房山区镇江营遗址、平谷上宅与北埝头遗址及昌平雪山遗址一期文化,尤其二期文化的文化面貌,已经鲜明地表现了本区与周边地区物质交流与文化融合的密切关系,显示了蓟因优越的地理区位在南北文化交流与融合中的突出地位,为后来蓟的兴起与都会地位的确立奠定了第一块基石。自雪山三期文化开始,蓟已逐渐成长为奴隶制方国的都城,尽管后来曾发生过迁移,但始终是这个方国的中心,而且对外物质文化的交流较石器时代大大前进了一步,这是生产力发展、社会进步的必然结局。春秋战国时期,蓟作为方伯大国燕的都城,成为更大地域范围的中心城市,而燕下都及所谓"中都"均为陪都,地位显然与蓟城无法相比拟。在蓟城附近虽然未能发现像平谷刘家河商代遗址,尤其西周燕都(房山琉璃河)遗址那样的精美青铜器,但方国蓟尤其是燕国迁都蓟之后青铜文化不会迅即衰落到不复存在的地步,而是在原有基础上发展、演进。青铜文化作为一种物质文化综合体,既反映一个国家或区域文化的物质基础、文化水平,又反映一个区域文化的技术水准,同时还反映了与周边地区物质文化的交流融汇特点。联系战国时期燕国国力的发展状况,不难推断,春秋时期的燕都蓟城已是南界黄河,北与东北和山戎、孤竹及肃慎为邻的大国政治、经济与文化的中心。

至战国时期,燕国凭借"东有朝鲜、辽东,北有林胡、楼烦,西有云中、九原,南有呼陀、易水"①的优越地理区位,在争雄兼并战争中,斡旋于强国之中,最终成为七雄之一。当时虽以燕弱,但燕"有所附而无不重","南附楚则楚重,西附秦则秦重,中附韩、魏则韩、魏重"②,赢得了举足轻重的大国地位。后来的燕君称王、燕王哙将君位禅让国相子之的事件、齐占领燕都蓟城、燕昭王励精图治派上将军乐毅率军伐齐、以秦开为将北伐东胡开拓疆土均发生在或策划于蓟城,极大地提高了蓟城的社会影响和政治地位。

其中,尤其值得重视的是燕将秦开北伐东胡,"东胡却千余里……燕亦筑长城,自造阳至襄平。置上谷、渔阳、右北平、辽西、辽东郡以拒胡"的事件。这一事件的历史意义在于以下几个方面。

第一,极大地开拓了燕国疆土,使"地方二千余里",扩大了燕都蓟城的直接腹地。

---

① 《战国策·燕策》。
② 《战国策·燕策》。

第二,郡县制的推行,使在燕国境内形成了以国都蓟城为中心首位城市,包括郡治城市和县治城市在内的区域城市体系,突出了蓟城的地位和作用。

第三,西起造阳东至襄平长达二千余里的长城沿今河北张北、沽源、围场及辽宁阜新北境、内蒙古正蓝旗、赤峰市、敖汉旗及辽宁开原南境东西走向,东段则在辽宁抚顺、本溪、丹东市以东南北走向,终于今朝鲜境清川江口博川(图2—2)。

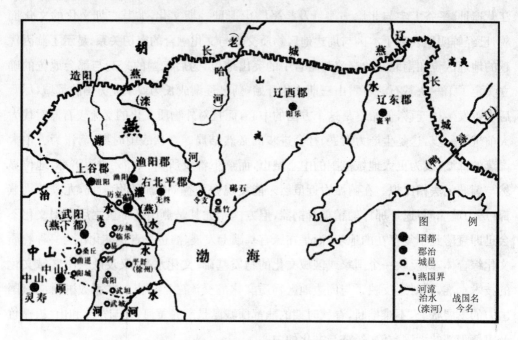

图2—2　战国时期燕都蓟城及其他城邑分布

长城的修筑并驻扎守军阻挡了北方山戎、东胡等游牧民族的南进,有效地保护了长城以南农业经济与农耕文化的发展;同时也在一定程度上减少了民族冲突,保证了正常的民族交往和文化融合的进程,进而推动了城市的发展。

战国时期燕地铁器的广泛大量使用,①极大地推动了生产力的发展及农业经济的繁荣。据《周礼·职方氏》,幽州"谷宜三种";郑玄注:"三种,黍、稷、稻。"战国时期燕地除传统作物黍、稷之外,还引种了稻,显然与这里的土质和水源条件及铁农具的使用密切相关。粮食产量的提高,使燕国在文侯时已是"地方二千余里,带甲数十万,车七百乘、骑六千匹;粟支十年"②的强国,保证了都会城市蓟城规模的扩大和粮食的供给。据《战国策·燕策》载,燕国"南有碣石雁门之饶,北有枣栗之利,民虽不田作而枣栗之实足食于民矣,此所谓天府也"。碣石雁门之饶即包括农业经济和粮食生产及渔、盐、蚕丝

---

① 据李晓东《战国时期燕国铁器略说》,截至20世纪中叶,在古燕国境内已发现铁器的地点达41处,其中以今河北兴隆和易县东南古代燕下都遗址出土铁器最集中。
② 《战国策·燕策》。

等,枣栗之利则是指燕山山地盛产枣与栗,可以养活一方之民;若有千树栗,则可与千户侯相比拟。可见当时燕地林果业的发展水平。

燕地及蓟城手工业的发展,首先是作为农业、林业及建筑业生产工具的铁器及青铜器、金银器、玉器的制作。

根据考古资料,在大致相当燕国疆域的范围内发现铁器的地点已达40余处,其中尤以河北兴隆及燕下都遗址出土铁器最为集中。以兴隆县大付将沟为例,不仅发现了数量甚多的铁器,而且出土了铸造锄、镰、镬、斧、凿及车具的铁范87件。铁质铸范的大量使用标志了冶铸生产效率的提高和生产规模的扩大。燕下都北董村21号遗址出土铁器达420件,不仅数量多而且种类全,有生产工具锄、镰、斧、镬、凿、铲、锤、锛、削、锥、刮刀、錾、镈等,有武器矛、戟、剑、镞、匕首、刀、铠甲和胄甲片等,还有铁环、带钩、铁辖甚至脚镣、铁颈索等刑具。燕下都44号墓出土各类遗物1 480余件,除货币1 360余枚外,铁器占65.8%,铜器占32.5%,骨器与玛瑙珠占1.7%。铁器和铜器又以工具和武器为主。总之,战国时期燕地包括蓟城冶铁手工业、冶铜手工业、制骨与制玉手工业等均取得了很大发展。

战国时期燕国青铜手工业仍然比较发达。考古工作者仅在北京今市域内即发现铜器出土地点达10余处。出土铜器具有器型多样、制作精美,数量较大等特点。铜器器型有鼎、簋、钫、豆、敦、匜、勺、壶、戈、剑、镞、削刀、灯、扣、带钩、车軎等,多属于彝器和武器及日常生活用品,反映了使用仍较普遍的特点。新型器物如黍稷盛器铜敦,呈圆球形,除二环耳及六鸟喙形钮外,器身与盖均饰以大三角纹和变化蟠虺纹,盖顶中心饰以涡纹,制作精美,花纹清秀。在制作技术上则出现了错金、错银、错红铜等装饰工艺及薄器壁刻纹铜器,体现了青铜制作技术的进步与提高。带钩与带扣也是春秋战国时期出现并日渐增多的新型器物,以形制多样、纹饰精美为特点。同时,战国时期还出现了金银器。尤其值得注意的是铜制铸币的大量出现。凡此,均有力地反映了制铜手工业的发展及制铜工艺部门的形成。

春秋战国时期因铁器的广泛使用,使利用燕地自然物产制作更多的手工艺品成为可能。如被《韩诗外传》称为当时天下四大练材之一的燕牛筋角,是燕地特产又是制弓的著名材料。被称作燕石的燕山美石,莹白而温润,琢为器,雕为砚,均为当时珍品,用于市场销售。

春秋战国时期农业、手工业的发展,为大量剩余产品进入市场,用于交换与买卖提供了丰富的物资条件,推动了商业的繁荣和城市的发展,尤其是燕国中心城市蓟城的发展。城市商品交换与货币流通的发展以大量出土的货币为标志。"燕明刀"是燕国当时的通行货币,在北京朝阳门外一个土穴中即出土刀币和布币3 876枚,其中刀币2 884枚。货币是商业交换的媒介,"燕明刀"的大量出土,显然有力地反映了燕地商品经济的发达;而"燕明刀"在毗邻之今河北邯郸、承德、怀来,天津市,河南郑州,山西原平、永济,内蒙古赤峰、宁城、凉城、敖汉旗,辽宁沈阳、朝阳、鞍山、抚顺、辽阳、金县、旅顺,吉林辑安等地乃至朝鲜日本等国家的出土,又标志了燕国货币流通空间范围的广大。由此亦反映了周边地区经济与文化生活和燕都蓟城的密切联系。

按《荀子·王制篇》的描述,战国时期的商品经济形势已是:"通流财物粟米无有滞留,使相归移也。四海之内若一家,故近者不隐其能,远者不疾其劳,无幽闲隐僻之国,莫不趋使而安乐之。""北海则有走马吠犬焉,然而中国得而畜使之;南海则有羽翮、齿革、曾青、丹干焉,然而中国得而财之;东海则有紫䋁(通蚼)、鱼盐焉,然而中国得而衣食之;西海则有皮革文旄焉,然而中国得而用之。故泽人足乎木,山人足乎鱼,农夫不斲削、不陶冶而足械用,工贾不耕田而足菽粟,故虎豹为猛矣,然君子剥而用之。故天之所覆,地之所载,莫不尽其美,致其用。"这一段文字不仅反映了荀子的大一统思想,而且揭示了战国时期商品贸易与物资交流的繁荣状况。燕国"南通齐赵","东有朝鲜、辽东,北有林胡、楼烦,西有云中、九原"的地理形势,使幽燕地区自古就是南北民族交错聚居及南北经济交往与文化融合的地区,而蓟城处于南北交通枢纽地位,既是燕国物资集散和政治、文化的中心,又是南北各民族友好交往、区际间经济文化交流与商业贸易的中心。因而早在春秋晚期尤其战国时期蓟城即已赢得了燕国地区政治、经济与文化中心以及北方商业贸易都会的地位。故《史记·货殖列传》称"燕(按指燕都蓟城)亦勃碣之间一都会也";《盐铁论》则称"燕之涿、蓟,富冠海内,为天下名都"。

燕国自战国后期的燕昭王"以雪先王之耻"为目标,制定的励精图治,招贤纳士,"得贤士与共国"的方略,吸引天下人才贤士,形成了诸如"乐毅自魏往,邹衍自齐往,剧辛自赵往,士争凑燕"[1]的形势。而燕昭王得天下贤士"尽养之"。[2] 经过20余年的努力,不仅出现了"燕国殷富"的经济繁荣景象,而且形成了良好的文化与学术传统及较为深厚的文化基础。因此,蓟城不仅是当时北方幽燕地区的文化与学术中心,而且又是对后来封建王朝文化产生过重要影响的幽燕文化的发源地。

总之,燕国迁都于蓟城,为幽燕地区单中心城市格局的形成,为新的历史时期一方都会的兴起和进一步发展奠定了丰厚的基础。

---

① 《战国策·燕策》。
② 《吕氏春秋·应言》。

第三章　秦汉时期广阳郡国城市的兴起

一、秦　广　阳　郡

公元前222年即秦始皇二十五年,燕国继韩、魏、楚、赵四个诸侯国之后被秦征服。次年,秦又灭亡东方齐国,建立起中国历史上第一个中央集权的封建国家,仍以咸阳为都城。蓟城遂成为秦王朝东北边远地区的重要城镇。

秦王朝统一之初,即确立了中央集权的政治方略,采取了一系列政治措施,加强了对包括旧日燕地在内的东方六国疆土的统治,形成了疆域辽阔的封建大国。

秦首先废除封国建藩制度,健全中央官制,在地方推行郡、县二级政区制。最初在全国设置36郡,以后陆续增置,增加到40余郡。其中在旧燕国地区建置了广阳、渔阳、上谷、右北平、辽东和辽西六郡;广阳郡治所就在蓟城,使旧日燕、蓟古国疆域和城池纳入了秦王朝的版图。

其次,迁徙关东六国包括燕国贵族强宗和豪富12万户于关中及巴蜀与南阳;收缴六国武器及六国散藏民间的兵器,聚之咸阳,销毁铸成12个重各千石的铜人;"堕坏城郭,决通川防,夷去险阻",[①]以防范东方六国贵族豪强叛乱反抗。

再其次,焚书坑儒,非《秦记》及医药、卜筮、种树之书皆烧之;划一制度,统一文字、货币和度量衡,为消除经济、文化的地域差异,推进一统国家的同步发展,提供了基础条件。

又其次,北逐匈奴,修筑长城。秦王朝针对战国末年匈奴南犯的形势,派蒙恬北击匈奴,将战国时期燕、秦、赵三国长城修缮连接起来,"因地形,用险制塞,起临洮,至辽东,延袤万余里。"[②]

第五,修驰道,以秦都咸阳为中心,"东穷燕、齐,南极吴、楚,江湖之上,濒海之观毕至。道广五十步,三丈而树,厚筑其外,隐以金锥,树以青松"[③](图3—1)。

驰道修通之后,秦始皇曾五次沿驰道巡游全国各地。其中公元前215年即秦始皇

---

① 《史记》卷6《秦始皇本纪》。
② 《史记》卷88《蒙恬列传》。
③ 《汉书》卷51《贾山传》。

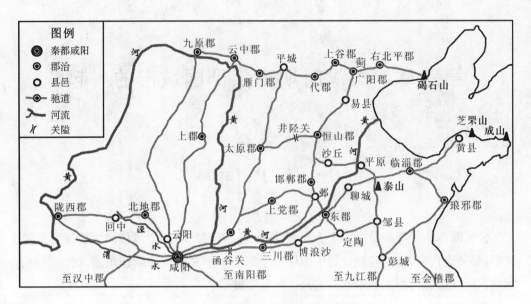

图3—1　秦代北方驰道与蓟城形势

三十二年的第四次巡游,秦始皇至蓟城并经无终(今天津蓟县)到达碣石(今辽宁绥中县西南万家镇。一说在今河北昌黎县北)。

这些加强中央封建集权的措施,极大地加强了秦王朝对旧燕地的控制,密切了蓟城与中央王朝的联系,也保障了区域经济与文化的迅速发展及区际间物质文化交往的正常进行,从而进一步加强了蓟城在中央王朝政治军事格局中及其对外交往上的地位和蓟城作为一方政治、经济与文化中心的都会职能。大一统局面对一方都会兴起的影响和推动是分裂割据形势无法比拟的。秦王朝一统中国虽然只有十五年时间,但对蓟城在一统中原王朝统治之下的崛起影响却至远至深。这种影响通过区内农业、手工业的发展及区际商业贸易的繁荣得以实现。这是蓟城处在中原与蒙古高原、东北平原乃至黄土高原交接地带的自然地理区位,及农业文明与游牧渔猎文明频繁接触整合的人文地理区位共同决定的。秦代一统政权时期如此,继秦代之后的历代中原王朝时期亦概莫例外。

秦王朝灭燕,于燕都蓟城置广阳郡的同时,还在蓟城建置了蓟县。因而古老的蓟城在秦代既是广阳郡治又是蓟县治所。秦代新置广阳郡位于战国时期燕国所置北方五郡以南地区,南至燕下都武阳城一带。秦时广阳郡下置县数目,因史料缺载已无法确指。但按《汉书·樊哙传》,汉初"后燕王卢绾反,哙以相国击绾,破其丞相抵蓟南,定燕县十八,乡邑五十一"的记载来看,卢绾继臧荼之后受封于燕虽拥有广阳等六郡之地,然从平燕之役历时短、卢绾逃避塞外及高帝刘邦迅即封皇子建为燕王的过程考察,樊哙平燕之役主要发生在蓟城以南以北地区,亦即广阳郡地;秦置广阳郡属县大约就在18个上下,至西汉初年燕国广阳郡属县数目沿而不变。

秦代,蓟城尽管名义上只是广阳郡治所,但实质上,由于蓟城在秦王朝版图中的地位和作用,尤其在南北物质文化交流中的枢纽地位仍不失为旧燕地北方五郡和秦代新置广阳郡等六郡中心城市,显示了一方都会的重要职能。

可惜,秦朝国祚不永。

秦王朝征发"力役三十倍于古,田租口赋,盐铁之利,二十倍于古"①的暴政,形成了"男子力耕,不足粮饷,女子纺绩,不足衣服,竭天下之资财以奉其政"②的局面,导致陈胜、吴广起义的暴发与社会的动荡。在关东先后有赵、燕、齐、魏自立为王,其中起义军部将武臣王赵,韩广王燕。至汉高祖元年(公元前 206 年),项羽封燕将臧荼为燕王、都蓟;徙封韩广为辽东王。韩广不从,被臧荼击杀于无终。

项羽兵败自刎,刘邦即皇帝位,建立西汉王朝;臧荼降汉,仍被封为燕王。臧荼反,刘邦率军击杀臧荼,遂封太尉卢绾为燕王,置燕国;卢绾谋反,兵败逃亡匈奴。燕地政局动荡导致城市的衰落及发展的停滞。

二、两汉郡国互置与幽州

汉高祖十二年(公元前 195 年)命樊哙与周勃率军讨伐谋反之燕王卢绾,并封皇子刘建为燕王。刘建立十五年至吕后七年(公元前 181 年)病死,其子幼小,被吕后所杀,国除。吕后遂封其侄吕通为燕王。吕后死,吕通与吕氏诸亲族遭族灭,国除。至此才真正结束了异姓诸侯王王燕的历史。

文帝立,琅邪王刘泽因反对吕氏有功,迁封为燕王。泽王燕两年病死,子刘嘉即位,刘嘉病死,子定国即位,因罪自杀于武帝元朔二年(公元前 127 年),国除改为燕郡。元狩六年(公元前 117 年),武帝封子旦为燕王,仍都蓟城。昭帝元凤元年(公元前 80 年),燕王旦与盖长公主、左将军上官桀等谋废昭帝自立,事发被废为庶人,自杀国除,置为广阳郡。自汉高祖置燕国至昭帝改置广阳郡,燕国立一百二十余年。

宣帝本始元年(公元前 73 年)封刘旦子刘建为广阳王,废广阳郡改置广阳国,仍都蓟城。以后又有刘舜、刘璜、刘嘉嗣封为广阳王。王莽篡位废广阳王刘嘉、国除;改蓟为伐戎,改广阳国为广阳郡。广阳国历时共八十余年。

由此可见,西汉时期,燕国与燕郡、广阳国与广阳郡互置,以国为主,表现了行政建

---

① 《汉书》卷 24 上《食货志》。
② 《汉书》卷 24 上《食货志》。

制的极大不稳定特点,因而也给蓟城的发展带来了消极的影响。

在郡国互置的行政建制变动过程中,郡国的辖域亦发生了很大变化。据周振鹤《西汉政区地理》的研究,高帝末年至景帝三年(公元前 154 年),燕国之广阳郡和景帝三年至武帝元朔元年的燕国辖域均由《汉书·地理志》广阳国,勃海郡文安、安次二县,涿郡除去郱(máo)县及中山、河间二侯国之外的区域三部分组成。武帝元狩六年复置之燕国辖域则由本始元年始封之广阳国和良乡、文安、安次三县组成。宣帝本始元年始封之广阳国辖域即《汉书·地理志》所载广阳国所属蓟、广阳、阴乡与方城四县和元帝时所封四侯国之地。按《汉书·地理志》,平帝元始二年(公元 2 年),广阳国所属四县共有20 740 户,70 658 人。其中蓟城作为王国都城所在区域的中心城市,居民约在 5 000户、20 000 口上下;显然又是区内首位城市。

汉初,为迅速改变府库空虚、财政困难,"齐民无藏盖"的残破局面,采取了"兵皆罢归家"、"轻徭薄赋"、"与民休息"、鼓励耕垦等一系列稳定社会、发展生产的政策措施,形成历史上著名的"文景之治"。在燕蓟地区,同样形成了社会稳定、生产发展、交换繁荣的社会经济形势。这与当时推广铁制农具、发展牛耕和水利直接相关。按《汉书·地理志》,蓟城毗邻之渔阳和涿郡均设有铁官。铁官是主开山鼓铸、组织制铁业生产的专职官员,表明冶铁业系官府手工业,从而使资金、技术、生产规模与销售渠道等环节得到有力保证,推动了冶铁手工业的发展,也保证了铁制农具的供应和普遍使用,使"耕耘下种田器,皆有便巧",[①]提高了农业生产的效率。

据考古发现,当时广泛使用的铁器,包括农具镢、锄、铲、耧角,手工工具锛、凿、环刀、斧,兵器剑、戟、钺、链,生活用器鼎、镜、车具、马饰等。铁器的广泛使用不仅推进了土地的垦辟、水利的兴修和农业的发展,而且推动了木工、运输、雕刻、制陶、纺织等手工业及建筑业的发展和商业的繁荣。

大葆台一号汉墓的规模与型制,尤其墓中出土的劫后残余的铜、铁、玉、玛瑙、陶器和纺织品及朱轮华毂车等四百余件珍贵物品;清河镇汉代冶铁遗址的规模与产品种类,包括农具、兵器、手工工具、生活用器等,均具体地证实了汉代冶铁及其他各类手工业和商业交换发展的状况。其中,大葆台一号汉墓出土的鎏金铜龙头枕、玉衣片、玉璜、玉饰、玉璧、漆器、铜镜、鎏金铜豹等精美工艺品更是生动地反映了当时蓟城的工艺水平和贸易的规模。

蓟城地区的水利主要是发展了凿井灌溉。结合现代城市工程建设在宣武门至和平门东西一线发现的大量汉代陶井不仅是城市生活用水的标志,而且也是近郊园圃农业发展的实证。

---

① 《汉书》卷 24 上《食货志》。

农业与手工业的发展,为物资的交换和贸易的发展提供了益加丰足的商品,加以驿路交通条件的完善,推动了商业行为的发展和贸易中心的形成;上述大葆台汉墓及其他汉代墓葬出土的物品尤其大量铜钱足资证明。蓟城因其特殊的地理区位和交通条件,最早形成了物资集散与文化交流的中心,成为富冠海内的天下名都之一。

西汉中期之后,随着土地兼并的加重和社会矛盾的日益尖锐,形成了"吏民益轻犯法,盗贼滋起。……燕、赵之间有坚卢、范主之属。大群至数千人,擅自号,攻城邑,取库兵,释死罪,缚辱郡守、都尉,杀二千石,为檄告县,趣具食。小群盗以百数,掠卤乡里者,不可称数"[①]的局面。蓟城社会亦处在动荡之中。

值得注意的是,汉武帝元封五年(公元前 106 年)将全国划分为司隶部和刺史部十三州,分别置以司隶校尉和刺史,是为监察官,负责巡察各部、弹劾不职郡守。十三州虽不是正式行政区划,刺史亦无固定治所,但有一定的监察区域范围。其中幽州的监察区包括渔阳、上谷、涿、右北平、辽西、辽东、玄菟、乐浪、勃海九郡,而不包括广阳国。这显然与刺史无权监察弹劾诸侯国有关。汉成帝绥和元年(公元前 8 年)曾"罢部刺史,更置州牧";[②]州牧为一方军政长官,因而使十三州具备了行政区划的性质。但至哀帝建平二年(公元前 5 年)又罢州牧,复置刺史;元寿二年(公元前 1 年)又改为州牧;更始中,广阳郡划归幽州,州牧始驻蓟城。因此,西汉末年,蓟城不仅是广阳郡国中心,而且事实上已上升为汉王朝东北方十郡的中心。

光武中兴,建武二年(公元 26 年)复置广阳国,刘秀以叔父刘良为广阳王,都蓟,但未就国。五年(公元 29 年),刘良改封赵王,广阳国虚位;六年(公元 30 年)裁减郡县,广阳国属县仅阴乡并入蓟县。十三年(公元 37 年)省广阳国,以其辖境属上谷郡,直至和帝永元八年(公元 96 年)复置广阳郡,蓟城失去郡治或王国都城地位近 60 年。至此,广阳郡领蓟、广阳、昌平、军都、安次五县,其中以蓟为郡治。郡治地位的长期丧失,尤其光武初年彭宠、张丰的叛乱曾使幽州饱受战乱之苦,蓟城粮尽人相食的惨景,均曾给蓟城的发展带来不良的影响。但另一方面,东汉政权仍沿袭了十三州制度,州置州牧,而且州治有定所。幽州仍治蓟城。光武十八年(公元 42 年)罢州牧,置刺史,但规定刺史"不复自诣京师,虽父母之丧不得去职",[③]强化了刺史职责和权力。至灵帝中平五年(公元 188 年)改刺史,置州牧,"自此,州牧之任重矣"。[④] 是时,幽州州牧领有广阳、渔阳、上谷、涿、代、右北平、辽西、辽东、玄菟、乐浪十郡外,还领有辽东属国。幽州是东汉最高政区十三州之一,蓟城为州牧固定治所。故东汉时的蓟城,不仅是复置之广阳郡治,而且

---

① 《汉书》卷 90《酷吏·咸宣传》。

② 《汉书》卷 10《成帝纪》

③ 《通典》卷 32《职官十四》。

④ 《通典》卷 32《职官十四》。

是幽州十郡一属国的行政中心,即东汉十三个一级政区的中心城市之一,亦即当时十三个地方都会之一。

尤其值得注意的是,两汉之际幽州蓟城地区遭受战乱破坏、经济衰落、人口流亡之后,东汉王朝实行了"休养生息",努力恢复和发展农业的政策,兼能注意任贤用能,使社会经济得到较快的恢复与发展。

首先是建武五年(公元 29 年)以郭伋(jí)为渔阳太守。郭伋莅任,面对彭宠乱后社会动荡,"民多猾恶,寇贼充斥","匈奴数抄郡界,边境苦之"的局面,对内赏罚分明,"纠戮渠帅,盗贼销散";对外"整勒士马,设攻守之略",使匈奴远迹,"不敢复入塞,民得安业,在职五岁,户口倍增"。①

其次是建武十五年(公元 39 年),又以张堪为渔阳太守。他内除奸猾,赏罚必信,吏民皆乐为用;外击匈奴,使"郡界以静";为发展农业推进生产提供了良好社会环境。同时他重视农业生产,开发水利,在狐奴县(今顺义)境引沽水(白河)和鲍丘水(潮河)(按当时二水分流入海),"开稻田八千余顷,劝民耕种,以至殷富"。②张堪任职八年,政绩显著,民间颂其德政曰:"桑无附枝,麦穗两歧。张君为政,乐不可支。"③

渔阳郡农业的发展也推动了毗邻之广阳郡、上谷郡农业的进步;这不仅为后来区域农业的发展奠定了基础,而且也有力地推动了手工业、商业乃至文化的发展。以农业为例,即使至东汉末年幽州社会经济衰落、农业破坏人口流离的形势下,刘虞任幽州牧,"罢省屯兵","务存宽政,劝督农植,开上谷胡市之利,通渔阳盐铁之饶,民悦年登,谷石三十",使"青、徐士庶避黄巾之难归虞者百余万口,皆收视温恤,为安立生业,流民皆忘其迁徙"。④ 如果没有郭伋、张堪惠政及其督劝农功的影响,及由此建立起来的区域农业经济基础,要在短时间内改变当时幽州"百姓虚县、万里萧条"⑤的社会状况显然是不可能的。同时,反映性能改进、效率提高的农业生产工具铁刃木锸(chā)和铁刃木锄,表明粮食加工技术提高的加工工具陶碓、陶磨、双人踏碓俑、绿釉磨具和绿釉踏碓俑等明器,尤其作为储粮设备陶仓明器的大量出现,无疑也均有力地证实了东汉时期幽州蓟城地区农业经济发展和粮食生产与加工的新水平。

手工业的发展。除文献记载之外,还可更多地从出土文物得到证明。按《后汉书·郡国志》,在幽州蓟城附近的渔阳郡渔阳与泉州均置有铁官,应是西汉冶铁制度的延续。

---

① 《后汉书》卷 31《郭伋传》。
② 《后汉书》卷 31《张堪传》。
③ 《后汉书》卷 31《张堪传》。
④ 《后汉书》卷 73《刘虞传》。
⑤ 《后汉书》卷 60 下《蔡邕传》。

但按《汉书·地理志》，西汉时期泉州所置系盐官而非铁官。泉州在治水（今名永定河）右岸，今天津市武清南，东邻渤海，因有渔盐之利。按"凡郡县出盐多者置盐官，主盐税。出铁多者置铁官，主鼓铸"①的设官原则，及泉州地方自古迄今均不产铁的事实，东汉时期泉州仍置盐官而非铁官。谓置铁官于泉州显系《后汉书·郡国志》之误。东汉初，彭宠为渔阳郡守，渔阳"有旧盐铁官，宠转以贸谷，积珍宝，益富强"，②亦可证明东汉泉州盐官未废而铁官之设无凭的事实。直至汉末，刘虞为幽州牧，依然依重渔阳盐铁之利，稳定了幽州与蓟城的社会经济。

西汉时期在涿郡故安县所置铁官，可能因两汉之际的战乱废弃了，至永元十五年（公元 103 年）复置，也延续并推动了区内冶铁业的发展。东汉冶铁手工业的发展除上述农具反映的事实之外，镬、锸、锄、铧、镰等农具的数量和性能均大大超过西汉，也是很好的说明。冶铁手工业又推动了其他手工业及商业贸易的进一步发展。

最能集中反映手工业和商业发展及建筑水平的莫过于拥有一定社会地位的官僚墓葬出土的大量器物，随葬品及墓室建筑的奢华是重新认识当时区域手工业和商业发展的有力"钥匙"。

在东汉时属幽州渔阳郡地的今天津武清县境，发现的东汉大墓，由墓志铭知墓主是东汉雁门郡太守鲜于璜。墓葬尽管被盗严重，但出土的残余随葬物分属于铁器、铜制车马饰具、漆器、骨器、玉器、铜器、石砚、陶器及五珠钱等，代表了手工业门类的繁多。其中漆器有案、盘、耳杯、奁、盒、魁等，部分器物表面有朱漆彩绘，还镶有雕刻精致的鎏金铜扣饰。铜熏炉由炉身和炉盖子母套合，炉盖为上部镂空之半球形、造型精巧。石砚属石雕工艺产品，又是文房四宝之一，表明了东汉攻石手工艺的发达。在京西八宝山西部发现的东汉永元十七年（公元 105 年）"汉故幽州书佐秦君神道"石阙，规模庞大、刻工精美。郭沫若认为，其"柱形、纹饰、文字、雕刻等都具有很高的艺术性"，石柱上的"鲁工石匠宜造"题字则忠实记录了雕刻家的名字。③鲁工虽被认为是来自东汉鲁国的工匠，但应视为鲁工与幽州当地工匠合作共事的艺术结晶。

制陶与建筑业，均获得新发展。从东汉墓出土的陶明器拥有仿制社会生活用具和涂釉陶器比重增大两大特点。战国至西汉随葬陶明器以鼎、豆、壶、盆组合为主，而东汉则以灶、井、楼、仓、猪圈、灯、碓、磨为主，伴出陶制家畜鸡、鸭、狗、猪、羊等。在鲜于璜墓中出土的陶灯台高达 96 厘米，形制高大、结构复杂，以堆塑人物群像反映了墓主人生前生活场面。涂绿釉的陶器则有楼、仓楼、灶、磨、井、熨斗、灯、碗、鼎、盆、壶、案、狗、鸡、鸭和双人踏碓俑等。值得注意的是，陶明器只是当时陶器制作与生产的一部分，更多的产

---

① 《后汉书》志 28《百官五》。

② 《后汉书》卷 12《彭宠传》。

③ 郭沫若："'乌还哺母'石刻的补充考释"，《文物》，1965 年第 4 期。

品应该是直接服务于民间现实生活的罐、瓮、甑、盆、碗、壶等。陶器种类、出土数量及制作技术均有力地反映了东汉幽州地区制陶业的发展。

出土陶楼分作上下二层,窗、斗拱、庑殿式屋顶、垂脊、兽面纹圆瓦当等结构的运用,则有力地反映了东汉官僚地主住宅的豪华与建筑业的发展。幽州地区东汉墓葬一改西汉时期土坑墓的时代特点,大量出现了多室与复室砖室墓,墓顶多为两层拱券,墓壁砖砌,下又以几何纹花方砖铺地。用砖数量及制作质量不仅与当时厚葬的社会风气有关,而且深刻地反映了东汉幽州蓟城地区制砖业的发展与工艺水平;拱券形墓顶则从一个侧面显示了当时建筑业的高水平。

农业与各类手工业的发展提供了更多的社会商品、丰富了物资交流与交换的产品与内容,进而推动了手工业和商业在城市的集中与发展。先为监察区而后上升为国家一级行政区幽州的中心城市蓟在原本便利的交通条件推动之下显然继续保持并进一步发展了南北物资文化交流中心和商品集散地职能,并形成了繁荣的商业市场,拥有一定数量的城市流动人口。① 市场交易商品自然以当地农副产品和手工业制品为大宗,还有从各地长途贩运来的玉器、漆器及织物等。东汉立国功臣吴汉曾流寓渔阳,"以贩马自业,往来燕蓟间";②东汉末年幽州牧刘虞"开上谷胡市之利,通渔阳盐铁之饶。民悦年登,谷石三十";公孙瓒杀刘虞割据幽州所宠遇之贩缯李移子、贾人乐何当等,"富皆巨亿"③,均是蓟城商业发展、市场规模的具体实证。

曹操为征乌桓运送兵马粮秣而修筑的平虏渠和泉州渠及辽西新河,在历史上首次用水路将中原地区(当时主要是冀州治所邺城)和辽西及蓟城地区联系起来,打通了漕运孔道,在一定时期进一步便利了蓟城的对外交通,推动了蓟城物资集散的发展。在社会经济发展的同时,植根于燕文化深厚土壤中的蓟城文化教育在两汉时期亦得到明显发展。西汉文景时期所置《易》、《书》、《诗》、《礼》、《春秋》五经博士的地位,直到武帝罢黜百家,独尊儒术,以强化中央集权时才益加重要。当时五经博士中的《诗》学分作齐、鲁、燕三派。其中燕诗以燕人韩婴为代表。他在文帝时为博士、景帝时又为常山王太傅;学识渊博,有《韩故》、《韩说》、《诗内传》、《诗外传》等著述。《韩诗》历经传授,影响甚大,为天下所宗。韩婴对《易》亦有独到见解,自成一家学说。《汉书·艺文志》所载《韩氏易》,可能就是对其易学的概括。武帝时在长安兴太学的同时,还"令天下郡国皆立学校官",④燕国蓟城当置有学校,推动了蓟城儒学教育的发展。

随着各级官学及私学的发展,幽蓟地区至东汉产生了不少学术与文化名人,其中以崔

① 《后汉书》卷 20《王霸传》。
② 《后汉书》卷 18《吴汉传》。
③ 《三国志》卷 8《魏书·公孙瓒传》注引《英雄记》。
④ 《汉书》卷 89《文翁传》。

骃、崔瑗和崔寔祖孙三代人及卢植最著名。《后汉书》均有传。东汉一代，《韩诗》得到较为广泛的传播，《后汉书·本传》薛汉、杜抚、赵晔、召驯、杨仁、夏恭等均是《韩诗》的究学与传播者。但当时今文经学烦琐注释与凭空穿凿的学风却将《韩诗》学派引入了歧途。

积东汉前中期的发展，至永和五年（公元 140 年），广阳郡五县已有 44 550 户、280 600 人；平均每县 8 910 户、56 120 人，平均每户拥有 6.3 口，成为辽代以前幽燕都会蓟城地区户口最为繁盛的时期，也是户量最高的时期。是时的蓟城城市居民大约在0.8 万户、5 万人以上。

总之，经过秦代和西汉时期的发展，至东汉时期，以领有十一郡国、系当时全国十三个一级政区之一的幽州治所为标志，蓟城已成为幽燕十一郡国的政治、经济、文化教育乃至南北文化交流的中心城市，标志了幽燕都会的兴起。

三、秦汉幽州地区的民族关系

在经过春秋齐桓公北伐山戎、战国燕将秦开袭破东胡，拓地千余里之后，战国末年从蒙古高原上兴起的匈奴人即不断南下；秦统一，蒙恬北击匈奴，并将战国时期秦、赵、燕三国长城连接起来，形成西起临洮（今甘肃岷县）、东迄辽东的万里长城，有效地防御了匈奴人的南进，保护了长城以南的农业文化，为幽燕地区社会经济的发展提供了较为安定的环境条件。

汉初，诸侯王封地"夸州兼郡，连城数十"，①实力强大，显然已成为中央集权的潜在威胁。刘邦先自黜徙异姓诸王开始，发展为族诛消灭。在这一过程中先有韩王信反，北降匈奴，后有燕王卢绾亡命匈奴。

秦末汉初的战乱，使匈奴得以强大。汉初匈奴冒顿单于拥有"控弦之士三十余万"，进而统一蒙古草原各国族，使"诸引弓之民，并为一家"。②因而刘邦率兵进击韩王信至平城（今山西大同市），就被匈奴围困于平城东北之白登，史称"白登之围"。此后，匈奴时常南下抢掠，北边几乎无宁岁。刘邦接受娄敬关于与匈奴"和亲"的建议，以宗室女为公主，嫁给匈奴王冒顿单于，"厚奉遣之"，且每年馈赠絮缯酒米食物，开放关市。文景时期，继续推行了与匈奴和亲厚加馈赠、通关市的政策。同时，针对匈奴部众仍时而入塞抢掠，汉文帝又采纳晁错关于募民徙塞下及入粟边塞之议，移民屯边，加强了边防。至武帝初，"匈奴自单于以下皆亲汉，往来长城下"，③大大加强了汉地与匈奴之间的经济与文化交往。

---

① 《汉书》卷 14《诸侯王表序》。
② 《史记》卷 110《匈奴列传》。
③ 《史记》卷 110《匈奴列传》。

武帝元光二年(公元前133年)开始采取对匈奴主动进击的政策。是年诱匈奴深入、一举歼灭之的企图,引发了匈奴屡次大规模进攻边郡的行动,汉军则相应发动反击与进攻。在长达20余年的战争中,先由卫青于元朔二年(公元前127年)收复河套地区,设置朔方郡(治所在今内蒙古杭锦旗北)与五原郡(治所在今内蒙古包头市西),并将上郡、北地和陇西三郡恢复至秦代规模,同时徙募民10万口于朔方。继由霍去病于元狩二年(公元前121年)将兵远征,西入匈奴境内千余里,又迫使匈奴浑邪王率部4万余人降汉,汉王朝在匈奴右部旧地陆续设置了酒泉、武威、张掖、敦煌四郡,阻断了匈奴与羌人的联系,又沟通了内地与西域间的直接交通;同时徙关东数十万贫民于陇西、北地、西河、上郡地。后由卫青、霍去病于元狩四年(公元前119年)穷追漠北匈奴、击败单于,又战胜匈奴左部,迫使匈奴主力远徙西北,使"漠南无王庭"。汉军占据了东自朔方西至张掖与居延间的广大土地,保障了河西四郡的安全;同时,又在"上郡、朔方、西河、河西开田官,斥塞卒六十万人戍田之",[①]巩固了汉朝在这里的统治,加强了这里的经济开发。

这几次重大战役,沉重打击了匈奴实力,使之已无力向东发展,从而基本上解除了匈奴对汉朝北方农业区域的武力威胁。在此基础上沿边开置屯田、发展农业,修筑道路、置驿通邮,修缮长城、建城立堡;形成新的农业文化区域和农业文化传播带,对匈奴及其他相邻各游牧民族的社会经济发展和文化进步产生了一定影响。

宣帝甘露元年(公元前53年),呼韩邪单于归汉,南徙阴山地区。竟宁元年(公元前33年),元帝以宫人王嫱(昭君)嫁予呼韩邪单于,恢复和亲,开通关市,结束了汉匈之间的长期战争,促进了南北文化的交流。而幽燕地区也是南北经济文化交流的重点地区之一。

曾被匈奴征服的乌桓,原系东胡的一支,也是一个"俗善骑射","随水草放牧,居无常处"[②]的游牧民族,秦汉之际活动在西喇木伦河以北地区。霍去病击破匈奴左部,遂将尚臣服于匈奴的一部分乌桓人徙于上谷、渔阳、右北平、辽西、辽东五郡即今河北省北部和辽宁省西部,设护乌桓校尉领督之。由于接受汉族先进经济文化的影响,至昭帝以后乌桓渐强,常骚扰幽州边郡。

东汉初,匈奴势力有所发展;渔阳太守彭宠反刘秀即曾以匈奴为援。汉光武帝为避免军事冲突,曾徙雁门、代郡、上谷等郡吏民6万余口于居庸、常山关以东,使匈奴左部得以移居塞内。在历经连年旱蝗灾害、乌桓攻击和内讧之后匈奴实力衰落。建武二十四年(公元48年),匈奴呼韩邪单于之孙日逐王比被拥立为南单于内附,匈奴分裂为南北二部。南单于内附,东汉王朝赠以财物、粮食、布帛、牛羊,供给之费,年达一亿零九十余万钱。因而赢得和平相处、边境安宁的局面。原徙入常山关、居庸关以东的云中、五

---

① 《汉书》卷24下《食货志下》。

② 《后汉书》卷90《乌桓传》。

原、北地、代、上谷等八郡边民回归本土。和帝永元初年,南匈奴领 3.4 万户、23 万人,逐步转向定居与农耕、向南向东迁徙,加快了经济文化融合的进程。而北匈奴则在北面丁零、东面鲜卑、东南面南匈奴的夹攻下部众益加离散,又经汉军攻击,开始向西远徙,而蒙古高原的匈奴故地被鲜卑族占据。

居于东北边境的乌桓,东汉初则常与匈奴联合骚扰沿边郡县。光武帝赠以币帛、封以君长、岁时互市,并置护乌桓校尉于上谷宁县(今河北万全),兼领鲜卑,并管理与乌桓、鲜卑互市事务,使边境稳定达 150 年。东汉末年,沿边吏民为逃避豪强混战之苦,出塞入乌桓达 10 万余户,同时被乌桓掳掠的幽州汉民亦在 10 万户以上。大批汉人在乌桓社会生活中出现,极大地推动了乌桓社会、经济与文化的发展。

东汉初年常与乌桓、匈奴一起侵扰边郡的鲜卑人,至光武末年陆续归附东汉,东汉王朝对他们推行了类似乌桓的政策。在北匈奴败走之后,鲜卑族逐步向西发展,并融合匈奴残部,日益强盛,占据了东起辽东、历右北平、上谷诸郡西至敦煌的广大地域,时而寇扰幽、并、凉三州所属边郡。其中幽州之渔阳、上谷是首当其冲的攻击对象。如安帝建光元年(公元 121 年)秋,鲜卑进攻居庸、云中,围护乌桓校尉徐常于代郡之马城。度辽将军耿夔与幽州刺史庞参发广阳、渔阳、涿三郡甲卒,分两道往救,鲜卑方解围退走。东汉王朝为加强幽州防守始设渔阳营一千人驻守,提高并加强了幽州的军事实力与边防功能。灵帝中,幽州北部地区连年遭受鲜卑攻掠,给区域经济发展带来严重破坏。至灵帝末年之后,鲜卑分裂、实力衰弱,对幽州沿边州县的抄掠才日渐减少,出现了"上贡献、通市"[①]的睦邻关系。

综上所述,秦汉王朝针对北方民族的游牧善骑射特点,采取"和亲"抚恤、岁时互市与防御打击相交替的"两手"斗争策略,不断地削弱了北方相继兴起的游牧民族南进抄掠的实力,同时因战乱苛政亡入或被俘掠北去汉人的增加,不断推进了农业文化与畜牧业文化交接地带社会经济的发展与文化的繁荣,也极大地带动了蒙古草原游牧民族经济文化的发展进程,推进了民族融合和物质文化交流。因此秦汉时期幽州地区的民族关系,从总体上来看推动了区域经济的开发、文化融合和城市的兴起。

东汉末年,幽州地区土地兼并与贫富分化导致农民的破产与反抗。汉灵帝光和七年(十二月改元中平,公元 184 年)二月黄巾起义爆发,青、徐、幽、冀等八州数十万农民同时响应,"所在燔烧官府,劫略聚邑,州郡失据,长吏多逃亡,旬日之间,天下响应。"[②]幽州起义农民攻杀了幽州刺史郭勋及广阳太守刘卫,占领了蓟城。后因起义首领张角

---

① 《三国志》卷 30《魏书·鲜卑传》。
② 《后汉书》卷 71《皇甫嵩传》。

病死,义军各部也在东汉政府军和各地地主武装的残酷镇压下失败了,幽州黄巾起义军亦被迫退出蓟城。

中平四年(公元 187 年),渔阳人前中山相张纯等联合乌桓"攻蓟下,燔烧城郭,虏略百姓",杀护乌桓校尉、右北平与辽东太守,①占据幽州,使蓟城遭到很大破坏。朝廷则以刘虞为幽州牧。中平六年(公元 189 年)刘虞至蓟城,购斩张纯。对乌桓诸部则采取了以恩信招抚并恢复关市的政策,使幽州政局得以较快稳定,中原士民为逃避中原战乱流入幽州者达百万口。但由此与汉奋武将军、蓟侯公孙瓒相忤。公孙瓒恃兵自傲,屡违节度,擅自发兵攻打袁绍,兵败退守蓟城,曾"筑小城于蓟城东南以居之"②。刘虞见公孙瓒不受节度,目无法纪,遂率兵攻之,反被公孙瓒所害,斩于蓟市。从此拥兵自重的公孙瓒割据幽州,更加横行无忌;兼幽州频年旱蝗,谷价昂贵,百姓流离,人相食;形成"所在侵暴,百姓怨之"③的局面,因而遭到刘虞旧属及幽州士民和乌桓、鲜卑的联兵讨伐。当时,公孙瓒虽筑有"围堑十重,于堑里筑京,皆高五六丈,为楼其上,中堑为京,特高十丈","以铁为门"④的易京城(在今河北雄县西北,当时河间国易县西),还是于献帝建安三年(公元 198 年)被袁绍击灭。

袁绍虽拥有幽、冀、青、并四州之地,以中子袁熙为幽州刺史,但其军阀割据本质决定了在政治经济上,他"使豪强擅恣,亲戚兼并,下民贫弱,代出租赋,衒鬻家财,不足应命";⑤在军事攻守上,他自恃兵众将广,刚愎自用,遂致官渡之战惨败。幽州人民不堪其苦,亡入鲜卑、乌桓甚众。建安七年(公元 202 年),袁绍忧死,袁氏内部分裂。曹操乘机进军冀州,灭袁氏势力,取幽州,北击乌桓,统一北方。

自刘虞为幽州牧,历公孙瓒、袁绍割据幽州,至曹操统一北方,他们政治与军事斗争的突出特点均在于以毗邻幽州的乌桓和鲜卑骑兵作为自己武装力量的重要组成部分。乌桓与鲜卑军事力量在其政治与军事角逐中发挥了重要作用。建安十二年(公元 207 年),曹操发兵伐辽西三郡乌桓,"斩蹋顿及名王已下,胡汉降者二十余万口"。⑥曹操将乌桓降众并护乌桓校尉阎柔所领幽、并二州乌桓共万余落,悉徙居中原,编设为麾下一支精锐部队,故有"三郡乌丸(按即乌桓)为天下名骑"⑦之美称。显然这也是民族融合进程中的一个重要组成部分。同时,由于乌桓、鲜卑人的南进,与幽州汉人杂居共处,也推进了民族融合的进程。

---

① 《后汉书》卷 73《刘虞传》。
② 《资治通鉴》卷 60、61《汉纪五十二、五十三》。
③ 《资治通鉴》卷 60、61《汉纪五十二、五十三》。
④ 《资治通鉴》卷 60、61《汉纪五十二、五十三》。
⑤ 《三国志》卷 1《魏书·武帝纪》。
⑥ 《三国志》卷 1《魏书·武帝纪》。
⑦ 《三国志》卷 30《魏书·乌丸传》。

第四章　魏晋北朝时期幽州城市的嬗变

一、魏晋幽州燕国

汉献帝延康元年（公元 220 年）十月，曹丕代汉称帝，国号魏，建元黄初，史称魏文帝。

据《三国志·魏书·文帝纪》，黄初元年（公元 220 年），"郡国县邑，多所改易"。在幽州地区，首先是复置了幽州。早在东汉献帝建安十八年（公元 213 年）初，魏王曹操复禹贡九州之制，即将幽、并二州废入了冀州。但据《三国志·崔林传》，"文帝践阼，（崔林）拜尚书，出为幽州刺史"，至文帝即位就复置了幽州，时在黄初元年，亦即汉献帝延康元年及建安二十五年（公元 220 年）。明帝中，鲜卑附义王轲比能率其种人等诣幽州贡名马及毋丘俭迁任幽州刺史，均亦证明幽州的复置，而幽州废并也只有七年的时间。

据洪亮吉《补三国疆域志》，曹魏幽州领有燕国、范阳、北平、上谷、代、辽西、辽东、昌黎、乐浪、玄菟、带方十一郡国。燕国、范阳和北平郡分别由东汉广阳郡、涿郡和右北平郡改名。文帝时，广阳郡一仍东汉之旧。至明帝"改封诸侯王，皆以郡为国"，[1]改封下邳王曹宇为燕王，遂改广阳郡为燕国。在累增食邑之后，燕国都蓟，辖蓟、安次、昌平、军都、广阳、潞、安乐、泉州、雍奴、狐奴十县。其中安乐县系曹魏灭蜀后，封蜀后主刘禅安乐县公于此。当时封赏刘禅"食邑万户，赐绢万匹、奴婢百人，他物称是"。[2] 昌黎郡为东汉辽东属国升置，带方郡为东汉末公孙度分乐浪郡置，均为幽州属郡。而秦汉名郡渔阳在曹魏后期废。值得注意的是，燕国蓟城可能由于东汉末年战乱的破坏，曹魏时已不是幽州治所所在，而迁治于涿。因而蓟城作为城市只是郡国级政区的治所，已不是大区域的中心城市，标志了其功能地位的某种衰落迹象。但燕国辖域和属县较两汉时期成倍增加，却又标志了蓟城直接腹地的扩展。

东汉末年的战乱与灾荒，使广大北方地区"田无常主，民无常居"，[3]户口流亡，故而曹魏初郡国县邑，多所改并。幽州属郡涿素称富庶，东汉永和五年（公元 140 年）拥有

---

① 《三国志》卷 3《魏书·明帝纪》。
② 《三国志》卷 33《蜀书·后主禅传》。
③ 《后汉书》卷 79《仲长统传》。

10 万余户,63 万余口,但至曹魏初年,"领户三千,孤寡之家,参居其半"。① 毗邻之广阳郡治所蓟城受战争破坏更严重,户口耗减惊人,应该是没有疑义的。这显然更是城市衰落的标志。

魏元帝咸熙二年(公元 265 年),司马炎代魏称帝,国号晋,史称西晋。西晋沿曹魏仍置幽州。只是到泰始十年(公元 274 年)初,分幽州之辽东、昌黎、玄菟、乐浪、带方五郡置平州,使幽州辖域大为缩小。是时,幽州辖范阳国、燕国及北平、广宁、上谷、代郡、辽西郡七郡国,治范阳国都涿县(今河北涿州市)。范阳国本魏文帝改汉涿郡所置范阳郡,晋武帝初封司马绥为范阳王于此,因改范阳国,治涿、领八县。燕国本曹魏所置,泰始元年,晋武帝封皇弟司马机为燕王于此,仍称燕国,都蓟,领十县。燕国成为西晋北方最大的封国,享有某种特权。其中,西晋燕国与幽州刺史所属郡国划界分治,即使幽州刺史不得燕王允准亦不得私入燕王境。② 这便是幽州刺史不得治燕都蓟城的直接原因。可能是在西晋第一代燕王司马机死后,这种划界分治状况才得改变,故而幽州到西晋后期移治蓟城。而西晋燕国至八王之乱始被罢废。因此,西晋时期的蓟城先作为燕王都城,是燕国十县境域内的中心城市;至后期随着幽州刺史移治蓟城,蓟城遂成为幽州所属七个郡国的政治、经济与文化中心城市,而且形成了由幽州治所兼燕王都城及蓟县治所叠合而成的首位城市及其他郡国治所城市和 30 余个县治城市共同构成的区域城市体系(图 4—1)。按 1965 年在北京西郊八宝山西发现的西晋幽州刺史王浚妻华芳

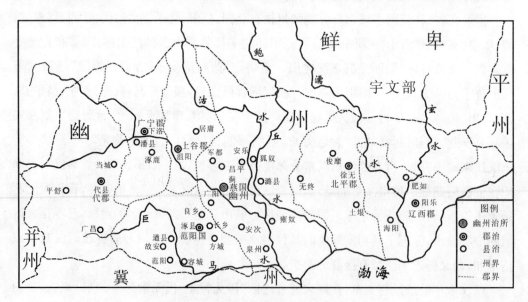

图 4—1　西晋后期幽州城邑分布

---

① 《三国志》卷 24《魏书·崔林传》注引《魏名臣奏》。
② 《晋书》卷 94《隐逸·霍原传》。

墓的墓志铭"假葬于燕国蓟城西廿里"推断,当时蓟城西垣就在今北京城西南羊坊店、会城门以东地方,基本上是早期城址的延续使用。按《晋书·地理志》,武帝太康中幽州燕国十县共有 2.9 万户,每县平均不足 3 000 户。其中蓟县应是燕国户口最为稠密的县,蓟城作为区内首位城市,居民约在 3 000 户以上,人口 1.5 万人。按晋制,"封诸王以郡为国。邑二万户为大国,置上、中、下三军,兵五千"①的规定,燕为大国,蓟城应有上中下三军,兵 5 000 人。城市总人口当在 2 万人以上。

魏晋时期,幽州地区在东汉末年战乱残毁之后,社会经济得到了较为稳定的发展。其中魏晋更代以"禅让"形式实现,在某种程度上保持了政治、经济、文化乃至民族政策方略的连续性,这对区域及城市的发展显然起到了推进作用。

调整民族政策、稳定幽州地区社会环境是魏晋时期重要的边防治策。

幽州北邻游牧民族,系北方游牧文化与中原农耕文化的交接地带,北方游牧民族南下掳掠往往是幽州地区社会动乱的直接原因。东汉末曹操击辽西三郡乌桓,将其降众及幽并沿边乌桓万余落徙居中原,以其组建的骑兵驰驱南北,成为天下名骑,并于蓟城置护乌丸校尉,羁縻在幽并两州附塞的乌桓诸部,使沿边乌桓至曹魏已不复为边患。魏初虽于昌平复置护鲜卑校尉,兼具羁縻附塞鲜卑诸部和防范塞外鲜卑的职能,但在幽、并沿边为害者仍然是鲜卑诸部。其中居云中(今内蒙古托克托一带)的轲比能部,居并州(治今山西太原市南)以北的步度根部及居辽西、右北平和渔阳三郡塞外的素利等部势力较强,且矛盾甚深。魏初,首任护乌丸校尉田豫和护鲜卑校尉牵招,利用三部矛盾,先后招抚"鲜卑素利、弥加等十余万落,皆令款塞"。步度根、泄归泥等率"部落三万余家诣郡(按雁门郡,时牵招改任郡守)附塞";②同时率鲜卑部骑攻击轲比能部。轲比能部曾得到战乱时流入其地汉人的帮助,"教作兵器铠楯,颇学文字",实力最强;亦曾遣返魏人一千五百余家还居代郡与上谷,也曾帅部落大人等三千余骑,驱牛马七万余口交市。③ 但终因叛服不常,被幽州刺史王雄所遣勇士刺杀,其部族离散,解除了幽、并边地隐患。

晋初沿用曹魏谨守边务的治策,置征北大将军,都督幽州诸军事,兼任幽州刺史、护乌桓校尉,进一步加强了对幽州的军政管治。泰始中任职的卫瓘采取离间当时在幽、并二州并为边患的务恒与力微两部关系的方略,获得了"遂致嫌隙,于是务恒降而力微以忧死"④的斗争效果。太康中,张华都督幽州诸军事,领护乌丸校尉,抚纳远近,广布恩信,使"东夷马韩(朝鲜半岛南部、渤海东岸古国)、新弥诸国(按指东北古国)依山带海,

---

① 《晋书》卷 14《地理志·总叙》。
② 《三国志》卷 26《魏书·牵招传》。
③ 《三国志》卷 30《魏书·鲜卑传》。
④ 《晋书》卷 36《卫瓘传》。

去州四千余里,历世未附者二十余国,并遣使朝献。""远夷宾服,四境无虞。"①元康中,鲜卑一度扰北平郡县,以唐彬为使持节、监幽州诸军事,领护乌丸校尉,整饬边务,恤农重谷,震威耀武,宣喻国命,广示恩信,使鲜卑二部大莫庾、擿何等并遣侍子入贡,"遂开拓旧境,却地千里。复秦长城塞,自温城泊于碣石,绵亘山谷且三千里,分军屯守,烽堠相望。由是边境获安,无犬吠之警,自汉魏征镇莫之比焉。"②敦睦的民族关系和安定的边界环境为幽州社会经济的发展和城市的振兴提供了前提条件,因而获得了"频岁丰稔,士马强盛"③的社会效果。

在社会经济方面,魏晋则长期坚持了修治水利,发展生产,恢复区域经济的政策。

魏文帝初年,崔林为幽州刺史,即已认识到,幽州"与胡虏接,宜镇之以静。扰之则动其逆心,特为国家生北顾忧。"④因而确立了"镇之以静",与民休息的治策,减轻民间负担,稳定了幽州社会。嘉平中,刘靖为镇北将军驻守幽州,拓殖屯田,并在蓟城西㶟(lěi)水上"修广戾陵渠大竭"(一作遏,即坝、堰),引㶟水"溉灌蓟南北;三更种稻,边民利之。"⑤戾陵竭又名戾陵堰,因附近汉武帝子燕王刘旦陵墓戾陵得名。竭分㶟水,沿东下之车厢渠,灌溉蓟城以北农田二千余顷,发展稻作,余水则注入高梁河。按《刘靖碑》,该项工程浩大,规模壮观:"长岸峻固,直截中流,积石笼以为主遏(即竭),高一丈,东西长三十丈,南北广七十余步。依北岸立水门(按即引㶟水水口),门广四丈,立水遏,长十丈。"⑥汛期洪水可漫过堰顶进入下游河道,平时则可分水灌田,因而设计绝妙科学。

元帝景元中,因幽州"民食转广,陆费不赡",遣谒者樊晨赴幽州改造戾陵竭水门,使"水流乘车厢渠,自蓟(城)西北,迳昌平,东尽渔阳潞县,凡所润含,四五百里,所灌田万有余顷",⑦灌溉面积较前大为拓展,为农业增产提供了水资源条件,对当时农业发展产生了深远影响。

在改造水门、修缮延展渠道、发展灌溉农业的同时,樊晨还针对当时土地兼并侵占的严重情形,实行限田,并检括被侵占的耕地和因屯丁逃亡而荒废的屯田拨隶郡县,以招农佃种,增加国家财赋收入。三项耕地分别为限田 1 000 顷,括田 4 316 顷,屯田改民地 5 930 顷,累计达 11 246 顷。这一措施既限制了豪强对耕地的侵占,又推动了农民与耕地的结合,发展了农业生产,增加了社会收入,还制止了人口流徙,其利益甚大。因此举成效显著,至景元五年(公元 264 年)罢屯田官,废屯田制。

---

① 《晋书》卷 36《张华传》。
② 《晋书》卷 42《唐彬传》。
③ 《晋书》卷 36《张华传》。
④ 《三国志》卷 24《魏书·崔林传》。
⑤ 《三国志》卷 15《魏书·刘馥附子靖传》。
⑥ 《水经注》卷 14《鲍丘水注》。
⑦ 《水经注》卷 14《鲍丘水注》。

西晋元康四年(公元 294 年),戾陵遏已修成 36 年,兼元康五年(公元 295 年)夏季洪水暴出,毁损四分之三,仅剩北岸 70 余丈,车厢渠所在漫溢。是时,刘靖少子刘弘持节镇守幽州,他"追惟前立遏之勋,亲临山川,指授规略",命司马逢恽率内外将士二千人,"起长岸,立石渠,修主遏,治水门,门广四丈,立水五尺。兴复载利,通塞之宜,准遵旧制。凡用功四万有余。"①由当时修治此项工程"诸部王侯,不召而自至,襁负而事者盖数千人"②可知戾陵遏、车厢渠工程在蓟城附近农业生产中地位之重要。因此,工程的修复为西晋蓟城附近农业的发展提供了水利灌溉条件,推进了本区粮食生产。

魏晋时期以蓟城为中心的幽州地区手工业亦有一定发展。虽缺乏直接文献记录,但从当时的墓葬形制、出土器物及上述水利工程的规模,均可反映手工业发展的水平。

蓟城附近西晋早期墓葬出土器物丰富,包括金、银手镯,金、银发钗,金、银指环,银臂钏等制作精美的金银器;盆、镜、熨斗、带钩、熏炉等铜器和铜钱,带有各种纹饰与铭文的铜镜制作甚为精致;斧、镜等铁器和罐、碗、盘、钵、灯、灶、磨及釉陶罐、奁、鸡、鸡舍等陶明器以及带有制作年代的铭文砖等,反映了金、银、铜、铁冶及器物制作和制陶手工业的发展。

尤其值得注意的是,在蓟城西 20 里发现的西晋中后期的华芳墓,虽早期被盗,所剩遗物无多,但仍出土了银铃、铜熏炉、铜弩机等精美制品和骨尺、漆盘以及 200 余枚铜钱等。同时,华芳墓墓室增高,墓道延长,增置二道石门及墓室券顶增砌楔形砖使墓室更牢固,则隐含着制砖技术和建筑手法的进步。

在西郊的西晋墓葬中还出土了包括牛车、鞍马和车夫俑等的车马模型,包括灶、井的庖厨明器和包括具时代特点的陶制多子盒、酒樽、扁壶、勺、罐等餐饮用品。

在西晋燕国范围内发现的上述墓葬出土的各类随葬品,不仅反映了西晋幽燕地区手工业的时代特点和风格,提供了研究当时区域物质文化和手工业发展水平的实物证据,而且有力地反映了蓟城手工业乃至土木工程与石材加工的新水平。

尽管魏晋时商业经济不够发达,但农业和手工业的发展仍为产品交换和区际贸易提供了强有力的物质保障。西晋早期墓葬中出土的 170 余枚钱币及华芳墓出土的 200 余枚铜钱,均直接反映了商品货币经济成分的存在,而蓟城附近墓葬出土的许多金银铜器制品则也反映了区际间商品贸易的存在。同时,由于幽州北界民族关系的长期稳定,南北物资文化交流益加频繁。当时南北贸易存在两种形式,一是互市或交市,一是朝贡

---

① 《水经注》卷 14《鲍丘水注》。
② 《水经注》卷 14《鲍丘水注》。

或朝献。前者上自北方游牧民族首领下及平民均可参与,各取所需。如魏文帝黄初三年(公元 222 年),鲜卑轲比能帅三千余骑,驱牛马七万余口交市;东部鲜卑素利出马千匹与魏交市,曾受到轲比能的讨伐。后者则是部族上层集团的行为,可得到皇帝的赏赐,实质也是一种通商形式。如张华镇守幽州时,东夷马韩等二十余国,并遣使朝献。但无论前者或是后者,均在指定的关口或城市交易或交割。蓟城作为幽燕地区中心城市,首先拥有这种职能,至少是南北交易物资的集散地和中继站。自古以来形成的通达的陆路交通条件及曹操伐乌桓开通的泉州渠、平房渠及自邺都利用天然河道北上的水路,又进一步加强了蓟与中原地区的经济文化联系。开通中原北上蓟城及其所在地区的水上运输对蓟城城市的成长及其地位上升是一重要事件。由此也带来了后来开拓南北大运河的曙光。

在统一中原的过程中,曹操先后修筑了睢阳渠、白河及洹水新河即邺渠,将其军需物资补给基地淮北和豫东与攻伐袁氏军事集团的前沿地区联系起来。在北征乌桓的斗争中,曹操又接受董昭建议,凿通平房与泉州二渠。当时,"太祖(按曹操)患军粮难致,昭建策凿渠自滹沱入泒水(按其下游大体相当大清河与海河一线),名曰平房渠;又从泃河口凿入潞河名曰泉州渠,入海,通运"。[①] 因有曹操始于建安十一年(公元 206 年),"凿渠,自呼沱(即滹沱)入泒水,名平房渠,又从泃河口凿入潞河,名泉州渠,以通海"[②]的行动。同时自幽州雍奴县阎关口引鲍丘水(潮河)东出,与泃河俱导而东通于濡水(今滦河)入海,是为辽西新河。三条漕渠实即运河的修筑,遂将邺都及其所在的冀州与幽州和征乌桓的前线连通起来。其间所利用的古代天然河道主要是清河白沟、漳水、滹沱河、泒水、灅水、笥沟、潞河、鲍丘水、泃河、濡水等以及渤海。其中的灅水及其支流高梁河、潞河均是幽州蓟城可资利用的水道。虽无当时高梁河通航的记录,但从后来漕运水源开拓过程来看亦不无利用以通运的可能性;尤其是曹魏嘉平中筑戾陵遏、开车厢渠,并进而改造这一水利工程东至潞水之后,用以水运的可能性更大。因此,曹操征乌桓、通运道的同时,实际上亦在某种程度上沟通了蓟城与中原的水路联系。破乌桓之后,曹操又于建安十八年(公元 213 年),"凿渠引漳水入白沟,以通河(按黄河)",[③]是为利漕渠。差相同时,又引滹沱河南下入漳水,修成白马渠或称白马河。[④] 二渠的修通更使黄河以南诸运道与幽、冀二州境内诸水路之间有了更为便捷的水上通道。这一较前更为便捷的水运通道不仅在当时幽、冀二州境形成了以邺为中心的漕运网络,而且还为蓟城提供了水路交通,提高了蓟城的物资集散能力,扩大了城市的吸引空间,推动了城市商

① 《三国志》卷 14《魏书·董昭传》。
② 《三国志》卷 1《魏书·武帝纪》。
③ 《三国志》卷 1《魏书·武帝纪》。
④ 《水经注》卷 10《浊漳水注》。

品交换的发展。

在前代即已形成的幽燕文化氛围影响下,魏晋时期幽燕地区学术与文化保持了发展趋势及较高水准。除东汉末年曹操平定冀、幽二州地,大力网罗幽州文人学士如燕国徐邈、韩观,涿郡卢毓、孙礼、刘放充其军府僚属,后均委以官职外,至晋代,卢毓后裔或"笃志经史","世以儒业显";或"好老庄,善属文","早有声誉,才高行洁",所"撰《祭法》注《庄子》及文集皆行于世";①门第日崇,为幽燕学宗。燕国蓟人刘沈"博学好古","敦儒道,爱贤能","世为北州名族"②。燕园广阳人霍原"隐居求志,笃古好学",③"山居积年,门徒百数",④"委质受业者千里而应,有孙孟之风,严郑之操。"⑤《水经注·涞水注》,更谓霍原隐居教授,有门徒数千人,足见幽州学者讲学授徒影响之深远,学风之浓厚。唐彬镇守幽州,"修学校,诲诱无倦,仁惠广被"。⑥

幽州范阳方城张华,"学业优博,辞藻温丽,朗赡多通,图纬方伎之书莫不详览","强记默识,四海之内,若指诸掌";灭吴之后,更是"名重一世,众所推服,晋史及仪礼宪章并属于华,多所损益,当时诏诰管所草定,声誉益盛,有台辅之望"⑦。张华著述甚多,有《博物志》等流传于世。

正是幽燕地区浓厚的文化氛围培育了这一代著名文人学者。他们的文化活动与学术成就所造成的影响又深化了幽燕文化的凝重,推动了幽燕文化中心的形成,强化了区域文化的后续影响。

西晋末年,王浚为幽州刺史;因"八王之乱"及匈奴刘渊、羯族首领石勒南下攻掠,"中国士民避乱者,多北依王浚,浚不能存抚,又政法不立,士民往往复去之。"⑧而幽州本土州县士民亦因王浚"刑政苛酷,赋役殷烦,贼害贤良,诛斥谏士,下不堪命,流叛略尽",从而形成了"鲜卑、乌丸离贰于外,枣嵩(王浚之婿)、田矫(王浚属吏)贪暴于内,人情沮扰,甲士羸弊"⑨的颓势,兼幽州灾荒频年,"入不粒食";而王浚"积粟百万,不能赡恤",⑩百姓流亡,多叛入鲜卑。至建兴二年(公元314年),石勒突袭蓟城,擒王浚,焚烧其宫殿,尽杀王浚及其麾下精兵万人。⑪幽燕都会遭到空前破坏。

①　《晋书》卷44《卢钦传》。
②　《晋书》卷89《刘沈传》。
③　《晋书》卷46《李重传》。
④　《晋书》卷94《霍原传》。
⑤　《晋书》卷46《李重传》。
⑥　《晋书》卷42《唐彬传》。
⑦　《晋书》卷36《张华传》。
⑧　《资治通鉴》卷88《晋纪十一》。
⑨　《晋书》卷104《石勒载记》。
⑩　《晋书》卷104《石勒载记》。
⑪　《晋书》卷39《王沈附王浚传》。

二、十六国幽州燕郡衰落

自西晋灭亡(公元316年,晋愍帝建兴四年),东晋政权建立(公元317年)至刘宋代晋(公元420年)历时百余年,在北方以王浚被石勒攻杀为标志,地方割据势力援引塞外民族逐鹿中原的历史结束,而代之以东汉末年以来内徙边塞诸族继续大量南下进入内地,攻掠纷争,各建方隅,政权更迭,史称"十六国时期"。这一时期幽州蓟城被频繁嬗递的北方少数民族政权轮番占据,城市发展呈现了嬗变衰落的过程。

西晋建兴二年(公元314年),石勒陷蓟城,以原西晋尚书燕国刘翰代为幽州刺史。刘氏转投辽西鲜卑段匹磾;段氏以鲜卑兵守幽州据蓟城。当时,段氏鲜卑虽"西尽幽州,东界辽水","所统胡晋可三万余家,控弦可四五万骑",[1]但并非鲜卑大人的段匹磾深入幽州蓟城,却难与兵马强盛的石勒对峙,故遣使持书邀晋并州刺史、西晋末年著名将领刘琨联兵据守幽州。因西晋北方疆土多陷入胡人统治之下,刘琨势单力薄,又先后遭匈奴刘粲和石勒所败,只好率余部进入幽州与段氏合兵守蓟。但刘琨终被心怀疑惧的段匹磾所杀害。刘琨身出高门,名重南北。段氏害刘琨后,部众离心,前景迷茫,南投晋冀州刺史邵续,二人均被后赵杀害。幽州蓟城亦沦入后赵统治之下。

后赵政权是继匈奴刘渊所建汉,刘耀所建前赵之后,由揭族首领石勒于东晋大兴二年(公元319年)建立的,在十六国中是第一个拥有幽燕地区的割据政权。东晋咸和五年(后赵太和三年,公元330年)石勒即帝位,拥有包括冀、并、幽等北方州郡;初以襄国(河北邢台市西南)为都城,后迁于邺城。幽州治蓟,领有燕、范阳、渔阳、上谷与代五郡。其中,燕郡领五县,治蓟城。范阳郡领八县,治涿;渔阳郡领六县,治渔阳;上谷郡领二县,治沮阳(在今怀来境官厅水库南岸);代郡领四县,治代县。[2] 蓟城仍为幽州、燕郡及蓟县的区域中心。只是历经战乱之后,蓟城已是宫殿焚烧,"下不堪命,流叛略尽"[3]的城市。

后赵统治幽冀地区和蓟城约30年。石勒灭幽州王浚,虽曾纵兵焚掠,给蓟城造成很大破坏,但在他统治时期重视农业,也较快地推行了恢复与发展幽冀农业生产的政策。诸如广置农官,"遣使循行州郡,劝课农桑","以右常侍霍皓为劝课大夫,与典农使者朱表、典农都尉陆光等循行州郡,核定户籍,劝课农桑"。甚至鼓励"农桑最修者,赐爵五大夫";"分遣流入各还桑梓",推动劳动力与土地结合;减轻租赋,遣使巡行州县,"阅

---

① 《晋书》卷63《段匹磾传》。
② [清]洪亮吉:《十六国疆域志》卷2《后赵疆域》,商务印书馆,民国二十五年。
③ 《晋书》卷1《石勒载记》。

实人户,户赀二匹、租二斛",①较西晋课田制"夫五十亩,收租四斛,绢三匹,绵三斤"②相比明显减轻了。因而石勒末年后赵农业已是"以租入殷广,转输劳烦,令中仓岁入百万斛,余皆储之水次"③的丰收景象。

同时,石勒还"从幽州大导滹沱河,造浮桥,植行榆,五十里置行宫",④每50里设行宫一处,加强了幽州与后赵都城的联系。因此,幽州与蓟城社会经济均获得了一定的恢复和发展。

石勒死后,石虎夺取后赵政权,假石勒积蓄之国力,先发重兵北伐袭击后赵幽州之辽西鲜卑段辽取胜,继以东攻鲜卑慕容皝,兵败而归。为大兴征伐之师,石虎又"令司、冀、青、徐、幽、并、雍兼复之家五丁取三,四丁取二,合邺城旧军满五十万,具船艘,自河通海,运谷豆千一百万斛于安乐城(按渔阳之安乐城,在今北京市顺义西北),以备征军之调"。⑤同时又"盛兴宫室于邺,起台观四十余所,营长安、洛阳二宫,作者四十余万人。又敕河南四州具南师之备,并、朔、秦、雍严西讨之资,青、冀、幽州三五发卒,诸州造甲者五十万人"。因"众役烦兴,军旅不息,加以久旱谷贵,金一斤直米二斗,百姓嗷然无生赖",使"百姓失业,十室而七"。⑥

石虎屡被鲜卑慕容氏所败,内外交困,称帝未几病死。石虎养孙冉闵乘机夺取后赵政权,改国号魏,史称冉魏。后二年灭于前燕。

石虎的苛政导致失业的百姓多亡归鲜卑慕容廆。慕容廆对自王浚为政苛暴叛亡鲜卑的幽州百姓及因战乱亡归鲜卑的冀、并、青、豫诸州农民,实行了设置郡县以处之的安抚政策。至慕容皝,来自幽冀诸州的流民涌入前燕,更是"多旧土十倍有余"。⑦兼石勒破王浚,自蓟城"迁乌丸审广、渐赏、郝袭、靳市等于襄国",⑧使后赵占据幽州蓟城之初,城市人口大量耗减。后来虽曾掠东晋"七千余家迁于幽州",⑨但遂有慕容皝入居庸塞,长驱至于蓟城,进而南下,所到之处肆行焚烧,"掠徙幽冀三万余户",⑩因而使蓟城户口规模表现了极大的不稳定性特点。蓟城及其周围地区在后赵时期经过短期恢复和发展,又迅速地衰落了。

曹魏初年徙居辽西、魏晋之际东迁辽东的鲜卑慕容氏,至慕容皝继位始建燕国,史

---

① 《晋书》卷1《石勒载记》。
② [唐]徐坚等:《初学记》卷27引《晋故事》。
③ 《晋书》卷104《石勒载记》。
④ [清]于敏中等:《日下旧闻考》卷2《世纪》引《赵书》。
⑤ 《晋书》卷106《石季龙载记》。
⑥ 《晋书》卷106《石季龙载记》。
⑦ 《晋书》卷109《慕容皝载记》。
⑧ 《晋书》卷104《石勒载记》。
⑨ 《晋书》卷7《成帝纪》。
⑩ 《晋书》卷109《慕容皝载记》。

称前燕。在流迁归附的广大汉族官僚与士人的支持帮助之下,国势日渐强盛。尤其迁都龙城(今辽宁省朝阳市),先后破夫余、高句丽,灭鲜卑宇文部与段部之后,前燕慕容部社会经济与文化均获得了较大发展。

慕容皝死后,子慕容儁继燕王位。翌年(东晋永和五年,公元349年),东晋遣使"假慕容儁大将军,幽平二州牧,大单于,燕王"。① 次年慕容氏乘后赵石虎死,冉闵篡政,发兵三路,分由东道徒河(今辽宁锦州)、西道居庸塞、中道卢龙塞伐赵,攻陷蓟城,占据幽州。慕容儁遂以蓟城为南下中原的基地,调兵遣将,南取冉魏郡县,迁中山太守以下"将帅、土豪数十家诣蓟";②于东晋永和八年(公元352年)俘斩冉闵,灭冉魏,迁其后妃、太子、大臣于蓟。慕容儁即帝位,建留台于龙城,而正式建都于蓟城,并"稍徙军中文武兵民家属于蓟"③。次年,又将后妃、太子自龙城迁于蓟宫。此后,又先后徙广固(今山东益都市西北)"鲜卑胡羯三千余户于蓟";④徙东晋汝南诸郡"万余户于幽冀"。⑤ 鲜卑贵族及大量鲜卑、胡羯兵民眷属迁入蓟城,极大地改变了蓟城人口的民族构成,也扩大了城市户口规模。

前燕迁都于蓟,在蓟城内修宫室,建太庙,铸铜马(为慕容廆、慕容皝、慕容儁祖孙三代南征北战之坐骑"赭白"的铜质铸像),大兴土木。慕容儁宫殿仍沿用战国时燕昭王之碣石宫旧名。蓟城虽为政治中心,但慕容儁仍常来往于留台龙城和国都蓟城之间,成为北方游牧民族政权建都于蓟而设陪都或留都于塞外的开端,为后来建都于此的金、元、清各代提供了建都立国的范式。但在当时,幽州居民担心播迁之苦常不自安,给城市社会生活带来不良影响;慕容氏只好采取若干政治措施如增封范阳、渔阳二王等,以加强对蓟城及幽州的统治。

光寿元年(东晋升平元年,公元357年)十一月,前燕在蓟城立足未稳,即急于自蓟迁都于邺城,以南图东晋、西谋前秦,统一天下。蓟城作为前燕都城整整五年时间。在前燕定都蓟城之初,曾将幽州刺史移治于留都龙城;至迁都于邺,幽州刺史又还治于蓟城。幽州刺史移治龙城,在前燕时期成为加强旧都治理、提高其留都地位的重要行政措施。

幽州为前燕十一州之一,辖燕郡(国)、渔阳、范阳、北平、广宁、代六郡(国)。⑥ 幽州、燕郡(国)在前燕迁都于邺之后,均治蓟城。因此,蓟城在失去前燕国都地位之后依然是幽燕地区六郡(国)的区域中心城市。蓟作为燕郡(国)所属十五县之一,⑦依然为

① 《晋书》卷8《穆帝纪》。
② 《资治通鉴》卷99《晋纪二十一》。
③ 《资治通鉴》卷98《晋纪二十》。
④ 《晋书》卷109《慕容儁载记》。
⑤ 《晋书》卷111《慕容暐载记》。
⑥ [清]洪亮吉:《十六国疆域志》卷3。尹钧科《北京历代建置沿革》认为慕容儁为燕王时,尚有上谷郡。
⑦ 据《北京历代建置沿革》考证:燕郡(国)原属十县外,尚有兴集、集宁、兴平、育黎、吴五县。

首县。

前燕是在政治腐败、政局不稳、国力虚弱的情况下迁都于邺城的。当时朝臣"不治节俭,专为奢纵,而更居清显","实时世之陵夷"所致。① 慕容暐继位,"后宫四千有余,僮侍厮养通兼十倍,日费之重,价盈万金"。② 兼兵革不息,使国力日颓;而郡县城乡"相互惊扰,所在屯结","盗贼互起,每夜攻劫,晨昏断行"。③ 前燕统治之脆弱由此可见。前燕建熙十一年(东晋太和五年,公元 370 年)被前秦一举攻灭。前秦尽有前燕疆土。

前秦是氐族苻氏建立的政权,都长安。苻坚灭前燕,据幽州,以郭庆为持节、都督幽州诸军事、幽州刺史、镇蓟城。郭庆为幽州军政长官,负责治民守土双重职责。因"军纪严明,师无私犯",使"远近帖然,燕人安之"。④ 前秦时,幽州为其二十二州之一,领有燕国、渔阳、范阳、北平、代、广宁、上谷七郡。蓟既是燕国所属十县之首县,又是幽州治所和燕王国都,依然是幽州七郡中心城市。

由苻洛为安北将军、幽州刺史、治蓟,并于前秦建元十二年(东晋太元元年,公元 376 年)被派遣"率幽州兵十万讨代王涉翼犍"来看,前秦为加强幽州七郡的统治驻扎有重兵。建元十六年(东晋太元五年,公元 380 年)命苻重为镇北大将军,镇守蓟城,而徙幽州刺史苻洛治和龙(按即龙城)。在苻氏二兄弟决计造反,攻打前秦都城长安时,苻洛从和龙发兵 7 万,苻重亦尽发蓟城驻军,从两军会师中山(前秦郡治,今河北定县),共有兵 10 万众⑤来看,前秦时蓟城常驻兵约在 3 万人上下。蓟可谓当时军事重镇。

在历经苻洛、苻重之乱,又经苻坚尽发倾国 90 万之师南伐东晋而惨败于淝水,前秦政权土崩瓦解。然而当时由于北方各少数民族的大量内徙形成的"四夷宾服,凑集关中,四方种人,皆奇貌异色"⑥的民族杂居共处形势,在中原地区也相类似。由于民族融合进程的差异,在关中羌人姚苌建立后秦,在西北先后建立过五个统治甚短暂的小王国,在平城(今山西大同)有鲜卑拓跋部建立的魏,在关东的中原地区则有鲜卑慕容垂于前秦建元二十年(东晋太元九年,公元 384 年)建立的后燕政权。东晋太元十一年(公元 386 年),慕容垂即帝位,定都中山(河北定县),改元建兴,署理百官。

为巩固自己的统治,彻底摧毁苻秦在关东的统治,慕容垂先于后燕政权建立之初以 20 万大军围攻苻坚之子苻丕所守之邺城,"燕、秦相持经年,幽冀大饥,人相食,邑落萧条"。⑦ 战争不仅破坏了幽冀地区的社会生活,而且也给城邑的发展带来极大影响。同

① 《资治通鉴》卷 100《晋纪二十二》。
② 《晋书》卷 111《慕容暐载记》。
③ 《晋书》卷 110《慕容儁载记》。
④ 《晋书》卷 114《苻坚载记》。
⑤ 《资治通鉴》卷 104《晋纪二十六》。
⑥ 《太平御览》卷 363 引车频《秦书》。
⑦ 《资治通鉴》卷 106《晋纪二十八》。

时在争夺蓟城的战争中,蓟城宫室亦遭前秦守将焚烧,后燕占领蓟城,蓟城已甚残破。时在东晋太元十年(后燕燕元二年,公元 385 年)二月。同年七月,又遭后燕叛将徐岩攻掠,他"乘胜入蓟,掠千余户而去,所过寇暴"。[①] 在迭遭兵燹之后,蓟城遭到严重破坏,幽冀人口大批流亡东北高句丽,故有辽东太守招抚流移,使还原籍之举。

后燕平定幽、冀二州之初,幽州牧镇龙城。至建兴四年(东晋太元十四年,公元 389 年)四月,以长乐公慕容盛镇蓟城,重建被焚烧之宫室;建兴六年(公元 391 年)初,"置行台于蓟,加长乐公(慕容)盛录行台尚书事"。[②] 这时幽州也移治蓟城。蓟城位于留台龙城和都城中山之间的地理位置,受到后燕慕容氏的高度重视,其地位仅次于国都中山和留台龙城。这时,蓟城是后燕十州之一的幽州治所,幽州领燕、渔阳、范阳、广宁、代、上谷六郡,其中燕郡仍领十县,治蓟。因此后燕蓟城不仅是幽州与燕郡中心城市,又是燕郡十县中的首位城市,而且还是联络东北与中原两大地域单元的都会城市。只是历经连年战乱攻伐,蓟城已残破萧条至历史上的最低点。因此至长乐元年(东晋隆安三年,公元 399 年)十二月,燕郡太守高湖在北魏军事压力之下,率三千户降,[③]蓟城遂被北魏鲜卑拓跋氏占据。后燕拥有蓟城的历史仅 14 年。值得注意的是,在北魏数十万大军围攻,后燕帝慕容宝尽失幽、冀州县,率贵族官僚"尽徙蓟中府库北趣龙城",[④]而后被杀的严峻形势下,高湖出降所率三千户,当系是时蓟城全部居民户数。于此亦可见,燕郡蓟城虽为幽州首位城市和重要都会,但后燕末年历经战争破坏,已甚为衰落。

三、北朝幽州燕郡复苏

按历史分期,北魏太延五年(刘宋元嘉十六年,公元 439 年)统一北方,历东、西魏,北齐,至北周大定元年(隋开皇元年,南朝陈太建十三年,公元 581 年)北周被隋所代是谓北朝时期。事实上,北魏占据并统治幽州蓟城始于后燕长乐元年(北魏天兴三年,公元 399 年),燕郡太守高湖降于北魏。

北魏是鲜卑拓跋氏建立的政权。其先祖曾建代国于今内蒙古中部与山西北端,前述苻洛所灭代王涉翼犍,即其国主。淝水之战前秦政权崩溃,涉翼犍之孙拓跋珪乘机复国,先即代王位,遂称魏王,建国号魏,史称北魏,又称拓跋魏、元魏或后魏。事在前秦太初元年(东晋太元十一年,公元 386 年)。

---

① 《晋书》卷 123《慕容垂载记》。
② 《资治通鉴》卷 107《晋纪二十九》。
③ 《资治通鉴》卷 111《晋纪三十三》。
④ 《魏书》卷 4 上《世祖纪》。

北魏占领蓟城,遭到幽州支持鲜卑慕容政权的汉族官僚地主和乌丸大人的顽强抵抗,斗争达一二十年。在北魏镇压这些反抗,并讨平代慕容氏自立的北燕冯文通后,幽州始纳入北魏版图。在灭亡北燕过程中,北魏曾经徙营丘、成周、辽东、乐浪、带方、玄菟六郡民三万家于幽州,并开仓以赈之,①从而补充了幽州地区因战乱流亡造成的户口减耗。

为稳定自身统治,推动社会经济的发展,北魏采取了若干有效措施。

首先是任用贤能,安抚疾苦,稳定社会。鲜卑拓跋氏十分重视幽州在其统治上的地位,明元帝、太武帝均曾巡幸幽州,"存恤孤老、问民疾苦","所过复田租之半";②同时,"分遣使者循行州郡,观察风俗","问民病苦,抚恤穷乏"。③ 还在笼络选用幽州文人学士任职朝廷之外,选派清正廉能官员出任幽州刺史或燕郡太守等重要职务。如张衮为幽州刺史,"清廉寡欲,劝课农桑,百姓安之";④尉诺为幽州刺史前后十余年,有惠政,吏民追思,凋散民户还业者万余家。⑤ 王宪为上谷(治居庸,在今延庆)郡守,"清身率下,风化大行";其孙王仲智为幽州刺史,又有清平之政。⑥ 此后,"性柔旷,有才用,""治有能名","善察狱讼,明于政刑"⑦的孔昭亦曾任职幽州刺史。自道武帝至文成帝即北魏建国初期这些清廉官员的任用,而对那些贪暴纳贿,奢侈过度的官员的严厉惩治,乃至赐死,显然是起到了澄清吏治、力除弊政、招抚流移、迅速稳定社会的作用。尤其是在北魏孝文帝太和八年(公元 484 年)"始准古班百官之禄"⑧之前,百官无俸禄而听取于民的情况下,地方官清正廉洁不滥取于民,对休养民力,恢复经济和安定社会是有积极影响的。

其次是劝课农耕,兴治水利,减轻租赋。道武帝曾"躬耕藉田,率先百姓";置八部帅以监州郡"劝课农耕,量校收入,以为殿最",⑨使地方官员益加重视农业。同时,针对鲜卑初入农耕地区废农田为牧地猎场,即"苑囿过度,民无田业"的状况,减其太半,以丐百姓。⑩ 这些措施推动了北魏初期乃至中期农业的发展。在幽州,卢道将为燕郡太守,"敦课农桑,垦田岁倍",⑪扩大了蓟城周边地区的耕地面积。后来裴延儁任幽州刺史,

---

① 《魏书》卷 4 上《世祖纪》。
② 《魏书》卷 4 上《世祖纪》。
③ 《魏书》卷 3《太宗纪》。
④ 《魏书》卷 24《张衮传》。
⑤ 《魏书》卷 26《尉古真附尉诺传》。
⑥ 《魏书》卷 33《王宪传》。
⑦ 《魏书》卷 51《孔伯恭传》。
⑧ 《魏书》卷 110《食货志》。
⑨ 《魏书》卷 110《食货志》。
⑩ 《魏书》卷 28《古弼传》。
⑪ 《魏书》卷 47《卢玄附道将传》。

因水旱频年，主持修复年久失修的旧督亢渠及戾陵堰车厢渠工程，他“躬自履行，相度水形，随力分督，未几而就，溉田百万余亩，为利十倍”。裴氏“在州五年，考绩为天下最”。[①] 幽州燕郡及渔阳、范阳郡农田水利事业推进了农业的发展。

北魏时期的赋役制度以孝文帝推行改革为界前后变化较大。之前，征收租调采用“九品混通”制，不问贫富，每年每户一例缴纳帛二匹、絮二斤、丝一斤、粟二十石为调，另收帛一匹二丈，为调外之费。这对普通农民负担甚重。尤其值得指出的是，战乱之后的北魏前期，“民多隐冒，五十、三十家方为一户”[②]的世家大族虽征敛倍于公赋，[③]但却规避租调，进一步加重了农民负担。好在幽州地区没有出现“纵富督贫，避强侵弱”[④]的官员。针对租调征收的上述问题，孝文帝实行改革，于太和中先后推行了“始准古班百官之禄”，增加租调以为百官俸禄，制止地方官滥取于民；颁布均田制，“诸男夫十五以上，受露田四十亩，妇人二十亩，奴婢依良。丁牛一头受田三十亩，限四牛”；建立三长制，“五家立一邻长，五邻立一里长，五里立一党长”，[⑤]以检括户口，厘定租调，使世家豪势大户荫庇下的民户得以独立，增加了国家一夫一妇制的编户，因而租调得以均平，使相应减少为“一夫一妇帛一匹，粟二石。民年十五以上未娶者，四人出一夫一妇之调”[⑥]等。因而出现了“课有常准，赋有恒分，苞荫之户可出，侥幸之人可止”[⑦]的有利形势，减轻了农民的经济负担，在某种程度上调动了农民生产积极性。沿至孝明帝，兼裴延儁为幽州刺史修举水利，才获得了“为利十倍”的良好经济效果。

按《魏书·食货志》，调外帛“各随其土所出”的规定，幽州“以麻布充税”，可知幽州麻布手工业生产已取代了先期桑蚕丝织手工业，而桑柘种植及绵绢和丝均退居生产的次要地位。孝文帝延兴末年，复置盐官，“量其贵贱，节其赋入”，使“公私兼利”，打破了此前战乱中富豪专擅煮盐之利的局面。后来虽时罢时立，但还是在一定程度上推进了煮盐业的发展。

建筑与雕刻工艺水平则可从佛寺与佛像得到反映。北魏是我国佛教兴盛的时期，幽州又是当时佛教发展之区。据《水经注·水注》，北魏宣武帝景明中曾在蓟城西北、燕王陵南“造浮图，建刹穷泉”。孝文帝太和中创建之幽州名刹光林寺“依峰带涧，面势高敞”，[⑧]规模宏伟。北齐天统中光林寺石造佛像基座前刻摩尼宝珠、双狮、

① 《魏书》卷69《裴延儁传》。
② 《魏书》卷53《李冲传》。
③ 《魏书》卷110《食货志》。
④ 《魏书》卷4上《世祖纪》。
⑤ 《魏书》卷110《食货志》。
⑥ 《魏书》卷110《食货志》。
⑦ 《魏书》卷53《李冲传》。
⑧ ［唐］释道宣:《续高僧传》卷36《宝岩传》。

金刚力士,两侧各浮雕执香炉行香及献花姿势的两个供养人,栩栩如生。在延庆县东南宗家营发现的高19厘米铜质鎏金造像,为正面高浮雕释迦牟尼说法像,具有较高佛教文化与艺术价值。虽无法判断是否幽州制作,但至少证明文化艺术制品流通的存在。

　　东汉末年之后,由于战乱、割据日渐形成的农民封建依附和势家豪族,至十六国和北魏前期继续扩展,形成宗主督护制。在这种制度下,势家豪族聚族而居,"或百室合户,或千丁共籍",[①]而农民则成为具有很强依附性的"苞荫户",或称"荫庇户"。事实上,这些荫庇户就是势家豪族的部曲、佃客,被役使生产除食盐之外的各种生活必需品,使社会经济生活自给性大大增强,因而使商品交换与流通受到严重阻碍乃至破坏。北魏货币铜钱形成"专贸于京邑,不行于天下"[②]的局面。而民间交易多以实物交换,包括幽州在内的"河北州镇,……专以单丝之缣,疏缕之布,狭幅促度,不中常式,裂匹为尺,以济有无。至今(按孝明帝熙平初年)徒成杼轴之劳,不免饥寒之苦,良由分截布帛,壅塞钱货"[③]。甚至到北齐初年,"冀州之北,钱皆不行,交贸者皆以绢布"[④]。在这种形势之下,幽州蓟城的商业活动亦受到极大影响,蓟城商业都会的职能为之削弱。但是,民间实物交换及小规模的物资交流还在进行中,幽州燕郡人刘灵助在入仕之前,即曾负贩于幽恒(北魏迁都后,改平城为恒州,治今大同市)之间,或卖术(阴阳占卜)于市,[⑤]即是证明。而官府与沿边契丹、库莫奚之间的关市贸易及民间边地交易生活日用品的活动一直延续着,并有所发展。[⑥]

　　按《魏书·地形志》,北魏地方行政区划,沿袭前代,实行州、郡、县三级制。但西晋之后战争迭起,疆域多变,各分裂割据政权"南北相高,互增州郡";[⑦]"地无百里,数县并置,或户不满千,三郡分领",[⑧]以张其势,使州郡境域日狭。两汉十三州之一的幽州至北魏后期已成为一百一十一州之一,其辖域之缩小于此可见。事实上,随着幽州州域的割舍,其领属的郡县相应减少。拓拔嗣永兴三年(公元411年)幽州领有燕、范阳、渤海、高阳、河间、广川、广宁、上谷八郡;至太平真君元年(公元440年),领燕、范阳、渔阳、上谷、石城、建德、辽西、北平八郡和抚冥、柔玄二镇;[⑨]太和三年(公元479年),仅领有燕、

---

①　《鸣沙石室佚书·晋纪》(敦煌写本)。

②　《魏书》卷110《食货志》。

③　《魏书》卷110《食货志》。

④　《通典》卷9《食货典·钱币》。

⑤　《魏书》卷91《刘灵助传》。

⑥　《魏书》卷100《库莫奚传》、《契丹传》。

⑦　[清]顾祖禹:《读史方舆纪要》卷4《历代州城形势》,上海书店出版社,1998年。

⑧　《隋书》卷46《杨尚希传》。

⑨　[清]徐文范:《东晋南北朝舆地表》年表,卷4第163页,卷5第208页,《丛书集成新编本》,新文丰出版公司。

范阳、渔阳和上谷四郡,太和十八年(公元494年)又割上谷隶燕州,故而北魏后期幽州仅领有燕、范阳和渔阳三郡(图4—2)。其中燕郡领蓟、广阳、良乡、军都和安城(延和二年即公元433年由安次县改名)五县,蓟一直是幽州和燕郡治所,①因此蓟城既是燕郡又是幽州中心城市,只是伴随幽州辖域的割舍,其吸引范围有所变动,地位亦有所嬗递罢了。

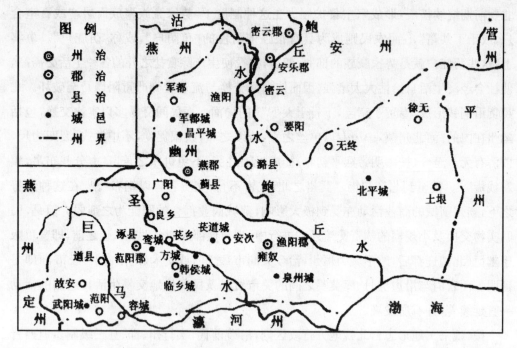

图4—2 北魏太和十八年幽州城邑分布

因十六国时期长期战乱,"燕土乱久,民户凋散",②幽州人口大量流徙;尤其北魏立国之初建都平城(今大同市),曾移民实京师,徙山东六州包括幽州吏民杂夷十余万户于代(郡),又徙冀、定、幽三州徒何(鲜卑)于京师,使幽州地区户口益加减少。因此,招抚流移,存恤百姓成为北魏初期幽州官员的首要职责。明元帝初,尉诺为幽州刺史,招还复业者达万余户。由此亦可见,此前幽州百姓迫于战乱流亡之众。至太武帝延和初伐北燕,又"徙营丘、辽东、成周、乐浪、带方、玄菟六郡民三万家于幽州",③使幽州郡县户口得到补充。在北魏政府实行的上述若干措施,尤其三长制的推动下,郡县户口明显增长,至孝明帝"正光已前,时惟全盛,户口之数,比夫晋之太康,倍而已矣"。④ 若按郡县户口比西晋太康中多一倍计,北魏户口极盛的孝明帝初年(公元516—520年),燕郡平

---

① 《魏书》卷106上《地形志》。
② 《魏书》卷26《尉诺传》。
③ 《魏书》卷4上《世祖纪》。
④ 《魏书》卷106上《地形志》。

均每县约 6 000 户,而蓟作为燕郡首县,又是州、郡治所,县属户口当倍于他县,约在 1 万户以上,其中蓟城居民约 5 000 户以上,人口约 2.5 万。

社会的稳定与经济的复苏,为文化教育的发展提供了必要条件。北魏太祖初定中原,"便以经术为先,立太学,置五经博士生员千有余人。天兴二年(公元 399 年),增国子太学生员至三千"。从而为北魏一代重视教育立下了制规。太武帝始光三年(公元426 年)建太学,并"令州郡各举才学"。献文帝天安初,诏立乡学,郡置博士二人,助教二人,学生六十人。后大郡增助教二人,学生增至一百人,中郡学生增至八十人。同时,"令州县各举才学",①亦形成一代定规。在幽州,深受家学培植的范阳卢氏后裔卢道将出任燕郡太守,即表请为地方先贤乐毅、霍原修墓立祠,注意"优礼儒生,励劝学业"。②后来裴延儁为幽州刺史,在大修水利的同时,"修起学校,礼孝大行"。③ 卢、裴二氏等幽燕官员正是按照朝廷要求兴办与发展地方官学,推动郡县教育的。北魏兴办官学、重视人才的国策,产生了两个方面的社会影响:一是"人多砥尚,儒林转兴";二是"天下承平,学业大盛"④。

幽州深厚的历史文化传统及官学教育的发展,带动了势家豪族家学及文人学士置馆授业的私学的发展。范阳卢氏自东汉卢植以来世代传承的家学,在北朝时期培养出了卢玄、卢度世、卢遐、卢渊、卢同、卢景裕、卢辩、卢观、卢昌衡、卢思道等著名文士学者及显官,是世家家学教育的典型代表。学者置馆舍,聚徒讲学,传授学问之风亦甚盛行。据《魏书·儒林传》,"讲学于外二十余年,海内莫不宗仰"的北魏后期著名学者徐遵明,17 岁自家乡华阴(今陕西华阴东)赴关东求学,先后至上党屯留(今山西潞城西)、燕赵、范阳,先师从"门徒甚盛"的张吾贵,然仅"伏膺数月",转就范阳孙买德授业一年。足见燕赵地区私学授徒之盛及其影响之深远。徐遵明后来亦自置馆授学,燕郡蓟人平监即曾受学于他。⑤ 北齐文宣帝高洋则曾师事卢景裕,卢氏亦曾置馆授徒。

官学、家学与私学的发展,至北魏中期,使形成了"平宁日久,学业大盛,燕、齐、赵、魏之间,教授者不可胜数,弟子著录多者千余人,少者犹数百,州举茂异,郡贡孝廉,每年逾众"⑥的盛况。

幽州深厚的历史文化传统及官、私教育的突出发展,培育并产生了一批前后相继,"有名于时,学博今古",⑦影响被于后世的著名文人学者。在前述范阳卢氏家族著名文

①　《魏书》卷 84《儒林传》。
②　《魏书》卷 47《卢玄附卢道将传》。
③　《魏书》卷 69《裴延儁传》。
④　《魏书》卷 84《儒林传》。
⑤　《北齐书》卷 26《平监传》。
⑥　《资治通鉴》卷 145《梁纪一》。
⑦　《魏书》卷 15《秦王翰传》。

人学者中,卢玄在太武帝征辟的天下贤俊中,名列第一;卢玄之孙卢渊精书法,世称"魏初工书者,崔(按崔玄伯)、卢二门";[①]卢昌衡"博涉经史,工草行书",与从弟卢思道被誉为"卢家千里(驹)"。[②]

渔阳雍奴高闾,"文章富逸",因与官居显位的著名学者高允风格相类,并称二高。官至中书令,仕献文、孝文、宣武三朝,"军国书檄诏令,碑颂铭赞,百有余篇,集为三十卷"。[③]

范阳郦道元,自幼好学,博览群书,学识博洽。为弥补前人《水经》一书记述过简且多脱讹缺陷,他亲赴各地踏勘考察并参考一百三十余种前代著作,详注辑补成四十卷巨著《水经注》,成为我国古代流传至今,既有很高科学价值,又有很高文学价值的最早地理文献,对后世地理学尤其历史地理学产生了极其深远的影响。清代以来《水经注》研究已形成专门的"郦学",足见其影响之大。

燕郡蓟人平恒,"研综经籍,钩深致远,多所博闻",所撰《略注》,"自周以降,暨于魏世,帝王传代之由,贵臣升降之绪,皆撰录品第,商略是非",是一部"好事者览之,咸以为善"的述史鉴世之著作。他官至著作佐郎、秘书丞,在同僚中每被称誉"博通经籍无过恒也"。[④] 平恒友人梁祚"笃志好学,历治诸经",自赵郡举家迁居蓟,积十余年,"虽羁旅贫窘而著述不倦",曾撰并陈寿《三国志》,名曰《国统》。平恒常相邀请,与论经史。[⑤]

文化名人及其学术活动和学术成就,共同构成了地方浓厚的文化氛围,并对当时乃至后世产生了深远影响,使幽州成为北魏重要文化中心之一。

佛教作为宗教文化的组成部分,自东汉传入中国,经魏晋统治阶级的倡导,至南北朝时期得到突出发展。鲜卑拓跋氏在南进中原的过程中开始接触,并逐渐接受佛教教义的影响。道武帝统一北方过程中,"平中山,经略燕、赵,所径郡国佛寺,见诸沙门、道士,皆致精敬,禁军旅无有所犯",[⑥]进而抬高了佛教的地位。至中期佛教在北方大兴,创建了云岗、龙门、万佛洞等著名佛教石窟圣地。幽州文人学士受佛教义理影响,与僧徒保持了一定联系,如范阳名门儒士卢景裕还乡里,"寓托僧寺,讲听不已","好释氏,通其大义。天竺胡沙门道悕每论诸经议,辄托景裕为之序。"[⑦]由此及宣武帝延昌三年(公元514年)"幽州沙门刘僧绍聚众反,自号净居国明法王"[⑧]和现存北魏时期的佛教寺庙

① 《魏书》卷47《卢玄传》。
② 《隋书》卷57《卢思道附卢昌衡传》。
③ 《魏书》卷54《高闾传》。
④ 《魏书》卷84《平恒·梁祚传》。
⑤ 《魏书》卷84《平恒·梁祚传》。
⑥ 《魏书》卷114《释老志》。
⑦ 《魏书》卷84《儒林传》。
⑧ 《魏书》卷8《世宗纪》。

与造像考察,当时幽州还是佛教文化和佛教活动中心之一。

幽州地区的政治统一和经济发展,一方面形成了对当时沿边库莫奚、契丹等民族的震慑力量,另一方面幽州郡县的物质文明又形成了吸引北方民族向化的力量,扩大了农业文明的影响,密切了他们与农业经济的联系;同时北魏实行的允其岁贡、发展边贸的政策,也保障了幽州边地的安定及所属郡县的社会稳定与经济发展。

以库莫奚为例,其原系鲜卑宇文部别支,曾为前燕慕容皝所破,徙居弱洛水(今西拉木伦何)南。北魏初又受到道武帝攻击,获其四部落。太延初,太武帝灭北燕,置戍和龙,库莫奚降服,岁贡名马文皮。① 数十年间除朝贡之外,其部民与"边民参居,交易往来,并无疑贰"。太和中犯安州,被击走,故曾远离边塞;至宣武帝初,复请入塞贸易,诏许依前"任其交易",但"事宜限节,交市之日,州遣上佐监之"。② 从而又恢复了库莫奚朝贡及关市交易,且维持到东魏时期。

与库莫奚"异种同类"的契丹部族,自太武帝"(太平)真君以来,求朝献,岁贡名马",③与北魏保持了密切的政治与经济联系。献文帝时,契丹诸部忻慕北魏强盛,"各以其名马文皮入献天府,遂求为常。皆得交市于和龙、密云之间,贡献不绝。"④孝文帝太和初,契丹莫弗贺勿于惧高句丽侵扰,"率其部落车三千乘、众万余口,驱徙杂畜,求入塞内附,止于白狼水(今大凌河)东。自此岁常朝贡"。遇饥荒,"听其入关市籴"。至北齐受禅,朝贡常不绝。⑤ 幽州北界民族关系的和睦相处,又为幽州城乡社会、经济、文化的发展提供了良好的社会环境。

北魏中期以后,均田制日渐破坏,土地兼并日重,吏治转污兼灾荒频仍,贫民流离,社会矛盾趋于激化。早在太和初年,幽、冀等州即出现了因水灾濒发卖鬻男女者,因而诏令"饥民良口","尽还所亲"。⑥ 及宣武帝,"宽以摄下",⑦政治腐败,贪贿风行,社会矛盾益加尖锐。因而幽州首先爆发了王惠定、刘僧绍起义。⑧ 至孝明帝初年,幽冀地区连年旱灾,导致熙平二年(公元517年)十月,"幽、冀、沧、瀛四州大饥";翌年正月,"幽州大饥,民死者三千七百九十九人。"⑨幽州百姓生计益加艰难。在北方六镇起义被镇压、六镇20余万降户被强迫迁往冀、定诸州安置之后,原本生计断绝的当地百姓更加面临绝境,因而又相继爆发了杜洛周、葛荣起义,形成了"桑乾为饮马之池,燕赵成乱兵之地",

---

① 《魏书》卷100《库莫奚传》。
② 《魏书》卷100《库莫奚传》。
③ 《魏书》卷100《契丹传》。
④ 《魏书》卷100《契丹传》。
⑤ 《魏书》卷100《契丹传》。
⑥ 《魏书》卷7上《高祖纪》。
⑦ 《魏书》卷8《世宗纪》。
⑧ 《魏书》卷8《世宗纪》。
⑨ 《魏书》卷9《肃宗纪》。

"行路阻绝,音信虑悬"①的局面。葛荣起义失败后,其余部韩楼曾"有众数万,屯据蓟城"。②

经北魏末年经济残毁与战争破坏,幽州人口大量流亡,因而至东魏武定中(公元543~549年)幽州燕郡五县共有户5 748,口22 559;③平均每县已不足1 150户,4 512口了。较北魏户口极盛时即孝明帝初年燕郡平均每县约6 000户,减少了80%以上。社会之残破于此可见。

永熙三年(公元534年)北魏分裂为东魏与西魏。东魏为高欢控制,都邺城;西魏被宇文泰控制,都长安。东魏武定八年(公元550年),高欢子高洋代魏自立,国号齐,史称北齐。东魏统治仅十七年,而北齐至建德六年(公元577年)被北周灭亡,立国27年。东魏至北齐政权更替以禅代形式实现,保持了各项治国政策的一定连续性。

东魏地方行政建置与区划沿袭北魏,实行州、郡、县三级政区制。只是历经北魏末年的战乱在幽州以北与幽州毗邻的安州、燕州及所属郡、县均已内徙,分别寄治于幽州渔阳郡北境和燕郡军都县境,其中燕州已改称东燕州。故幽州北境多侨置州郡县是当时本区行政建置的重要特点。

幽州仍辖燕、渔阳、范阳三郡,郡下共置有18县。其中燕郡领蓟、广阳、良乡、安城、军都五县。州、郡均治蓟城,蓟仍为幽州及所辖燕郡的首县和首位城市。安州所辖密云、广阳、安乐三郡,郡下领八县,州、郡及多数县均侨置于今密云境内。东燕州所辖昌平、上谷、偏城三郡,郡下领六县,州、郡及所属多数县均侨治今昌平境内。安州与东燕州所属郡县的内徙并侨置于幽州境内,形成了新的城市空间结构形式,而且加强了这些州郡县与幽州郡县之间的联系,进一步突出了幽州治所蓟城的区域中心地位。

如前所述,在历经北魏后期的灾荒、战乱与分裂,至东魏武定中,幽州郡县户口,尤其蓟城所在燕郡户口已大量耗减。而内徙之东燕州三郡六县仅1 766户,6 317人,平均每县不足300户;安州三郡八县仅5 405户,23 149人,平均每县也只有670余户,2 890余人。东魏武定中幽州包括侨置州郡户口在内,总计46 751户,170 002人,其中燕郡境内总计约12 919户,52 025人,成为幽州蓟城周围地区户口最为稀少的时期之一。

北齐沿东魏实行州、郡、县三级政区制。幽州仍领燕、渔阳、范阳三郡,幽州与燕郡仍以蓟城为治所,但在行政建置上亦出现了两个明显的变化。其一是天保七年(公元556年),针对"丁口减于畴日,守令倍于昔辰","百室之邑,便立州名,三户之民,空张郡

---

① 罗哲文:"义慈惠石柱",《文物》,1958年第8期。

② 《魏书》卷80《侯渊传》。

③ 《魏书》卷106上《地形志》。

目。譬诸木犬,犹彼泥龙,循名督实,事归乌有"的郡县滥置状况,于其境内并省三州、一百五十三郡、五百八十九县、二镇二十六戍。① 其中在幽州各郡均有县级政区被并省。燕郡广阳、良乡省入蓟县,废军都县入昌平县;武平六年(公元 575 年)复置良乡县,又置归德县,故北齐后期燕郡领蓟、良乡、安次与归德四县。范阳郡方城、长乡二县省入涿县,容城、固安二县省入范阳县,故北齐后期范阳郡领涿、范阳、遒三县。渔阳郡属县经并省改隶,存潞、雍奴、渔阳三县。故北齐幽州领三郡十县。东魏寄治于幽州北界的安州三郡八县,至此废广阳郡,省所属广兴、方城二县入燕乐县;废密云郡,省所属白檀、要阳二县入密云县;废安乐郡属土垠县入安市县;燕乐、密云、安市三县隶于安乐郡。即安州领一郡三县。东燕州三郡六县,至此废上谷郡及所属居庸、平舒二县,废徧城郡及所属广武、沃野二县,东燕州领昌平一郡、领昌平、万年二县。因而在北魏幽州旧地至北齐时除幽州三郡十县外,还有安州所属一郡三县及东燕州所属一郡二县,共计三州五郡十五县,形成了新的城市体系,而仍以幽州、燕郡治所蓟为中心首位城市。其二是天保初年创置行台制,分设东北道、东南道、南道等行台。② 其中东北道行台初治定州(今河北定县),据《北齐书·冯翊王润传》,润"历位东北道大行台、右仆射、都督、定州刺史",及刺史、守令兼任的官制可以推知。但按《隋书·地理志》,涿郡,"旧置幽州,后齐置东北道行台",知该行台后又迁治于幽州蓟城。因此,东北道行台又称作幽州行台。③ 河清三年(公元 564 年),斛律羡"转使持节,都督幽、安、平、南、北营、东燕六州诸军事,幽州刺史"。天统元年(公元 565 年),"诏加行台仆射"。四年(公元 568 年),"迁行台尚书令"。④ 由此可知,行台置有行台、仆射、右仆射、都督、尚书令等职,且兼任驻在州刺史。行台显然是朝廷派驻的职高位重、统辖数州的方面官,其职权兼及军政,远在州刺史之上。斛律羡无罪被诛后,先后又有独孤永业出任东北道行台仆射、幽州刺史;潘子晃任幽州道行台右仆射、幽州刺史。潘氏在北周军事压力之下即以其行台任职降于北周。北齐幽州行台的创设及迁治幽州蓟城,使蓟城的政治与军事地位得到加强,从而突出了其大区域中心城市的职能。

为改变北魏末季战乱造成的幽、安、平等边州"土荒民散"、⑤"苍生涂炭",⑥经济凋敝的状况,东魏尤其北齐采取了若干措施。

和好关系、加强边备、安定边州社会环境。北魏末年的战乱,北方各少数民族趁机南下,在幽州北界除原契丹、库莫奚外,又出现了柔然(《北史》称蠕蠕),尤其突厥势力的

---

① 《北齐书》卷 4《文宣帝纪》。
② 《北齐书》卷 4《文宣帝纪》此事见诸记录在天保三年(公元 552 年)三月。
③ 《北齐书》卷 8《后主纪》。
④ 《北齐书》卷 17《斛律金附子羡传》。
⑤ 《北齐书》卷 19《尉长命传》。
⑥ 《北齐书》卷 4《文宣帝纪》。

膨胀发展,形成新的边地威胁。对契丹、库莫奚两个相对弱小的民族,在采取维持关市与通贡的同时,实行武力震慑的方略,以推进通贡的发展,故有北齐时期的历次北讨。对柔然这一日渐强盛的民族,北魏为镇压边地六镇起义曾借重其兵力,因而导致柔然乘机进占北魏长城以北大片领土,称雄漠南,并曾寇掠北魏幽州。① 东、西魏分立之后,为了结好自固,"竞结阿那瓌(guī)为婚好"。② 东魏元象元年(公元538年),柔然王"阿那瓌掠幽州范阳,南至易水"。③ 因此在朝廷与其结为婚好外,还加强了沿边防守。大丞相高欢也纳阿那瓌女为正室,还曾于武定初上言"幽、安、定三州北接奚、蠕蠕(按即柔然),请于险要修立城戍以防之,躬自临履,莫不严固"。④ 北齐天保三年(公元552年),柔然被突厥击败,其主阿那瓌自杀。又经北齐多次讨伐,柔然势微,不复为患。

突厥的崛起,不仅击败了柔然,势力迅速发展到东起大兴安岭,西至里海的大汗国,而且威胁着北齐安全。北齐又与北周争相与突厥和好,联姻纳贿,即所谓"竭生民之力,供其往来,倾府库之财,弃于沙漠"。⑤ 同时,为防范突厥南下,天保四年(公元553年)北齐文宣帝北讨突厥,受降而还。天保六年(公元555年),"发夫一百八十万人筑长城,自幽州北夏口至恒州九百余里"。夏口古作下口,又名南口,即居庸关之南口;恒州即北魏平城,迁都之后易名。翌年,"自西河总秦戍筑长城东至于海,前后所筑东西凡三千余里,率十里一戍,其要害置州镇,凡二十五所"。⑥西河非西河郡,而是靠近黄河南北向河段的方位词;总秦戍是历史地名,在今山西保德县南;海即渤海。这条东西长达三千余里的长城,包括前后所筑两部分。前即天保三年(公元552年)九月,文宣帝高洋自并州幸离石;十月"至黄栌岭,仍起长城,北至社干戍四百余里,立三十六戍"⑦的一段。黄栌岭在今山西汾阳西北,社干戍在今山西五寨县东北,汾水源地;仍当系乃之误写。这一段长城主要用于防范西魏东进。后即天保六年所筑夏口至恒州的长城。天保七年将其修缮连接一起。

天保八年(公元557年)又"于长城内筑重城,自库洛拔而东至于坞纥戍,凡四百余里"。⑧ 库洛拔,古地名,在今山西朔县西北;坞纥戍,亦古地名,在今山西灵丘西北。这条可称之为内长城,用于防御突厥,与天保七年所筑长城功能相同。河清三年(公元

---

① 《北史》卷31《高季式附卢曹传》。
② 《北史》卷98《蠕蠕传》。
③ 《北史》卷98《蠕蠕传》。
④ 《北齐书》卷2《神武帝纪》。
⑤ 《北史》卷99《突厥传》。
⑥ 《北齐书》卷4《文宣帝纪》。
⑦ 《北齐书》卷4《文宣帝纪》。
⑧ 《北齐书》卷4《文宣帝纪》。

564 年)，斛律羡为幽州道行台仆射，"以北虏屡犯边，须备不虞，自库堆戍东拒于海，随山屈曲二千余里，……置立戍逻五十余所"。① 库堆戍，古地名，据《中国长城沿革考》，即北齐之三堆戍，在今山西静乐。

北齐内外长城尤其东段的修筑，建立起了防御突厥南下的屏障，对长城以南农业文化区的社会安宁起了重要保护作用。北齐时，幽州免遭突厥南下的蹂躏，社会经济获得了恢复和发展的安定环境。

严勒长吏，劝课农桑，发展农业经济。文宣帝受禅，即遣使于四方，"观察风俗，问民疾苦，严勒长吏，厉以廉平，兴利除害，务存安静"。同时又诏，"诸牧民之官，仰专意农桑，勤必劝课，广收天地之利，以备水旱之灾"。因而收到了"风化肃然，数年之间，翕斯致治"②的社会效果。为改变幽州地区战乱之后人烟稀少，田地荒芜的状况，天保八年(公元 557 年)，"议徙冀、定、瀛(州)无田之人，谓之乐迁，于幽州范阳宽乡以处之。"虽百姓惊扰，种植亦未收到预期效果，③但毕竟增加了对战后荒地的开垦和利用，推动了农业生产的恢复与发展。

皇建中(公元 560～561 年)，"平州刺史嵇晔建议，开幽州督亢旧陂，长城左右营屯，岁收稻粟数十万石，北境得以周赡"。④ 幽州地区修复水利，实行屯田，收到良好效果。至河清三年(公元 564 年)在重新颁行均田制外，规定："缘边城守之地，堪垦食者，皆营屯田，置都使子使以统之。一子使当田五十顷，岁终考其所入，以论褒贬"。⑤ 是时，值斛律羡出为幽州刺史，都督幽、平六州诸军事，率先开垦边地，并于次年"导高梁水北合易京(水名，即今温榆河)，东会于潞(潞水)，因以灌田"，因而获得了"边储岁积，转漕用省，公私获利"⑥的巨大成效。郡县民间农业生产亦获得一定发展。

东魏改盐业民营为官营，"于沧、瀛、幽、青之境，傍海煮盐"，共置灶 2 666 处，年终合收盐 209 702 斛 4 升。政府直接控制盐的生产与销售，使"军国所资，得以周赡"；⑦幽州虽仅 180 灶，但亦可大体了解当时手工业和商品流通的状况。而由东魏武定中商人从幽州长途贩运鹿脯至沧州被盗，当政者破获盗劫者的案例；⑧北齐"诏免诸伎作、屯、牧、杂色役隶之徒为白户"，改铸"常平五铢"新钱，及朝廷祭祀"皆仰市取"⑨等，隐约可知，东魏北齐时手工业与产品交换和买卖较前有了一定发展。

①　《北齐书》卷 17《斛律金附子羡传》。
②　《北齐书》卷 4《文宣帝纪》。
③　《隋书》卷 24《食货志》。
④　《隋书》卷 24《食货志》。
⑤　《隋书》卷 24《食货志》。
⑥　《北齐书》卷 17《斛律金附子羡传》。
⑦　《魏书》卷 110《食货志》。
⑧　《北齐书》卷 10《彭城王浟传》。
⑨　《北齐书》卷 4《文宣帝纪》。

但另一方面,东魏至北齐,鲜卑贵族及汉族势家官僚利用种种手段兼并土地,苛剥民间,使形成了"强弱相凌,恃势侵夺,富有连畛之陌,贫无立锥之地",[①]贫富分化严重。同时,北齐天保中北筑长城虽有其防御功能,但不数年间数兴重役,兼"发丁匠三十余万营三台于邺下,因其旧基而高博之,大起宫室及游豫园";[②]"多所营缮,百役繁兴",使"举国骚扰,公私劳弊"。[③] 各种矛盾冲突的激化,不断地削弱与动摇着北齐的统治,国势日衰,与北周形成鲜明对比。文宣时,"周人常惧齐兵之西度,恒以冬月,守河椎冰"。而至武成、后主之际,"朝政渐紊,齐人椎冰,惧周兵之逼"[④]了。殆至北齐末年,"赋敛日重,徭役日繁,人力既殚,帑藏空竭","物产无以给其求,江海不能赡其欲",[⑤]北齐之败亡已成必然之势。

北魏分裂后的西魏,至恭帝三年(公元 556 年)禅位于丞相宇文觉,国号北周。北周推行均田制与府兵制,励精图治,国力和兵力迅速增强。周武帝于建德三年(公元 574年)废佛道二教,将近百万僧侣及其所属僧祇户、佛图户隶属郡县,解放了社会生产力。六年(公元 577 年)灭齐,尽有北齐州郡。幽州道行台右仆射、幽州刺史潘子晃降于周。是年初,诏"于河阳、幽、青……并置总管府"。幽州总管府至大成元年(公元 579 年)隶东京六府。周初幽州沿北齐,仍领燕、范阳、渔阳三郡,治蓟。但省燕郡归德县入蓟县,燕郡领蓟、良乡、安次三县;省渔阳县入无终县,隶渔阳郡,郡领潞、雍奴、无终三县;范阳郡仍领涿、范阳、遒三县。北周废东燕州及所属昌平郡,旋置平昌郡,仍领昌平、万年二县。据《北京历代建置沿革》平昌郡改隶幽州。北齐安州,北周改玄州亦作元州,安乐郡安市县废入密云县,故玄州安乐郡领燕乐、密云二县。总之北周时幽州总管府领有四郡十一县,其政治经济影响所及还有玄州安乐郡所属二县;因而形成新的城市体系,而蓟作为幽州总管府和燕郡治所仍是区域中心城市。

北周灭北齐,北齐范阳王高绍义(文宣帝高洋第三子)逃亡突厥,勾结突厥犯边,"入寇幽州,杀略居民"。[⑥] 高绍义还曾犯幽州,"欲乘虚取蓟城"。[⑦] 北周与突厥和亲的同时,命司徒于翼"巡长城,立亭障。西自雁门,东至碣石,创新改旧,咸得其要害"。因授于翼为幽、定七州六镇诸军事、幽州总管。[⑧] 幽州总管驻扎蓟城,兼理北方七州六镇诸军事,无形中提高了蓟城在北方的政治与军事地位;其城市地位远在其他州城之上,因

---

① 《通典》卷 2《食货·田制》。
② 《北齐书》卷 4《文宣帝纪》。
③ 《北齐书》卷 4《文宣帝纪》。
④ 《北史》卷 54《斛律金附子光传》。
⑤ 《北齐书》卷 8《幼主纪》。
⑥ 《周书》卷 50《突厥传》。
⑦ 《北齐书》卷 12《范阳王绍义传》。
⑧ 《周书》卷 30《于翼传》。

而蓟城影响所及已远远超出上述五郡十三县范围。

北周据幽州,突厥"屡为寇掠,居民失业",于翼为幽州总管,加强防守,注意恢复生产,使突厥"自是不敢犯塞,百姓安之"。[①]

自建德六年(公元577年)北周灭齐占据幽州蓟城,至大定元年(公元581年)北周相国、隋王杨坚代周自立为帝,国号隋,北周统治幽州仅五年时间。因而幽州蓟城尚未能出现更大的变化。

总之,魏晋十六国北朝时期,幽州长期处于分裂割据的战乱状态,以社会动荡、百姓流离、经济萧条为其时代特征。虽然也出现过西晋全国统一,但历时仅40余年,因而制约了区域城市的连续发展,使呈现了动荡、萧条、发展的波动过程,成为限制蓟城城市成长与发展的主导因素。值得重视的是,在魏晋和北魏时期,蓟城及其所在幽州地区在各自相应的环境条件下获得了一定发展,并呈现了区域中心城市和幽燕都会的某种繁荣景象。割据时期的前燕建都于蓟和北齐置幽州道行台,及北周置幽州总管,却是蓟城发展的重要机遇,标志了其地位在嬗变中上升的迹象。

---

① 《周书》卷30《于翼传》。

第五章　隋唐时期幽州城市的发展

一、隋幽州与涿郡

北周大定元年(公元 581 年)二月,相国杨坚代周自立,建元开皇,是为隋朝。自隋文帝开皇元年(公元 581 年)至义宁二年(大业十四年,公元 618 年),恭帝禅位于李渊,隋朝统治仅 37 年。其统治时间虽然短促,但实现了国家统一,结束了自西晋末年以来二百七十余年的南北分立局面,推动了历史的进程。

隋初沿北周之制,设幽州总管府,仍领燕、范阳、渔阳、平昌四郡十一县。幽州、燕郡治蓟,蓟为幽州中心城市。开皇三年(公元 583 年)有鉴于"当今郡县,倍多于古,或地无百里,数县并置;或户不满千,二郡分领。具僚以众,资费日多;吏卒人倍,租调岁减","民少官多,十羊九牧"的郡县滥置状况,采纳"存要去闲,并小为大"①的建议,"罢天下诸郡"。② 在幽州,罢燕郡,所属蓟、良乡、安次直隶幽州;罢范阳郡,所属涿县隶幽州;罢渔阳郡,所属潞、雍奴、无终三县隶幽州;罢平昌郡,所属万年县并入昌平县,改属幽州;开皇六年(公元 586 年),徙玄州治无终,原属渔阳郡之潞、雍奴、无终三县改隶玄州;而于原玄州地置檀州、仍领密云、燕乐二县。因此终文帝一代,实行州、县二级政区制,幽州领五县。由于传统隶属关系在幽州吸引和影响范围之内的还有檀州密云与燕乐二县及玄州所领三县,共计十个州县治所城市,蓟城作为幽州总管与刺史驻地自然是区域中心城市。

至炀帝大业三年(公元 607 年),罢州改郡,幽州改称涿郡,除原领蓟、良乡、安次、昌平、涿五县外,玄州改称渔阳郡只领无终(大业末改称渔阳)一县,潞、雍奴改隶涿郡,新置固安隶涿郡,又废燕州,以所领怀戎县隶涿郡。终炀帝一代,实行郡县二级制,涿郡领九县。同时,檀州改称安乐郡,仍辖密云、燕乐二县。是时郡置太守与通守(副太守),而罢总管与刺史。至炀帝征辽东,涿郡又置留守,留守兼领太守,标志了幽州涿郡地位在与东北方向少数民族的矛盾冲突中日益重要,都会职能亦愈以加强,其实际控制与影响

---

① 《隋书》卷 46《杨尚希传》。
② 《隋书》卷 1《高祖纪》。

地域已恢复到两汉幽州地区。周末隋初于翼为幽州总管，"总驭燕、赵，南邻群寇，北捍
庬头"；①隋文帝以周摇为幽州总管，并领北方六州五十镇诸军事；②炀帝征辽东，依京
都、洛阳（东都）、太原制度于涿郡置留守，蓟城实为行都；隋末割据幽州自称总管的罗艺
先杀渤海太守，柳城、怀远边郡归附，罢柳城郡太守，改为营州，以襄平（今辽宁辽阳）太
守为营州总管及罗艺以涿郡太守名义联合上谷、北平、柳城、渔阳等边郡送款长安、臣属
李渊等事件，均足以证明幽州涿郡政治影响及其中心城市蓟城腹地范围之广大。

　　文帝杨坚代周自立，引起突厥可汗的不满，勾结原北齐营州刺史高宝宁，屡犯幽州
边地，使"内外安抚"的幽州北边，战乱频仍，甚至幽州总管李崇被困于沙城（今河北怀来
县城）战亡。文帝以周摇为幽州总管，"修障塞，谨斥候"，兼突厥内部分裂，势力削弱，幽
州边地军民才得安宁。③ 开皇十七年（公元 597 年），隋文帝实行分化东突厥政策，以宗
室女嫁突利可汗，并赐号启民可汗，部众日盛，北边复得安定。炀帝即位，平定各地反叛
势力后，以安抚河北、巡省赵、魏为名，北巡突厥。炀帝北巡，随行者"甲士五十余万，马
十万匹，旌旗辎重，千里不绝"；赏赐启民可汗以下甚丰，扬威塞外，影响甚大。为迎接炀
帝北巡，启民可汗率部众及诸族酋长，开辟自榆林北境至其牙帐（今蒙古哈尔和林西
北），及自其牙帐至于涿郡蓟城、广百步的御道三千里，④极大地便利了蒙古草原与幽州
涿郡之间的交通，加强了突厥与幽州的联系和两地间的贸易往来。

　　其实，早在开皇年间（公元 581～600 年），隋文帝即已诏许开通北部沿边幽州、马
邑、太原、榆林关市，发展了与突厥的边地贸易。突厥以草原马、牛、羊及皮毛交换中原
的稻、麦、陶瓷、布匹、茶盐等生活必需品。⑤ 关市贸易与物质交流等经济关系的发展在
某种程度上推动了突厥政治与文化的向化及民族融合的进程和边境地带的相对安宁。
由突厥以价值八百万的一篮明珠欲在幽州与隋交市，虽遭拒绝，⑥但亦可见幽州在南北
互市交易中的重要地位。

　　边地的安宁，尤其文帝省并郡县、简化地方行政机构、节省开支，整顿吏治、考核治
绩，减轻徭赋、检括隐漏户口等一系列政治经济措施，推动了农业、手工业和商业的发
展，使出现了"中外仓库，无不盈积"，⑦"君子咸乐其生，小人各安其业"，"人物殷阜，朝
野欢娱，二十年间，天下无事，区宇之内晏如也"⑧的社会升平景象。幽州地区与各地一

①　《隋书》卷 60《于仲文传》。
②　《隋书》卷 55《周摇传》。
③　《隋书》卷 55《周摇传》。
④　《资治通鉴》卷 180《隋纪·炀帝大业三年》。
⑤　《隋书》卷 84《突厥传》。
⑥　《隋书》卷 36《后妃传》。
⑦　《隋书》卷 24《食货志》。
⑧　《隋书》卷 2《高祖纪》。

样内外安抚、社会稳定、经济得到恢复和发展,至大业初涿与安乐二郡十一县编户已恢复和发展到 91 658 户,①大约是东魏武定中相应地区户数的 3 倍。

文帝时,曾因高丽王"虽称藩附,诚节未尽",②兼其率众寇辽西,于开皇十八年(公元 598 年),以汉王杨谅为行军元帅,发水陆军三十万伐高丽。③杨谅所率步骑经幽州出临榆关,但因馈运不继,六军乏食,④兼遇疾疫,死者十八九。高丽王亦遣使谢罪,文帝遂罢兵。

炀帝即位,在营造东都洛阳的同时,为漕运便利及巡游东南和东伐高丽的需要,利用天然河道及旧有渠道开凿了以洛阳为中心、沟通南北五大水系,南通余杭(今杭州),北达涿郡(今北京)的大运河。

先是大业元年(公元 605 年)三月,"发河南诸郡男女百余万,开通济渠,自(洛阳)西苑引谷、洛水达于河,(再)自板渚引河通于淮。"⑤这条通济渠自板渚中经今开封市、杞县、睢县、永城、宿州市、灵璧、泗洪,至盱眙入淮水。淮水以南则自山阳(今淮安)利用古代邗沟,南至江阳(今扬州市)入长江。大业六年(公元 610 年)为东巡会稽(今绍兴),炀帝又命开凿"江南河,自京口(今镇江)至余杭,八百余里",⑥经今常州、无锡、苏州、嘉兴、海宁,是为江南运河。在河北则于大业四年(公元 608 年)役使诸郡男妇百余万口,"丁男不供,始以妇人从役,"⑦开永济渠,引沁水南达黄河,与通济渠相联通;北经今新乡、浚县、馆陶、武城、德州、沧州、青县、静海、天津、武清,北达涿郡,以通运漕。遂将涿郡所在幽燕地区和当时已日渐富庶的江淮地区联通起来,形成南北经济命脉所系和南北政治统一的纽带,而且为古老蓟城逐渐上升为一统封建国家的都城奠定了基础。同时还疏浚了曹操所开泉州渠及辽西新河。⑧

据《隋书·张衡传》,就在发河北诸郡男女百余万口开永济渠的大业四年,炀帝即曾巡行涿郡并祠恒山(又名常山、大茂山)。炀帝巡行涿郡,或与开凿运河及次年在蓟城规划营建临朔宫有关。规划营造临朔宫的官员是督修永济渠运河之役的阎毗。⑨在临朔宫修建完成之后,大业七年(公元 611 年)二月,炀帝自江都御龙舟入通济渠北巡涿郡,

---

① 《隋书》卷 30《地理志》。
② 《隋书》卷 81《东夷传》。
③ 《隋书》卷 2《高祖纪》。
④ 《隋书》卷 81《东夷传》。
⑤ 《隋书》卷 3《炀帝纪》。
⑥ 《隋书》卷 3《炀帝纪》。
⑦ 《隋书》卷 24《食货志》。
⑧ 按《旧唐书·韦挺传》自幽州至卢思台沿渠行船八百里,"自此之外(按指向东),漕渠壅塞"。
⑨ 《隋书》卷 68《阎毗传》。

并发出了"高丽（王）高元，亏失藩礼，将欲问罪辽左，恢宣胜略"的诏令；四月至涿郡之临朔宫，"诏总征天下兵，无问远近，俱会于涿。"①

大业八年（公元 612 年）正月，"大军集于涿郡。……总一百一十三万三千八百，号二百万"。② 据《隋书·礼仪志》，"征辽东，炀帝遣诸将，于蓟城南桑乾河上，筑社稷二坛，设方壝，行宜社礼。帝斋于临朔宫怀荒殿，……又于蓟城北设坛，祭马祖于其上"。百万大军均集结于蓟，这在蓟城历史上还是第一次。

众军将发，帝御临朔宫，调兵命将，布列营阵。征辽东共分二十四军，日遣一军，前后二军相距四十里，连营渐进，二十四日续发而尽。首尾相继，鼓角相闻，亘九百六十里。加御营六军，合三十军，亘一千四十里。史称如此大规模出征为"近古出师之盛，未之有也"③。如此大规模的军旅自蓟城出征也是第一次。

炀帝发动的第一次伐高丽战役因调度失当，粮秣不继，士卒疲惫，遂以损兵折将、损失惨重而失败。以右翊卫大将军宇文述等九军为例，渡辽水出征时三十万五千人，及败退辽东城，还只有二千七百人。④

大业九年（公元 613 年）正月，又"征天下兵，募民为骁果，集于涿郡。"⑤正在宇文述等帅军急战辽东，准备攻取平壤之际，在黎阳（县名，在今河南浚县东北，县南有隋建黎阳仓）督运军粮的礼部尚书杨玄感举兵反叛，时从者如市，不数日，众至十余万。炀帝闻讯急忙回师镇压。十年（公元 614 年）二月，又诏百官议伐高丽。虽数日百官无敢言者，炀帝仍诏"复征天下兵，百道俱进。"⑥三月，炀帝先至涿郡，又至临朔宫，亲御戎服，祃（mà）祭黄帝。七月，炀帝至怀远镇（在今辽宁省辽中县），高丽遣使请降，并囚送先因与杨玄感通谋而亡归高丽的隋兵部侍郎斛斯政。炀帝煊耀武力的虚骄心理得到满足，遂自怀远镇回师。炀帝五幸涿郡蓟城，其中三次由此督师东征高丽，百万之众在此集结，百万之众由此出征，无疑大大提高了蓟城政治都会和军事重镇的地位。蓟城在王朝政治生活中的职能大大增强了。

为保证伐辽东大军的军需供应，炀帝发动了更多的人力，利用开通的南北运河将粮草物资运抵蓟城并送往辽东战场。

据《资治通鉴·隋纪》，大业七年五月，"敕河南、淮南、江南造戎车五万乘送高阳，供载衣甲幔幕，令兵士自挽之，发河南、北民夫以供军须"。七月，"发江、淮以南民夫及船运黎阳及洛口诸仓米至涿郡，舳舻相次千余里，载兵甲及攻取之具，往还在道常数十万

① 《资治通鉴》卷 181《隋纪五》。
② 《隋书》卷 4《炀帝纪》。
③ 《隋书》卷 4《炀帝纪》。
④ 《隋书》卷 61《宇文述传》。
⑤ 《隋书》卷 4《炀帝纪》。
⑥ 《资治通鉴》卷 182《隋纪六》。

人,填咽于道,昼夜不绝"。又"诏山东置府,令养马以供军役。又发民夫运米,积于泸河(在今辽宁锦州市一带)、怀远二镇","又发鹿车夫六十万,二人共推米三石"。九年,诏修辽东古城以贮军粮。由此足以证明大军东征,"馈运者倍之"①是客观事实。因此,大运河的修筑,不仅为隋王朝提供了运送粮草物资至蓟城并输往辽东战场的水路便利条件,而且推动了南北商旅往返和物资的交流。对此,唐代的诗人皮日休即曾指出"隋之疏淇(按指永济渠)、汴(按指通济渠),凿太行,在隋之民,不胜其害也;在唐之民,不胜其利也。今自九河之外,复有淇、汴,北通涿郡之渔商,南运江都(今扬州)之转输,其为利也博哉"②。其实,早在隋末,南北运河已是"商旅往还,船乘不绝",③沟通了南北水路交通,因而也推动了作为大运河北端的蓟城商业贸易都会的发展。后来修成的大运河还为缓解相继而来的元明清三代政治中心与经济重心分离的困扰发挥了十分重要的作用,其形成的经济命脉导致并支持了元明清三代在北方的建都和中华民族一千余年的国家统一。其政治与经济意义均不容低估。

炀帝数至涿郡蓟城,"文武从官九品以上,并令给宅安置",④这无疑又推动了城市建筑业的发展和城市规模的扩大。百万大军的集结和两倍于官兵的馈运夫役的往还,也均刺激了蓟城生活服务业的发展和蓟城商业都会的繁荣。

还在征高丽之前,运河、长城与东都之役已是"军国多务,日不暇给",内外虚竭,人不聊生;⑤兼天灾频仍,使"民间失业,道殣相望"。⑥ 辽东军役起,"六军不息,百役繁兴,行者不归,居者失业,人饥相食,邑落为墟","自是海内骚然",⑦群雄峰起。但当时的蓟城,因"城中仓库山积",置留守名将镇守,三万兵众屯驻。至大业十三年(公元617年),值太原留守、唐国公李渊在晋阳(在今山西太原市南)起兵之际,又有隋虎贲郎将罗艺发动兵变而据涿郡,自称幽州总管。在炀帝被缢杀于江都行宫,李渊受禅称帝于长安,建国号唐之后,唐高祖即诏以罗艺为幽州总管。因此自大业中期至唐初的动乱中,蓟城并未发生大的战乱和破坏。故史称"涿郡物殷阜,加有伐辽器仗,仓粟盈积。又临朔宫中多珍产,屯兵数万,而诸贼竞来侵掠,……(罗)艺独出战,前后破贼不可胜计"。⑧ 总之,虽在隋末唐初战乱的社会环境中,蓟城依然是幽燕地区的政治中心和经济都会,而且城市职能和都会地位得到了发展和某种程度的巩固,并奠定了日后发展的基础。

---

① 《隋书》卷4《炀帝纪》。
② [唐]皮日休:《汴河铭》,见皮日休著:《皮子文薮》卷4《碑铭赞》,上海古籍出版社,1981年。
③ 《旧唐书》卷67《李勣传》。
④ 《资治通鉴》卷181《隋纪五》。
⑤ 《隋书》卷4《炀帝纪》。
⑥ 《隋书》卷22《五行志》。
⑦ 《隋书》卷4《炀帝纪》。
⑧ 《旧唐书》卷56《罗艺传》。

二、唐幽州范阳郡

隋恭帝义宁二年(炀帝大业十四年,公元618年),李渊废恭帝自立,改国号唐,建元武德,是为唐朝。至哀帝天祐四年(公元907年)宣武节度使(驻汴州,在今开封市)朱全忠废哀帝自立,改国号梁,历时二百八十九年。伴随唐王朝建立、发展、极盛与衰落,古老的幽州蓟城亦发生了深刻的变化,其幽燕都会的地位益加巩固与显赫。

在李渊称帝,建都长安,削平群雄,完成唐王朝统一大业的进程中,一开始就得到自隋末即割据涿郡,自称幽州总管的罗艺的支持。罗艺奉表归唐,唐高祖李渊即不失时机地诏以罗艺为使持节、幽州总管,封为上柱国、燕国公。这一举动对迅速稳定幽燕地区的政治形势和经济秩序,对唐王朝尽快平定河北诸军事割据势力起了重要推动作用。

唐初,罢郡置州,以州领县;遂罢涿郡置幽州,设总管府。据《旧唐书·地理志》,幽州总管府管幽、易、平、檀、燕、北燕、营、辽八州之地,范围所及已包括今河北北部、京津及辽宁西部。从"缘边镇守及襟带之地,置总管府,以统军戎"①来看,唐王朝一开国即极为重视幽州的战略地位。武德五年(公元622年),幽州又与洺、荆、交、并四州并升为大总管府,②幽州大总管府遂成为唐初据战略要地的五大总管府之一。翌年,改总管为大总管,管三十九州。武德七年(公元624年),改幽州大总管府为大都督府,管辖范围已扩展到河北、辽东广大地区。

武德九年(公元626年)六月,李世民发动"玄武门之变",诛杀太子李建成,被立为皇太子,庶政皆由其决断,遂罢幽州大都督府为都督府,③改大都督为都督,所领三十九州减少为幽、易、景、瀛、东盐、沧、蒲、蠡、北义、燕、营、辽、平、檀、玄、北燕等十七州。④尽管如此,幽州蓟城作为唐初上述诸州的中心城市,其政治与军事地位较前代明显上升了。

贞观元年(公元627年),唐太宗据山河形便,分天下为十道,幽州都督府隶河北道。至贞观八年(公元634年),为进一步削弱幽州地方势力,幽州都督府管辖范围又由武德九年的十七州之地减少到幽、易、燕、妫(贞观八年改北燕州置)、平、檀六州地。⑤贞观初,幽州都督府辖属范围较武德中明显地缩小了。因此,自贞观历高宗和武则天时期,

---

① 《旧唐书》卷38《地理志》。
② 《资治通鉴》卷190《唐纪六》。
③ 《旧唐书》卷2《太宗纪》。
④ 《旧唐书》卷39《地理志》。
⑤ 《旧唐书》卷39《地理志》。

至玄宗开元初年的八十余年间成为唐代幽州总管府、都督府辖属区域最小的时期。开元八年(公元 720 年),唐王朝派御史大夫、兵部尚书王晙持节任幽州节度使,兼节度河北诸军大使,①使幽州军政长官实际辖属区域远远超出了上述六州之地,而扩展到了当时的河北道。

贞观初,随幽州都督府原属州县的废并改隶,如废玄州及所领临沟、无终二县,潞、渔阳改隶幽州,废北义州及所属归义县,固安县隶幽州,容城县还隶易州,幽州领蓟、良乡、范阳(武德七年改涿县置)、固安、雍奴、安次、潞、渔阳与昌平九县。贞观八年,复置归义县,隶属幽州,故终贞观之世,幽州共领有十县。此乃《旧唐书·地理志》所谓幽州旧领十县的来源,舍此十县皆不确。

唐高宗至德宗时期,幽州行政区划与建置多所变动。先是乾封二年(公元 667 年)复置无终县,至万岁通天二年(公元 697 年)改名玉田县,隶于幽州;如意元年(公元 692 年)分安次县置武隆县,景云元年(公元 710 年)改名会昌县,天宝元年(公元 742 年)改名永清县,隶于幽州;神龙元年(公元 705 年),营州都督府侨置幽州渔阳,因割幽州渔阳、玉田二县隶营州;开元五年(公元 717 年),侨置之营州及营州都督府还治柳城,渔阳与玉田二县还隶幽州②;开元四年(公元 716 年)析潞县置三河县,隶幽州;可见开元五年之后,幽州已领有十三县。但至开元十八年(公元 730 年),分幽州之渔阳、玉田、三河三县置蓟州,治渔阳(今天津蓟县);幽州仍领十县。天宝元年(公元 742 年),改州为郡,幽州改名范阳郡,因而有幽州范阳郡之称;是年,还析蓟县置广平与广宁二县,并改雍奴县为武清县,古老的雍奴县名始废。至天宝三载(公元 745 年),广平、广宁二县具废,肃宗至德(公元 756~758 年)后复置广平县;大历四年(公元 769 年)割幽州范阳、固安、归义三县置涿州,治范阳;建中二年(公元 781 年),废侨置于幽州境内的燕州及所隶辽西县;析幽州蓟县置幽都县,与蓟分治蓟城内外,使幽州第一次拥有了双附郭县。这标志了蓟城城市的发展和地位的明显上升。至此,幽州领有蓟、幽都、广平、潞、武清、永清、良乡、安次、昌平九县,幽州蓟城则仍然是幽州所领九县的中心城市。自此而后以迄唐末,幽州及属县建置除废广平县外保持相对稳定,故而形成以蓟城为中心城市的幽燕地区城市体系。

尤其值得注意的是幽州都督府的变化。首先是玄宗开元十三年(公元 725 年),升幽州都督府为大都督府,命其子李瑶(原名李涓)遥领幽州都督、河北道节度大使,③使幽州的政治地位进一步上升。其次是,开元十八年(公元 730 年),幽州大都督府增领

① 《旧唐书》卷 93《王晙传》。
② 关于营州的建置,《旧唐书·地理志》又有开元八年"又往就渔阳",玉田县"又割属营州"及开元十一年,营州"又还柳城旧治"的记录,因时间短促,不具论。
③ 《新唐书》卷 66《方镇表》。

蓟、沧二州；再至开元二十年（公元 732 年），又"增领卫、相、洛、贝、冀、魏、深、赵、恒、定、邢、德、博、棣、营、鄚十六州及安东都护府"。① 幽州大都督府辖属范围实际上已扩展到整个河北道，大致相当今河北、辽宁及山东西北部。

天宝元年（公元 742 年），在改幽州为范阳郡的同时，幽州大都督府亦即改称范阳大都督府，府置大都督仍"掌督诸州（郡）兵马、甲械、城隍、镇戍、粮廪，总判府事"。② 按《旧唐书·地理志》，是年范阳大都督管范阳、上谷、妫川、密云、归德、渔阳、顺义、归化八郡。范阳大都督辖域又发生了重要变动。

其实，在中宗神龙二年（公元 706 年）即出现了幽州都督为使持节以重事权的官制。睿宗景云中，在缘边军事重地又加都督以节度使名号，薛讷以幽州镇守经略节度大使兼幽州都督即为实例。玄宗于缘边所置十节度使中的范阳节度使，职责在于掌督以上八郡军事，临制奚与契丹，统领经略、威武、清夷、静塞、恒阳、北平、高阳、唐兴、横海九军，兵九万三千五百人，马六千五百匹（图 5—1）。其中，经略军驻扎幽州城，兵三万人，马五千四百匹；威武军驻扎檀州城（今北京市密云），兵一万人，马三百匹；清夷军驻扎妫州城（今河北怀来县东、已被官厅水库淹占），兵一万人，马三百匹；静塞军（原称渔阳军）驻扎幽州渔阳（后属蓟州，今天津蓟县），兵一万六千人，马五百匹；恒阳军驻扎恒州（今河北正定）城东，兵三千五百人；北平军驻扎定州（今河北定县），兵六千人；高阳军驻扎易州（今河北易县），兵六千人；唐兴军驻扎莫州（今河北任丘市鄚州），兵六千人；横海军驻扎沧州（今河北沧州市东南）兵六千人。③ 由范阳节度使所领诸军的兵数及其分布状况可知，范阳节度使所辖区域远远超出上述所辖八郡地，而且以幽州蓟城为范阳节度使辖区的中心城市。乾元元年（公元 758 年），范阳郡复名幽州，幽州大都督府建置依旧。平定"安史之乱"后所置卢龙节度使驻节幽州城，为河北三大节度使或称河北"三镇"之一。

总之，幽州蓟城不仅是幽州范阳郡各属县的中心城市，而且还是各时期总管府、大总管府、都督府及大都督府的驻节地，总管、都督为使持节镇守并统辖各属州军政事务，因而任职者多系朝廷要员重臣乃至宪台官。④ 这成为幽州政治地位上升的重要标志。

幽州地位的上升、城市职能的扩展及唐王朝对幽州的高度重视，与东北各民族的崛起及其向南发展密切相关。自隋代以来，中央王朝除对边郡加强州县行政管理、增加驻防、提高边防重镇的政治军事职能以防范和抵御游牧民族南进之外，还采取了攻守结

---

① 《新唐书》卷 66《方镇表》。
② 《新唐书》卷 49 下《百官志》。
③ 《旧唐书》卷 38《地理志》。按九军兵数之和与文献记录不合，此处总兵数采用九军兵数之和，为 93 500 人。
④ 张守珪为幽州节度使、加御史大夫，有幕府始带宪台之说。事见王谠：《唐语林》卷 8。王晙以御史大夫、兵部尚书出任幽州节度使，则是以宪台任幕府。事见《旧唐书·王晙传》。

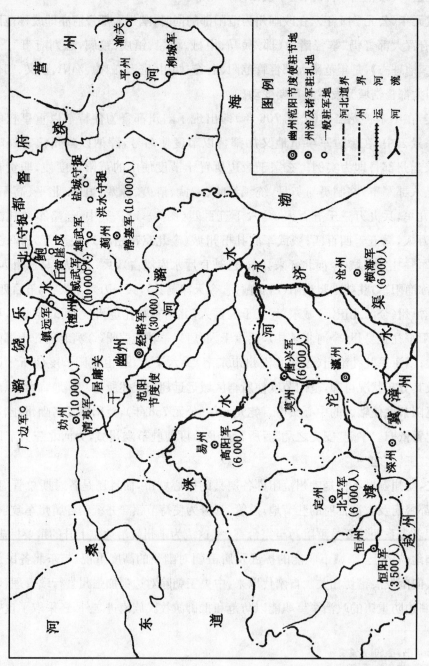

图5—1 唐开元末范阳节度使所属九军驻扎地

合,笼络羁縻与军事打击并用的斗争方略;而对内附之北方游牧民族则采取了侨置州县于幽州境内,"无所役属","因俗而治"的羁縻方针,从而发展了民族关系,推进了民族融合。

继隋代恢复高丽为藩属的努力失败之后,唐高祖采取了相互通和,遣还陷俘人口的政策。但高丽攻掠百济、新罗,断其遣使入朝道路的行径,及唐王朝控制高丽,使为藩属的企图又引发了唐太宗与高宗对高丽的战争。贞观十八年(公元644年)先集兵马粮秣于幽州;翌年初太宗亲率诸军自洛阳出发,至幽州,并誓师于城南,大飨六军而调遣之。历时半年多的战争,攻拔高丽玄菟等十城,徙其民七万人,斩首四万级,唐军将士死亡二千人,战马死者十之七八。因而诏命于幽州城内东南隅建悯忠寺(今法源寺)祭悼阵亡将士。而将所虏辽东城之高丽人一万四千口居于幽州。高宗即位,自乾封元年(公元666年)至总章元年(公元668年)连续三年发兵击高丽,陷平壤,降其王,置安东都护府于平壤以统所置府州县。仪凤元年(公元676年)高丽余众叛乱,遂将安东都护府移至辽东城(今辽宁辽阳)。

唐初对突厥主要采取了献纳财帛,称臣优容政策,同时也给予军事打击。唐太宗面对突厥南进造成的沿边社会动荡和生产破坏,乃至对唐朝政权的威胁,采取了发展生产,积蓄国力,训练精锐,派兵出击的方略。贞观三年(公元630年),兵部尚书李靖等六路行军总管率兵10余万,分道出击,大败突厥,东突厥败亡。唐王朝自幽州至灵州(治今宁夏灵武西南)沿长城"置顺、祐、化、长四州都督府,又分颉利之地(为)六州,左置定襄都督府,右置云中都督府",[1]安置突厥降众。其中降唐之突利可汗为顺州都督,先寄治于营州五柳城南,后因契丹陷营州,徙治幽州城中。但由于唐王朝不断征发东突厥降众为兵,又将安置于河南(河套以南)的10余万突厥降众迁往河北漠南地区,屡遭匈奴别种铁勒薛延陀部的攻掠,使突厥降众怨叛。自高宗末至玄宗初,南下侵扰不止,曾寇掠妫州(今延庆、怀来)、檀州(今密云),甚或攻陷唐定州(治今河北定县)、赵州(治今河北赵县)。武则天曾发兵三十万讨突厥,幽州都督张仁亶(一作愿)为天兵东道总管,参与了这场战争。直至玄宗开元初,突厥内乱,势力衰微,后被回纥灭亡,突厥对幽州等唐王朝北方地区的寇掠才宣告终结。

东突厥败亡之后,除降唐及西迁者外,残部多北依匈奴别种铁勒之薛延陀部。贞观中,薛延陀属地"东至室韦,西至金山,南至突厥,北临渤海",回纥、同罗、拔野古等大部落皆属之,[2]拥兵二十万,为唐朝北方边患。贞观二十年(公元646年),太宗遣大军分道出击薛延陀,值其内乱,部落散亡,其残部及所属回纥等部落归附唐朝;翌年,唐朝于

---

① 《旧唐书》卷194上《突厥传》。
② 《旧唐书》卷199下《北狄·铁勒传》。

其地置六府七州羁縻之。武则天时，突厥势力复炽，兼并铁勒诸部。玄宗天宝初回纥击灭突厥，"斥地愈广，东极室韦，西至金山，南控大漠"，[①]拥有强盛实力。唐朝曾借助回纥兵平定"安史之乱"，其势力得以扩张。唐政府除与回纥进行丝马互市外，还先后以崇徽、咸安、太和公主与其和亲，以为羁縻之策。文宗开成末，回纥内乱，部众离散。唐王朝以幽州节度使张仲武为东面招控回鹘（即回纥）使，至会昌初，降于幽州的回纥部众达三万人，又七千帐。宣宗大中初，回纥残部"诣幽州降，留者漂流饿冻，众十万，所存止三千已下"。[②] 唐朝将回纥降众分属诸道安置，余众流离室韦。

在东北诸族中，最先归附中原王朝的是靺鞨之粟末部。早在隋大业中，其首领突地稽即帅部内附，炀帝授以官爵，于营州置辽西郡以处之。隋唐更代，附于罗艺，归附唐朝。武德中以突地稽为燕州总管，曾率部助唐镇压刘黑闼起义，徙居幽州昌平城，后侨治于幽州城。高宗麟德中，其子李谨行任营州都督，"部落家僮数千人，以财力雄边，为夷人所惮"。[③]

在突厥、回纥败亡之后，对唐王朝的军事威胁主要来自东北方向的契丹和奚。游牧于潢水之滨即今西拉木伦河与老哈河流域的契丹族，至唐初，其社会已进入部落联盟阶段，曾数犯唐朝东北边地。贞观中，唐朝国力强盛，契丹归附，朝廷乃置松漠都督府羁縻之。万岁通天初，契丹不堪边地官僚凌辱，举兵反，陷营州，进逼檀州。唐朝数派大军镇压均遭惨败。翌年六月娄师德所率20万大军与契丹相持于幽州，在突厥乘虚袭其新城，俘其部众，奚人倒戈的情况下，唐军才得以击溃契丹军，足见契丹实力之强大。玄宗即位初，契丹仍常扰边抄掠。开元四年（公元716年），唐朝虽复置松漠都督府，封契丹酋长官爵，并行和亲，但终玄宗之世尤其安禄山以平卢节度使兼范阳节度使攻掠契丹、奚以邀边功固宠期间，唐朝与契丹攻战不息，互有胜负。安史之乱之后，藩镇多擅地以自守，少生边事，契丹与奚亦少侵掠。回纥败亡后，契丹酋长归附，乞赐印信，唐朝始颁予"奉国契丹之印"，以示羁縻。

奚族随逐水草，畜牧于幽州北界。隋代奚人始遣使入朝，势力较弱，叛服不常。贞观二十二年（公元648年）内附，唐王朝于其地置饶乐都督府，授以官爵，赐姓李，以羁縻之。万岁通天元年契丹叛，奚人附之。景云初复遣使贡献，以示款附，但也时有南进侵扰。薛讷镇守幽州二十余年，守边安民，不启边衅，奚与契丹亦少侵扰。孙佺为幽州都督，刚愎自负，轻启边衅，临阵懦弱，几至全军败没。玄宗初奚族首领遣使乞降，复置饶

---

① 《新唐书》卷217上《回鹘传》。

② 《旧唐书》卷195《回纥传》。

③ 《旧唐书》卷199下《北狄·靺鞨传》。

乐都督府封授官爵。开元十八年(公元 730 年),奚人受契丹胁迫附突厥,唐发兵破奚,斩获甚众,遂有五千余帐降唐,复置归义州于广阳城以处奚酋部落。①之后,唐王朝对塞外奚部虽封授官爵,并以宜芳公主和亲,尽力羁縻,但其仍叛服不常,甚至杀唐公主叛唐。唐朝则加以兵威,多所斩获,至文宣之际,幽州卢龙节度使李载义、张仲武先后大破奚部,②不断削弱奚人实力。

唐朝的统一和国力的强大,使有可能采用攻守结合、羁縻笼络与军事打击相结合的策略,较为有效地阻止了北方游牧民族的大规模南下抄掠。这一方面为农业文化的发展提供了较为安定的社会环境,推动了幽燕地区社会经济的发展和城市的成长;另一方面也有力地推动了民族融合和文化交流的进程,密切了唐帝国、汉民族与北方游牧民族的关系。而幽州在民族冲突和民族融合进程中,又成为集结兵马粮秣、调兵遣将、运筹帷幄的前沿军事指挥中心。

在民族冲突与融合的进程中,长期游牧于幽州迤北的东突厥、靺鞨、契丹、奚、室韦等民族不断地南进,或抄掠唐朝北部农作区,或向化南移,归附唐王朝。对前者唐朝则行以军事打击为主,辅以和亲与就地封授官爵以为羁縻的方略,收到一定效果;而对于后者,唐朝为安置南下归附之诸族部落,设置了不少羁縻州县于营州(治柳城,在今辽宁朝阳市)及其他沿边州县。羁縻州县是领辖部民、以部落首领为长官,与中央王朝保持一定臣属关系的边远地方行政单位。这类州县"无所役属",即不向国家承担类似中原州县的赋役。营州在隋代为柳城郡,唐武德元年(公元 618 年)改称营州,设总管府,领辽、燕二州及柳城县。武德六年(公元 623 年)燕州南迁寄治幽州后,至武德七年(公元 624 年)改营州总管府为都督府,辖营、辽二州。自武德至贞观中,随着唐王朝的统一和国力的日渐强盛,即不断有东北各少数民族部落南移,归附唐朝,因而也就不断有羁縻州县首先在营州等沿边州县设置。据《旧唐书·地理志》等文献记载,隶于营州都督府者多达 20 余个。

因不堪边将欺凌,武则天万岁通天元年(公元 696 年),松漠都督、契丹首领李尽忠与归诚州刺史孙万荣,据营州反,攻陷城池,迫使营州都督及所属羁縻州县南迁幽州,或先迁至河北与山东地区,中宗神龙初年,又北还并侨置于幽州境内③(图 5—2)。

营州被攻陷后,于神龙元年(公元 705 年)移治幽州渔阳,领渔阳、玉田二县。开元四年移还柳城,八年又侨置于渔阳,十一年又还治柳城。营州都督府所领营州侨置幽州界前后达 16 年。

燕州领靺鞨户,寄治营州,武德六年南迁,寄治幽州城内。开元二十五年(公元 737 年)移治幽州北桃谷山(今北京市怀柔县西南),领辽西县。

---

① 高宗曾置归义州于良乡县广阳城,安置新罗降众,后废。故此处归义州乃复置。
② 《旧唐书》卷 180《李载义·张仲武传》。
③ 《旧唐书》卷 39《地理志》。

图 5—2 唐贞观至开元中幽州境内侨置州县分布

顺州领突厥户,贞观六年置,寄治营州五柳城,领宾义一县,侨治幽州城中。

归顺州领契丹户,贞观二十二年(公元 648 年)置弹汗州。开元四年(716 年)更名归顺州,侨置于幽州东北(今顺义),领怀柔一县。

威州领契丹户,本武德初置之辽州,初治燕支城,后徙治营州城中。贞观元年改名威州,契丹陷营州后南迁,侨置于幽州良乡县石窟堡,领威化一县。

慎州领靺鞨户,武德初置,契丹陷营州后移于淄、青二州(今山东淄博与青州市)。神龙初北迁幽州,寄治良乡县都乡城,领逢龙一县。

玄州领契丹户,隋开皇初置,契丹陷营州,移于徐、宋二州(今江苏徐州市与河南商丘一带)。神龙初北迁幽州,寄治范阳县之鲁泊村,领静蕃一县。

崇州领奚户,武德五年(公元 623 年)置,隶营州。贞观三年(公元 629 年)更名北黎州,寄治营州东北废阳师镇;八年仍为崇州。契丹陷营州,徙治幽州潞县古潞城,领昌黎一县。

夷宾州领靺鞨户,乾封中置,隶营州;契丹陷营州,迁于徐州。神龙初还寄治于良乡县古广阳城,领来苏一县。

师州领契丹、室韦户,贞观三年(公元 629 年)置,隶营州;契丹陷营州,迁于青州。神龙中自青州还寄治于良乡县故东闾城,领阳师一县。

鲜州领奚户,武德五年置,隶营州;契丹陷营州,迁于青州。神龙初,自青州还寄治于潞县古潞城,领宾从一县。

带州领契丹户,贞观十九年(公元 645 年)置,隶营州;契丹陷营州,迁于青州。神龙初北还,寄治于昌平县清水店,领孤竹一县。

黎州领靺鞨户,载初二年(公元 690 年)析慎州置,隶营州;契丹陷营州,南迁宋州。神龙初北迁,寄治于良乡县故都乡城,邻新黎一县。

沃州邻契丹户,载初中析昌州县,隶营州;契丹陷营州,南迁幽州,寄治于蓟县东南回城,领滨海一县。

昌州领契丹户,贞观二年置于营州东北废静蕃成;七年移治于三合镇;契丹陷营州,迁于青州。神龙初北迁,寄治于安次县古常道城,领龙山一县。

归义州领新罗户,总章中(公元 668～670 年)置于幽州良乡县故广阳城,领归义一县。

瑞州领突厥户,贞观十年(公元 636 年)置于营州界,咸亨中(公元 670～674 年)改名瑞州。契丹陷营州,南迁宋州。神龙初北还,寄治于良乡县故广阳城,领来远一县。

信州领契丹户,万岁通天元年(公元 696 年)置,隶营州,二年南迁青州。神龙初北还,寄治幽州范阳县,领黄龙一县。

青山州,景云元年(公元 710 年)析玄州置,领契丹户,寄治于幽州范阳县水门村,领青山一县。

凛州领降胡,天宝初置于幽州范阳县界。①

这些"无所役属"的突厥、契丹、奚、靺鞨、室韦部民州县寄治于幽州,成为有史以来幽州地区行政建置中的一个突出特点。这是幽州地区民族杂居、文化融合进入高潮时期的重要标志,也是幽州在国家政治生活和民族关系中地位加速上升和影响迅速扩大的重要契机,从而有力地推动了幽州城市性质的转变和职能的发展。

唐初,针对隋末唐初赋役苛剥和战乱频仍造成的"黄河以北,则千里无烟;江淮之间,则鞠为茂草";②"人饥相食,邑落为墟";③黄河中下游"苍茫千里,人烟断绝"④的社会状况,推行了一系列恢复与发展社会经济的政策和措施。如推行均田制和租庸调法,保护个体自耕农经济的发展;部分放免部曲、奴婢,裁汰僧尼,解放社会生产力;招抚流移,

---

① 按［唐］陈子昂:《陈伯玉文集·上军国利害事》,上海涵芬楼,民国版,当时沦于契丹者还有连、宾、宾从等州。

② 《隋书》卷 70《杨玄感传》。

③ 《隋书》卷 4《炀帝纪》。

④ 《旧唐书》卷 71《魏徵传》。

安置归附,广置屯田,鼓励耕垦,推动劳动力与土地结合;整顿吏治,倡行节俭,奖劝廉政,蠲租赈灾,减轻农民负担,调动生产积极性;劝课农桑,兴修水利,提高生产效率;凡此收到了稳定社会,恢复社会经济的良好效果。在全国先后出现了"贞观之治"、"永徽之治"、"开元之治"。所谓"贞观之治",即"天下大稳,流散者咸归乡里,斗米不过三四钱,……东至于海,南极五岭,皆外户不闭,行旅不赍粮,取给于道路。"① 称"开元之治","海内富实,米斗之价钱十三,青、齐间斗才三钱。绢一匹钱二百。道路列肆,具酒食以待行人。店有驿驴,行千里不持尺兵"。② 当时,"耕者益力,四海之内,高山绝壑,耒耜亦满。人家粮储,皆及数岁,太仓委积,陈腐不可较量"。③ 幽燕地区社会经济的发展亦相类似。这可由幽州都督府辖区人口增长,土地垦辟,农业发展给予说明。

贞观八年,幽州都督府辖境已减少到六个州,至贞观十三年(公元 639 年)六州所属州县户口共 37 834 户,179 536 口;至天宝元年(公元 742 年)增加到 130 274 户,537 131 口;一百零三年间户、口分别增长了 2.44 倍和 1.99 倍;增长率分别为 12.1‰和 10.7‰(表5—1)。在中国封建时代区域户口以如此增长率增长一百余年还是较少见的。史载州县户口即州县所属城乡赋役户口,以经营农业为主,增长如此之快,不仅反映了当时社会生活的安定,而且也反映了区域农业经济和粮食生产的稳定发展。正是随着户口的增长,行政管理益加繁剧,以一定规模的户口和一定地域为基础,并根据地理

表5—1 贞观至天宝幽州都督府州县户口增长

州别	贞观十三年(公元 639 年)			天宝元年(公元 724 年)			增长倍数		增长率(‰)	
	县数	户数	口数	县数	户数	口数	户	口	户	口
幽州	10	21 698	102 079	15①	72 559	199 833	2.34	0.96		
易州	5	12 820	63 457	8②	44 230	258 779	2.45	3.08		
妫州	1	476	2 490	1	2 263	11 584	3.75	3.65		
燕州	1	500	2 500③	1	2 045	11 603	3.09	3.64		
平州	1	603	2 542	3	3 113	25 086	4.16	8.86		
檀州	2	1 737	6 468	2	6 064	30 246	2.49	3.68		
总计	20	37 834	179 536	29	130 274	537 131	2.44	1.99	12.1	10.7

注:①含蓟州三县和涿州三县,其中蓟州析置早,有户口数,涿州析置晚,户口含在幽州户口中。②以下置县增加者均系由州属县域析置,某些县后又废入原县。③每户以 5 口计。

资料来源:《旧唐书》卷 39《地理志》。

---

① 《资治通鉴》卷 193《唐纪九》。
② 《新唐书》卷 51《食货志》
③ [唐]元结:《元次山集》卷 7《问进士第三》。

形势建置的州县即不断地增加起来。在上述一百余年间,幽州都督府辖区内即增设了蓟州一州又九县,成为经济发展的重要标志。

按照唐代均田法的规定和开元末人均应受田 30 亩①的田地实际占有情况,贞观十三年时幽州都督府所属州县共有耕地约 53 860 余顷,而至天宝元年则已增辟到161 139 余顷,一百余年间幽州地区土地增辟了二倍。有不断增长的劳动力和不断增辟的耕地作为农业发展的基本条件,又有唐朝政府恢复与发展农业的农本政策及地方官员的落实推动,在"安史之乱"之前,幽蓟地区的粮食生产已见显著成效。高宗永徽中(公元 650～655 年),裴行方为幽州都督,"引卢沟水,广开稻田数千顷,百姓赖以丰给";②显庆中(公元 656～661 年),韦机为檀州刺史,逢大军"东讨高丽,军众至檀州,而滦河泛涨,师不能进,供其资粮,数日不乏。"③由行军总管契苾何力"率兵五十万先趋平壤"或称"引蕃汉兵五十万先临平壤"来看,五十万大军虽不可能均经檀州,但亦可知此次行军规模之大,亦可知檀州贮粮之多、农业生产之丰硕,故而韦机"超拜司农少卿,兼知东都营田,甚见委遇"。④ 中宗神龙初,姜师度试为易州刺史、河北道巡察,兼支度营田使,开沟渠于幽蓟一带,以为沟防水利,虽所至徭役纷纷,"然所就必为后世利"。⑤《新唐书·地理志》谓蓟州渔阳郡三河县"北十三里有渠河塘,西北六十里有孤山阪,灌田三千顷",虽不能断定就是姜氏所开,但由此可知唐代幽州水利灌溉工程不少。水利灌溉工程不断地改善了幽燕地区农业生产条件,促进了农业的发展。

玄宗开元中,曾于各地推行屯田,"诸屯隶司农寺者,每三十顷以下,二十顷以上为一屯。隶州镇诸军者,每五十顷为一屯。"据《玉海·食货》,"天下诸州屯九百九十有二。"其中"河北道二百八屯,幽州至渝关"(又称榆关,在河北抚宁县东)分布。按《唐六典》记载,其具体方位:"幽州五十五屯,清夷(军)(按在妫州境)十五屯,北郡(按北平郡之简写,曾治临渝;改平州后移治卢龙,下文有平州三十四屯,可推知此郡当在临渝,在今河北抚宁县东)六屯,威武(军)(在檀州境)一十五屯,静塞(军)(在蓟州境)二十屯,平川(按当系平州之误)三十四屯,平卢(军)(在营州柳城)三十五屯,安东(都护府)(在营州东)一十二屯,长阳使(当在营州或安东都护府界内,具体位置不详)六屯,渝关一十屯"。以上共计恰为 208 屯。作为军屯,每屯 50 顷,共有屯田 10 400 顷。天宝八年(公元 749 年)收谷 403 280 石,占当年全国屯田收谷 1 913 960 石的 44%。⑥ 幽燕地区的军屯获得很大成效。军屯以军人耕种为主,收获谷物缴纳军镇,供官兵食用。

① 《旧唐书》卷 38《地理志》。
② [宋]王钦若:《册府元龟》卷 678《牧守部·兴利》,中华书局,1960 年。
③ 《旧唐书》卷 185 上《良吏传》。
④ 《旧唐书》卷 185 上《良吏传》。
⑤ 《新唐书》卷 100《姜师度传》。
⑥ [宋]王应麟:《玉海》卷 177《食货》,元刻本。

总之,"安史之乱"之前幽燕地区的农业经济和粮食生产取得了相当的发展,基本上满足了城乡粮食的供给和消费。

这里尤其值得注意的是,幽州作为"安史之乱"的大本营、策源地已是家喻户晓的事实。而孕育"安史之乱"的基本条件除安、史二人的主观因素之外,上述各少数民族杂居于幽、营等边州显然是不可或缺的客观社会基础。安禄山本人系营州柳城胡人,史思明则是营州宁夷州突厥人。二人均是在唐初以来北方民族南下融合过程中加入边镇军队并日渐得到汉族将领提拔重用、登上边镇军政长官,进而野心膨胀发动政变,企图推翻中原王朝取而代之的。

自武德、贞观中即实行的府兵制亦即征兵制使初唐军事力量异常强大,保障了唐朝的国家统一与政权的巩固。但至"高宗、武后时,天下久不用兵,府兵之法浸坏"。[①] 所谓"天下久不用兵",并不包括民族冲突和民族战争。因而至开元中议行募兵制,以补救征兵制的日渐败坏;这反而加速了征兵制的颓废。在边远地区的节镇军包括幽州范阳节度使所属诸军亦日渐增加了募兵的成分和数量。这为内徙幽州等边郡无所役属的各少数民族丁壮应募进入边镇军提供了良好机遇。安、史为代表的少数民族军人就是这样进入边镇军队的。同时这也为他们发迹后募集更多善骑射的民族军以为精兵强将铺平了道路。

安禄山、史思明,均因成长于当时特定的民族杂居共处的社会环境中,懂六蕃语言,故早年均以边地互市牙郎为业。在张守珪任幽州节度使时,安禄山因盗人羊只被押在官;张氏判以乱棍打死之处罚。安禄山则以灭"两蕃"(按指契丹与奚)效力为辞,投合张守珪欲于边镇建功立业的愿望,故而获释,且被"养为子",实即募为壮勇。安氏依其混迹市井、八面玲珑、狡黠阴险之本能,不数年间即已由一偏裨之将先后升任平卢军兵马使、营州都督、平卢军使。他进而利用敛括的金银珠宝货贿朝中官员,"乞为好言",故而很快升任平卢节度使,兼柳城(郡,按即营州,为平卢军节度使治所)太守,押两蕃、渤海、黑水四府经略使。至天宝三载(公元 744 年)又兼任范阳节度使、河北采访使等要职。天宝六载(公元 747 年),进封御史大夫;翌年,又赐铁券;天宝八载(公元 749 年),进封东平郡王。节度使封王,自此始。天宝十载(公元 751 年),又拜河东节度使。安禄山身兼以上诸要职外,按玄宗统治后期制度,节度使还依例兼任支度使、营田使、观察使等职。由此可见,至玄宗天宝后期安禄山已是范阳、平卢、河东三大军镇的军政长官,攫取了河北、河东二道及东北四都督府的最高统治权。幽州作为安禄山驻节地,其大区域政

---

① 《新唐书》卷 50《兵志》。

治中心地位已得以确立。安禄山利用节度使可以进京面君的机遇，又极力表现愚忠，博取了玄宗与杨贵妃的钟爱赏识。①

　　按《旧唐书·地理志》，范阳节度使，治幽州，临制奚、契丹，统经略等九军，管兵九万三千五百人，马六千五百匹。九军驻扎一如前述。平卢军节度使，治营州柳城，镇抚室韦、靺鞨，统平卢、卢龙二军，榆关守捉及安东都护府，共管兵四万六千三百人，马一万零八百匹；河东节度使治太原，"掎角朔方，以御北狄"，统天兵等四军，忻、代、岚三州，云中守捉，共管军六万六千人，马一万四千八百匹；②合计三节镇共有兵二十万五千八百人，马三万二千一百匹。安禄山兼制三镇，权力迅速膨胀，但他并未满足。至天宝十三年（公元745年），又攫取了主掌马政，可择良马充实范阳诸军、扩充军事实力的机会。同时，在幽燕地区进行了一系列的政变准备活动。其一是在幽州蓟城北，另筑雄武城，"外示御寇，内贮兵器，积谷为保守之计，战马一万五千匹，牛羊称是"，③或谓"峙兵积谷"，"畜单于、护真大马三万，牛羊五万"。④其二是网罗仕途失意文士如张通儒、严庄、高尚、李庭坚等为幕僚谋主；培植骁勇善战的行伍军士如安守忠、李归仁、蔡希德、阿史那承庆等为前驱大将。其三是"养同罗、降奚、契丹曳落河（胡语的汉语音译，意为壮士）八千人为假子（即干儿子），教家奴善弓矢者数百"，有"胡人数百侍左右"。⑤至天宝十四年（公元755年）初，又"请以蕃将三十二人代汉将"。⑥是年十一月安禄山反于范阳，"发所部兵及同罗、奚、契丹、室韦凡十五万众，号二十万"，⑦将帅军士多南下归附之降胡。故史称安氏之军系"诸蕃马步十五万"，史思明将卒精锐，"皆平卢战士"。⑧

　　这支军队的形成过程一如史载"禄山谋逆十余年，凡降蕃夷皆接以恩，有不服者，假兵胁制之，所得士，释缚给汤沐、衣服，或重译以达，故蕃夷情伪悉得之。禄山通夷语，躬自尉抚，皆释俘囚为战士"。军中有"不拘常格，超资加赏"的将军达五百人，中郎将二千人。"故其下乐输死，所战无前"，⑨战斗力甚强。

　　这支以募兵为主，以幽燕地区为基地组建起来的大军，恰与安禄山、史思明的政治发迹过程和北方游牧民族南下归附的过程相一致。因而决定了这支军队以包括突厥、契丹、同罗、奚、室韦、靺鞨在内的诸胡人为主要成分的民族军性质。安禄山的发迹谋反

① 《旧唐书》卷200上《安禄山传》。
② 按文中谓河东节度使管军五万五千人，马万四千匹，与各军州分计数之和不符，此处采用分计数之和。
③ 《旧唐书》卷200上《安禄山传》。
④ 《新唐书》卷225上《安禄山传》。
⑤ 《新唐书》卷225上《安禄山传》。
⑥ 《资治通鉴》卷217《唐纪三十三》。
⑦ 《资治通鉴》卷217《唐纪三十三》。
⑧ 《旧唐书》卷200上《安禄山·史思明传》。
⑨ 《新唐书》卷225上《安禄山传》。

又与奸臣李林甫的勾结纵容、唐玄宗的恩宠姑息、杨国忠的刺激结怨直接相关,因此臣奸君昏给蓄谋已久的安禄山叛乱提供了社会政治条件。叛乱之初,"所过州县,望风瓦解,守令或开门出迎,或弃城窜匿,或为所擒戮,无敢拒之者"。① 不数月间先后攻占东都洛阳和皇都长安。安禄山、安庆绪、史思明、史朝义均曾粉墨登场,称帝建国,历时长达八年,是为中国历史上发起于幽燕地区,对中国历史影响至深的"安史之乱"。

在安禄山父子称帝败亡之后,史朝义杀史思明称帝,曾秘密派人至范阳蓟城"杀(史)朝清(史思明嫡子)及朝清母辛氏并不附己者数十人"。由于叛乱干将们争权夺利,相互猜疑,导致"自相攻击,战城中数月,死者数千人,范阳乃定"。经此战乱,"杀伤甚重,积尸成丘","城中蕃军家口尽逾城相继而去。(高)鞠仁令城中,杀胡者皆重赏。于是羯、胡俱殪,小儿皆掷于空中,以戈承之,高鼻类胡而滥死者甚众"。② 这场发生在蓟城"坊市闾巷间"、自相残杀战争的主要受害者是下层居民和军士,其中又以"安史之乱"之前移居蓟城的各少数民族军人的家属为主,使安、史二人十余年经营和网罗的同罗、奚、契丹、室韦军队丧失殆尽,也使其家属及归附唐朝的少数民族部民遭到战乱之苦乃至无辜杀戮。因而这场战乱使幽州蓟城户口规模及其民族构成均发生了较大变化。

总之,"安史之乱"沉重打击了唐王朝的封建统治,使经过百余年建立起来的太平盛世全面衰落了。在政治上,中央集权的一统局面被藩镇林立的割据局面所取代,唐朝政治益加腐败。在经济上,经战乱破坏的黄河中下游地区"人烟断绝,千里萧条",③从根本上动摇了黄河中下游的经济发达地位,导致了唐代中后期全国经济文化重心的南移。在军事与民族关系方面,经过十余年经营,集三大节镇军政、财经、人事与监察大权于一身的安禄山,以幽州蓟城为中心,利用幽燕地区特定的地理区位,网罗了以南下归附的北方少数民族为主体的精兵强将,组成了足以敲开中原王朝的北方门户、动摇中原王朝统治地位的强大军事力量,第一次强有力地显示了北方少数民族在唐代民族融合进程中开始登上国家政治生活的舞台,打破了汉唐时代以武力构筑的北方屏障,以及汉民族一统政权的传统格局。给中国历史造成如此重大影响的"安史之乱"恰恰策源于幽燕地区,显示了幽燕地区在中国古代民族融合与国家政治生活中的地位不断加强,而幽州蓟城实际上已成为河北、河东及东北广大地区的行政、军事和经济中心。"安史之乱"的全过程证明,崛起中的北方游牧民族占据幽州进而南下中原,建立政权乃至王朝完全是有可能的。

"安史之乱"平定后,幽燕地区形势发生了急剧逆转,首先是幽州大都督府最高军政长官范阳节度使及其兼辖河东、平卢两节度使的军政一体格局被打破了。由于藩镇割

---

①　《资治通鉴》卷 217《唐纪三十三》。
②　《资治通鉴》卷 222《唐纪三十八》引《蓟门纪乱》。
③　《旧唐书》卷 120《郭子仪传》。

据局面的形成,唐王朝对幽州的有效控制和重视程度均被削弱了;而且为削弱藩镇实力、分而治之,在原属范阳节度使辖区的河北分设卢龙、魏博与成德三节度使即所谓河北三镇,使驻扎幽州蓟城的卢龙节度使军政职能大为削弱,辖属范围大为缩小。同时,早年设置于平壤、负责辽东诸民族军政事务的安东大都护府及其所属羁縻府、州均被放弃了,而管理奚、契丹、突厥、靺鞨军政事务的营州上都督府则被迫迁治于河南道青州,隶属于上都督府的松漠、奉诚、黑水和渤海都督府及其他羁縻州县亦均废弃了,因而幽州大都督府实际管辖范围益加收缩。而原来作为三大节镇广大地域范围中心城市的幽州蓟城在这场变乱之后,其影响和职能受到削弱,城市本身亦随之衰落了。

还在史朝义篡立初,授蕃将李怀仙为燕京留守、范阳尹之职,及史氏败归,李怀仙诱而擒杀之。唐王朝遂任李氏为幽州大都督府长史、检校侍中、幽州卢龙军节度使。李氏成为"安史之乱"后第一个主持幽州军政事务的割据势力。此后历任幽州卢龙节度使者多达 28 人,除刘济父子、张仲武、张允伸等少数人较为靠近效忠朝廷外,其余均是强有力的割据者。唐朝政府只得无可奈何地羁縻之,无形中失去了对边镇防务力量的统一有效的部署,削弱了边防力量。为了保存军事实力,藩镇节帅对外谨守防务不挑事端,对内积蓄兵力和财力;而北方少数民族首领也不轻易南下侵扰,因而在幽州地区形成了"自至德(按肃宗李亨年号,公元 756～758 年)后,藩镇擅地务自安,郛戍斥候益谨,不生事于边。奚、契丹亦鲜入寇,岁选酋豪数十人长安朝会,每引见,赐与有秩,其下率数百皆驻馆幽州"①的民族交往与民族融合新形势,幽州仍然是中原汉族与东北各少数民族交往和融合的重要枢纽。由此可见,无论在王朝一统时期,还是中原分裂割据但与北方民族相安无战事时期,自唐代以来幽州在南北民族融合进程中已赢得了不可动摇的枢纽地位和都会职能,只是由于其军政辖属范围的伸缩,幽州蓟城的社会影响与规模有所升降罢了。仍需指出的是,唐代后期幽燕地区民族关系相安无事,又给契丹、奚等北方民族提供了休养生息、迅速崛起的良好机遇,为其后来的南进积蓄了军事实力。

"安史之乱"使大量劳动力人口死于战争或流离失所,给幽燕地区社会经济带来一定破坏。"安史之乱"之后形成的藩镇割据又直接导致了幽州卢龙节度使频繁易人及战乱频发和社会动荡,给幽州属县社会经济尤其粮食生产的恢复与发展带来恶劣影响。生产力长期难于恢复,更难发展。另一方面,藩镇渠帅为巩固和稳定自己的统治,均"惜其土地,必自为力"②,也在极力发展辖区经济,推动州县与军屯粮食生产,但尺帛斗粟未尝上供中央,以最大限度地满足藩镇官兵的粮食需求,因而出现了招募士兵或役使民

---

① 《新唐书》卷 219《北狄传》。
② 《旧唐书》卷 180《杨志诚传》。

户屯种的形式。由武宗会昌初年,"幽州粮食皆在妫州及北边七镇,万一未能入(按指张仲武攻取幽州城),则据居庸关,绝其粮道,幽州自困"①来看,当时蓟城周围、幽州属县农业经济与粮食生产已衰落到不能满足蓟城驻军和居民的粮食供给,而州县农业和军屯得到恢复与发展的妫州已成为幽州蓟城所需粮食的重要来源,维持了幽州的繁荣。

张仲武取得幽州藩帅之职后,一方面"借朝廷官爵威命以安军情",积蓄实力;一方面整饬军政,效忠朝廷,先后大破回鹘(即回纥)、诸奚,屏藩王室。当是时回鹘强盛,"所至强暴",因其侵扰渔阳,张仲武调幽州精兵三万,命其弟张仲至率军迎击,"前后收其侯王贵族千余人,降三万人,获牛马、橐驼、纛旗、罽幕不可胜计"。②遭此重创,回鹘败亡离散,无复霸主地位。回鹘败亡,奚族兴盛,形成唐王朝的新威胁。张仲武发兵击奚众,"禽酋渠,烧帐落二十万,取其刺史以下面耳三百,羊牛七万,辎贮五百乘。"③因而较长时间稳定了幽燕地区边地局势。

张允伸掌幽州节镇二十三年,他"克勤克俭,比岁丰登,边鄙无虞,军民用乂",社会安定,农业发展。至咸通十年(公元869年),出军米五十万石,盐二万石,④以助唐政府平定徐州军士庞勋叛乱。幽州地区粮食生产有所恢复和发展。继张允伸之后,幽州镇帅又进入频繁更迭的阶段。

"安史之乱"以后,幽州地区的社会经济是在衰落与发展交互出现的情况下缓慢发展的。这从唐代后期有关州县户口数量可以窥见一斑。研究认为,《太平寰宇记》广泛采用了《元和郡县图志》的资料,包括各州县乡数的资料在内。因此可以根据《太平寰宇记》记录推断唐代后期各州县户数。一般认为《元和郡县图志》记录唐代元和间地理状况,惜幽、燕、檀、妫、蓟、涿州诸卷已佚,但可据《太平寰宇记》弥补。据该书元和中幽州八县共九十六乡,原广平县已于安史乱后废入幽都县;檀州二县共十三乡;妫州二县共三乡;易州六县共五十四乡;涿州四县共四十四乡;蓟州三县共八乡;平州三县共九乡;燕州一县四乡。贞观中在幽州都督府辖区内,至元和中共置有八州二十九县,州数和天宝初相同,但县数减少了二个,总乡数为231个。据《旧唐书·食货志》"百户为里,五里为乡"的制度,每乡领城乡居民五百户,元和中上述地区共计115 500户,较天宝元年130 274户减少14 774户。其中户数增加的有原幽州(含新置涿、蓟二州)增加到74 000户,平州增加到4 500户,檀州增加到6 500户;户数基本保持平衡的是燕州,2 000户;户数减少的有易州,减少到27 000户,妫州减少到1 500户。经过大约五十年的户口增殖,幽州地区州县户口尚未恢复到天宝初年水平,足见"安史

① 《资治通鉴》卷246《唐纪六十二》。
② 《旧唐书》卷180《张仲武传》。
③ 《新唐书》卷219《北狄传》。
④ 《旧唐书》卷180《张允伸传》。

之乱"及藩镇割据给区域经济和户口增长带来的影响之大。有鉴于元和之后发展与衰落并存的机遇,唐代后期幽州地区的州县户口仍应基本维持在元和时期的水平上,或略有上升。面对妫州户口的减耗,前述妫州粮食生产的发展应该主要由于军屯的扩大和发展。

三、幽州城市的繁荣

唐代主要是初唐与盛唐时期幽州地区农业经济的发展,为社会各业包括手工业、商业、建筑、交通运输及文化教育的发展提供了基本条件,社会各业的发展进而推动了州县城市尤其是区域中心城市的繁荣。而藩镇割据时期诸节帅"惜其土地,必自为力"的自我发展、自强自立的方略,又在很大程度上维系了盛唐时期形成的城乡繁荣。总之,唐代幽州蓟城向幽州都会城市迈进了坚实的一步。

幽州城已成为幽燕地区的手工业中心。纺织业是幽州地区传统手工业门类。据《新唐书·地理志》和《唐六典·尚书户部》,幽州范阳郡每年的贡赋是绫、绢和绵或称作丝。按《唐六典》"凡天下十道,任土所出而为贡赋之差"的规定,绫、绢、绵均系幽州所出。《唐六典·太府寺》将上贡朝廷的绢布按精粗质量分作八等,其中幽州绢被列为第五等,属中等水平。概因幽蓟地区织物质量较好,价格优惠,玄宗开元中任幽州都督的张说"每岁入关,辄长辕挽辐车,辇河间、蓟州俑调缯布,驾辑连轨,坌入关门"[1]。在北京房山云居寺唐代石经题记记录的 30 余行中,则记录了幽州城市制造与销售各种不同织物的绢行、小绢行、大绢行、新绢行、彩帛行、绵行等行业。"行"在中国古代兼有生产和销售的双重职能,故而唐代幽州城纺织业比较发达,产品质量较好,数量可观。因而先为安禄山"私作绯紫袍、鱼袋,以百万计",后又为节镇杨志诚"密制天子衮冕,其被服皆拟乘舆"[2],提供了熟练工匠和技术条件。如果没有幽州城先进纺织和裁缝技术,要仿制绯紫袍、鱼袋、衮冕、乘舆皆是不可能的。

唐代实行"铜铁人得采,而官收以税"的政策,使冶铸业获得新发展。早在武德四年(公元 621 年),就在幽、并、洛、益、桂等州设置了钱监,负责铸造钱币。玄宗开元初,张说曾"命矿人采铜于黄山(黄当为燕),使兴鼓铸之利"[3]。安禄山则于易州上谷郡奏置铸钱五炉,至天宝九载(公元 750 年)冬,"献钱样千缗。"[4]幽州铸钱业,不仅反

---

① 《太平广记》卷 485《东城老父传》。
② 《新唐书》卷 212《杨志诚传》。
③ 《全唐文》卷 312,上海古籍出版社本。
④ 《资治通鉴》卷 216《唐纪三十二》。

映了冶铜和开采的存在,而且也带动了商业的发展。五代时卢文进引契丹军攻幽州城,昼夜四面俱进,"城中熔铜以洒之,日杀千计。"[①]亦可见,唐代幽州冶铜业始终不衰。

冶铁业是较铜冶更发达的传统手工业门类。在房山云居寺石经题记中的生铁行属民间经营,包括生产和营销两方面。首先是生产工具的制作,因农业开发和建筑业的发展,具有较大规模;是幽州地区铁制生产工具的主要来源。其次是生活用器的生产铸造,幽州地区人口的增长,对铁制生活用器的需求显然不断增加。幽州官营冶铁业历史悠久,但唐代"边州不置铁冶,器用所须,皆官供"[②]的政策限制了幽州官营冶铁业的发展。事实上,幽州铁兵器的制作自玄宗天宝年间之后,却是数量多,规模大,获得了较大的发展。这首先是,安禄山在幽州城北筑雄武城,内贮兵器,多聚兵仗,以为叛乱的武器准备;唐末李匡威"属遇乱离,缮甲燕蓟,有吞四海之志"[③]。五代初,刘守光据燕,号称"我大燕地方二千里,带甲三十万"。安禄山以下藩镇武装兵器主要是幽州制造,当无疑问。

副食和服饰加工也是幽州城的重要手工部门。如粮食、副食与食品加工和服装鞋帽制作等服务性行业占有一定比重。在房山石经题记中记录的三十余行中,如屠行、肉行、油行、五熟行、磨行、幞头行、靴行等均属此类。但这些行当又分为三种类型,一是加工兼销售,二是加工服务,三是商业店铺专门销售。

商业贸易是唐代幽州城的又一个重要职能,在城市经济构成中商业已明显超过手工业,居于首要地位。在房山云居寺唐代石经题记中,除上述已经提到的十四行之外,还有米行、白米行、大米行、粳米行、果子行、椒笋行、炭行、新货行、杂货行等。由行铺的名称可推知行铺经营商品的种类,各米行与面行是经营粮食的专卖商店。果子与椒笋则是销售干鲜果品及烹调作料的。炭行自然就是经营木炭的;木炭是冬季室内取暖和某些手工业及饮食加工的燃料。杂货行显然是销售日用百货的。因此,在唐代幽州城已拥有城乡居民生活必需的各种物品销售的行铺。而行铺专业分工细致不仅是城市商业发展的反映,而且也是城市繁荣的标志。除这些场所固定的商业店铺之外,还有贸迁市场,位于幽州城的北部。其实固定的商业店铺的大部分宜应分布在这里。商品除当地农副产品和手工制品之外,还有许多商品是从各地贩运到幽州城的,因而形成幽州城商品流通的开放系统。江南的粳米、茶叶、帛罗、竹笋,中原的瓷器、图书,北方和西北地区毡罽、珍玩、鞍辔、毛皮、牛羊牲畜等均运销于幽州市场。杜甫《后出塞》诗;"渔阳豪侠地,击鼓吹笙竽。云帆转辽海,粳米来东吴。越罗与楚练,照耀舆台躯,"纪实性地描写

---

① 《资治通鉴》卷 269《后梁纪四》。
② 《新唐书》卷 48《职官志》。
③ 《旧唐书》卷 180《李匡威传》。

了粳米、越罗和楚练被贩运到幽州的状况。而其《昔游》诗："幽燕盛用武,供给亦劳哉。吴门转粟帛,泛海陵蓬莱,"①则记录了幽州用兵边地时,东南各地泛海供给军需物资的事实。安禄山任范阳节度使期间,为积蓄军事实力,曾筑雄武城积贮战备物资;为获取珍玩奇货,略上邀宠并以自肥,曾"分遣商胡诣诸道贩鬻,岁输珍货数百万"。②安禄山把远道贩运来及攻陷东都洛阳和西京长安抢掠来的珍宝财货的大部分囤积幽州,"如丘阜然"。叛乱之前则将交易与敛括来的一部分贿赂上司,或进贡玄宗及杨贵妃。据《安禄山事迹》,"珠宝异物贡无虚月";而天宝九载(公元750年)天长节,进贡稀世珍品"山石功德及幡花香炉等","进玉石天尊一铺"(计有天尊并侍坐真人、玉女神、天丁力士、六乐童子及狮子、辟邪、香炉、玉案等三十六件),玄宗命分别安置于大同殿和内暖阁。秋季,安禄山再贡金窑细胡瓶、银平脱胡平床子、骨鞍辔、鹿尾酱、鹿尾骨等金银骨骼制品及奴婢、驼马等。具讽刺意味的是,玄宗于是年五月先"赐安禄山爵东平郡王",使唐朝"将帅封王自此始"。八月又"以安禄山兼河北道采访处置使"。十月,安禄山请入朝;翌年春,玄宗命为其治第于亲仁坊。"敕令但穷壮丽,不限财力",致使"虽禁中服御之物,殆不及也"。安禄山求兼河东节度,即拜之,于是身兼三镇,③使其权势达于极点。从而为其敛括提供了更多机会和更广大的地域空间。《资治通鉴·唐纪三十二》亦称:安禄山"岁献俘虏、杂畜、奇禽、异兽、珍玩之物,不绝于路,郡县疲于递运"。上贡玄宗和贵妃之外,安禄山还常贿赂朝中官僚。如"御史中丞张利贞探访河北,禄山百计谀媚,多出金谐结左右为私恩"。"使者往来,阴以赂中其嗜"。④天宝十四载(公元755年),玄宗遣中使以珍果赐安禄山,潜察其变,而安氏厚赂之;及中使还则盛言禄山竭忠奉国,无有二心。⑤大量珍玩和财富的敛括与集中,也从一个方面反映了幽州城市在商业贸易中的地位和作用。

从幽州城郊发现的唐代墓葬随葬陶器的种类来看,当时幽州城郊制陶业颇为发达,城内应有专卖店或陶瓷行。而较大墓葬史思明墓除陶、瓷器外,还出土了铜牛、铜座龙、嵌金铁马镫、金箔花等工艺精美的金属制品和其他铜铁器、玉册等。这些物品除掠夺者外,同样揭示了唐代幽州城手工业和商业贸易的发展。

在民族贸易方面,唐政府在幽州和营州城均设有互市牙郎,负责促成洽谈贸易;而契丹和奚人酋豪数十人赴长安朝贡,酋豪所隶部民数百人,皆驻馆幽州,并借以交易。幽州沿海产盐,蓟城自然成为食盐的营销和集散地。

---

① ［唐］杜甫:《杜诗镜铨》卷3,卷14;《杜工部诗集》卷3,卷7,清刻本。
② 《资治通鉴》卷216《唐纪三十二》。
③ 《资治通鉴》卷216《唐纪三十二》。
④ 《新唐书》卷225上《安禄山传》。
⑤ 《新唐书》卷225上《安禄山传》。

区际间的粮食调剂和商品交换,不仅需要以丰富的农副和手工产品为基础,而且还需要便利的交通条件。先已形成的以幽州为枢纽的水陆交通线,至唐代继续沿用,且又有改善。为伐高丽的需要,贞观十八年(公元644年)唐太宗命将作大匠阎立德等往洪、饶、江三州,造船五百艘以运军粮。① 三州治所分别在今江西南昌、波阳和九江,均位于今鄱阳湖(时称彭蠡湖)周围。于此造船并运输长江下游粮食北上,显然要经由隋炀帝开通的南北大运河。又遣营州都督张俭等帅军击辽东,以观高丽虚实;同时以太常卿韦挺为馈运使,全面负责河北州县粮秣督运,一应事务听由裁决;又命太仆少卿萧锐督运河南诸州粮入海。督运河南粮入海经由汴水(隋代之通济渠)及泗水集于白沟、济水(清河);而督运河北粮至幽州则经由永济渠北上。因此,无论漕运江淮、河南还是河北粮北上均与运河有关,整修失修河道显然是督运漕粮的先务。从史料记录来看,隋末至唐太宗伐高丽之前三十年间汴水、漕渠(指曹操伐乌桓所开运渠)乃至永济渠均系重要水运路线,未曾壅塞。但据《旧唐书·韦挺传》,韦挺至幽州,命王安德巡视漕渠,而他自己则"先出幽州库物,市木造船,运米而进。自桑乾河下至卢思台,去幽州八百里,逢(王)安德还曰:'自此之外,漕渠壅塞',挺以北方寒雪,不可更进,遂下米于台侧权贮之。"唐太宗为此极为不满,命人至幽州查验渠道。还奏太宗说:"挺不先视漕渠,辄集工匠造船,运米即下。至卢思台,方知渠闭,欲进不得,还復水涸,乃便贮之。"②由此可知,自幽州城下桑乾河向东至卢思台有渠道可以通漕,长达八百里,合今六百里;而卢思台以东的漕渠已经壅塞不通,韦挺在当时天寒地冻的情况下只好将用船运到的米暂贮卢思台侧。韦挺所用漕渠当即曹操伐乌桓所开泉州渠和辽西运河两段。该渠道在历史上可能时开时闭,至隋炀帝征辽东曾加疏浚,故而三十年后尚可利用。韦挺严重失职被械送洛阳,另派将作少监李道裕代之。以负责土木营建的官员代替韦挺任馈运使,除督运粮秣之外,一项重要任务就是浚治卢思台以东已壅塞的古代漕渠。虽漕运粮秣延误,唐太宗仍按既定行期征辽东,拔其十城;但因辽东早寒,草枯水冻,且粮食将尽,遂令旋师。贞观末两次征高丽,这条漕渠应该已得到修治。高宗乾封元年(公元666年)征辽东,令河北诸州租赋全部运抵辽东,以为军需,当利用了修治过的这条漕渠。漕渠东端何在,惜已难于确指。

据《陈子昂集·上军国机要事》,武则天万岁通天元年(公元696年),为平定契丹叛乱,江淮诸州租船数千艘,运载米百余万斛先至巩县(今河南巩县东)、洛阳(今洛阳市),再北运幽州,以为军粮。其运道显然就是御河。平定契丹叛乱的主要战场在营州,因而百余万斛军粮中的相当部分还需经由辽西新河或陆路东运。玄宗开元十五年(公元727年)秋,河北饥荒,又转江淮以南租米百万石以赈给之。③ 转运仍经由汴河和御河水

---

① 按《新唐书·阎立德传》:从征高丽,造浮海大航(即船)五百艘。

② 《新唐书·韦挺传》记载与此类似。

③ 《旧唐书》卷8《玄宗纪》。

路,可见自初唐至盛唐时期,南北大运河的通过和运载能力甚大。"安史之乱"前后,又开拓了由长江口沿海岸北上,经山东半岛蓬莱,至今天津军粮城附近"三会海口"的海运路线。由此沿桑乾河上溯幽州城。前述杜甫《后出塞》与《昔游》诗均反映了当时海运的实况。因此,至唐代中期,除诸陆路之外,幽州至少已拥有了三条水运路线:南北运河、海运和辽西运河,愈加完善了对外交通联系,提高了自身的交通枢纽地位,扩大了自身的辐射和吸引范围。

由诗人皮日休《汴河铭》:淇(永济渠)汴(通济渠)运河,"北通涿郡之渔商,南运江都之转输,其为利也博哉",历中唐至晚唐,一直是南北交通之动脉。而且是"交、广、荆、益、扬、越等州运漕商旅,往来不绝",①或称"公家运漕,私行商旅,舳舻相继",②反映了南北大运河在南北交通上公、私兼备的功能。因此,正是这条隋代开通、唐代再加疏浚的运河,在南北民族融合和商品交流中,也有力地推动了幽州城都会地位的最终确立。所谓"隋氏作之虽劳,后代实受其利",至为恰当。后唐末赵德钧镇幽州,曾于良乡阎沟、潞、三河修筑城堡驻扎军队,保护运道,加强了涿州、蓟州与幽州的陆路交通联系,同时修筑运粮河 160 余里,以通漕运。③

唐代幽州城的规划建设亦获得了很大发展。据《太平寰宇记》引《郡国志》资料"蓟城南北九里,东西七里,开十门",是一方圆 32 里,南北略长的长方形城。32 里是唐代里,约当今天的 24 里。在唐代这已是王朝东北部的第一大城。按 20 世纪 50 年代以来的考古发现并参考有关文献记录复原的幽州蓟城具体方位是:东城墙位于今北京市宣武区烂缦胡同与法源寺(唐悯忠寺)间,南北走向;西城墙位于宣武区会城门以东,甘石桥与手帕口西街东侧,南北走向;南城墙位于宣武区右安门内西街,东西走向;北城墙位于西城区白云观北侧、头发胡同与受水胡同之间,东西走向。④

唐代幽州城是内、外二重城,内城在唐代文献中称作子城;外城俗称罗城,即上述方圆 32 里的大城。契丹人获取幽云十六州地之后,即升幽州为南京,建为陪都;虽为南京,但城市格局制度未变;故辽南京之皇城即唐代幽州城的子城。大中祥符五年(辽开泰元年,公元 1012 年)北宋使臣王曾使辽途经辽南京,所见"燕京,子城就罗郭西南为之"。⑤唐幽州城子城位于大城的西南隅,西、南两面城垣即利用了大城西垣南段和南垣西段,而子城东、北两面城垣则是另筑;子城方圆五里余,约当今天的 4 里。

幽州城共十门。按《辽史·地理志》,东曰安东、迎春,南曰开阳、丹凤,西曰显西、清

①　《通典》卷 177《州郡七》。
②　[唐]李吉甫:《元和郡县图志》卷 5《河南道》。
③　《旧五代史》卷 43《后唐明宗本纪》。
④　北京市文物研究所:《北京考古四十年》,北京燕山出版社,1990 年。
⑤　[宋]王曾:《上契丹事》,《辽史》卷 40《地理志》引。

晋,北曰通天、拱辰。皇城(按即子城)西门曰显西,设而不开,可知子城西门即大城之西垣的南门显西门,子城南门即大城南垣之西门丹凤门。子城北门曰子北,东门史料未详。但有可能是前燕慕容儁铸铜为马,置于门前的铜马门;至史思明称帝改称"日华门",但历时不长。因此,幽州城的十门包括外城八门和子城东门与北门(图5—3)。

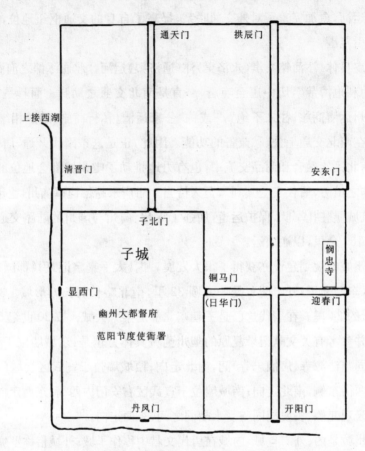

图 5—3　唐幽州城平面示意图

子城之外的城区,被联系城门的城市主干道及其他街道分割为若干方形区域,绕以围墙,面开一门。与《大业杂记》所记东都洛阳的坊"周四里,开四门临大街,门普为重楼"的形制相似。唐代"两京及州县之廓内分为坊,郊外为村,里及村坊,皆有正"[①]。《旧唐书·食货志》说:"在邑居者为坊,在田野者为村。"因此,"坊"是中国古代城市居民按社区聚居及政府对城市居民实行有效管理的基层单位,相对于宋代拆除坊墙之后的坊,唐代从京师到州县城市的坊均具有一定的封闭性。自然幽州蓟城亦不例外。据北宋使臣路振的《乘轺录》记载,沿用唐幽州城的辽南京"城中凡二十六坊,坊有门楼,大署

---

① 《唐六典》卷3《户部》。

其额,有閼宾、肃慎、卢龙等坊,并唐时旧名也"。这段文字,实际上是记录了幽州城城内的坊数,坊的形制及某些坊的名称,为研究唐代幽州城市坊制提供了珍贵资料。

根据考古发现的唐辽时代的墓志等资料,已考辨出閼宾、卢龙、肃慎、花严、辽西、军都、通圜、东通圜、归仁、招圣、蓟北、铜马、燕都、劝利、遵化、平朔、归化、时和、永平、显忠、隗台、齐礼、通肆、蓟宁、北罗、棠阴、归厚和玉田 28 个坊里名,[①]较文献记录多出两个。这可能与某两个坊前后改动名称有关;或者与其中两坊如通圜和东通圜二坊可能就是幽州城中分属于蓟和幽都二县的市有关。如此看来,幽州城内有 26 个坊是不成问题的。其中目前已明确属于蓟县者八坊,属于幽都者七坊,余十三坊的归属有待考察。按常例,拥有双附郭县的城市,城中的坊市应平均分属于两县。在幽州城二县应分别领辖十三个坊,或者十四个坊市。

在幽州城外,蓟县辖有二十二乡,已考明属于蓟县者目前只有六乡;幽都县辖十二乡,已考明属于该县者目前只有九乡。按唐制,"百户为里,五里为乡,"即可推知县属乡村户数,已如前述。城中坊的规模,长安每坊"居人四五百家";[②]玄宗开元八年(公元 720 年),长安"兴道坊一夜陷为池,没五百家";[③]在方圆 4 里的坊内有居民五百家在唐代都城中应该是常例。幽州城坊的规模与唐长安城坊的规模相埒,方圆也在 4 里左右,人口极盛时,每坊有居民五百户也不成问题。按此计算,26 坊共有居民约 1.3 万户,6.5 万人。此外,加以 3 万经略军官兵及其家属,极盛时幽州城总人口在 15 万人上下是可能的。在幽燕地区幽州蓟城显然已成为规模最大的城市。

唐代幽燕地区民族融合的高潮和幽州城地位的提高,极大地推动了幽州城市文化、教育的繁荣,为幽燕都会增添了异彩。

幽州深厚的文化教育传统及隋唐以来推行的科举选仕制度,进一步推动了地方教育的发展。中央置国子监,下设国子、太学等七学,分类授学之外,州置州学与医学,县置县学。幽州大都督府亦置有文学(按德宗以前称五经博士)掌以五经授诸生,因此都督府与州县一样皆置官学,又置有医学。故史称"唐兴,官学大振"。[④] 按唐代制度,幽州城市应设有都督府学与医学,又设有幽州州学和医学,还设有蓟与幽都二县县学,满员时共拥有生员约计在 220 人。在幽燕地区幽州城显然是官学和生员最多的城市。幽州城各类官学的发展对周边州县官学的设立起了推动作用。如边州檀州,"素无学校,机(按指韦机)敦劝生徒,创立孔子庙,图七十二子及自古贤达,皆为之赞述"。[⑤] 边州兴

① 鲁琪:《唐幽州城考》,载《北京史论文集》第二辑,1982 年;北京市文物研究所《北京考古四十年》,北京燕山出版社,1990 年。

② [宋]李昉等:《文苑英华》卷 578《代公主让新起宅表》。

③ [唐]张鷟:《朝野佥载》卷 1,《丛书集成初编》,商务印书馆,民国二十五年版。

④ 《旧唐书》卷 190 下《文苑·杜甫传》。

⑤ 《旧唐书》卷 185 上《韦机传》,此处的素无学校当指唐初至显庆约 30 年间。

学习儒当然也与韦机个人作用有关。幽州聚徒授学的私学和延师教子的家学亦按历史传统继续存在和发展。正是官、私学校的发展,幽燕地区成为唐代全国教育的先进地区之一,而幽州城则是幽燕地区乃至河北的教育中心。

教育的发展,兼幽燕有民族融合的社会大背景,不断造就出对唐王朝政治经济与文化产生过重要影响的文官武将及幽燕地区特定的文化人物和特殊的文化与学术氛围,诗文、绘画乃至杂技均亦表现了凝重的时代和区域特色。

初唐博学多识,精通历法算学,"斟酌南北,考以古音,作大唐雅乐",[①]使古代宫廷音乐得以传承与发展的大音乐家祖孝孙;诗坛"初唐四杰"中的卢照邻;博学有才干,深受太宗赏识,官至刑部尚书的卢承庆兄弟;少以辞学著称,工篆隶,好琴棋,世称多能之士的昭文馆学士卢藏用;精通棋艺,又工诗文的张南史;以"推敲"字句而著名于诗坛的贾岛;博学善属文,尤精《左氏春秋》,策对指斥朝政,轰动朝野,虽"汉之晁(错)、董(仲舒),无以过之"[②]的刘蕡等,均是幽州名士。难怪《隋书·地理志》就说"涿郡连接边郡,习尚与太原同俗,故自古言勇侠者皆推幽并云。然涿郡、太原自前代以来,皆多文雅之士。虽俱曰边郡,然风教不为比也"。这应该是在民族融合的特定地理环境中,地方教育的成果。

卢照邻、贾岛等幽州诗人以幽州为题材的诗作,或寄托顾恋乡土的心迹,或歌咏山川景物,显示了成长于幽州的诗人对故乡对边郡的特殊理解与特殊感情。

宦游或关注边镇幽州的诗人,如初唐以文词宏丽为当时所重,曾任北讨契丹行军管记的诗人陈子昂;盛唐开元初先任河北道按察使,后任检校幽州都督,官至尚书左丞相、集贤院学士知院事、加开府仪同三司、上柱国、燕国公的一代文宗张说;[③]以诗风豪放著称的高适,著名诗人王之涣、孟浩然、祖咏、大诗人李白、"诗圣"杜甫;中唐以诗名当时的张籍、李益等,亦均曾以幽州军旅生活及山川风物、古迹名胜为题材,深情地吟咏了幽州的山川古迹,真实地展示了边郡的民族冲突与社会生活,生动地刻画了军旅生活与将帅巡边和征战的壮阔场面,集中地反映了将士忧患民族、报效国家的情怀,成为中国古代边塞诗中的瑰宝,对后世边塞诗的发展亦产生了深远影响。

对盛唐军事、政治与经济政策颇多贡献,死后玄宗下诏褒扬的张说,在任检校幽州都督期间,曾上《请置屯田表》称,"求人安者,莫过于足食;求国富者,莫先于疾耕";倡言:广开河北屯田,"上可以丰国,下可以廪边,河漕通流,易于转运,此百代之利也。"[④]该表遂成为百代佳作。其屯田廪边思想极大地推动了当时河北屯田,对保障盛唐幽燕

---

① 《旧唐书》卷 79《祖孝孙传》。
② 《旧唐书》卷 190 下《文苑·刘蕡传》。
③ 《旧唐书》卷 97《张说传》:张说先人为幽州范阳人,前代已迁居河东,唐代又徙居河南洛阳。
④ 《全唐文》卷 224《张说》。

驻军粮食供给、改造河北平原北部斥卤环境、开发利用土地资源起了重要推动作用。

　　幽州绘画也形成了以边塞山川风物和民族习俗为题材的地方与时代特色。盛唐著名画家卢鸿精通篆隶,善作山水画,据《宣和画谱·山水一》称,他"喜写山水平远之趣",所画《草堂图》,"世传以比王维《辋川草堂》"。[①] 另有《巢石图》、《松林会真图》(均佚)等画作。晚唐五代时期,以善画东北少数民族生活习俗、边郡山川风物著称的著名画家胡瓌,"工画蕃马,虽繁富细巧,而用笔清劲。至于穹庐什物,射猎生死物,靡不精奇"。"画驼马鬃尾、人衣毛毳,以狼毫缚笔疏渲之,取其纤健也"。[②] 以神态各异的数十个人物、马匹为题材完成的《卓歇图》,栩栩如生地展示了北方游牧民族在紧张射猎之后稍事休息的场面。他的这一代表作,至今珍藏在故宫博物院中。其他以边地射猎生活为题材的画作如《阴山七骑图》、《下程控马图》、《射雕图》等惜均已失传。胡氏不凡的绘画造诣,不仅代表了幽燕地区画坛的最高水平,而且在当时的画坛上也形成了以边塞风物与射猎生活为题材的时代与区域特点。以花卉、禽鸟、人物、车马为题材的墓葬彩绘壁画,同样显示了幽燕地区绘画技艺的高境界和地方特色。

　　雕塑是集文化审美、雕刻与塑造技术于一体的综合艺术,在唐幽州亦获得了重要成就。房山石经山保存有唐睿宗景云二年(公元 711 年)至玄宗开元十五年(公元 727 年)间的四座小石塔,石塔上浮雕的佛、菩萨、天王和力士像,雕刻精美,姿态生动。在房山磁家务南山坡上的万佛龙泉宝殿,又名万佛堂,殿内墙上嵌有刻于大历五年(公元 770 年)的《万佛法会图》石刻浮雕,其以神采各异的佛教人物、云纹等为主,雕刻十分精美。在北京郊区发现的武则天时期信州刺史薛氏墓,在墓室严重被盗的情况下,还出土了五件汉白玉兽首人身十二生肖中的龙、蛇、猪、鸡、羊石雕像,生动形象,为唐代石雕艺术之精品。史思明墓出土的铜牛、铜坐龙等雕铸品,工艺相当精湛。这些实物具体反映了唐代幽州地区雕塑和镌刻艺术的高度发展。玄宗天宝中,安禄山为邀功固宠,以汉白玉雕刻上贡玄宗的龙、鱼、凫、雁、莲花等高档艺术品"皆若奋鳞举翼,状欲飞动"。[③] 唐代幽州利用房山所产汉白玉石材,雕镌之精绝巧妙由此可见。

　　唐代,与中亚、东北亚各国及各民族经济文化交流的频繁与深入,使一些军事体育项目或杂技表演艺术也不断传入中原和幽燕地区。其中,从波斯经中亚传入的击鞠(按即打球),即成为唐代流行的军事体育游戏,有骑马击球又称马上波罗球和步踢两种。作为一种军事体育项目,一般来讲是在城市贵族官僚等有闲阶层和将帅官兵中流行。史思明爱子史朝清留守幽州,"常以君临之心,惟以球猎为务",[④]就是历史对他不务正

---

①　王维,唐代开元天宝间著名诗画家,为山水画家南宗之祖。官至尚书右丞。见《新唐书·王维传》。
②　《资治通鉴》卷 222 引《河洛春秋》。
③　《资治通鉴》卷 217 引《明皇杂录》。
④　《资治通鉴》卷 222 引《河洛春秋》。

业，唯迷恋于击球和游猎，还想称帝继统的讽刺。文献提及的幽州球场位于幽州节度使府衙之后，由此亦可见，击球不是普通的民间活动。

杂技却是幽州民间艺人们扣人心弦的表演。幽州人刘交，"戴（按指用头顶住）长竿，高七十尺，自擎上下，有女十二，甚端正，于竿上置足，跨盘独立。观者不忍，女无惧色"。① 这种杂技的高难度和表演者的挥洒自如，为时人叹服。按《杜阳杂编》记载，类似杂技幽州女艺人亦可表演。如女艺人石大胡，于百尺竿上张五条弓弦，令五女子着五色衣服分居其上，执戟持戈，随破阵乐乐曲俯仰起舞，翩然自如。城市人口的增加及其世俗文化生活的需求，正是民间杂技表演流行的原因所在。

宗教文化主要是佛教文化作为幽燕文化重要组成部分，至唐代亦获得了重要发展，进入空前兴盛的时期。其主要表现在佛教高僧的师徒传承与内外交流，著名寺院的不断创筑及房山云居寺石经的刻造不辍等方面，因而形成了幽燕地区佛教文化的中心。

唐初的华严和尚在幽州传诵《华严经》，"其所诵时，一城皆闻之，如在庭庑之下"，②影响甚大。此后至中唐时期，又有名僧智嘉、高僧真性、普照、幽玄、鉴真、志千、惠增、宝积、常遇、道膺等禅师，或就地聚徒传法，或集资建寺，或出游寻访、弘法四方，极大地提高了幽州佛教的地位和影响。一是不断得到社会上层的支持，如张仁愿任幽州都督，曾出资施舍于马鞍山竹林寺；而朝廷赏赐，"使命往来，难可称计"；③二是普遍受到民众支持，"远近归向，布施惟恐其后"；④三是吸引外地乃至异国僧侣到幽州交流佛法，进行佛事活动；身为中亚"吐火罗国人"的普照禅师，于德宗建中年间（公元 780～783 年）来到幽州，创建佛寺；贞元初，御赐寺额"宝刹"，后发展到"佛宫僧舍，几至千室"的大寺院。唐代中期幽州佛教已甚兴盛。

中晚唐五代时期，幽州名僧则有道宗、晓方、可止、僧照、师律等。他们弘传佛法的活动影响更深远。在民间，"千里风闻，四众云集"。⑤ 在藩镇，刘总"于官署后置数百僧，厚给衣食"；⑥张仲武、张允伸则"遥瞻道德，渴想音徽"；"大阐释风，远钦道行，频驰清奉，累降尺书"。⑦ 因而当时对佛教在官民间的巨大影响有"方岳公侯，连城守宰，偃风渴道，靡不皈依"⑧之说。在朝廷，曾两度在幽州名刹悯忠寺学习或传法的高

① ［宋］李昉等：《太平广记》卷 225 引《朝野佥载》。
② ［宋］赞宁：《宋高僧传》卷 25《唐幽州华严和尚传》。
③ ［唐］何筹：《大唐云居寺故寺主律大德神道碑铭并序》。
④ 《日下旧闻考》卷 117 引吕卿云《蓟州葛山重修龙福院记》。
⑤ 《日下旧闻考》卷 116 引知宗：《盘山上方道宗大师遗行碑》，见《房山石经题记汇编》第一部分《碑和题记（唐至民国）》，书目文献出版社，1987 年。
⑥ 《旧唐书》卷 143《刘总传》。
⑦ 《日下旧闻考》卷 116 引知宗撰《盘山上方道宗大师遗行碑》。
⑧ 《日下旧闻考》卷 117 引郎肃撰《甘泉普济禅寺灵塔记》。

僧可止,西游长安时曾受到昭宗召见,赐以紫袈裟;出家并曾学习于悯忠寺的僧昭亦曾被赐紫衣、加法号;出家并长期传法于悯忠寺的高僧师律,至后周时,"朝廷以紫衣、徽号,用旌厥德。"①

诸如上述的佛教高僧前后相继,活跃于幽州并产生了巨大社会影响,得到了上自帝王、当地官僚、下及广大百姓的响应与支持,因而用以传法布道的寺庙亦不断增加。除原有嘉福寺(唐龙泉寺、金大万寿寺、清岫云寺、俗称潭柘寺)、光林寺(隋宏业寺、唐天王寺、明天宁寺)、慰使君寺、清凉寺(唐卢师寺)外,唐代增筑了数十处。其中最著名者有聚慧寺(明万寿禅寺,俗称戒台寺)、兜率寺(元寿安山寺、清十方普觉寺、俗称卧佛寺)、云居寺、悯忠寺(明崇福寺、清法源寺)、大悲阁(辽圣恩寺)、龙泉寺(大历禅寺、万佛堂)、平坡寺(明圆通寺、清香界寺)、感应寺(明镇海寺、证果寺)、灵光寺、归义寺、胜果寺、天开寺、盘山双峰寺、甘泉寺、白岩寺、上方寺等,形成了以幽州城郊为中心、以石经山和盘山为两翼的寺庙分布地带,因而也形成了僧徒集中、佛教文化突出发展的特点。

对幽州佛教文化发展和地位上升影响至深的是,隋唐两代高僧在州城西南白带山下的刻经活动。经过北魏太武帝和北周武帝两次灭佛使佛教受到严重打击之后,至隋代,凿窟刻经、保存佛教经典成为僧众的重要活动。其中历隋唐两代,规模最大,影响最著的首推白带山云居寺的刻经活动。隋炀帝大业中,静琬(一称智菀)于此发起;隋炀帝伐高丽随至幽州的皇后萧氏得知后,"施绢千匹,(萧后弟)瑀施绢五百匹。朝野闻之,争共舍施"。②唐贞观五年(公元631年),静琬于白带山下创建云居寺,聚僧讲法。开元十八年(公元730年),玄宗妹金仙长公主奏赐佛经四千余卷,以助刻经,同时赐云居寺附近田园山林以为寺产;幽州城乡各行业笃信佛教的百姓亦集腋成裘,捐助刻经。在朝野经济大力支持之下,自静琬、历玄导、僧仪、惠暹、玄法、真性等名僧主持下,大约三百年间共刻石版佛经一百余部,大小经版四千四百余块。从而为渡过唐末五代战乱刻经中断之后,辽金元明四代续刻奠定了基础。至明末,前后历时近千年,共刻佛经1 025种,900余部,3 000余卷,刻石15 061块,分藏于九个藏经洞和压经塔下藏经穴中。如此宏伟之佛教文化工程,古往今来,无论中国,还是外国,均是绝无仅有的。

唐武宗会昌五年(公元845年)的灭佛,毁寺4 600所,招提、兰若(小寺庙)4万余所,还俗僧尼26万人,放免寺院奴婢15万人;使地处边郡的幽州成为两京、中原僧尼的避难之所。至宣宗即位,提倡佛教,希望用以息怨安民,缓和矛盾,使唐末五代

①　《宋高僧传》卷29《师律传》。
②　[唐]唐临:《冥报记》卷上,《隋释智菀》,中华书局,1992年。

幽州佛教得以发展,进而至辽代,幽州(辽南京)地区"诸阿兰若,岩居野处,如鹫峰鹿
苑者,比比而是",[1]而南京城乡,"兰若相望,大者三十有六",[2]故有"僧居佛寺,冠于
北方"[3]之称。

唐代幽州已成长为中国北方乃至中国佛教文化的中心。此说当不为过。

综上所述,伴随唐代国家政治、经济、文化的发展,尤其是唐代大一统形势的形成,
以及东北方各少数民族的陆续崛起南下在幽燕地区形成的民族杂居和文化融合进程,
使边郡幽州的地位迅速上升,幽州城市益加繁荣,其大区域政治、经济、文化都会的性质
已经确立。历经二千年发展的蓟城,无论在政治军事还是在经济文化,乃至交通形势方
面,在幽燕乃至更广大的地区已没有哪一个城市可以与之相颉颃。

四、幽州城市发展的新曙光

幽州,自代宗广德元年(公元 763 年),李怀仙攫取幽州卢龙节度使职,至后梁乾化
三年(公元 913 年),河东节镇李存勖攻占幽州,恰恰一百五十年,更换藩帅 28 人。其中
唐末幽州藩帅更迭尤为频繁。

乾宁二年(895 年),幽州裨将刘仁恭攫取幽州军政大权;天祐四年(公元 907 年)
朱全忠篡唐自立,建立后梁政权,中原开始了后梁、后唐、后晋、后汉、后周五代时期。
同时刘守光兵变囚父夺职,并于后梁乾化元年(公元 911 年),以幽州城为都城,建立
燕国,自称大燕皇帝。越二年(乾化三年,公元 913 年),守光败亡,刘氏父子统治幽
州达 19 年。刘氏父子对外扩张,对内压榨,实行残暴的割据统治。其管辖范围包括
幽、涿、瀛、莫、妫、檀、蓟、顺、营、平、新、武、沧、景、德十五州地,相当今河北张家口、
唐山、沧州、廊坊、保定、秦皇岛等地市和辽宁沈阳以西及山东西北部的广大地区。
其中幽州又领蓟、幽都、良乡、安次、武清、昌平、潞、玉河、三河十县。幽州城仍然是
幽燕地区中心城市。

刘仁恭"骄侈贪暴,常虑幽州城不固,筑馆于大安山"[4],"盛饰馆宇,僭拟宫掖,聚
室女艳妇,穷极侈丽","又以墐泥作钱,令部内行使,尽敛铜钱于大安山巅,凿穴以藏
之,藏毕即杀匠石以灭其口"。"又禁江表(江南)茶商,自撷山中草叶为茶,以邀厚
利。"刘守光对内"淫虐滋甚,每刑人必以铁笼盛之,薪火四逼,又为铁刷刷剔人面";

---

① 《全辽文》卷 10《上方感化寺碑》。
② [清]厉锷:《辽史拾遗》卷 17 引《松漠纪闻》。
③ 《契丹国志》卷 22《州县载记》。
④ 《资治通鉴》卷 266《后梁纪一》。

对外扩张，连年争战，"师徒屡丧，乃酷法尽发部内男子十五已上、七十已下，各自备兵粮以从军，闾里为之一空。部内男子无贵贱，并黥其面，文曰'定霸都'，士人黥其臂，文曰'一心事主'"①。

河东节度使李存勗攻灭刘守光，据幽州后，历十年攻灭后梁，建立后唐政权，建元同光（公元 923 年）。至清泰三年（公元 936 年），后唐河东节度使石敬瑭灭后唐，建立后晋。

唐末五代藩镇割据和分裂战乱的特殊社会环境，造成了对幽州的社会政治地位产生重大影响的一系列事变。

第一，藩镇割据极大地削弱了唐王朝对边郡的有效控制及对军事打击力量的统一指挥，为游牧民族崛起提供了机遇。为保存与壮大自己的军事实力，"藩镇擅地务自安，郛戍斥候益谨，不生事于边。奚、契丹亦鲜入寇"。② 契丹则乘张仲武大败回鹘与奚部之势，发展势力日益强盛，进而"乘中原多故，北边无备，遂蚕食诸郡，鞑靼、奚、室韦之属，咸被驱役，族帐浸盛，有时入寇"。③ 契丹赢得了休养生息、壮大力量的机遇，至后梁代唐已拥兵三十万人。

第二，唐末五代战乱，幽燕边郡人口为逃避深重灾难而大量流徙塞外。当时，刘仁恭父子为政"暴虐，幽涿之人多亡入契丹"。④ 契丹主阿保机又留刘守光的使臣韩延徽为谋主，"延徽始教契丹建牙开府，筑城郭，立市廛，以处汉人，使各有配偶，垦艺荒田"。⑤ 阿保机对流徙塞外的汉人安抚存恤，在滦河流域率其耕种，"为治城郭邑屋，廛市，如幽州制度"，使"汉人安之，不复思归"。⑥ 至卢文进降于契丹，"驱掳数州士女，教其织纴工作，中国所有者悉备"。⑦ 拥有先进农业生产技术和文化的汉人进入契丹控制地区，带动了当地的农业开发和社会经济的发展及其社会形态的飞跃转化，为阿保机统一毗邻诸部，建立和巩固契丹政权积蓄了力量及南下实力。

第三，五代战乱，边郡守将或假契丹军事力量打击敌对势力乃至推翻一个政权；或恃勇不修边备，自失关塞之险。前者如后唐庄宗讨镇州张文礼，定州王处直遣其子诱"说契丹，使入塞以牵晋兵"，阿保机闻之大喜，空国入寇，攻幽州，陷涿州，掠中山，至新城；虽大败而归，"然自此颇有窥中国之志"。⑧ 石敬瑭反后唐，"称臣于契丹帝，且请以

---

① 《旧五代史》卷 135《刘守光传》。
② 《新唐书》卷 219《北狄传》。
③ 《旧五代史》卷 137《契丹传》。
④ 《新五代史》卷 72《四夷附录一》。
⑤ 《资治通鉴》卷 269《后梁纪四》。
⑥ 《新五代史》卷 72《四夷附录一》。
⑦ 《五代史》卷 97《卢文进传》。
⑧ 《新五代史》卷 72《四夷附录一》。

父礼事之,约事捷之日,割卢龙一道及雁门关以北诸州为献"。契丹大喜,倾国赴援,遂灭后唐,立石氏为晋帝。① 后唐幽州节度使赵德钧亦曾"密与契丹通,许以重赂",企图代后唐称帝。② 后者则以后唐卢龙节度使周德威最典型。他"恃勇不修边备,遂失渝关之险,契丹每刍牧于营、平之间。"③

契丹的崛起,尤其是汉族官僚的诱引和边备的削弱,其大举南进抄掠已不可避免。仅据《辽史·兵志》记载,阿保机对幽燕地区的大规模军事掳掠就有三次:①即位六年(公元 912 年)春,亲征幽州,"所经州县,望风皆下,俘获甚众";②神册元年(公元 916 年),攻蔚、新、武、妫、儒五州,俘获不可胜记;③神册六年(公元 921 年)出居庸关,分兵掠檀、顺等州,安远军、三河、良乡、望都、潞、满城、遂城等县,俘其民徙内地。内地即契丹本土。此外,神册二年(公元 917 年),天赞二年至五年(公元 923~926 年)、会同六年(公元 943 年),与大同元年(公元 947 年),均有攻掠幽燕及其以南地区,掳掠汉地吏民,甚至围困幽州城二百日的记录。致使幽燕乃至河北地区"千里之内,焚剽殆尽","自涿州至幽州百里,人迹断绝"。④ 而幽州"城门之外,烽尘交警,一日数战。"⑤"幽蓟之北,所在敌骑皆满"。⑥ 在这一历史过程中,契丹人虽遭到幽燕官民的有力抵抗,甚至遭受过"僵尸蔽野,契丹死者过半,余众北走",和"契丹为唐所俘斩及陷溺死者,不可胜数"⑦的惨重损失,但其军事影响已扩展到幽燕地区乃至河北与河东(今山西)。尤其值得注意的是,后梁乾化初,契丹已以武力攻占了平州和营州;在卢文进投降契丹之后,阿保机为彰其功,任其为幽州兵马留后,统帅汉军,自为营寨;又委以幽州卢龙节度使,与契丹军共同驻扎平州(今河北卢龙)。后唐明宗李思源即位,卢文进受招,与思归故土的将士们"杀契丹戍平州者,帅其众十余万,车帐八千乘来奔"⑧。阿保机遂以原平州降将张希崇接替卢文进,为平州节度使,并遣契丹官兵三百骑监视之。后来,张希崇诱杀契丹将军,契丹兵皆溃散,帅二万口南归后唐。⑨ 这一过程表明,五代时北方少数民族的地方军政机构已跨越关塞的藩篱,出现在幽燕地区,北方民族政权的政治影响已深入到了古老幽州的辖属地区。这在中国历史上还是第一次。从而为后来契丹攫取幽云十六州地,迁移大量宫卫军户于幽燕地区、设立宫卫提辖司并建置府州县

---

① 《契丹国志》卷 2《太宗》。
② 《契丹国志》卷 16《赵延寿传》。
③ 《资治通鉴》卷 269《后梁纪四》。
④ 《新五代史》卷 72《四类附录一》。
⑤ 《旧五代史》卷 53《李存贤传》。
⑥ 《旧五代史》卷 137《契丹传》。
⑦ 《资治通鉴》卷 276《后唐纪五》。
⑧ 《资治通鉴》卷 275《后唐纪四》。按《旧五代史·卢文进传》"领十五万生灵"。
⑨ 《新五代史》卷 47《张希崇传》。

地方政权奠定了基础。

与此同时,阿保机又"以征伐俘户建州襟要之地,多因旧居名之",①即《阴山杂录》所谓契丹攻陷幽云州县城池,"俘其民而归,置州县以居之,不改中国州县之名"。据《辽史·地理志》的记载,契丹以掳掠的幽云乃至中原户口建置的州县多达三十余个,星罗棋布于辽朝上京、中京、东京北方三道。在上京,"宦者、翰林、伎术、教坊、角觝、秀才、僧、尼、道士等,皆中国人,而并、汾、幽、蓟之人尤多";②在滦河和黄河流域,"汉民更居者众"或谓"汉民杂居者半"。③ 因而,契丹"既尽得燕中人士,教之文法,由是渐盛";④在契丹北方地区则出现了"城郭相望,田野日辟"⑤的社会景象。

唐末五代的战乱,尤其迅速崛起的契丹民族南下攻掠,使当时中国北方人口的空间分布与民族构成均发生了空前变化,形成了汉人、契丹人、奚人、渤海人、室韦人杂居共处的局面和民族融合的新高潮。这一过程表明,山川险要、关塞藩篱、雄师镇守均已不足以阻挡民族大融合的历史进程,而幽州恰恰位于这个大融合进程的枢纽区位上,它的历史使命和政治地位在社会动荡与民族融合中益渐显露出来。

后唐李从珂弑闵帝即位之后,因与河东镇守大将石敬瑭嫌隙,激发石氏叛唐。李从珂遂遣大将张敬达率大军攻伐之。石敬瑭一面膺城固守,一面遣使,称臣于契丹主、且许以割地纳帛为条件,引诱契丹新主耶律德光亲率大军,直达太原,后唐步骑皆为所败;兼握有重兵、镇守幽州颇多战功,是时亦欲代唐称帝,欲与契丹约为兄弟之国的赵德钧拖延观望贻误军机,后唐灭亡。耶律德光遂"册晋高祖(石敬瑭)为大晋皇帝,约为父子之国,割幽州管内及新、武、云、应、朔州之地以赂之,仍每岁许输帛三十万"。⑥ 而归降契丹的赵德钧则"尽以一行财宝及幽州田宅籍而献之"。⑦ 后晋天福三年(公元938年),石敬瑭割弃幽云十六州地(图5—4),以报契丹援立之恩。从此,幽燕地区及雁门关以北尽入契丹版图。耶律德光遂升幽州为南京,又号燕京,建为陪都,并置南京道幽都府等一应地方行政建置。南京遂成为辽初三京之一和辽代中期以后的五京之一。南京城池虽沿用旧日幽州城,然其政治、经济、军事地位益加重要了。后周与北宋等中原王朝虽曾数次倾国力北伐,意欲收复幽云十六州地,然均以失败告终。契丹人所建辽朝统治幽州长达一百八十五年,随之而来的是女真人建立的金朝迁都于燕京,建为中都长达六十余年;蒙古人建立的元朝建都大都长达近百年,明清继之。北京作为中华一统帝

---

① 《辽史》卷37《地理志》。
② ［五代］胡峤:《陷北记》,见《契丹国志》卷25,上海古籍出版社,1985年。
③ 陈述辑校《全辽文》卷9《贾师训墓志铭》,中华书局,1982年。
④ 《旧五代史》卷137《契丹传》。
⑤ 《辽史》卷48《百官志》。
⑥ 《旧五代史》卷137《契丹传》。
⑦ 《旧五代史》卷98《赵德钧传》。

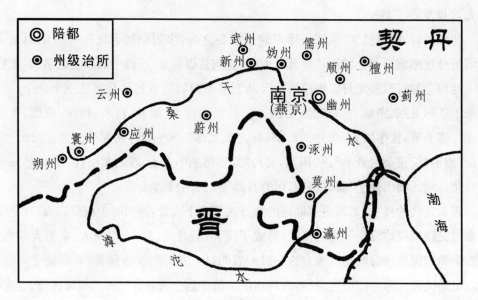

图5—4　幽云十六州形势

国都城的历史实肇始于唐代以来的民族大融合和这种大融合造就出来的幽燕都会。这一过程表明,封建社会后期相继崛起的北方游牧民族已拥有联合汉族官僚文人建立国家政权的实力。

幽州城市既是中原王朝及各分裂割据政权长期经营的产物,又是中华民族长期融合和政权一统的结晶。唐末五代契丹民族的崛起及南下占据幽燕地区、建陪都于幽州城,则为幽州城地位的上升和性质的转变及相继而来的王朝建都带来了新曙光。

第六章 辽金元北京城市的扩展与行政建制的形成

契丹(辽)会同元年(后晋天福三年,公元938年),石敬瑭割幽云十六州赂辽,从此以蓟城为中心的幽云地区便纳入了辽朝的版图。辽太宗以皇都为上京,升幽州为南京,又号燕京,南京遂成为辽朝陪都之一。中国古代北方草原游牧民族突破古长城的阻隔,揭开了大举南下,加速民族融合和南北统一,建立多民族统一国家,并奠都北京的序幕,城市的行政机构也发生了重要变化,即设置了城市警巡院。这是顺应当时社会发展的客观要求产生并且日渐完善起来的。它自辽代出现,历金、元逐渐增置、完善,至明初被取消,前后历时约300余年。警巡院的取消,不是出于它自身的弱点,而完全是出于明初的政治原因。因其存在的历史不长,而且由于与其相关的资料欠缺或失载,要作深入研究相当困难,因而有关的研究成果罕见。辽南京、金中都、元大都城市警巡院就是伴随城市性质的变化、职能与地位的提高和城市规模的不断扩大而出现的。事实上,因警巡院这一城市建制与其国都地位的历史紧相关联,故深入研究它的发生、发展、职能及其历史作用,无疑对进一步揭示北京城市发展史具有重要意义。

一、辽南京城市发展与警巡院建制的出现

辽南京即唐、五代幽州城,契丹贵族攫取幽云十六州后,升幽州为南京,建陪都,为辽代初期三京之一与中期之后的五京之一。南京"自唐而晋,(后晋)高祖以辽有援立之功,割幽州等十六州以献。(辽)太宗升为南京,又曰燕京"。"城方三十六里①,崇三丈,衡广一丈五尺。敌楼、战橹具。八门:东曰安东、迎春,南曰开阳、丹凤,西曰显西、清晋,北曰通天、拱辰。大内在西南隅。皇城内有景宗、圣宗御容殿二,东曰宣和,南曰大内。内门曰宣教,改元和。外三门曰南端、左掖、右掖。左掖改万春,右掖改千秋。门有楼阁,球场在其南,东为永平馆。皇城西门曰显西,设而不开。北曰子北。西城巅有凉殿,东北隅有燕角楼。坊市、廨舍、寺观,盖不胜书。"②"大内壮丽,城北有市,陆海百货,聚

---

① 韩光辉:"辽南京城的方圆与警巡院",《燕都》,1987年第4期,辽南京城方圆二十六里。
② 《辽史》卷40《地理志》。

于其中;僧居佛寺,冠于北方。锦绣组绮,精绝天下。膏腴蔬蓏、果实、稻粱之类,靡不毕出,而桑、柘、麻、麦、羊、豕、雉、兔,不问可知。水甘土厚,人多技艺,秀者学读书,次则习骑射,耐劳苦。"①南京皇城即"就罗郭西南为之"②的唐代子城,"子城幅员五里,东曰宣和门,南曰丹凤门,西曰显西门,北曰子北门"③(图6—1)。

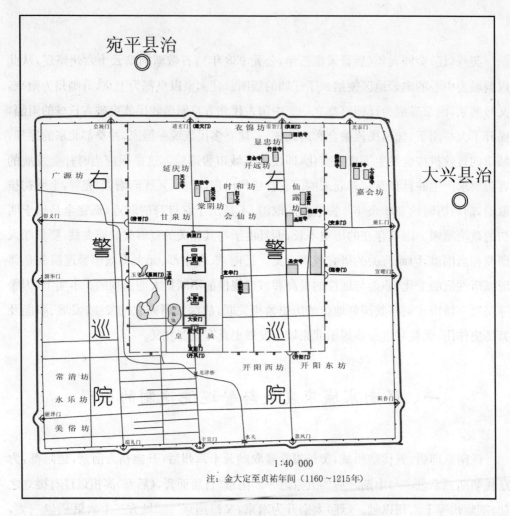

1:40 000

注:金大定至贞祐年间(1160~1215年)

图6—1　金中都城及其与附郭京县县治相对位置

辽南京继承了前代城市用地规模和形制,城市经济包括手工业、商业,宗教信仰,教育与技艺等到辽代中后期都得到了较大发展。尤其值得注意的是,辽南京城市一仍唐制,城内划分为二十六坊,居民按坊居住。辽代早期,城市居民由南京幽都府所属附郭

---

① [宋]叶隆礼:《契丹国志》卷22《四京本末》,上海古籍出版社,1985年。
② [宋]叶隆礼:《契丹国志》卷24《王曾行程录》,上海古籍出版社,1985年。
③ [宋]路振:《乘轺录》,清同治十三年南海伍氏刻本。

县蓟北和幽都两县管理,即"吏州县者多尊唐制"。① 开泰元年(公元1012年),改幽都府为析津府,蓟北县为析津县,幽都县为宛平县,两县仍附郭。随着南京城市人口的增加,到辽中后期城市人口增长到15万人,其中汉人约9万人,契丹、奚人6万人,②城市迫切要求设置专门化的行政机构管理社会治安、户口,通检赋税等。

据《辽史·百官志》记载,五京均设有警巡院,置有警巡使、警巡副使。从文献记载来看,辽代早期诸京警巡院的职能如录事司、契丹司,治刑狱与治安。③《辽史·兴宗纪》载,契丹警巡院为重熙十三年(公元1044年)所置。当时秦王重元"奏请五京各置契丹警巡使,诏从之。"设置原因:"先是契丹人犯法,例须汉人禁勘,受枉者多"。④ 但禁勘契丹人犯法的汉人官员是否就是汉人警巡使,并不明确。据《张绩墓志铭》,张绩任西京警巡使是在辽兴宗重熙二十二年(公元1053年),可知西京汉人警巡院在重熙二十二年前即设置了。自然,确立陪都地位更早的辽南京设置汉人警巡院的时间应该更早,即作为社会治安机构的警巡院应设于辽初,而转变为陪都城市行政管理机构则在城市社会稳定、经济文化迅速发展的"澶渊之盟"之后。⑤ 据此,汉人警巡院的创置又在重熙十三年之前。至此,五京之中均设置了汉人警巡院和契丹警巡院。

由上述重元奏置契丹警巡使的原因知,设警巡院、置警巡使与警巡副使的目的在于治刑狱,理治安。据《辽史·马人望传》,马人望"转南京三司度支判官,公私兼裕。迁(南京)警巡使,京城狱讼填委,人望(莅任)处决,无一冤者。会检括户口,未两旬而毕"。《辽史·食货志》亦记载,"以马人望前为南京度支判官,公私兼裕,(迁警巡使,会)检括户口,用法平恕,乃迁中京度支使。"可见警巡使的职责不仅仅在治狱讼,而且还要检括户口。显然,这与警巡院"所掌实即唐左、右巡之事"⑥的说法并不完全一致,而与军巡院的职任更接近。

按《旧唐书·百官志》:殿中侍御史,凡两京城内,则分知左、右巡,各察其所巡之内有不法之事。按《新唐书·百官志》监察御史分左、右巡,纠察违失,左巡知京城内,右巡知京城外尽雍洛二州之境。月一代。将晦,即巡刑部、大理东西徒坊,金吾县狱。搜狩

---

① 《辽史》卷105《能吏传》。

② 韩光辉:《北京历史人口地理》,北京大学出版社,1996年。

③ [宋]余靖:《武溪集》卷十八《杂文·契丹官仪》。

④ 《辽史》卷112《重元传》。

⑤ 警巡即警戒巡逻,警巡院则是相关的城市管理机构。《辽史》未载明辽代五京警巡院设置的具体时间,契丹国时期宋辽之间战争频仍,民族杂居,城市社会治安问题较多。唐末五代至宋初诸都城设置了刑狱治安机构军巡院及厢。据此推测,契丹国时期陪都南京同样设置了类似的专门城市社会治安管理机构——警巡院。因此,警巡院应是辽前期特殊社会环境下在上京、东京、南京专门设置的维护社会治安的机构。都城内民政则仍由附郭蓟北、幽都二县管理。"澶渊之盟"使宋辽之间交往密切起来,辽朝都城的社会经济文化得到迅速的发展,城市社会经济文化事务日益繁剧,警巡院逐渐由军事治安机构演变为城市行政管理机构,而附郭县不再管理城内民事、供需等民政,使其统辖区域缩小到城外郊区。

⑥ [清]永瑢:《历代职官表》卷20《五城》,中华书局,1985年。

则监围,察断绝失禽者。《通典》:监察御史分左、右巡,纠察违失,以承天、朱雀为界。《唐会要》:所谓不法之事,包括"左降、流移停匿不去,及妖讹、宿宵、蒲博、盗窃、狱讼冤、滥赋敛、违法"等。

相互比较发现,辽南京警巡使之责除维护社会治安、治理刑狱与唐左、右巡之责相类似外,还有两点明显不同:①唐代京师左、右巡并不检括城市户口;②唐代左、右巡并非专职官员,而以监察御史或殿中侍御史领衔,且定期一月一代。

按《辽史·百官志》:"辽国官制,分北、南院。北面治宫帐、部族、属国之政,南面治汉人州县、租赋、军马之事。因俗而治,得其宜矣。"辽"既得燕、代十有六州,乃用唐制,复设南面三省、六部、台、院、寺、监、诸卫、东宫之官。诚有志帝王之盛制,亦以招徕中国之人也"。辽代"乃用唐制",指在城市管理上,由唐代京师左、右巡,到唐末已有军巡使、军巡院的设置,①领属于禁军。后梁,在洛阳"置左军巡管水北,右军巡管水南,各置巡院"。② 巡院即军巡院,后唐在洛阳、开封、太原三京均设置了军巡使和军巡院。③ 至辽代在东京亦置有军巡院。④ 唐末五代至辽代一直沿用着军巡院,这是当时都城政局混乱所致,并形成军巡院厢、坊的城市管理体系,辽代随着城市社会的稳定,诸京最终由军巡院转变为警巡院。

又据《辽史·马人望传》,马人望先为松山县令,又徙知涿州新城县,再擢中京度支司盐铁判官,又转南京三司度支判官,迁警巡使。显而易见,警巡使之秩高于县令或知县,而且平理刑狱,维护治安,阅实户口的职责与知县的主要职责相一致。因此辽警巡院不仅较唐京师左、右巡职专权大,而且较辽代知县秩高位重,辽警巡院至少是城市独立行政建制的一种过渡形式,甚至已成为独立的城市行政实体。南京是一个由析津府、警巡院、(厢)二十六坊形成的行政体系管理的城市。继承辽代制度的金代诸京警巡院行政地位也证明了这一点。附郭之析津、宛平两县仍治南京城内,但已不管理南京城市,而只管理城外乡村。

二、金中都城市扩展与左、右警巡院行政建制的形成

金天辅六年(公元1122年),女真人攻克燕京,次年,北宋以巨额"岁币"收赎燕京,改析津府为燕山府。历时三年,即天会三年(公元1125年),金人复下燕山府,仍称燕

---

① 《北唐书》卷182《王处存传》,《西京城坊孝》卷4《西京》。

② 《五代会要》卷24《诸使杂录》。

③ 《旧五代史》卷147《刑法志》,《册府元龟》卷613《刑法部·定律令第五》。

④ 《辽史》卷38《地理志》。

京,府曰析津,并置燕京路领之。贞元元年(公元1153年)海陵王迁都燕京,改称中都,并改燕京路为中都路,析津府为大兴府,属中都路。贞元二年(公元1154年),改析津县为大兴县。从此辽之陪都南京上升为金代都城,至宣宗贞祐二年(公元1214年)迁都南京(宋汴京),中都作为金朝都城达六十余年。从天会三年至天德三年(公元1151年)二十五年间燕京城市形制仍如辽南京,只是"天眷三年(公元1140年),熙宗幸燕,始备法架,凡用士卒万四千五十六人,摄官在外"。[①]金熙宗自是年九月至皇统元年(公元1141年)九月,驻跸燕京长达一年之久。

完颜亮即位后,"上书者咸言上京临黄府(按当为会宁府)僻在一隅,官艰于转漕,民难于赴愬,不如都燕,以应天地之中"[②]。降金的宋人亦曰:"燕京自古霸国,虎视中原,为世之基。陛下应修燕京,时复巡幸"。[③]

完颜亮决计迁都并扩建燕京,天德三年(公元1151年)三月壬辰,"诏广燕城,建宫室";四月丙午,"诏迁都燕京",诏曰:"昨因绥抚南服,分置行台,时则边防未宁,法令未具,本非永计,只是从权,既而人拘道路之遥,事有岁时之滞,凡申疑而待报,乃欲速而愈迟,今既庶政惟和,四方无侮,用并尚书之亚省,会归机政于朝廷。又以京师粤在一隅,而方疆广于万里,以北则民清而事简,以南则地远而事繁,深虑州府申陈,或至半年而往复,闾阎疾苦,何由期月而周知,供馈困于转输,使命苦于驿顿,未可时巡于四表,莫如经营于两都,眷惟金燕,实为要会,将因宫庙而创官府之署,广阡陌以展西南之城,勿惮暂时之艰,以就得中之制,所贵两京一体,保宗社于万年,四海一家,安黎元于九府,咨尔中外,体予至怀。"[④]"辛酉,有司图上燕城宫室制度",[⑤]"先遣画工写京师(汴梁)宫室制度,至于阔狭修短,曲画其数,尽以授之左相张浩辈按图以修之"。[⑥]主持规划建设的是"提点缮修(东京)大内"的张浩,"天德三年,广燕京城,营建宫室。浩与燕京留守刘筈、大名尹卢彦伦监护工作,命浩就拟差除"。[⑦]当时刘筈任燕京留守,天会二年(公元1124年)"知(上京)新城事。城邑初建,卢彦伦为经画,民居、公宇皆有法",到"天德二年(公元1150年)出为大名尹。明年,诏彦伦营造燕京宫室"。[⑧]苏保衡累官同知兴中尹"天德间,缮治中都,张浩举保衡分督工役。改大兴少尹,督诸陵工役。再迁工部尚书"。[⑨]以张浩为核心的燕京规划建设指挥团体保证了城市与宫室的营建。

①　《金史》卷41《仪卫志》。
②　[元]孛兰肹等:赵万里校辑《元一统志》卷1《大都路·建置沿革》,中华书局,1966年。
③　[金]佚名:《炀王江上录》,清钞本。
④　[宋]李心传:《建炎以来系年要录》卷162,绍兴二十一年十二月,中华书局,1985年。
⑤　《金史》卷5《海陵纪》。
⑥　[宋]宇文懋昭:《大金国志》,附录二《金虏图经·宫室》。
⑦　《金史》卷83《张浩传》。
⑧　《金史》卷75《卢彦伦传》。
⑨　《金史》卷89《苏保衡传》。

"发诸路民夫,筑燕京城,……调诸路夫匠,筑燕京宫室",①"役天下军民夫匠,筑宫室于燕,会三年而有成"。②燕京工程之巨,"役民夫八十万,兵夫四十万,巧匠来自汴京,材料取自真定(正定),土石则运自涿州"。③"天德三年作新大邑,燕城之南,广斥三里",④"西南广斥一千步"。⑤事实上,燕京东面亦广斥三里,即在辽南京基础上向东、南、西三面均扩展了三里,形成了"周围五千三百二十八丈",⑥即周长37里、面积21.5平方公里的大城。

新增广的"都城之门十二,每一面分三门,一正两偏焉。其正门四(按应为二)旁皆又设两门,正门常不开,惟车驾出入,馀悉有傍两门焉。其门十二各有标名:东曰宣耀,曰施仁,曰阳春;西曰灏华,曰丽泽,曰新(彰)义;南曰丰宜,曰景风,曰端礼;北曰通元(玄),曰会城,曰崇智。"⑦《金史·地理志》所谓城门十三较此十二门增加的"光泰门",多见于金代以后的文献,诸如《金史》、《析津志》、《永乐大典》,可见光泰门增辟于金代中后期。有学者认为光泰门增辟于金世宗和金章宗时期,修建中都城东北离宫琼华岛万宁宫时,亦不无道理。⑧

在城市中央,在丰宜门与通玄门轴线上规划营建了皇城和宫城。皇城南以宣阳门,北以拱辰门,东以宣华门,西以玉华门为界,周回九里余;宫城则南以应天门,东以东华门,西以西华门为界,形成宫城和皇城套合形势,宫室格局与景观:"内城之正东曰宣华,正西曰玉华,北曰拱辰门。内殿凡九重,殿凡三十有六,楼阁倍之。正中位曰'皇帝正位',后曰'皇后正位'。位之东曰'内省',西曰'十六位',乃妃嫔居之。西出玉华门曰同乐园,若瑶池、蓬瀛、柳庄、杏村,尽在于是。"燕京"制度如汴","金碧翠飞,规模壮丽"。⑨从南至北,形成了丰宜门、龙津桥、宣阳门、应天门、大安门、大安殿、仁政门、仁政殿、昭明殿、拱辰门、通玄门中轴线。⑩

营建燕京"作治数年,死者不可胜数"。⑪当时,"既而暑月,工役多疾疫,诏发燕京五百里内医者,使治疗,官给药物,全活多者与官,其次给赏,下者转运司举察以闻"。⑫"郡众聚居,病疫所起,君(东平贾氏)出己俸市医药,有物故者,又为买棺葬

---

① 《大金国志》卷13《海陵炀王纪》。
② 《大金国志》附录二《金虏图经》。
③ [宋]范成大:《揽辔录》,中华书局,1985年。
④ 《元一统志》卷1《大都路·古迹·大觉寺》。
⑤ 《元一统志》卷1《大都路·古迹·十方万佛兴化院》。
⑥ 《明太祖实录》卷30,洪武元年八月戊子。
⑦ 《大金国志》附录二《金虏图经·京邑》。
⑧ 于杰、于光度:《金中都》,北京出版社,1989年。
⑨ 《大金国志》卷33《燕京制度》。
⑩ 《金史》卷24《地理志》。
⑪ [宋]范成大:《揽辔录》,中华书局,1985年。
⑫ 《金史》卷83《张浩传》。

之"。① 都城地位的确立、城市的扩展及工役、居民的疾疫死亡提出了填实城市人口的要求。

天德五年(贞元元年,公元 1153 年)三月乙卯(二十六日),"以迁都诏中外",②《诏书》曰:"朕以天下为家,固无远迩之异;生民为子,岂有亲疏之殊? 眷惟旧京,邈在东土。四方之政,不能周知;百姓之冤,艰于赴诉。况观风俗之美恶,察官吏之惰勤,必宅所居,庶便于治。顾此析津之分,实惟舆地之中。参稽师言,肇建都邑,乃严宗庙之奉,乃相宫室之宜,遂正畿封,以作民极。虽众务之毕举,冀暂劳而久安。逮兹落成,涓日苍止。然念骤兴于役力,岂无重扰于黎元? 凡有科徭,皆其膏血,遂至有司之供具,亦闻享上以尽心,宜加抚存,各就休息。载详前代赦宥之典,多徇一时姑息之恩,长恶惠奸,朕所不取。若非罚罪而劝善,何以励众以示公? 今来是都,寰宇同庆。因此斟酌,特有处分,除不肆赦外,可改天德五年(公元 1153 年)为贞元元年。燕本列国之名,今为京师,不当以为称号。燕京可为中都,仍改永安析津府为大兴府。上京、东京、西京依旧外,汴京为南京,中京为北京。又爵禄所以励世而磨钝也。前此官吏,每有罩转资级,贤否不辩,何补治功? 缘今定都之始,所冀上下协众,恪恭乃事,若俾一夫不获其所,则何以副朕迁都为民之意? 故特推恩,以示激励,可应内外大小官职,并与罩迁一官。於戏! 京师首善之地,既昭示于表仪,诏令责成之方,其勿怠于遵守。咨尔有众,体予至怀。"③诏书规定:"改燕京为中都,府曰大兴",并"改天德五年为贞元元年";五月,"以京城隙地赐朝官及卫士",④即以京城隙地赐随朝大小职官及护驾军。在增广燕京城池将京城隙地赐给朝官和卫士的同时,采取了移民实中都的政策:"凡四方之民,欲居中都者,给复十年,以实京师"。加以休养生息,到大定中(公元 1161～1189年),"京师市民辐辏"⑤。金章宗泰和中城市总人口已达到 40 万人左右。⑥ 按验实户口设置的女真与汉人司吏的比重计算(见后),中都城市汉人约 33 万人,女真、契丹人约 7 万人。

按《金史·百官志》,金代诸京均置有警巡院,其中中都置有两个警巡院,而且皆置有警巡使与警巡副使。南京在确立都城地位时,也置有两个警巡院,同样置有警巡使和警巡副使。而东京、西京、北京(按大定府)、上京仅置有一个警巡院和警巡使,不置警巡副使。

金主完颜亮贞元初迁都燕京,改燕京为中都,拓广燕京城池后,将辽南京城中 26 坊

① 　[金]元好问:《遗山集》卷 34《东平贾氏千秋录后记》,四库全书本。
② 　《金史》卷 5《海陵纪》。
③ 　[宋]李心传:《建炎以来系年要录》卷 164 绍兴二十三年三月癸丑。
④ 　《金史》卷 5《海陵纪》。
⑤ 　《金史》卷 90《移剌道传》。
⑥ 　韩光辉:《北京历史人口地理》,北京大学出版社,1996 年。

划分为 62 坊,①并恢复了城市警巡院制度。② 直至大定初年,中都城市仅置一个警巡院,称中都警巡院。③ 在中都城市人口渐增的过程中管理城市的行政机构警巡院也发生了变化,至大定八年(公元 1171 年)中都警巡院已增设为左、右两个,④即中都左、右警巡院。这是女真统治者迁都于此,城市职能完善、地位提高、人口增加、诸事日益繁剧、需要加强对城市管理的必然结果。

《金史·地理志》除透露了警巡院设置的年代之外,关于警巡院的行政地位一仍《辽史》,亦未予肯定。但事实上,其行政职能进一步加强了。根据有关史料推断,金代中都等诸京警巡院独立行政实体的地位已经确立。理由包括如下四个方面。

(1) 行政职责。金代警巡院所设警巡使,"掌平理狱讼,警察所部、总判院事",副使"掌警巡之事";判官"掌检稽失,签判院事";⑤并"通括户籍"。⑥ 而县令的职责在于"掌养百姓,按察所部,宣导风化,劝课农桑,平理狱讼,捕除盗贼,禁止游惰,兼管常平仓及通检推排簿籍(按包括检括户口),总判县事",县尉若干员"专巡捕盗贼"。⑦ 两相对比,警巡使,副使与县令等官吏的主要职责基本一致。至于县令劝课农桑,兼管常干仓等事,在城市中并不存在,故警巡使无此职责。因此,《金史·百官志》谓警巡使为厘务官。厘乃市厘,有整理,治理的意思,故厘务官实乃管理行政的行政官。据《金史·焦旭传》,焦旭"第进士,调安喜主簿。再转大兴令,摄左警巡事,以杖亲军百人长,有司议其罪当杖决,世宗曰:'旭亲民吏也,若因杖有官人复行杖之,何以行事? 其令收赎。'改良乡令。"⑧历史上官员兼职是常有的事,大兴县令,从六品,左警巡使,是正六品,⑨均是亲民吏。

(2) 考课方法。金章宗泰和四年(公元 1204 年)定考课法,准唐令作四善十七最之制。"十七最之一曰礼乐兴行,肃清所部,为政教之最。二曰赋役均平,田野加辟,为牧民之最。三曰决断不滞,与夺当理,为判事之最。四曰钤束吏卒,奸盗不滋,为严明之最。五曰案簿分明,评拟均当,为检校之最。以上皆谓县令、丞簿、警巡使副、录事、司候、判官也。"⑩警巡使、副使与县令考课项目与考课内容完全一致表明,诸京警巡院与

---

① 《元一统志》卷 1《大都路·建置沿革》。
② 《金史》卷 89《梁肃传》;卷 24《地理志》,海陵贞元迁都改燕京为中都的同时,改中京为北京,置警巡院,中都当同置。
③ 《金史》卷 90《杨邦基传》。
④ 《金史》卷 97《张大节传》。
⑤ 《金史》卷 57《百官志》。
⑥ 《金史》卷 93《承裕传》。
⑦ 《金史》卷 57《百官志》。
⑧ 《金史》卷 97《焦旭传》。
⑨ 《金史》卷 57《百官志》。
⑩ 《金史》卷 55《百官志》。

诸京县在行政职责上平行而不相从属；警巡使与县令一样，属于牧民之行政长官。警巡使是警巡院主官，警巡副使、判官是佐贰官。

（3）验实与检括户口。金代，为验实户口各级各类行政机构均专门置有司吏。金中都有大兴、宛平两个附郭京县，据《金史·百官志》，其分别置有用以验实户口的司吏10人，其中一名识女真字与汉字。而中都城市一个警巡院下则置有这种司吏18人，其中女真3人，汉人15人。左、右二院则应共设司吏36人，其中女真司吏6人，汉人司吏30人。这表明中都两京县与左、右警巡院验实户口是分别单独进行的：两院负责验实中都城市各类户籍，即前述"通括户籍"；而两附郭京县则负责验实中都城市之外属于两县的乡村户籍，户口管理与验实互不统属。关于中都官员吏民户籍管理和籍贯，警巡院和赤县及畿县一样，接收占籍。郭元弼"充尚书省译史，迁仪鸾局副使，遂占籍大兴（府）左警巡院"。[①] 占籍即确定了该官员的籍贯。据李俊民《题登科记后》，金章宗承安五年（公元1200年），经义榜登科进士共33人，传统县籍贯的18人，警巡院籍贯的6人，录事司籍贯的3人，司侯司籍贯的3人，千户所籍贯的2人。[②] 属于中都路大兴府左警巡院籍贯的有张儒卿、孔天昭、王毅和赵铢。至元代，据《元统元年进士录》记载，及第进士除州县、录事司籍贯外，"韩璵，贯大都路南警巡院西开阳坊"，南警巡院是管理金中都旧城行政机构；"刘文□，贯大都路警巡院附籍儒户，先里济南"，刘文□籍贯由济南转籍大都路警巡院，成为大都路警巡院人，均说明警巡院和州县一样是元代都城居民的户籍管理单位。

（4）赋役负担。附郭县与警巡院同样向朝廷承担赋役，且互相独立。这一点可由大定六年（公元1166年）五月，金世宗至西京幸华严寺，诏"云中大同县及警巡院给复一年"[③]的事实来说明。这里将西京附郭县大同与西京警巡院并列，且均给复一年赋役说明两者也不存在隶属关系，而是独立的平行关系。自然中都也不例外。据《金史·食货志》记载："（泰和）八年（公元1208年）正月，以京师钞滞，定所司赏罚格。时新制，按察司及州县官，例以钞通滞为升降。遂命监察御史赏罚同外道按察司，大兴府警巡院官同外路州县官。"[④]警巡院与京县大兴、宛平同是大兴府下属行政机构，[⑤]警巡院官同外州县官，在赏罚制度上是等同的。又据《金史·食货志》，金代通检推排（物力），至承安二年（公元1197年）十月，"令吏部尚书贾执刚、吏部侍郎高汝砺先推排在都两警巡院，示为诸路法。"[⑥]先推排在京左、右警巡院，作为试点，然后在京外诸路、州、县推行。

---

① ［清］张金吾：《金文最》卷52《费县令郭明府墓碑》，清光绪二十一年重刻本。
② ［金］李俊民：《庄靖先生遗集》卷8《题登科记后》，《九金人集》本。
③ 《金史》卷6《世宗纪》。
④ 《金史》卷48《食货志》。
⑤ 韩光辉："金代都市警巡院研究"，《北京大学学报》（哲学社会科学版），1999年第5期。
⑥ 《金史》卷46《食货志》。

由此数点推断,金代中都左、右警巡院确已上升为独立的行政实体,专门治理中都城市民事及各项行政事务。中都是一个由大兴府、左、右警巡院、62 坊形成的行政体系管理的城市。而管理郊外的大兴、宛平两附郭京县县治均已迁至中都城外。大兴县治在中都城施仁门外,宛平县治在中都城会城门外①(图 6—1)。因而至行政建制多承金制的元代,警巡院一恢复,即领"民事及供需",②成为独立的,与宛平、大兴两县平行地隶于大都路的行政单位,而大兴、宛平两县县治则稳定在了城外。如果没有金代警巡院行政职能的完善和独立,就不会有元初对这一城市行政建制职能的迅速明确,是毫无疑问的。

三、元大都新城的规划建设与五警巡院行政建制的形成

成吉思汗十年(金贞祐三年,公元 1215 年)蒙古骑兵攻占中都,皇城、宫城遭此战火变为一片废墟,"屋庐焚毁,城郭丘墟",③遂改中都为燕京。沿金制,置"燕京路,总管大兴府"。太祖十二年(公元 1217 年)建行省于燕京,木华黎为天下兵马大元帅,统漠南汉地军政大事,形成燕京军事政权。置安抚使主持财政,"兼燕京路征收税课、漕运、盐场……等事",④搜刮燕地城乡"金帛、子女、牛羊、马畜,皆席卷而去"。⑤ 至蒙古太宗即位(公元 1229 年),在耶律楚材赞理下制定了赋税制度,"命河北汉民以户计出赋调"。⑥翌年,置燕京等十路征收课税使,主要征收地税、商税和盐酒曲醋税,每年"银五十万两、绢八万匹、粟四十万石",⑦相对减轻了汉地百姓的经济负担。到至元七年(公元 1270年),中都路户口抄籍数为 147 590 户,405 390 口,仅占金中都路极盛时期 225 592 户的21.1%,1 434 765 口的 28.2%。六十多年间中都路户口耗减 78.9% 和 71.8%。这种状况和文献描述完全一致:流民与"饥疫荐至,死者十七八",⑧或谓"河朔为墟,荡然无统,强焉弱陵,众焉寡暴,孰得而控制之,故其遗民自相吞噬殆尽"。⑨ 总之,在蒙古国时期燕京城市和州县被冷落了半个世纪。

蒙哥即位(公元 1251 年),令其弟忽必烈主管漠南汉地军事诸事。翌年忽必烈把营

① 李丙鑫:"大兴县县名由来及其治所迁移辨误",《北京档案史料》,1987 年第 4 期。
② 《元史》卷 90《百官志》。
③ [宋]李心传:《建炎以来朝野杂记·已集》卷 19《鞑靼款塞》,中华书局,1985 年。
④ 《元史》卷 153《刘敏传》。
⑤ [宋]李心传:《建炎以来朝野杂记·已集》卷 19《鞑靼款塞》,中华书局,1985 年。
⑥ 《元史》卷 2《太宗纪》。
⑦ [元]苏天爵:《元文类》卷 57 宋子贞《中书令耶律公神道碑》,四库全书本。
⑧ [元]郝经:《陵川文集》卷 36《郝天挺墓铭》,四库全书本。
⑨ [元]苏天爵:《元文类》卷 51 刘因《易州太守郭君墓志铭》,四库全书本。

帐移驻桓州东金莲川。宪宗五年(公元 1255 年),命忽必烈据其地,翌年"世祖命刘秉忠相宅于桓州东,滦水北之龙岗"。① 忽必烈在此"思大有为于天下,延藩府旧臣及四方文学之士,问以治道"。② 其中,随从忽必烈征战屡立战功的霸突鲁建议:"幽燕之地,龙蟠虎踞,形势雄伟,南控江淮,北连朔漠,且天子必居中以受四方朝觐。大王果欲经营天下,驻跸之所,非燕不可。"世祖定都于燕后,尝曰:"朕据此以临天下,霸突鲁之力也。"③

宪宗九年(公元 1259 年),蒙哥战死,忽必烈率伐宋大军速返燕京,"冬,驻燕京近郊"。翌年四月,忽必烈即位。五月,始建年号"中统",征调诸路兵马和粮秣。十二月,驻跸燕京近郊。中统二年(公元 1261 年)冬,修燕京旧城。中统五年(至元元年,公元 1264 年)二月,修琼华岛,八月,诏改燕京为中都,改燕京路为中都路,大兴府不变,燕京的地位迅速上升。至元九年(公元 1272 年)改中都为大都,改中都路为大都路,至元十三年(公元 1276 年)出现大都路总管府,④掌管京畿民政。至元十九年(公元 1282 年)置大都留守司,掌守卫宫阙、都城、营建与修缮宫室,并造作御用器物。二十一年(公元 1284 年)四月,"立大都留守司兼少府监,立大都路总管府",即改大兴府置大都路总管府,掌管京畿民政。二十七年(公元 1290 年)一月,"改大都路总管府为都总管府",掌路内政务、供需,下辖警巡院、兵马司等机构。至元年间,大都城市行政建制日渐完善,为大都新城的规划建设和管理打下了良好的基础。

大都新城的规划设计者是刘秉忠、赵秉温。刘秉忠"以天下为己任,事无巨细,凡有关于国家大体者,知无不言",先是受忽必烈旨令,"相地于桓州东滦水北,建城郭于龙冈,三年而毕,名曰开平,继升为上都。"至元四年,又受命"筑中都城,始建宗庙宫室,……(九年)以中都为大都"。⑤ 赵秉温受学于刘秉忠,"中统初,诏行右三部事"。⑥ "稽考诸道工程,称旨。三年,诏择吉土建两都,命公于太保刘公同相宅。公因图上山川形势城郭经纬,与夫祖社朝市之位,经营制作之方,帝命有司稽图赴功。至元五年(公元 1268 年),两都成,赐名曰大都,帝定都焉;曰上都,巡狩居焉。"⑦至元初,大都新城的规划设计已经完成。

将大都新城规划设计内容付诸实施并完成建筑工程的是张柔、张弘略、段天祐、段贞、王庆端、刘思敬、也黑迭儿、野速不花、吕合剌、阿尼哥等。至元三年(公元 1266

① 《元史》卷 58《地理志》。
② 《元史》卷 4《世祖纪》。
③ 《元史》卷 119《霸突鲁传》。
④ 《元史》卷 9《世祖纪》。
⑤ 《元史》卷 157《刘秉忠传》。
⑥ 《元史》卷 150《赵秉温传》。
⑦ [元]苏天爵:《滋溪文稿》卷 22《赵文昭公行状》,中华书局,1997 年。

年)十二月,诏"安肃公张柔、行工部尚书段天祐等同行工部事,修筑宫城",并"凿金口、导卢沟水以漕西山木石"。次年正月,"立提点宫城所"(提举都城所),"城大都",①大都新城的建设开始。金末张柔镇保州,保州自兵火之余,荒废十五年,"为之划市井,定民居,置官廨,引泉入城,疏沟渠以泄卑湿,通商惠工,遂致殷富,迁庙学于城东南,增其旧制"。因此经验,至元三年,张柔"判行工部事,城大都"。② 张柔于至元五年六月去世,其子张弘略"至元三年城大都,佐其父为筑宫城总管。八年,授朝列大夫,同行工部事,兼领宿卫亲军、仪鸾等局。十三年,城成"。③ 行工部是工部的派出机构,元代修筑大都城专设,因事设官,多以大都留守司留守领其事。例如段贞曾领大都留守司、大都路都总管、行工部尚书、知少府监。④ 王庆端"监筑大都城"。⑤ 刘思敬,至元四年,受命"筑京城"⑥。

在大都新城建设过程中,除不断增调燕京驻军作为建城军夫及各类工匠外,每年都要征调各路府"修筑都城役夫",如至元八年(公元 1271 年)二月,发"中都、真定、顺天、河间、平滦民二万八千余人筑宫城"。⑦ "以诸路逃奴之无主者二千人,隶行工部"。⑧ 为适当减轻工匠夫役的负担,朝廷"以岁饥罢修筑宫城役夫","勅修筑都城,凡费悉从官给,毋取诸民,并蠲伐木役夫税赋",对"前筑都城,徙居民三百八十二户,计其直偿之"。⑨ 至元二十年(公元 1283 年)六月,"发军修完大都城"。⑩ 自至元四年正月开始,到至元二十年六月完成,前后长达 16 年半的时间建成了一座宏伟的新城。按《南村辍耕录》记载:"城京师以为天下本。右拥太行,左注沧海,抚中原正南面,枕居庸奠朔方,峙万寿山,浚太液池,派玉泉,通金水,萦畿带甸,负山引河,壮哉! 帝居择此天府。城方六十里,里二百四十步,分十一门,正南曰丽正,南之右曰顺承,南之左曰文明,北之东曰安贞,北之西曰健德,正东曰崇仁,东之右曰齐化,东之左曰光熙,正西曰和义,西之右曰肃清,西之左曰平则。大内南临丽正门,正衙曰大明殿,曰延春阁,宫城周回九里三十步,东西四百八十步,南北六百十五步。"⑪显然这是一座周长六十里,包括宫城、皇城、大城及官署、寺庙、民居,面积 50 平方公里的城市。

---

① 《元史》卷 6《世祖纪》。

② 《元史》卷 147《张柔传》。

③ 《元史》卷 147《张弘略传》。

④ 《元一统志》卷 1《大都路·古迹·圆明寺》。

⑤ 《元史》卷 151《王庆端传》。

⑥ 《元史》卷 152《刘思敬传》。

⑦ 《元史》卷 7《世祖纪》。

⑧ 《元史》卷 8《世祖纪》。

⑨ 《元史》卷 7《世祖纪》。

⑩ 《元史》卷 12《世祖纪》。

⑪ [元]陶宗仪:《南村辍耕录》,卷 21《宫阙制度》,四部丛刊本。

大都新城和旧城与附郭京县大兴、宛平的相对位置,据《元一统志·里至》:"大兴县,西北至上都八百里。北至大都三里。东至本县东郊亭东通州界首三十里。西至旧城施仁门一里。……西北到宛平县十里。""宛平县,……东北至大都平则门五里。东至大兴县界丽正门九里。……东到大都顺承门五里。…东南到大兴县十里。"①大都新城和旧城均由警巡院管理,而郊外则属大兴、宛平两县管理,城市与附郭京县县治的相对位置已十分明确(图6—2)。

迁都中都并建新城,则更多的"迁居民以实之"。② 到至元二十二年(公元1285年)元朝政府规定:"旧城居民之迁京城者,以资高及居职者为先,仍定制以地八亩为一份;其或地过八亩及力不能作室者皆不得冒据,听民作室"。③ 忽必烈迁入大都的人口大体上可分为军人、匠户、官员及其家属、商人、罪没官员及其妻奴等。按大都城市人口迁移过程推算至元元年(公元1264年)到至元十八年(公元1281年),十八年间迁入大都的各类人户大约有16万户。④ 随着人口的不断迁入和人口的自然增殖,大都新、旧城市人口分布的空间格局发生了明显变化,城市社区的管理也随之加强。

同时,元代于大都南、北二城置有兵马司,设都指挥使,副指挥使等官,专掌京城盗贼奸伪拘捕之事。大都巡军弓手即隶属于南、北二城兵马司。元顺帝至正九年(公元1349年)任大都路都总管的苏天爵在《元文类》中引《经世大典·序录》:"中统五年,验郡邑民户众寡,置马步弓手,夜游逻……皆以防盗","每百户取中产者一人以充"。⑤ 据《元史·兵志》,"元制,郡邑设弓手,以防盗"。"世祖中统五年(公元1264年),随州府驿路设置巡马及马步弓手,验民数多寡定立额数。"而且"不以是何投下当差户计,及军站人匠、打捕鹰房、斡脱、窑冶诸色人等户内,每一百户内取中户一名充役,与免本户合着差发。其当户推到合该差发数目,却与九十九户内均摊"。据《元史·世祖纪》至元三年(公元1266年)"添内外巡兵,外路每百户选中产者一人充之,其赋令余户代输,在都增武卫军四百。"并规定,弓手"除捕盗防转外,不得别行差占"。⑥ 这里不仅明确了设置弓手的目的,弓手的职责和权利,而且规定了选拔弓手的原则:每百户各类居民中出一名弓手。当时(中统五年),中都城市置弓手四百名,据《元史·世祖纪》,至元三年(公元1266年)"添内外巡兵,……在都增武卫军四

① 《元一统志》卷1《大都路·里至》。
② 《元一统志》卷1《大都路》。
③ 《元史》卷13《世祖纪》。
④ 韩光辉:《北京历史人口地理》,北京大学出版社,1996年。
⑤ 《元文类》卷41《弓手》引《经世大典序录》,上海古籍出版社,1993年。
⑥ 《元史》卷101《兵志》。

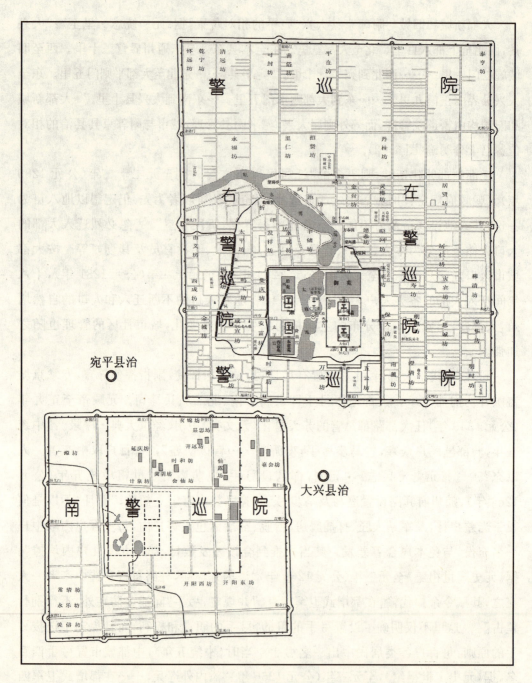

图 6—2　元大都新城和旧城及其与附郭京县县治相对位置

百"①。是年,共计设弓手八百名。至元十八年(公元 1281 年)南城(即中都旧城)置一千四百名,北城(大都新城)置七百九十五名。② 而至顺年之后定制,南、北二城均置一

---

① 《元史》卷 6《世祖纪》。

② 《元史·兵志》为至元十六年数,现据《元史·世祖纪》定为至元十八年数。

千人,又关厢置八十五人。①

至元八年(公元 1271 年)曾有诸路"弓手数少者,亦宜增置"②的指令。再到至元十八年又增大都弓手一千人,③遂使大都城市弓手总数增加到 2 195 人。这说明,在至元十八年之前,大都城市已有弓手 1 195 名,因而除中统五年所置 400 名,至元三年增置400 名外,至元八年(公元 1271 年),"弓手数少者,亦宜增置"④,故大都城市所增弓手则为 395 名,即至元八年大都(时尚称中都)城市已拥有弓手 1 195 名。

依上述弓手设置的原则,大都城市各时期的总户数分别为:中统五年 4 万户;至元三年 8 万户;至元八年 11.95 万户;至元十八年南城 14 万户、北城 7.95 万户,合计21.95万户;至顺年之后南、北二城均为 10 万户,合计 20 万户,又关厢 8 500 户。由此可见,从中统五年到至元八年的七年间大都城市居民增加了 7.95 万户,再至至元十八年的十年间,大都新旧二城居民又增加了 10 万户。元世祖忽必烈迁都并建都大都前后,大都城市"市坊辐辏,人物繁夥",⑤人口的增长速度是相当惊人的。

在大都新城规划建设的过程中,手工业和商业经济及交通运输均获得了重要发展。元朝手工业分官营和私营,官营以部门全、规模大、管理完善为特点,⑥为皇家和政府提供了良好服务。私营手工业主要是纺织、酿酒和日常生活用品等行业,满足民间需要。当时的文人学者对大都城繁华的商贸交通状况也有详尽的描述。关于商品"万方之珍怪货宝,璆琳琅玕,珊瑚珠玑,翡翠玳瑁象犀之品,江南吴越之髹漆刻镂,荆楚之金锡,齐鲁之柔纩纤缟,昆仑波斯之童奴,冀之名马,皆焜煌可喜,驰人心神"。⑦关于大都城市商业服务业,"华区锦市,聚四海之珍异;歌棚舞榭,造九州之秾芬。招提拟乎宸居,廛肆至于宫门。……货殖之家,如王如孔,张筵列宴,招亲会朋,夸耀都人,而几千万贯者,其视钟鼎,岂不若土芥"。⑧关于大都对外交通与经济联系,"凿会通之河,而川陕豪商、吴楚大贾,飞帆一苇,径抵辇下。……东隅浮巨海尔贡筐,西旅越葱岭而献赆,南陬逾炎荒而奉珍,朔部历沙漠而勤事。孝武不能致之名琛大贝,登于内府;伯益不能纪之奇禽异兽,食于外籞"。⑨这些描述均来自当时文人学者的笔下,客观真实地记录了大都城市的繁荣景象。元代到过且居住大都城十余年的意大利人马可·波罗描述大都城商业盛

① 《元文类》卷 41《弓手》,注:其实在虞集编撰《经世大典》的元文宗至顺年间(1330～1332 年)就讲"京师南北两兵马司(所属弓手)各至千人"。
② 《元史》卷 101《兵志》,中华书局本。
③ 《元史》卷 11《世祖纪》,中华书局本。
④ 《元史》卷 101《兵志》,中华书局本。
⑤ [元]魏初:《青崖集》卷 4《奏议》,四库全书本。
⑥ 《元史》卷 85～90《百官志》。
⑦ [元]马祖常:《石田文集》卷 9《李氏寿桂堂诗序》,四库全书本。
⑧ [元]黄文仲:《大都赋》,《御制历代赋汇》卷 35《都邑》,四库全书版。
⑨ [元]李洧孙:《大都赋并序》,[清]于敏中编纂《日下旧闻考》卷 6《形势》,北京古籍出版社,1981 年。

况:"外国巨价异物及百物之输入此城者,世界诸城无能与比。盖各人自各地携物而至,或以献君主,或以献宫廷,或以供此广大之城市,或以献众多之男爵骑尉,或以供屯驻附近之大军。百物输入之众,有如川流之不息"。[1]《大可汗国记》的作者描述元朝物产丰富,说道:"其国货物种类,较罗马、巴黎为多,蕴藏金银宝石尤富。盖凡外国商贩来其处贸易者,辄留所带金银宝石于其国,而携归其地所产调味香料、丝、绸、缎、金衣等物。诸物出售至多"。[2]

大都城市中心商业区位于积水潭东北斜街至钟、鼓楼大街,及羊角市等地。这是元朝政府在规划建设大都新城"徙旧城市肆局院、税务皆入大都"[3]之后,形成的商业贸易区。"至元十九年(公元1282年),并大都旧城两税务为大都税课提举司。至武宗至大元年(公元1308年),改宣课提举司",宣课提举司"掌诸色课程,并领京城各市"。[4]至天历年间,大都宣课提举司每年的商税达到一十万三千六锭,占全国商税总数的12.2%。[5]由此可见,元大都的手工业、商业、服务业和交通运输业都得到了极大的发展。

随着人口的增加、经济的发展和民事的繁剧,不断要求加强城市管理。至元六年(公元1269年)中都城市恢复了左、右警巡院,"领民事及供需"。历史文献第一次明确了警巡院为正式的行政建置。至元九年(公元1272年)改中都为大都,此后,大都城市警巡院的设置已非至元初的两个。至元十二年(公元1275年)又置大都(按大都新城)警巡院,"领京师坊事"。故这时,大都新、旧二城共置有三个警巡院。到至元二十四年(公元1287年)省并一个,只设左、右二院、"分领京师城市民事"。[6]这时的左、右二院所领应包括大都新城的50坊与旧城的62坊在内。《元史·地理志》谓大都路领院二,即指这时的左、右二院而言。成宗大德九年(公元1305年)置大都南警巡院,"以治都城之南"。[7]这里实际上是指在南城(按即旧城)再置警巡院以治南城。因大德间新城中又增设了26坊,新城中坊的总数已增加到76个,即由左、右二院领属,而南城原来的62坊则由南警巡院领属。再到元武宗至大三年(公元1310年)又"增大都警巡院二,分治四隅"。[8]到此,大都新、旧二城已设有警巡院五个,无论与金代比,还是与元初比,警巡院的数量均明显地增多了。到元代中后期,大都是一个由大都路都总管府、五警巡院、一百三十八坊形成的行政体系管理的特大城市。

---

① (意)马可·波罗:《马可波罗行记》卷2第94章《汗八里城之贸易发达户口繁盛》,冯承钧译,中华书局,1935年。

② 张星烺:《中西交通史料汇编》第一编第五章《元代中国与欧洲之交通·大可汗国记》,中华书局,2003年。

③ 《元史》卷12《世祖纪》。

④ 《元史》卷85《百官志》。

⑤ 《元史》卷94《食货志》。

⑥ 《元一统志》卷1《大都路·建置沿革》。

⑦ 《元史》卷90《百官志》,又《元一统志》卷1《大都路》。

⑧ 《元史》卷23《武宗纪》。

(图 6—2)到至正十八年(公元 1358 年),"大都在城四隅,各立警巡分院,官吏视本院减半。"[①]

元代,京师各警巡院的行政职能已明确为"领京师坊事","领民事及供需",而且《元史·地理志》也将警巡院附系于大都路的领属之下,成为与各州县平行独立的行政实体。这是城市规模发展到一定阶段,城市职能提高到国都地位,必须建立独立的行政建制以加强城市管理与城市建设的历史必然。

四、警巡院的机构组成及其历史作用

辽南京设有汉人警巡院,同时作为统治民族的契丹人以宫卫户身份大量移居南京,故又设有契丹人警巡院。两院均置有警巡使与警巡副使。其余官吏组成因史料缺载不详。金代,中都左、右警巡院除均置有警巡使,警巡副使外,还分别置有判官二员,司吏18 名。元代,大都左、右警巡院,设达鲁花赤各一员,警巡使各一员,副使、判官均各三员,典史各三员,司吏各 25 名。大都南警巡院,设达鲁花赤一员,警巡使一员,副使二员、判官二员、典二员,司吏 20 名。其余二警巡院官员设置情况因资料缺乏不详。但据大都左、右二院与南警巡院官员设置情形推测,亦应设有达鲁花赤,警巡使,副使、判官、典史与司吏等,是完整的一套行政机构。警巡院与京县官吏设置相一致,只是主要官员名称不同(表 6—1)。金中都左、右警巡院与元大都诸警巡院之秩均为正六品。按前述辽代警巡使之秩高于县令的事实推测,辽代警巡院之秩亦当为正六品。总之,各时期的警巡院实乃县级行政建制,而因治事京城,故秩高于县。

表 6—1　元代警巡院与京县官吏设置比较

机构名称	主官	佐贰官	巡捕官	案牍官	吏
警巡院	达鲁花赤、警巡使	副使、判官	判官	典史	司吏
京县	达鲁花赤、赤尹	丞、主簿	尉	典史	司吏

资料来源:《元史·百官志》。

北京历史上城市警巡院的设立,由辽初的一个警巡院,到中后期增设契丹警巡院,到金代中期增加到两个,到元代中期再增加到五个。这个过程是伴随两个基本历史事实发生的:①契丹人升中原王朝北方军事重镇、经济都会的幽州为辽之陪都,城市的政治地位提高;女真人迁都燕京,建为中都,成为北部半个中国的政治中心,城市的政治地

---

① 《元史》卷 92《百官志》。

位已明显提高；蒙古人迁都燕京，建为大都，成为中华大一统帝国的政治中心，城市的政治地位和城市的职能又进一步得到提高与完善。②伴随上述事实，城市的规模迅速扩大。从城市坊（中国古代城市居民的基层行政组织）的数量来看，辽南京城市共划分为26坊，金中都城市则增加到62坊，元大都城市更增加到138坊（其中南城62坊，北城76坊）。从城市的人口规模来看，辽代中后期南京城市人口约计15万人，远多于当时一个大县的人口；金代中期中都城市人口增加到约40万人；元代中期大都城市总人口增加到90余万人。这些坊和人口即分属各时期的警巡院。从城市的地域范围来看，辽南京城市面积仅8.8平方公里，而金中都城市面积扩展到21.5平方公里，元大都包括新、旧二城城市面积更扩大到71.5平方公里。

城市地位的提高和城市规模的不断扩大，继续依赖附郭县实行传统的治理和统治显然已经不够。于是，对城市进行专门管理的行政实体——警巡院就从附郭县中分离开来，而中都、大都城附郭两京县大兴、宛平县治迁至城外，专门管理城外乡镇。因此，北京历史上的警巡院应该是我国最早的独立的城市行政建制之一。其无论对城市的管理，还是对城市的发展都具有毫无疑义的积极作用。辽南京置警巡院，马人望为警巡使，原来"京城狱讼填委，人望处决，无一冤者。会检括户口，未两旬而毕。"①这里除马人望个人的才能之外，警巡院机构的设立和职责的专门化在客观上发挥了积极作用，使社会治理的效率大大提高了。金代与元代对京师中都和大都城市卓有成效的治理，独立的城市行政实体警巡院发挥了不可忽视的历史作用。其中对城市贫民的有效赡济即为典型实例。

而至明初，朱明王朝建都南京，降元大都为北平府治，并裁撤元代诸警巡院，城市和郊外重新改由宛平、大兴两附郭县分治。大兴县治在北平府城内教忠坊，宛平县治在北平府城内丰储坊（积庆坊）。永乐迁都北京，依南京例将北京城市划分为东、西、南、北、中五城，城置兵马司，并实行御史监察制度，进而形成了巡城察院，实乃元大都五警巡院之遗意。城下分坊，坊下设牌，牌下置铺，以居民多寡而定，从而形成了城市管理的新体系。虽则系统完善，但在管理体制上却是五城与附郭之大兴、宛平二县共同治理，出现了对京师城市双重管理的现象。这是明代政治体制的特点在城市建设与管理上的具体体现。结果是造成了严重的混乱。据《宛署杂记》记载，北京"城内分土，前从棋盘街，后从北安门街以西，俱属宛平；城外，东与大兴联界"。实际上，"城内总小甲悉属五兵马司，近城地方三四十里犹籍隶厂卫，县官曾不得一轻拘摄。县门之外，率尔我而主宾焉。"明代对北京城市实行双重管理的办法，不利于城市的统一治理和健康发展已是显然的事实。

---

① 《辽史》卷105《能吏传》。

五、元代都市警巡院的再考察

《元史·世祖纪》记载：至元三十年（公元 1293 年），"天下路府州县等二千三十八：路一百六十九，府四十三，州三百九十八，县千一百六十五，宣抚司十五，安抚司一，寨十一，镇抚所一，堡一，各甸部管军民官七十三，长官司五十一，录事司百三，巡院三"。[①]这里详细记录了该年元帝国行政区划状况，其中"巡院"即都市警巡院，专"领京师坊事"，[②]"领民事及供需"，[③]"分领京师城市民事"；[④]录事司"凡路府所治，置一司，以掌城中户民之事"，"若城市民少，则不置司，归之倚郭县。在两京，则为警巡院"。[⑤]这些资料说明，元代两都即大都和上都均置警巡院，共三个；另在路府城市置有一百零三个录审司。管理城市是警巡院和录事司的行政职能，但因城市规模不同分别设置了不同等级的城市行政管理机构。

据《元史》记载，元代先后建置警巡院的城市共有六座（表 6—2、图 6—3），其中仅大都与上都警巡院终元一代不废。

表 6—2　元代设置警巡院的城市

名称	所属行省	路、府	建置沿革	附郭县
大都	中书省	大都路总管府	至元初置左、右二院，元中期增为五院	大兴、宛平
上都	中书省	上都路总管府	至元元年置上都警巡院	开平
西京（大同）	中书省	西京路	元初置警巡院，至元初改置录事司	大同
东京（辽阳）	辽阳行省	东京路	元初置警巡院，至元六年废入附郭县	辽阳
北京（大宁）	辽阳行省	北京路总管府	元初置警巡院，至元二年改置录事司	大定（大宁）
南京（汴梁）	河南江北	南京路	元初置警巡院，至元十四年改置录事司	开封、祥符

资料来源：《元史·地理志》、《元一统志》。

至元二年（公元 1265 年）元朝（蒙古国）政府改并诸路州府，诏命"诸路州府，若自古名郡，户数繁庶，且当冲要者，不须改并。其户不满千者，可并则并之。各投下者，并入

---

① 《元史》卷 17《世祖纪》，中华书局，1976 年。按天下路府州县等 2 038 处与分列总计 2 034 处不符，当另作考察。
② ［元］孛兰肹：《元一统志》卷 1《大都路》，中华书局，1966 年。
③ 《元史》卷 90《百官志》。
④ ［元］孛兰肹：《元一统志》卷 1《大都路》，中华书局，1966 年。
⑤ 《元史》卷 91《百官志》。

图6—3　元至元初置警巡院城市

资料来源:《元史·地理志》、《元史·本纪》。

所隶州城。其散府州郡户少者,不须更设录事司及司候司",①在改并州府司县的同时,忽必烈即位之初继续沿用的金代东、西、南、北四京,因地位衰落,户口减少,警巡院先后降置为录事司或废入附郭县。至元二十五年(公元1288年)同时"改南京路为汴梁路,北京路为武平路(遂改为大宁路),西京路为大同路,东京路为辽阳路"。②

大同路,"辽为西京大同府。金改总管府。元初置警巡院。至元二十五年,改西京为大同路。……领司一、县五、州八。州领四县。"③其中"司一"即是指大同路录事司,是由元初西京路警巡院降置而来。

辽阳路,金置辽阳府,后改为东京。至元六年,置东京总管府;二十五年,改东京为辽阳路,领县一、州二。县一,辽阳。州二,盖州、懿州。辽阳县下注:"至元六年,以鹤野

---

①　《元史》卷6《世祖纪》。

②　《元史》卷5《世祖纪》。

③　《元史》卷58《地理志》。

县、警巡院入焉。"①至元初,东京路警巡院废入了附郭辽阳县。

大宁路,"辽为中京大定府。金因之。元初为北京路总管府。领兴中府……(至元)七年,兴中府降为州,仍隶北京,改北京为大宁。……领司一、县七、州九。""司一"即指录事司,下注:"初置警巡院,至元二年改置录事司。"②这一记载同样反映了北京路警巡院演变为录事司的过程。

汴梁路,宋为东京,"金改南京,宣宗南迁,都焉。金亡,归附。"元初,仍称南京。"旧有警巡院,(至元)十四年改录事司。二十五年,改南京路为汴梁路。……领司一、县十七、州五。州领二十一县。"③"司一"也指录事司。这条资料同样反映了南京路警巡院演变为录事司的过程。

元初沿用的上述诸京警巡院在忽必烈至元中期之前即已演变为路府城市录事或废入倚郭县,已与警巡院行政机构无涉,更与至元三十年"巡院三"无关。

成吉思汗十年(金贞祐三年,公元1215年),蒙古骑兵攻占中都,仍改中都为燕京。燕京在蒙古国统治下被冷落了将近半个世纪。元世祖至元元年(公元1264年),改燕京为中都;四年(公元1267年),迁都中都并创筑新城于东北郊外;六年(公元1269年),在中都城市恢复了左、右警巡院,文献首次明确了警巡院"领民事及供需"④的行政管理职能;这里的左、右警巡院是指在中都旧城所置。至元九年(公元1272年),改中都为大都。在大都新城修建过程中及竣工之后,即不断有贵族、官僚、军户、匠役及富商巨贾迁居新城,推动了大都城市规模的迅速扩大,城市警巡院亦随之不断增设。至至元十二年(公元1275年),置大都(按指新城)警巡院,"领京师坊事",⑤这里的警巡院显然是指大都新城的行政管理机构。这时的大都新、旧二城共置有三个警巡院。到至元二十四年(公元1287年)省并其一,止设左、右二院,"分领坊市民事",⑥或谓"分领京师城市民事"。⑦《元史·地理志》所谓大都路"领院二、县六、州十。州领十六县"中的二院,即指这时的左、右二院而言。左、右二院共同管理南、北二城,亦即新、旧二城。成宗大德九年(公元1305年),又置大都南警巡院,"以治都城之南"。⑧实际上是指在大都南城即中都旧城置警巡院以专门治理南城。在大都新城,随着城市居民的增加,行政管理机构警巡院也增加为两个。再至武宗至大三年(公元1310年),又"增大都警巡院二,分治四

---

① 《元史》卷59《地理志》。
② 《元史》卷59《地理志》。
③ 《元史》卷59《地理志》。
④ 《元史》卷90《百官志》。
⑤ 《元一统志》卷1《大都路》。
⑥ 《元史》卷58《地理志》。
⑦ 《元一统志》卷1《大都路》。
⑧ 《元史》卷90《百官志》。

隅"。① 至此,大都新、旧二城已置有五个警巡院,均隶属于大都路总管府。到至正十八年(公元 1358 年),"于大都在城四隅,各立警巡分院,官吏视本院减半。"②四分院或即至大三年所置二院的分置,故官吏减半,以便加强对大都新城四隅的坊事管理。在大都城市警巡院不断增设的过程中,只有至元二十四年至大德九年近二十年间置有左、右两个警巡院。

按《元史·地理志》,宪宗六年(公元 1256 年),"世祖命刘秉忠相宅于桓州东、滦水北之龙冈。中统元年,为开平府。五年,以阙庭所在,加号上都,岁一幸焉。至元二年置留守司。五年,升上都路总管府。十八年,升上都留守司,兼行本路总管府事……领院一、县一、府一、州四。州领县三。府领三县、二州,州领六县。"其中院一即指上都路警巡院。又据《元史·地理志》记载:"世祖至元元年,中书省臣言:'开平府阙庭所在,加号上都,燕京分立省部,亦乞正名。'遂改中都。"两都加号的同时均建置了都市警巡院。③ 因此,上都在元代一直设置了一个警巡院,没有发生增减变化。

由此可见,至元三十年"巡院三"是指上述元大都左、右警巡院和上都警巡院而言(图 6—4)。

大都城市左、右警巡院各置达鲁花赤一员,警巡使一员,副使、判官、典史均三员,司吏二十五名;两院设置官吏均为三十六员名。大都南警巡院,设达鲁花赤一员,警巡使一员,副使、判官、典史均二员,司吏二十名,④合计置设官吏二十八员名。至大三年(公元 1310 年)所置二院官吏设置情形因史料无载不详。但据上述三警巡院的建官制度推断,亦应置有达鲁花赤、警巡使、副使、判官、典史与司吏等,形成一个完整的行政机构。至正十八年(公元 1358 年),"于大都在城四隅,各立警巡分院,官吏视本院减半",⑤同样可以形成一个完整的行政机构。上都警巡院,置达鲁花赤一员,警巡使一员,副使、判官各二员,司吏八人,⑥合计设置官吏十四员名。大都与上都诸警巡院之秩均为正六品,与各附郭之赤县(大兴、宛平、开平)同秩。惟至元末,为加强对大都城市社会生活的管理,除在大都城市四隅各立警巡分院外,升左、右两警巡院为正五品。⑦ 由是观之,诸警巡院官吏设置与录事司、附郭县官吏设置相一致(表 6—3)。⑧

---

① 《元史》卷 23《武宗纪》。
② 《元史》卷 92《百官志》。
③ 《元史》卷 58《地理志》。
④ 《元史》卷 90《百官志》。
⑤ 《元史》卷 92《百官志》:"又于大都在城四隅,各立警巡分院,官吏视本院减半。"四分院或即至大三年所置二院的分置,故官吏减半;以便坊市管理。
⑥ 《元史》卷 90《百官志》。
⑦ 《元史》卷 92《百官志》。
⑧ 韩光辉、林玉军、王长松:"宋辽金元建制城市的出现与城市体系的形成",《历史研究》,2007 年第 4 期。

图6—4　元至元三十年置警巡院城市

资料来源:《元史·地理志》、《元史·本纪》。

表6—3　元代城市警巡院与录事司、附郭县置设官吏之比较

机构名称	主官	佐贰官	巡捕官	案牍官	吏	行政职能
警巡院	达鲁花赤、警巡使	副使、判官	主、佐官轮番	典史	司吏	领城市民事及供需
录事司	达鲁花赤、录事	判官	主、佐官轮番	典史	司吏	掌城中户民之事
附郭县	达鲁花赤、尹	丞、主簿	尉	典史	司吏	执掌附郭县行政

资料来源:《元史·百官志》。

　　总之,警巡院是"分领京师城市民事"的都市行政管理机构,至元三十年在大都置有二个,在上都置有一个。

第七章　明清北京地区的户籍制度与户口隶属关系

一、问题的提出

　　自 12 世纪中期之后,北京逐步成为封建时代后期世界上规模最大的城市。但城市与区域户口规模迄未引起国内学术界应有重视,探讨者罕见,而对决定区域户口规模的户籍制度的研究更少触及,显然,这与北京城市的历史地位和世界各国人口史研究的现状极不相称。

　　国外少数关注北京人口历史变迁的学者曾对北京人口的历史发展作过粗浅的探讨,但由于对中国古代户籍制度的无知和区域概念的混淆,导致了错误的结论。如《世界大都市》所列北京人口变迁资料为:1270 年(元至元七年),401 350 人;1491 年(明弘治四年),669 033 人;1578 年(明万历六年),706 861 人;1910 年(清宣统二年),764 657 人;1915 年(民国四年),789 123 人。该书还指出:"元代至元七年(公元 1270 年),北京人口有 40 万,到了明代达到 70 万。此后,外城城区没有扩大,三百多年的时间内,人口一直停留在 70 万的水平上。"事实上,至元七年的人口数是大都路(按当时尚称中都路)所属 25 州县所领赋役人口,并非区域人口的全部。明弘治四年与万历六年的人口数是明顺天府所属 27 州县赋役人口,而未包括京师兵丁眷口、工匠、铺户及皇室服务人口。宣统二年和民国四年的人口数仅仅是内、外城人口,不包括郊区(清时称城属)和州县人口。《大英百科全书》也犯了类似的错误。面对这种状况,有必要首先从决定北京城市和北京地区人口规模的古代户籍制度入手,作深入细致探索,以便纠正错误,获取正确结论。

　　所谓户籍制度,乃国家对所属疆域进行户口统计与管理的准则。在不同历史时期,户籍制度既具有历史继承性,又不断有所变迁。因此深入研究不同时期户籍制度的内容、特点和变迁是探讨各时期区域户口规模的关键。

　　在北京城市发展的历史上,自辽代即出现的城市警巡院,历金代置左右警巡院,至元代增置为五个。其行政职能在于"领京师坊事","领民事及供需",成为与州县平行的独立行政实体。① 元代大都城市户口就是由警巡院领属和管理的。元大都城市除置有警巡院外,尚设有南、北二兵马司、设都指挥使、副指挥使等官,专掌京城盗贼奸伪拘捕之事。其下所设巡军弓手,按居民多寡订立数额。据大都城市各年份所置弓手数即可推算出各时期大都城市户口数。②

元代北京地区户口除城市户口外,还包括州县赋役户口,及军户、站户、贵族隶属户口等。元代如此,明清时期北京城市与北京地区的户籍制度及各部分户口的隶属关系。也需要予以探讨,作出答复。

二、明代北京地区户籍制度及北京城市户口的隶属关系

明代户籍制度承袭元制。"凡军民医匠阴阳诸色人户,许各以原报抄籍为定,不许妄行变乱;违者治罪,仍从原籍"。③ "原报抄籍"即元代户籍。但也有变革,即划分全部户籍为四大类:曰民、曰军、曰匠,濒海有盐灶,毕以其业著籍。而僧道同样编入里甲,视为编民。④

(1) 民户,即州县所属赋役户是向明朝封建国家承担赋役的户口。洪武三年(公元 1370 年),始置天下户口勘合、文簿、户帖,取勘民户,将民与军分开,确立了"籍天下户口,置户帖,具书名、岁、居地,籍(按即簿籍)上户部,帖给之民"⑤的制度。

洪武十四年(公元 1381 年)明政府又建立了以里甲为基础的户口统计和管理的组织系统。时"诏天下编赋役黄册,以一百一十户为一里,推丁粮多者十户为长,余百户为十甲,甲凡十人。岁役里长一人,甲首一人,董一里一甲之事。先后以丁粮多寡为序,凡十年一周曰排年。在城曰坊,近城曰厢,乡都曰里。里编为册,册首为一图。鳏寡孤独不任役者,附十甲后为畸零"。⑥ 显而易见,里甲户口与钱粮徭役是密切联系在一起的。因此,里甲(坊、厢铺)、乡都、州县形成了完整的民户户籍管理与统计的系统。永乐迁都之后在北京坊厢之下则设有牌铺,统之以五城察院。里坊民户包括:①正户,"不论士、夫、举监及有田人家皆是";②副户,"凡官户知数,人家义男、有田别居者皆是";③佃户,"凡自己无田,佃人田种者皆是";④俘户,"凡无田工伴,或别作生理、异籍寄居,或开张

---

① 韩光辉:"北京历史上的警巡院",《北京档案史料》,1990 年第 3 期。
② 韩光辉:"元大都城市户口与粮食供应",《社会学与社会调查》,1990 年第 4 期。
③ 万历《明会典》卷 19《户部六》,万历十五年刻本。
④ 《明史》卷 77《食货志》,中华书局本;《明会要》卷 53《食货一》,中华书局,1956 年。
⑤ 《明史》卷 77《食货志》,中华书局本;《明会要》卷 53《食货一》,中华书局,1956 年。
⑥ 《明史》卷 77《食货志》,中华书局本;《明会要》卷 53《食货一》,中华书局,1956 年。

铺面者皆是"。① 由此可见,州县里(坊)甲编户包括了军户与官匠户之外的全部户计。

明初,为迅速恢复元末残破的社会经济,稳定人口,养兵息民,广泛实行屯田,其包括民屯、军屯、商屯三种类型。其中移民就宽乡,或招募或罪徙者为民屯,且在迁民分屯之地以屯分里甲,即"以土著编里、以迁发编屯。"一屯即一里,领110户,下分十甲,皆领之有司(即州县)。②《明成祖实录》谓民屯"就本布政司编成里甲",意思一样。因此,民屯户口是州县民户的重要组成部分,且已编入州县户籍中。

(2)军户,是向明朝封建国家承担军役的户计,与承担赋役的民户不同。洪武二十年(公元1387年),"命兵部置军籍勘合,载从军履历,调补卫所年月,在营丁口之数。给内外卫所军士,而藏其副于内府"。③ 这是明代最早的卫所军籍。按规定,"户有军籍,必仕至兵部尚书始得除"④。因此明代"军皆世籍",⑤即"尝为兵者,仍俾为兵"。⑥ 若"军户子孙畏惧军役,另开户籍或于别府州县入赘寄籍等项,俱问罪"。⑦ 军士逃亡则行勾捕,因此有"盖终明世,于军籍最严"⑧之说。故明代中期以前军户制几乎不可动摇。按规定,"军人户口文册,俱限三年一次造报"。⑨ 与民间户口一年小造、十年大造显然有别。

军户主要来源于从征、归附、谪发及抑配民户为军的垛集军。⑩ 不论何种来源,"兵役之家,一补伍,余供装,于是称军户",即"今拨军于州县矣,补伍以其子矣,而余子不归之州县,曰军户,州县之徭罔徭也"。⑪ 同时,"军士应起解者,皆金(签)妻。有津给军装、军丁口粮之类"。⑫ 为避免军人逃亡,所以签发军人家室以致余丁人口至卫所。至景泰中,因月粮不足养赡,多致逃匿,议留正军当房家口在营,余还原籍。⑬ 军士妻孥之外的军属居于州县,即由州县代管。而正军及其当房家小则仍签发卫所应役。

明制,自京师达郡县皆立卫所;军人(户)即被编组在卫所中。大率5 600人为卫,1 120人为千户所,112人为百户所,所设总旗二,小旗十,大小相维,联比成军,而统之

---

① [明]王世茂:《仕途悬镜》卷2《清理烟门示》,明天启刻本。
② 《明初迁民碑》,《文物参考资料》,1958年第3期。
③ 《明史》卷90《兵志》,中华书局本。
④ 《明史》卷92《兵志》,中华书局本。
⑤ 《明史》卷90《兵志》,中华书局本。
⑥ 《明太祖实录》卷17,乙巳年(公元1365年)七月丁巳。
⑦ 《明律条例·问刑条例》《户律一·户役》。
⑧ 《明史》卷92《兵志》,中华书局本。
⑨ 《明会典》卷114《兵部九》,中华书局,1956年。
⑩ 王毓铨:"明代的军户",《历史研究》,1959年第8期。
⑪ 尹畊:"塞语",载《明代社会经济史料选编》第六章,福建人民出版社,1980年。
⑫ 《明史》卷92《兵志》,中华书局本。
⑬ 王骥:"计处军士疏",载《明经世文编》卷28,中华书局,1962年。

以侍卫亲军指挥使司,或五军都督府或都司,而军籍由兵部清吏司掌之。① 因而形成了一套与州县里甲不同的组织系统,明代军人版籍就由这一系统定期编审。

明代军屯始于洪武初年。时"令边军皆屯田,且战且守"。② 在北方,"屯田有边屯,有营屯",其中营屯,屯于各卫所附近,并规定,"凡卫,系冲要都会及王府护卫,以十之五屯"。③ 永乐初,天下屯政始由五军都督府总摄,从而形成了卫所屯田系统。④ 营屯的基层组织是屯,但与民屯统之有司不同,"军屯则统之卫所"。⑤ 故卫所,千百户在明代早期既是军事组织,又是生产组织,营屯军人户口仍然是军队的组成部分。

明代卫所长期驻扎并行营屯,造成了"卫所有实土"的现象。⑥ 例如延庆卫、延庆左卫、永宁卫在延庆州及永宁县,营州左屯卫、兴州中屯卫在顺义、平谷、良乡县均有实土。在怀柔县屯驻的彭城、金吾、永清三卫军士及家属直到清初才"以其地并入怀柔(县),添置附怀里"。⑦ 这些事实也表明明代卫所军户包括屯居者不属州县。

营屯之外,在北京地区还存在军户分散屯种的形式。所谓军户屯田是指军官及正军家属即"舍余"、"军余"等军属人口受屯田屯种或就原籍乡里屯种的形式。永乐初规定,各处卫所"若官员军余家人自愿耕种者,不拘顷亩,任其开垦,子粒自收,官府不许比较,有司无得起课"。⑧ 部分京卫军属拥有自己的土地,散居于宛平、大兴及通州等州县,以致到明代中期在京畿出现了占田达数十顷甚至上千顷的军户。⑨

(3) 匠户,是满足明代最高统治者对手工和工艺产品等物资需求的官匠户计。其来源主要是元代的官匠户。洪武三年(公元 1370 年),明太祖"令户部榜谕天下军民,凡有未占籍者许自首。军发卫所,民归有司,匠隶工部"。⑩ "匠隶工部"明确规定了匠户的统属关系。和军户隶于卫所一样,匠户一旦注籍工部,成为官匠,即世为工匠,不容更改。明代中期之后,由于官匠劳动的强制性质及经济待遇的低下,使匠户不断逃亡,因而逐渐增加了雇募工匠代替官匠工作。

明代"供役工匠,则有轮班住坐之分,轮班者隶工部;住坐者隶内府内官监"。⑪ "轮班,三岁一役,役不过三月,皆复其家";"住坐,月役一旬,有稍食"。⑫ 住坐匠携带当房

---

① 《明史》卷 72《职官志》,中华书局本。
② [清]孙奇逢:《畿辅人物考》卷 1《宋讷传》,同治八年黄山堂刻本。
③ 《明会典》卷 18《户部五·屯田》;又《明太祖实录》卷 56,洪武三年。
④ 《续文献通考》卷 14《田赋》,商务印书馆,民国 25 年。
⑤ 《明史》卷 77《食货志》,中华书局本;《明会要》卷 53《食货一》,中华书局,1956 年。
⑥ 《明史》卷 40《地理志》,中华书局本。
⑦ 康熙《怀柔县新志》卷 2《里社》,康熙六十年刻本。
⑧ 《明史》卷 77《食货志》,中华书局本;《明会要》卷 53《食货一》,中华书局,1956 年。
⑨ 《明英宗实录》卷 135,正统十年十一月戊子。
⑩ 《续文献通考》卷 13《户口二》,商务印书馆,民国二十五年。
⑪ 《明会典》卷 88《工匠一》,中华书局,1956 年。
⑫ 《明史》卷 72《职官志》,中华书局本。

家小居住京师;依其隶籍的不同又有民匠与军匠之分,军匠隶军籍、属卫所;民匠隶内官监,附籍于京师五城或大、宛二县。而轮班匠散居各地,附籍所在州县,按规定期限进京服工役。与匠户相联属的铺户及其他城市居民同是当时北京城市户口的一部分,据《宛署杂记》,万历初仅京师铺户即近4万户。

(4)皇族及其服务人口,明代亲王严格之国制度使京师皇族人口有限,但直接为其服务的人口却是独立于上述户口之外的一个庞大的人口集团。首先是直接服务于皇室的日常生活的宫人、太监。洪武时总共数百人,迁都北京后人数不断增加,到正德末太监近万人,嘉靖末宫人等亦积至数千人,[1]故明代中后期宫人太监等约达一万又数千人。

其次是散居于近京州县的上林苑苑户、南苑海户等。明代上林苑监领良牧,蕃育,林衡,嘉蔬四署。"良牧牧牛羊豕,蕃育育鹅鸭鸡,皆籍其牝牡之数,而课孳卵","林衡典果实花木,嘉蔬典蒔艺瓜菜,皆计其町畦;树植之数,而以时苞进"。[2] 其地"东至白河,西至西山,南至武清,北至居庸关"。[3] 所属养户、栽户通称苑户。职专苑囿、畜牧、种植等事,供给内府及光禄等寺,[4]"以供祭祀、宾客、官府之膳羞"。[5] 最初的五千苑户来自山东及山西等地,"职专进退,于民无扰",[6]不属州县,系独立的户口系统,到明代中期上林苑四署苑户达7 716户,至清初始并入相邻州县。[7] 南苑海户,养禽兽、种植蔬果,守视南海子,帝王每校猎,海户合围。据《明宫史》:"南海子,即上林苑","职掌寿鹿,菜蔬、西瓜、果子",可知南苑与上林苑一样,也是直接服务于明帝王的皇家苑囿,属于内府司苑局管辖。至明代中后期海户共计约4 400余人(户)。[8] 今大兴县南苑一带若干海户屯村即明清时海户聚居形成。

综上所述,州县户口、军户、工匠铺户、皇室服务人口以及城市的其他户口,共同构成了明代北京地区的户口,而现存州县户口统计仅是区域总户口中的一部分。传统认为,明代宛平、大兴二县户口即包括了北京城市户口,甚至就是城市户口,这是错误的。在这里,弄清北京地区各行政单位对户口管辖的实际权限和范围,或者说顺天府所属大、宛二县与北京城市的关系是关键。据《明史·职官志》:宛、大二县均设知县一人,

---

① [清]孙承泽:《天府广记》卷15《礼部上》,北京古籍出版社,1984年;[明]王世贞:《凤洲杂编》五《中官考序》,中华书局,1985年;[明]高仪:《高文端公文集》卷1《议放宫女疏》,平露堂本。
② 《明史》卷74《职官志》,中华书局本。
③ 《明史》卷74《职官志》,中华书局本。
④ 弘治《明会典》,卷117《上林苑监》,正德四年刻本。
⑤ 《明史》卷74《职官志》,中华书局本。
⑥ [清]孙承泽:《天府广记》卷31《上林苑》,北京古籍出版社,1984年。
⑦ 《明会典》、《帝京景物略》、《彭文献公笔记》、《怀柔县新志》、《畿辅条鞭赋役全书》。
⑧ [明]彭时:《彭文献公笔记》,[明]沈节甫辑《纪录汇编》卷126,中国文献珍本丛书;《明史》卷16《武宗纪》,中华书局本。

"掌二县之政,凡赋役,岁令实征,十年造黄册,以丁产为差。……表善良、恤贫乏、稽保甲、严缉捕、听狱讼,皆躬亲厥职而勤慎焉"。赤县均有稽保甲、造黄册、阅实户口的职责。但在京师内外,据《春明梦余录》:"京师虽设顺天府两县,而地方分属五城,每城有坊,……每城设御史巡视。所辖有兵马指挥使司,……后改为兵马指挥使……元设警巡院,……分领坊市民事,即今巡城察院也。"明代在京城分置东西南北中五城,城设巡城察院,犹元代警巡院,同样分领坊市民事及供需等。这与《宛署杂记》所载完全一致。据《宛署杂记》,"国初悉城内外居民,因其里巷多少,编为排甲"。排甲就是里甲。因坊厢铺户排年应役当行,故又谓之排甲。明初北平城市的 33 坊(里)概即这里所说之排甲。随着城市规模扩大,明朝政府对城市及其居民的管理体制日益完善。这时的京师之地分为五城,每城有坊,坊下分牌,牌下设铺,铺设总甲。① 铺的编设原则,"城内各坊,随居民多少,分为若干铺,……而统之以总甲"。② 可见铺的多少是按照城市居民的多少划分的,且每铺皆统之以总甲。据《京师五城坊巷胡同集》记载,明嘉靖后期北京内外城三十七坊及各关厢共划分为 106 牌、720 铺,其中城市中 97 牌、670 铺。

坊铺的成员,按嘉靖六年(公元 1527 年)的诏令,"巡城御史严督各该兵马司官查审京师附住各处军民人等,除浮居客商外,其居住年久,置立产业房屋铺面者,责令附籍宛、大二县,一体当差,仍暂免三年,以示存恤。若有冒假卫所籍贯者,行勘发遣"。③ 值得注意的是:①凡军民人等在京置立产业房屋铺面者,即定居人户必须附籍宛、大二县,即编入五城坊铺;而未置产业者,包括居住军营的京卫军户不编入坊铺。②浮居客商不入坊铺。由此可见,坊铺成员当包括了置有产业的各类人户在内。至明代后期,京师编设坊铺(保甲),"于都重二城内,挨街挨巷挨门,以二十家为甲,十甲为一保,编成保甲籍",且"不分戚畹、勋爵、京官、内外乡绅、举监生员、土著、流寓、商贾家下……"④。与前述诏令比较,所不同省只是后者将流寓人户也列入了坊铺的编审对象。同时,坊铺这一城市社会的基层组织不仅具有应役当差,编审户口的职责,还具有捕盗治安的职能。据《明史·职官志》,五城兵马指挥司,"指挥巡捕盗贼,疏理街道、沟渠及囚犯、火禁之事。凡京都内外,各划境而分领之"。北京城市兵马司始设于永乐二年(公元 1404 年),在正式迁都后分置为五城兵马司。据此推断,五城分领京师地面已非一时之政。关于京师地面的实际管辖,《宛署杂记》记载尤详:"城内分土,前从棋盘街,后从北安门街以西,俱属宛平;城外,东与大兴联界"。但实际上,"城内总小甲悉属五兵马司,近城地方

① [明]马丛聘:《兰台奏疏》卷 1,丛书集成初编本,商务印书馆,民国二十五年。
② [明]沈榜:《宛署杂记》卷 5《街道》,北京出版社,1983 年。
③ 《古今图书集成·食货典》卷 16《户口部》,上海中华书局,民国二十三年;《明会典》卷 50《民政一》,中华书局,1956 年。
④ [明]余懋衡:《余太宰奏疏》卷 1,《明经世文编》卷 472,中华书局,1962 年。

三四十里犹籍隶厂卫,县官曾不得一轻拘摄。县门之外,率尔我而主宾焉"。这一制度起始颇早,"当成祖建都金台时,即因居民疏密,编为保甲,属五城兵马司,而以所职业,籍名在官"。《宛署杂记》又说:"若五城正付兵马,既各司一城,一城之中,又各司一坊,临辖固亲,钤束亦易。"因"京城铺户,多非土著,两县未易制也"。这显然是城市居民由五城而非二县管辖的重要原因之一。因而在隆庆五年(公元1571年)前,"在京铺行,俱五城兵马司征银。"此后至万历十年(公元1582年)改由二县征收,故《宛署杂记》所记坊市铺户颇详,而于城市全部居民似无所知。因为自永乐以来十年一次的铺行清审即城市户口编查均由兵马司进行。因此,宛平、大兴两县对北京城市以及城市郊区并不负有实质性的管辖权,二县的户口统计并不包括城市户口。嘉靖中成书的《京师坊巷胡同集》的内容亦说明了这一点。

造成这种现象的原因有三:①北京政治中心的城市职能和封建帝都服务封建帝王的性质使国家政治机构、官吏、军队、工匠户口大量集中,城市户口繁剧,必须建立特定机构管理城市居民和事务;②城市管理隶属两个系统,相互制约,是朱明政权极端封建专制主义政治在城市管理上的具体表现;③继承了明初大兴、宛平两县分辖北平城市的体制,而迁都之后两县对城市及其居民的实际管理权力是极其有限的,一如前述。

总之,北京城市管辖与户口统计的这种特点表明,研究明代北京地区和北京城市户口时,除注意户籍制度外,必须注意到城市户口和州县户口的这种非包含关系,即任何一方都不包含对方,也不能代表区域户口的规模。无疑,这也充分说明了明代北京地区户口组成的特殊性和复杂性,不了解这种特殊性和复杂性是导致前述错误结论的根源。

至明熹宗即位初,余懋衡疏请,京师编设坊铺保甲,由都察院行文五城御史,督兵马司坊官,"于都重二城内,挨街挨巷挨门,以二十家为甲,十甲为保,编成保甲籍",且"不分戚畹、勋爵、京官、内外乡绅、举监生员、土著流寓,商贾家下,……"。① 按此疏请,京师每编户20家为甲,200家即为一保,亦即为一总甲。事实上,这次严立保甲之法,要求"逐户编集,十家一甲,十甲一保,互相稽查,凡一家之中名姓何人、原籍何处、作何生理、有无父子兄弟、曾否寄寓亲朋,开载明白,具造花名清册呈报"。② 由此可见,此次坊铺保甲编审真正实行的是"十家一甲,十甲一保"这一原则和方法。从而为探讨明代北京城市居民户口规模及其变化提供了基础条件。按"京师根本重地,五方杂处,奸宄易生。况辽左多事,万宜立保甲之法严加整饬……间有形影面生可疑等人,即时研讯根由,直穷下落,务期稽查严明,地方清肃,庶使畿甸之内得保无虞"③的指令来看,此次京师严行保甲编审的目的在于维护城市社会治安,因此编查过程挨门挨户进行。其最终

---

① [明]余懋衡:《余太宰疏稿》卷1,见《明经世文编》卷472。
② 《明熹宗实录》卷9,天启元年四月丁亥。
③ 《明熹宗实录》卷9,天启元年四月丁亥。

编查结果就包括了当时北京城市的各类户口连同军户在内。这次保甲户口编审,北京五城共有编户151 190户,户量以5计算,约75.6万人(表7—1),加以皇城中居住之皇室及宫人、太监人口约计1.4万人,共约77万人。

表7—1　明天启元年(1621年)北京坊铺保甲户口统计

五城	铺数	甲数	户数(户)	人口数(人)
中城	53	2 544	25 440	127 200
东城	173	3 608	36 080	180 400
南城	135	4 330	43 300	216 500
西城	101	3 764	37 640	188 200
北城	63	873	8 730	43 650
合计	525	15 119	151 190	755 950

资料来源:《明熹宗实录》卷9。

三、清代北京地区户籍制度及北京城市户口的隶属关系

清代,北京成为清王朝的都城。由于大量旗人的内迁和北京内城被圈占,同时也由于清代国都城市的发展和职能的完善,户籍制度与人口的区域构成趋于复杂。从地域构成来看,清代的北京地区包括当时的内、外城,城属及附近州县四个单元。而生聚于这四个地域单元上的人口基本上分属不同的户口编审系统,实行不同的户籍制度。

1. 州县赋役户口

清代顺天府所属州县与北京内、外城和城属不属同一个行政实体与区划,而是各自独立的行政区域。

关于州县户籍制度有文献记录可予说明:清初,立编审之法,凡"编审责成州县印官察照旧例造册,……民年六十以上开除,十六以上增注。"顺治五年(公元1648年)令,"三年编审一次,……凡造册人户,各登其丁口之数而上之甲长,甲长上之坊,厢、里各长,坊厢里各长上之州县,州县合而上之府,府别造一总册上之布政司……总其丁之数而登黄册"。[1] 顺治十三年(公元1656年)定五年编审一次。[2] 编审对象显然是州县城乡民人丁壮。这一编审制度,直到乾隆三十七年(公元1772年)才谕令,"嗣后编审之

① 《清朝文献通考》卷19《户口一》,商务印书馆,民国二十五年。
② 《清朝文献通考》卷19《户口一》,商务印书馆,民国二十五年。

例,著永行停止"。① 按《畿铺条鞭赋役全书》统计,顺治初,北京地区州县纳赋人丁总数为 4.4 万人,乾隆三十七年为 7.3 万人。另外,清初北京地区尚有投充旗下人丁约 0.5 万人。

清初,政府将大量旗下奴仆安置于他们圈占的土地上耕种,编设旗庄,或隶内务府,或隶王府,或隶旗下官员。其人丁编入庄册。② 每三年编审一次。至乾隆二十二年(公元 1757 年)更定保甲法,其中规定"旗民杂处村庄,一体编列"。③ 自此而后,在旗庄屯居的旗下人口即归入了州县人丁和户口统计,即所谓州县"烟户统计"。④ 所以,乾隆二十二年之后的历次州县户口统计均包括了旗下屯居的户口。

显然,州县赋役户口是清代北京地区户口的重要组成部分。

2. 内城户口即清代京师八旗户口

满族入关,定都北京后,清政府为安置大量内迁的八旗户口,于顺治五年(公元 1648 年)下令圈占北京内城,汉官商人平民等,除投充八旗者及衙属内居住之胥吏、寺庙中居住之僧道外,尽迁南城。⑤ 至顺治十年(公元 1653 年)来京,在外城居住达两年半之久的著名史学家谈迁也曾记述此事:"(八旗)入燕之后,以汉人尽归南城,其汉人投旗者不归也。"⑥同时,清政府法定,八旗官员兵丁不许在京城外居住。⑦ 即所谓"世祖定鼎燕京,分置满、蒙、汉八旗于京城"。⑧ 因此,当时的北京内城"八旗所居,……星罗碁峙,不杂厕也"。⑨ 直到清代后期,尤其光绪变法后,满汉畛域日渐化除,移居内城的汉人才有了明显增加。⑩

按清代户籍制度,"八旗无分长幼男女,皆注籍于旗"。⑪ 八旗,旗下所属参领、佐领共同构成了八旗人丁户口的独立编审体系。⑫ 而且八旗人丁户口一向"深严邃密",不"轻以示人",⑬故《清朝文献通考》说,清代户口之数三代以下莫如其繁庶,"而八旗壮丁,……尚不在此数焉。"因此,清代北京内城户口即八旗户口不属州县户籍,而是独立

① 《清高宗实录》卷 911,乾隆三十七年六月壬午。
② 光绪《大清会典事例》卷 1198《内务府·屯庄》,光绪三十四年上海商务印书馆刻本;又劳乃宣《直隶旗地略述》页 2。
③ 光绪《大清会典事例》卷 1198《内务府·屯庄》,光绪三十四年上海商务印书馆刻本;又劳乃宣《直隶旗地略述》页 2。
④ 乾隆《通州志》卷 4《赋役志·户口》,乾隆四十八年刻本。
⑤ 《清世祖实录》卷 40 顺治五年八月辛亥。
⑥ [清]谈迁:《北游录·纪闻下·八旗》,中华书局,1960 年。
⑦ 康熙《清会典》卷 81《兵部·八旗通例》。
⑧ 《清史稿》卷 130《兵志》,中华书局本,1977 年。
⑨ 《清史稿》卷 54《地理志》,中华书局本。
⑩ 林传甲:《大中华京师地理志》第 10 章《测绘》,北京商务印书馆铅印本,民国八年。
⑪ 故宫博物院明清档案部编《清末筹备立宪档案史料》下册,中华书局,1979 年。
⑫ 韩光辉:"清代京师八旗人丁的增长与地理迁移",《历史地理》第六辑。
⑬ [清]王庆云:《石渠余记》卷 2《京营表序》,北京古籍出版社,1985 年。

于州县赋役户口之外的部分。

关于清代宗室户口，据《大清会典事例》："凡玉牒所载，以显祖宣皇帝本支为宗室，伯叔兄弟之支为觉罗。"宗室，包括觉罗户口除编入玉牒外，还有以宗室佐领为单位的户口呈报制度。其户口册与八旗其他一般佐领的户口册完全相同。宗室佐领的出现也比较早，雍正初年，即曾有宗室佐领拨入上三旗行走的史实。① 至乾隆二十五年（公元1760年），添设宗室佐领十六员，以"承办宗室事务"；四十二年（公元1777年），新复宗室博尔孙等四支子嗣，添设宗室佐领一员。② 据钦定《大清会典事例》，至光绪年间共有宗室佐领十五个，这比乾隆时所编在京宗室佐领还少两个。这大概与迁移闲散宗室于大凌河③、盛京④有关，或与宗室佐领获罪革退，而该佐领所属宗室户口并入他佐领有关。⑤ 至于觉罗户口，早在八旗入关之前就已编立为十个佐领（当时还称牛录）。至清末，共有觉罗佐领二十八个。⑥ 一般来讲，宗室与觉罗户口一旦编入佐领，其即由佐领编审，属佐领管辖。宗室与觉罗佐领领属于八旗，其户口即属八旗户口。

3. 外城户口

外城不同于内城。清初满族贵族全部圈占内城之后，外城即成为清代北京汉人、汉官，回民与商人的集中聚居区。除康熙与雍正中派驻崇文、宣武门外的旗兵及其眷属之外，旗人居住外城者较少。至清末，包括两个旗营的旗下户口在内共计仅2 004户，11 900人。⑦

据文献记载，自顺治，内城分八旗，外城分五城，⑧"京师虽设顺天府大、宛二县，而地方分属五城"。⑨ 大兴、宛平二县"各掌其县之政令，与五城兵马司分壤而治"。⑩ 同时，清代"都城之制，一因明旧"，每城有坊，⑪坊设司坊官，分领坊事民事。可见，大兴、宛平二县虽系附郭县，然对京师内、外城并不负地方治安与行政职权。据钦定《大清会典事例》记载，清代顺天府属州县划界分治，"大、宛二县与五城兵马司接壤之地，五城以京营所辖为界，两县以在外营汛所辖为界，各治境内，以重官守"。"坊市大抵皆属五城所辖，五方之民错居，尤为繁剧难治"。⑫ 显而易见，这便是外城城区"于大、宛二县之

---

① 《清世宗实录》卷24雍正二年五月己巳。
② 光绪《清会典事例》卷5《宗人府》，光绪三十四年上海商务印书馆刻本。
③ 《清高宗实录》卷1047乾隆四十二年十二月己酉，乾隆四十二年，迁宗室115户于大凌河杏山、松山地方。
④ 《清仁宗实录》卷261嘉庆十七年九月甲午，移宗室70户居盛京。
⑤ 嘉庆《八旗通志》卷2《按语》，嘉庆元年武英殿刻本。
⑥ 光绪《清会典事例》卷1111《八旗都统·佐领》，光绪三十四年上海商务印书馆刻本。
⑦ 京师警察厅总务处：《京师内外城巡警总厅统计书》，京师警察厅，1917年。
⑧ 朱一新：《京师坊巷志稿》卷下《考证》，光绪二十二年顺德龙氏葆真堂刻本。
⑨ ［清］吴长元：《宸垣识略》卷1《建置》，北京古籍出版社，1983年。
⑩ 《清通典》卷33《职官·京县知县》，上海商务印书馆，民国二十五年；《清史稿》卷115《职官二》，中华书局本。
⑪ ［清］于敏中：《日下旧闻考》卷38《京城总纪》，北京古籍出版社，1981年。
⑫ 康熙《大兴县志》卷2《建置》，康熙二十四年刻本。

外,特设五城司坊各官分管其地"①的原因所在。

清代,北京外城户口既不属于大、宛二县,更不属于北京八旗,而是当时北京城市户口的独立组成部分。

4. 城属即郊区户口

如上所述,大、宛二县与五城兵马司接壤之地,五城以京营所辖为界,两县以外营汛所辖为界。京营即步军统领所辖中、南、北、左、右五营(顺治元年设南、北二营、十四年增置中营,乾隆四十六年增定为五营)。② 五营各汛所辖地域即《日下旧闻考》所谓郊坰之地。在雍正十二年(公元 1745 年)前,京营汛地与顺天府属州县营汛地犬牙相错、不便统辖,至雍正十二年始划定营汛界线。③ 直到清朝末代皇帝逊位之后的民国初年,"城外四郊,步军统领京汛之地,亦仍旧制"。④ 清代北京城属与州县界线就是民国初年二者之间的界线。由此可见,清代北京城属与州县之间的界线已经划定,且是不容混淆的。

据《顺天府志》记载,京师五城每城设御史巡视,所辖有兵马指挥使司,设都指挥,副都指挥、知事;后改兵马指挥使,设指挥、副指挥,革知事,增史目。乾隆三十年(公元 1765 年)前,外城永定等七门,内城安定等六门外的地方,专责吏目分管。到这时"移副指挥驻扎城外,凡各吏目原管地方,即令副指挥专管"⑤。从而进一步加强了对京师城属的管理。

按光绪《大清会典事例》,清代中期北京五城所属之城属村庄共计 400 个。但乾隆三十一年(公元 1766 年)之前,"五城所属各村庄,向来并未照州县之例编联保甲",因此要求自此而后"按其居民户口,照例酌编"。⑥ 五城所属村庄不按州县之例编联保甲,显然亦即不属州县统辖。因此,五城除所辖外城城区之外,尚辖有城外村庄;而且城属村庄亦应按照州县之例编联保甲,编查户口,由五城司坊官进行。又据光绪《顺天府志·京师志》,京师虽"定制分五城,而实辖于步军统领"。由此形成了步军统领、营汛、五城与坊巷(村庄)这一外城和城属户口管理和编审的系统。至清末,"京师大城以内,地方权责在京师警察厅,大城以外,四郊各汛又属步军统领"。⑦ 至此,京师外城已改由京师警察厅接管,而城属的管辖相沿不变,仍属步军统领。由此可见,清代步军统领、营汛和五城长期享有京师外城以及城属的治安与行政统辖权,而毗邻州县不得问津。自然城属户口亦由步军统领及其所辖营汛和五城专管,⑧而州县不得参与对城属的管理。

① 《清会典事例》卷 1033《都察院·五城》,光绪三十四年上海商务印书馆刻本。
② 《清通典》卷 69《兵二》,上海商务印书馆,民国二十五年。
③ 《清会典事例》卷 590《兵部·绿旗营制》,光绪三十四年上海商务印书馆刻本。
④ 林传甲:《大中华京师地理志》第 2 章《界说》,民国八年北京商务印书馆铅印本。
⑤ 《清会典事例》卷 1031《都察院·五城》,光绪三十四年上海商务印书馆刻本。
⑥ 《清会典事例》卷 1033《都察院·五城》,光绪三十四年上海商务印书馆刻本。
⑦ 林传甲:《大中华京兆地理志》第 1 章《名义》,民国八年北京商务印书馆铅印本。
⑧ 《北平市政研究资料》二,北京大学(原燕京大学)图书馆藏。

总之,清代北京地区实行的户籍制度与北京城市户口隶属关系表明,当时北京地区户口应由内城、外城、城属及州县户口组成;城市户口则由内、外城与城属户口组成,不隶于州县;其中任何一个或两个地域单元上的户口均不能代表区域或城市户口规模。这就是结论。

据《京师内外城巡警厅统计书》与《内务统计·京师人口之部》统计,宣统二年,北京内城旗人与汉人共 84 482 户,468 970 口;外城 52 226 户,316 472 口;内、外城共计136 708户,785 442 口。

比较明清两代北京地区的户籍制度与北京城市户口的隶属关系,不难发现,清代既有继承也有变革。继承主要表现在城市户口管理和隶属关系上均存在形式上的双轨制,军户制及州县户口独立等方面。变革则主要表现在伴随着匠户供役和宫廷物资供给制度的变化,明代隶于工部和内府的匠户、隶于内府的苑户,至清代已不属直隶国家部门的编户,而直隶于所在城市或州县,成为城市或州县户口的组成部分。

第八章　清代北京城市人口的增长与控制

清代是中国人口空前增长的重要时期。全国人口由顺治十四年(公元 1657 年)的 5 376 万[①]增长到光绪二十七年(公元 1901 年)的 42 645 万,[②]年平均增长率为 8.5‰。然而作为清一统大帝国都城的北京,城市人口经过 260 余年的发展,到宣统二年(公元 1910 年)才达到 76 万人,其中内城人口 45.6 万,外城人口 30.4 万,[③]人口的年平均增长率约为 2‰。[④]清代北京人口增长如此之缓慢,原因何在? 是值得认真加以探讨的问题。

影响城市人口增长的要素无非是自然增长与机械增长;而自然增长与机械增长的制约因素又是多方面的。拟通过探讨政策因素对自然增长和机械增长的影响,来揭示清代北京城市人口增长缓慢的原因,以引起对这一问题的注意。

清军入关之后,满族统治者为安置八旗官兵及其眷属,环卫皇居,圈占了内城,并迁移内城汉官、汉民、商人于外城。[⑤]故自清初始,北京内城便成为京师旗人的集中聚居区,[⑥]外城则成为京师汉官、汉民、商旅的集中聚居区。至清代后期,满汉畛域,日渐化除,迁居内城的汉人才有明显增加。[⑦]因而,清代初期与中期的内城人口即指京师八旗人口。由于清政府对内、外城人口实行的人口政策不同,而且在不同时期实行的政策亦有极大差异,故有必要分别加以讨论。

一、北京内城人口的增长与控制

据《八旗通志》记载,清军入关时,满洲、蒙古、汉军二十四旗及上三旗(内务府三旗)

---

① 倪江林:"清代前期人口统计问题研究",《人口与经济》,1983 年第 4 期。

② [清]朱寿朋《光绪朝东华录》,光绪二十七年十二月辛酉,中华书局,1958 年。

③ 梁方仲《中国历代人口、田地、田赋统计》甲表 86,上海人民出版社,1980 年。

④ 清政府定鼎北京之初内、外城总人口约计 46 万人,其中旗人约计 32 万人。见拙作:"清代北京八旗人口的演变",《人口与经济》,1987 年第 2 期。外城人口约计 14 万人,根据清末人口统计资料及《大中华京师地理志》等书记录的资料推算。

⑤ 《清世祖实录》卷 40,顺治五年八月辛亥;谈迁撰《北游录·纪闻下》,中华书局,1960 年。

⑥ 《清史稿》卷 54《地理志》,中华书局本。

⑦ 林传甲《大中华京师地理志》第 10 章《测绘》,民国八年北京商务印书馆铅印本。

和下五旗包衣共有佐领(包括管领,下同)645个,又半分佐领28个,合计佐领659个;顺治十八年(公元1661年)京师八旗佐领增编至750.5个,康熙三十年(公元1691年)增编至1 183.5个,康熙六十一年(公元1722年)增编至1 289个,雍正十三年(公元1735年)增编至1 351个,乾隆六十年(公元1795年)增编至1 368个。[①]嘉庆以后各朝,京师八旗因"欲增编佐领,恐正项米石不敷"[②]的问题,佐领未再增编。显而易见,佐领的不断增编,标志着八旗人口的不断增长。

根据各时期每佐领编设壮丁的数目及丁口比计算,清政府定鼎之初迁入北京的旗下人口约计32万人,康熙三十年约计38万人,康熙六十一年约计49万人(包括四郊驻防兵丁人口,下同),乾隆末年约计55万人,[③]清末为43.7万人。[④]

综观有清一代北京内后至康熙三十年之前,由于统一中国的战争持续了几乎四十年,康熙初期平定三藩,清政府又调兵遣将征讨连岁,前后八载,造成了"禁旅南征,宿卫尽空,及察哈尔叛,诏选八旗家奴之健者,付图海北征"[⑤]的局面。战争中,"八旗士卒,多争先用命,效死疆场,"故"人丁稀少"。[⑥]统一中国和巩固政权的战争吞噬了众多旗人兵丁的生命。这一时期京师旗人的自然增长率之低是可以想见的。因此,清政府不得不采取应急措施,一再征兵于满蒙各地,补充兵员,先后调入京师的满蒙兵丁编设佐领四十余个,[⑦]官兵达8 600余员名。至康熙三十年,投诚的明朝官兵及异姓王公所属汉人官兵,奉调进京者编设汉军佐领达98个,[⑧]官兵总数约计16 000余员名。

据《八旗通志》记载,顺治年间(公元1644~1661年)以机械迁入的兵丁新编设旗下佐领计49个,而以自然增殖的人丁编设的佐领仅16个。机械增编的佐领数占新编佐领总数的75.4%。若将上三旗、下五旗包衣增编佐领、管领27个,计入自然增编数,也只有43个,仍较机械增编的佐领少6个。康熙朝的前三十年间,共增编佐领433个,其中由机械移入的兵丁编设佐领97.5个,占总增编数的22.5%。其余335.5个佐领的相当一部分应是由原编佐领的人丁均编而成的,[⑨]并非全是自然增殖的人丁编设的。

---

① 据嘉庆《八旗通志》,卷1至卷29《旗分志》统计,嘉庆元年武英殿刻本。

② 乾隆《八旗通志》卷26《旗分志》,乾隆四年内府刻本。

③ 清政府定鼎北京之初内、外城总人口约计46万人,其中旗人约计32万人。见"清代北京八旗人口的演变",《人口与经济》,1987年第2期。外城人口约计14万人,根据清末人口统计资料及《大中华京师地理志》等书记录的资料推算。

④ 梁方仲:《中国历代人口、田地、田赋统计》,甲表86,上海人民出版社,1980年。

⑤ [清]魏源:《圣武记》卷13《附录·武事余记》,中华书局,1984年。

⑥ [清]昭梿:《啸亭杂录》卷1《爱惜满洲士卒》,中华书局,1980年。

⑦ 光绪《大清会典事例》卷1128《八旗都统·兵制》,光绪三十四年上海商务印书馆刻本;《清圣祖实录》卷52康熙十四年正月壬午、卷53康熙十四年二月丙申、卷56康熙十四年七月丙申。

⑧ 据嘉庆《八旗通志》,卷1至卷29《旗分志》统计,嘉庆元年武英殿刻本。

⑨ 光绪《大清会典事例》卷1120《八旗都统·田宅》,光绪三十四年上海商务印书馆刻本。

因此,清代初期京师八旗人口的自然增长低,迁移增长占有相当比重。迁移外地兵丁及其眷口于京师是当时政府增加内城人口的重要政策。这一时期,前后迁入京师内城的旗下人口约计9万人。①

中期,即康熙三十年(公元1691年)至道光末年。康熙二十年(公元1681年),清王朝长期的开国与巩固政权的大规模战争基本结束了。除各地驻防兵丁外,八旗出征军旅陆续班师,从此开始了京师八旗人口休养生息,稳定增长的时期。

"八旗甲兵,国家根本"②的特殊政治地位,决定了旗下官兵经济生活待遇的优厚。在当时的社会环境下,在影响京师八旗人口增长的诸种因素中,经济地位和生活待遇是起决定作用的因素。

满洲入关之前,旗下"每丁给田五日(按:一日六亩),一家衣食,凡百差徭,皆从此出"。③"入关之后,凡官属兵丁俱计口授田",④而"各旗壮丁差徭、粮草、布匹,永停输纳"。⑤ 同时,清政府又实行了八旗官兵的食饷制度。⑥ 三藩平定之后,八旗兵士的饷额增加到:前锋、亲军、护军、领催、弓匠长月给银四两,骁骑、铜匠、弓匠月给银三两,岁皆支米四十八斛,步军领催月给银二两,步军一两五钱,岁皆支米二十四斛,炮手月给银二两,岁支米三十六斛。⑦ 八旗兵丁所得正项银米之外,尚有名目多样的优恤。为解决京师闲散旗人的生计困难,自雍正始多次增挑甲兵、养育兵,支饷以赡养之。至嘉庆朝前后增加护军,养育兵共计36 000余名,⑧仅养育兵月俸银即达五万四千余两。兵丁住房,计丁赏给。康熙三十四年(公元1695年),一次建房即达16 000间,安置穷乏兵丁8 000户,用帑银三十六万余两。⑨ 清政府对旗下兵丁"时加赏恤,……凡抚字之术,无不备施"。⑩ 用康熙帝的话说,"凡兵民生计,未尝一日不为勤求也"。⑪ 与入关之前比,清代中期绝大多数旗人待遇优厚,生计无虞。在和平环境中,京师旗下人口迅速增殖带有必然性。

同时,男娶女嫁婚姻有时,是京师旗人迅速增长的一个不可忽视的政策因素。对家计贫乏,力不能嫁娶的京师旗下人丁,清乾隆帝曾明确规定每名赏银十五两,内务府壮

① 据《八旗通志》所载各时期移入京师的旗下佐领数及各时期每佐领编设壮丁数,取丁口比为1:3.5计算得出。

② 乾隆《八旗通志》卷33《兵制志》,乾隆四年内府刻本。

③ 罗振玉:《天聪朝臣工奏议》,《史料丛刊初编》,《罗雪堂先生全集四编·六》,台湾大通书局印行。

④ 《清世祖实录》卷127顺治十六年八月壬辰。

⑤ 康熙《大清会典》卷21《田土》,康熙二十九年内府刻本。

⑥ 乾隆《八旗通志》卷29《旗分志》,乾隆四年内府刻本。

⑦ [清]魏源:《圣武记》卷11《附录·武事余记》,中华书局,1984年。

⑧ 光绪《大清会典事例》卷1121《八旗都统·兵制》,光绪三十四年上海商务印书馆刻本。

⑨ 乾隆《八旗通志》卷23《旗分志》,乾隆四年内府刻本。

⑩ [清]昭梿:《啸亭杂录》卷1《爱惜满洲士卒》,中华书局,1980年。

⑪ 乾隆《八旗通志》卷33,乾隆四年内府刻本。

丁每名赏银七两,以帮助他们的婚嫁之事。① 从雍正至乾隆七十余年间,优恤八旗兵丁婚丧嫁娶共支银达一百万两。这种婚姻有时,王化所重,怨女旷夫,宜加优恤政策的实行,对促成旗下贫弱男女的婚姻提供了重要的物质保障,无疑对人口增殖是一种有力推动。同时还打破了八旗男女与上三旗及下五旗包衣男女通婚的禁例,"则婚姻以时,庶不致有怨女旷夫"。② 在满、汉通婚问题上,清初曾规定,"满汉官民有欲联姻好者,听之"。③ 至康熙时则改定"在京旗人之女,不准嫁与民人为妻"。④ 而民人之女嫁于旗下则无所禁止。这种单方面的限制政策,客观上有利于旗下男子的婚配,也促进了京师八旗人口的增殖。

而同时期以机械移入京师的兵丁人口编设的佐领数目却微乎其微了。康熙朝的后三十一年(公元1692~1722年)间,京师八旗共增编佐领仅105.5个,其中以机械移入京师的兵丁人口编设的佐领仅0.5个,占佐领增编总数的0.47%。以自然增殖的人口编设的佐领占绝对多数的事实表明,京师八旗人口的确进入了稳定增殖的时期。雍正朝的十三年(公元1723~1735年)间,京师八旗共增编佐领9个,又下五旗包衣佐领,管领53个,共计62个,全部为旗下自然增殖的人口编设。乾隆朝的六十年(公元1736~1795年)间,京师八旗共增编佐(管)领36.5个,而又裁撤佐(管)领19.5个,实际增编佐(管)领17个。其中以机械移入的人口编设的佐领有三个:番子佐领、叶尔羌佐领和安南佐领。⑤ 这三个佐领的人口均系少数民族的归降者,编设为京师旗下佐领,大概是出于稳定与发展民族关系,抚绥边远地区的政治目的。因此,这三个佐领是特殊情形下具有特殊政治意义的产物,而不是增加京师人口的需要。由此可见,清代中期京师八旗人口的增长主要是自然增长。

随着京师八旗人口的迅速增长,形成了"虽竭东海之正供,不足以赡"⑥的局面,政府的经济压力十分沉重。面对京师八旗"户口日繁,待食者众,无余财给之,京师亦无余地处之"⑦的严酷现实,清政府筹措各种对策,疏散旗人,减轻人口压力,势在必行。其具体措施如下。

(1) 政府拨款,建房城外,移内城兵丁携眷口分驻四郊

伴随机械移入和自然增殖的人口增加,京师内城的住房屡屡发生困难。清政府在内城挖掘原有住房潜力,紧缩官兵居住面积,并于内城空地建房赏住兵丁外,

① 《清高宗实录》卷39乾隆二年三月丁巳。
② 《清高宗实录》卷40乾隆二年四月辛未。
③ 《清世祖实录》卷40顺治五年八月壬子。
④ 《同治户部则例》卷1《户口·旗人嫁娶》。
⑤ 据嘉庆《八旗通志》,卷1至卷29《旗分志》统计,嘉庆元年武英殿刻本。
⑥ 魏源:《圣武记》卷14《附录·军储篇四》,中华书局,1984年。
⑦ 《清史稿》卷303《梁诗正传》,中华书局本。

康熙三十四年(公元 1695 年)于内城八门外盖房 16 000 间,令旗下无房屋的穷乏兵丁携家口往居。康熙末,又在京郊郑家庄建房共计达 2 500 间,移住官兵及服务人员 960 人。雍正二年(公元 1724 年),在外城七门外各盖房 40 间,同时在圆明园建造营房 10 000 余间,分驻八旗甲兵,又 500 余间给内务府三旗护军居住。① 六年(公元 1728 年),于内城八门外又建房近 3 700 间,令八旗官兵各携家口驻防。② 乾隆中,分别在香山、蓝靛厂营建营房并圆明园续建营房共 16 000 余间。③ 清代中期,于四郊建造营房累计达 48 000 间,派驻京师八旗官兵 22 000 余员名(图 8—1),④人口约计 80 000 余口。

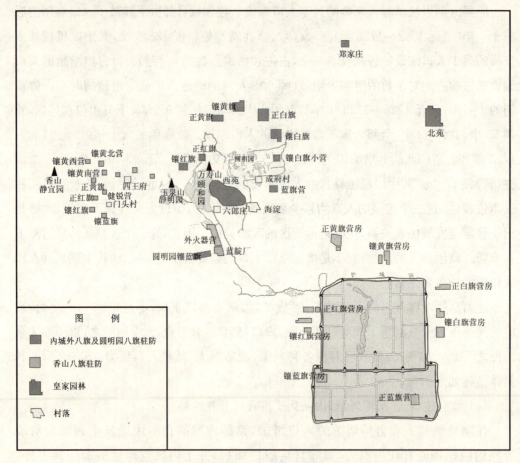

图 8—1　清代康雍乾时期京师八旗驻防四郊形势

同时,清政府逐步放松了对京师旗下官兵人口集中居住这一通例的实施。初入关

---

① 嘉庆《八旗通志》卷 113、116、117《营建志》,嘉庆元年武英殿刻本。
② 光绪《顺天府志》卷 8《京师志》,光绪十至十二年刻本。
③ 嘉庆《八旗通志》卷 113、116、117《营建志》,嘉庆元年武英殿刻本。
④ 嘉庆《八旗通志》卷 113、116、117《营建志》,嘉庆元年武英殿刻本。

时,不许八旗官员兵丁在京城外居住。康熙四年(公元 1665 年)规定,在前三门外居住者,俱令迁入内城,仅汉人投充者免。二十二年(公元 1683 年)规定,汉军文武官员不论有无职任,愿在外城居住者,准其居住。① 至乾隆初,又有"除为官披甲当差之人在京居住者,其余闲散人等,如有情愿在屯居住,自行耕种者,俱各听其自便"②之议。政策法令的松动,使八旗人口自发移居外城和郊坰者日多。至乾隆十八年(公元 1753 年)自行移居正阳等三门外之满洲官员兵丁已有 400 余家。而因内城房租昂贵,迁往郊坰荒地附近居住者就更多了。③

政府有计划地迁移旗下兵丁户口和鼓励旗下兵丁及闲散人口自发迁移,疏散内城高度集中的旗人于四郊和外城,在某种程度上缓解了旗人"京师亦无余地处之"的问题。

(2) 增加直省驻防,迁移京师旗人于各地

分派八旗兵丁挈家移驻四郊,不仅满足了禁卫范围的需要,解决了穷乏兵丁在内城的住房困难,更重要的是疏散了一定数量的内城人口,减轻了城市人口膨胀的压力。但京师八旗人口的增加,仅仅依赖上述措施,即在京郊这一狭隘的区域内兜圈子,并不能从根本上解决京师旗下人口集中拥挤的问题。雍正、乾隆两朝在实行上述措施的同时,增加了驻防直省各地八旗官兵的数量。当然,直省各地驻防并非始于雍、乾两朝。早自顺治初年,直到康熙年间都有八旗官兵携眷被派往各地驻防者,④但其性质与后来不同。那时的驻防是出于单纯的军事目的,以镇压和防范各地汉人的反抗。然而到雍正和乾隆时期,也正是经康熙后期三十余年的休养生息,京师八旗人口迅速增殖之后,驻防的性质发生了根本的变化。雍正元年(公元 1723 年)六月谕:"边外地方辽阔,开垦田亩甚多,将京城无产业兵丁移驻于彼,殊为有益"⑤。是年即派京师八旗兵丁八百名驻热河。终雍正一朝,派驻畿辅的兵丁总计 3 535 员⑥。乾隆时期派出的驻防兵丁数量更多,且范围已不限于畿辅之内。乾隆三年(公元 1738 年)谕:"满洲、蒙古、汉军在京者人数众多,⋯⋯闻古北口外巴勾地方辽阔,可以添兵驻扎。"⑦乾隆年间自京师派驻直省各地的官兵共计 20 730 名。⑧ 从雍正、乾隆二帝的谕令看,当时派兵驻防的性质确非单纯为了军事目的,而是明显地带有屯田兼疏散京师旗人于"辽阔"地方的性质。

---

① 康熙《大清会典》卷 81《兵部·八旗通例》,康熙二十九年内府刻本。
② [清]孙嘉淦:《八旗公产疏》,《清经世文编》卷 35,中华书局,1992 年。
③ 嘉庆《八旗通志》卷 30《旗分志》,嘉庆元年武英殿刻本。
④ 光绪《大清会典事例》卷 1128《八旗都统·兵制》,光绪三十四年上海商务印书馆刻本。
⑤ 《清世宗实录》卷 8 雍正元年六月辛酉。
⑥ 光绪《大清会典事例》卷 1128《八旗都统·兵制》,光绪三十四年上海商务印书馆刻本。
⑦ 嘉庆《八旗通志》卷 35《兵制志》,嘉庆元年武英殿刻本。
⑧ 光绪《大清会典事例》卷 1128《八旗都统·兵制》,光绪三十四年上海商务印书馆刻本。

乾隆二十一年(公元 1756 年)谕令:"嗣后驻防兵丁,准其在外置产,病故后即著在该处埋葬,其寡妻停止送京。"①这一重大的政策改革,彻底解除了自清初以来一百余年间八旗"外任人员不能置产另居"的束缚,限制了八旗驻防兵丁及其眷属回京的可能性,对于促进驻防旗人安家落户于地方,减少驻防旗人机械移入京师,具有不可忽视的意义。

康雍乾几朝迁往右玉、西安、荆州、广州、江宁、德州、热河、郑家庄、天津、青州、密云、绥远、宁夏、凉州、庄浪、福州、乍浦、沧州等地共计官兵 24 265 人,人口约计 95 000余口。故这一措施在解决北京旗人"京师亦无余地处之"的问题方面,显然又进了一步。

(3) 迁移旗下闲散人口于东北屯垦

雍正二年(公元 1724 年),曾以直隶新城、固安官地 341 顷制为井田,令无业旗人往耕。造庐舍,给口粮、牛种,农具咸备,又设管理劝教以董之。而愿往者甚少。② 至乾隆元年(公元 1736 年),"所有承种之一百八十户,缘事咨回者已有九十户"。③ 看来,清世宗所行井田成效不大。但作为一次旗人屯垦的尝试,却给后来的移旗屯垦以借鉴。应该肯定这一开创性工作对后来迁移闲散旗人屯垦东北曾产生过某种积极影响。

乾隆初,随着旗下人丁户口的膨胀,京师闲散旗人生计愈益困窘:"百年以来,……房地减于从前,人口加于十伯(倍)……虽百计以养之……终非久远之谋",④"为旗人万年之恒计,莫如开垦沿边一带地方"。⑤ 于是议定,京师"八旗闲散人内,有正身情愿下乡种地者,上地给予一百亩,中地给予一百五十亩,下地给予二百亩,令携家口居乡耕种。初种之年,量给牛种、房屋之资"。又定,"初下乡屯,每户给房四间,每间折银十两,令地方官盖造。每名给牛具、籽种、口粮等银百两"。⑥ 先生活,后生产,使屯居之人无后顾之忧。故自乾隆九年(公元 1744 年)至二十一年(公元 1756 年)短短十二年间,遣往东北拉林屯种的闲散余丁达 3 000 名。⑦ 乾隆四十二年(公元 1777 年)又迁闲散宗室115 户于大凌河马厂西北杏山、松山地方。⑧

至嘉庆时期,还是出现"八旗生齿日繁,京城各佐领下户口日增,生计拮据"的问题。故屡有迁旗之议:吉林土膏沃衍,地广人稀,今将在京闲散旗人陆续资送,前往吉林,以闲旷地亩拨给管业。⑨ 但终因经费不敷而未果。⑩ 终嘉庆朝,仅迁移闲散宗室 70 户于

①　光绪《大清会典事例》卷 1119《八旗都统·田宅》,光绪三十四年上海商务印书馆刻本。
②　[清]王庆云:《熙朝纪政》卷 5《纪屯田·附记井田》,光绪二十八年上海书局铅印本。
③　光绪《大清会典事例》卷 1119《八旗都统·田宅》,光绪三十四年上海商务印书馆刻本。
④　[清]舒赫德:《敬筹八旗生计疏》,琴川居士编《皇清奏议》卷 34,民国二十五年石印本。
⑤　[清]赫泰:《筹八旗恒产疏》,琴川居士编《皇清奏议》卷 42,民国二十五年石印本。
⑥　光绪《大清会典事例》1117《八旗都统·田宅》,光绪三十四年上海商务印书馆刻本。
⑦　光绪《大清会典事例》1117《八旗都统·田宅》,光绪三十四年上海商务印书馆刻本。
⑧　《清高宗实录》卷 1047 乾隆四十二年十二月己酉。
⑨　《清仁宗实录》卷 256 嘉庆十七年四月甲辰。
⑩　《清仁宗实录》卷 260 嘉庆十七年四月壬子。

盛京。①

道光年间,又迁移京旗 1 000 户于双城堡。② 为使屯居闲散旗人安居乐业,除颁给牛种、屋室之外,屯地尚设置义学,以供垦殖者子弟就读,③建有义仓,储粮备借度荒,每屯穿井二口,以便利屯居人口汲用。并规定,不能力耕者可雇募他人代耕;家口无依,可给资令其回旗。④ 这些办法和规定,对稳定屯居的闲散旗人无疑起了重要作用。

雍正、乾隆、嘉庆、道光四朝前后共迁移京师八旗闲散(包括闲散宗室)4 365 丁(户),约计 20 000 口于东北及畿辅等地屯种。尽管人数不多,但与前述措施相比较,不仅在解决北京闲散旗人"京师亦无余地处之"的问题上,而且在解决政府"无余财给之"的问题上都取得了新的进展。

(4)汉军出旗、占籍州县,编户为民

早在康熙后期,就已准许部分旗下壮丁"出旗为民",⑤但行之未广。至乾隆初,非但汉军旗下壮丁,而且包括汉军八旗兵丁自身在内,都成为被劝说出旗为民,占籍州县的对象了。

乾隆七年(公元 1742 年)谕:八旗汉军自从龙定鼎以来,国家休养生息,户口日繁,闲散人多,生计未免窘迫。因限于成例,袖手坐食,困守一隅。朕意欲稍为变通,以广谋生之路。如有愿改归民籍者,准与该处民人一例编入保甲。不愿出旗,仍旧当差者听之。⑥

二十一年(公元 1756 年)准八旗开户人丁出旗为民,其情愿入籍何处,各听其便,所有本身田产,并准其带往。⑦ 当年即裁撤京师汉军八旗内由开户人丁编设的佐领 4.5个。⑧ 据不完全统计,出旗为民仅占籍顺天府之宛平、大兴、昌平、房山、密云、三河、宝坻、武清、东安等州县者约计 4 000 丁,⑨2 万口。当然,当时京师汉军八旗出旗为民者远非此数。因为出旗为民者并非仅仅可以占籍于京郊各州县。

除上述"本身田产,并准其带往"的政策之外,占籍为民者还享受"永不加赋"的待遇。⑩ 这些政策对于动员京师汉军旗人改归民籍,无疑具有很大的推动作用。

因此,清代中期,主要是乾隆时期的京师汉军兵丁出旗为民,成为当时政府解决汉

---

① 《清仁宗实录》卷 261 嘉庆十七年九月甲午。
② 《清宣宗实录》卷 153 道光九年三月癸卯。按实际迁移京旗不足千户。
③ 《清宣宗实录》卷 53 道光三年六月乙未;卷 66 道光四年三月戊子。
④ 《清宣宗实录》卷 53 道光三年六月乙未。
⑤ 辽宁《清史简编》编写组:《清史简编》,辽宁人民出版社,1980 年,第 147 页。
⑥ 嘉庆《八旗通志》卷 36《兵制志》,嘉庆元年武英殿刻本。
⑦ 光绪《大清会典事例》卷 1118《八旗都统·田宅》。
⑧ 嘉庆《八旗通志》卷 25 至卷 29《旗分志》,嘉庆元年武英殿刻本。
⑨ 光绪《顺天府志》卷 51《食货三》,光绪十至十二年刻本。
⑩ 光绪《顺天府志》卷 51《食货三》,光绪十至十二年刻本。

军旗人生计、减轻国家经济负担,将京师汉军八旗人丁户口散处各州县的又一项重要措施。其效果与屯垦相伯仲。

(5) 增加外任旗员、挑用绿营兵缺

清代,八旗人口与汉族人口比,相差十分悬殊。但由于八旗所处的特殊地位,在京官员及外任大员的任用,常常是两者平分秋色。惟外任一般文武职官比汉人少。乾隆七年(公元 1742 年)乾隆帝指出:"从前,满洲之未用府、县者,因人数不多,仅足敷京员之用;今教养已及百年,人才数倍于前,登用之途,因而壅滞"。故除京官及督抚大吏外,开始任用满族为道府州县官员。① 自乾隆二十四年(公元 1759 年)二月始,"因生齿日繁,故将外任文武员缺,酌量简用旗员"②。此后,旗员外任增加了多少,因限于资料缺乏,无从稽考。但至乾隆后期,直隶、山西沿边张家口协、独石口协、杀虎口协各副将,各路、营之参将、游击、都司、守备俱以旗员外用。③ 由此可见,旗员外任随着京师旗下人口的增长的确大大增多了。

京师八旗丁壮补用绿营,始自雍正三年(公元 1725 年)。当时仅选取了 380 名旗下人丁充补绿营,④数量实少。至乾隆中期,京师八旗人丁补用绿营的人数大为增加。乾隆四十六年(公元 1781 年)京师巡捕营所增添的 4 900 名兵额,即全部由京师汉军旗下马甲、闲散充补,⑤銮仪卫中的民卫、校卫由内务府三旗闲散丁壮挑补者亦不断增加。⑥清初,绿营兵,包括京师巡捕营兵本是募于民间,招募汉人组成的军队。⑦ 銮仪卫中的民卫亦由五城及大、宛等县民人选充。⑧ 至清代中期,巡捕营兵以及銮仪卫来源的重大改变,正是旗下丁壮滋盛繁衍的标志,也深刻地反映了清政府为旗下人口谋取生计的苦心。

以上种种措施,互有区别,各具特点;实施的结果,前后自京师内城迁出旗下兵丁至少 55 000 人,人口至少 25 万(图 8—2)。总体看,这些措施在解决清代中期京师八旗兵丁及闲散人口政府"无余财给之,京师亦无余地处之"的问题方面,发挥了积极作用,产生了良好效果。经过疏散,在当时即产生过在京满洲旗仆挑取钱粮已觉容易的结果,⑨而且得裁养育兵 3 000 余名也在这个时期。毋庸讳言,在当时的历史条件下,这些措施的制定和实施,应该是成功的创举。

---

① 《清高宗实录》卷 177 乾隆七年十月壬子。
② 钦定《中枢政考》(清乾隆至嘉庆年间)卷 2《铨政》,清抄本。
③ 钦定《中枢政考》(清乾隆至嘉庆年间)卷 1《营制》,清抄本。
④ 光绪《大清会典事例》卷 1201《内务府·营制》,光绪三十四年上海商务印书馆刻本。
⑤ 《清朝文献通考》卷 181《兵三》,上海商务印书馆,民国二十五年。
⑥ 光绪《大清会典事例》卷 1090《顺天府·职掌》,光绪三十四年上海商务印书馆刻本。
⑦ 乾隆《大清会典》卷 67《武库清吏司》,乾隆二十九年武英殿刻本。
⑧ [清]嵇璜:《皇朝通典》卷 30《职官八》,光绪八年浙江书局刻本。
⑨ 嘉庆《八旗通志》卷 35《兵制志》,嘉庆元年武英殿刻本。

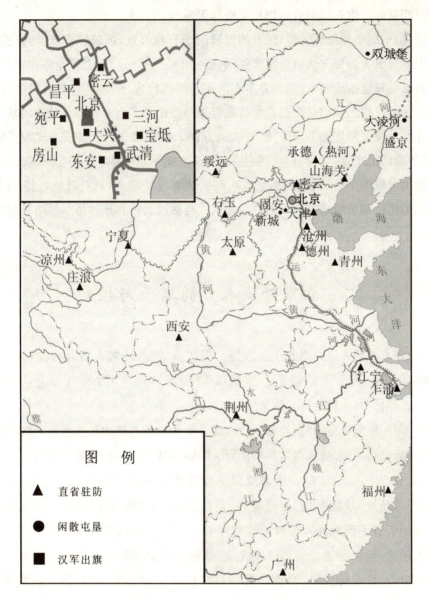

图 8—2　清政府疏散京师八旗官兵及眷属于各地形势

　　后期,即道光末年至清末,京师八旗人口较中期大为减少。究其原因,首先在于清代中期政府采取的上述种种措施,迁移旗下兵丁人口 25 万于各地,从而大大减小京师内城人口的基数。无疑这对京师后期人口的自然增殖带来了消极的影响。其次,这一时期内忧外患,用兵连年是造成京师八旗人口锐减的重要原因。据光绪年间(公元 1875～1908 年)京师八旗 56 个佐领的户口册统计,在 5 020 户旗人中,竟有 1 540 户四孤,占总户数的 30.6%。而四孤中间,尤以老年寡居者为绝大多数。因此,咸丰以来战争不仅使京师八旗兵丁壮年人口直接受到损失,而且影响着旗下人口的自然增殖。显然这一时期京师八旗人口的自然增长是极其缓慢的。

同时,由于战争和巨额赔款,国家的财政困难日趋严重,政府经费支绌,窘迫万端。凡清代中期对旗人的所有优恤至咸丰年间(公元 1851～1861 年)几乎全部中辍了,且官兵正项钱粮也只能按成领取,故自养多不能足。加以旗人不善谋生,多娱目前,遂至生计日艰。京师八旗人口的贫困化迫使清政府进一步松弛了对京师旗人从业的禁锢,"八旗准出外贸易及在外寄籍",①且"准与该地方民人互相嫁娶"。② 对京师旗人"弛宽其禁,俾得各习四民之业,以资其生"的结果,不仅改变了京师旗人"不士、不农、不工、不商",依赖国家粮饷生活的状况,而且也达到了疏散内城旗人,减轻政府经济压力的目的。因此清代后期京师八旗人口的减少是旗人自然增长低和迁移呈负值增长双重原因造成的。

二、北京外城人口的增长与控制

清代,北京外城人口的增长十分缓慢。据初步研究,外城人口,清初约为 14 万余人,乾隆末年约为 19 万人;③据统计,宣统二年(公元 1910 年)为 30.4 万人。从外城人口增长的过程看,其大约经历了两个阶段:

前期,即清初至乾隆年间,外城人口的增长依赖城市人口的自然增殖,增长率极低。这一时期,清政府为"肃清辇毂",严格实行了限制外城人口机械增长的政策。

(1)严禁流民占籍京师。所谓流民是指破产后谋生于京城的直省人口。在清代,由于民族压迫,京畿圈地,土地兼并,自然灾害等原因,破产农民不断增加,因而有大量破产人口不断地涌入京师,④谋取生计。对这些贫病交加的流离人口,清政府视为极大危险,横加摒逐。清初即议准,京师有无业游民即逮回原籍。至雍正初年,政府又重申,就食京师流民,清查口数,资送回籍。⑤ 此后又议定,若闲散游荡,立宜摒逐。唯候补、候选之人,读书之人,贸易生理之人,方可听其在北京居住。⑥ 驱逐流迁于京师的所谓无业游民遂成为清政府的长期政策。尽管清政府以"肃清辇毂"为旗号,实际上是限制直省汉人在京师生聚,限制外城人口的机械增长。而可以在京

---

① 《清朝续文献通考》卷 26《户口二》,上海商务印书馆,民国二十五年。
② 《清朝续文献通考》卷 26《户口二》,上海商务印书馆,民国二十五年。
③ 据《中国历代户口、田地、田赋统计》甲表 86 所载清末外城人口数及《大中华京师地理志》记录的人口资料等推算。
④ [清]周祚显:《驱游惰以归本业疏》,琴川居士编《皇清奏议》卷 24,民国二十五年石印本。
⑤ 《清世宗实录》卷 5,雍正元年三月丁酉。
⑥ 光绪《大清会典事例》卷 1038《都察院·五城》,光绪三十四年上海商务印书馆刻本。

师居留之侯官、就读、商旅不仅人数少,且鲜有常居者,不会成为当时城市人口机械增长的明显因素。直省人民不得入居京师,便滞留、占籍于大、宛二县。所谓"顺天大、宛两县,土著甚少,各省人民来京,居住稍久,遂尔占籍",①就是指此。可见当时政府禁止直省人民占籍北京的政策,一方面限制了外城人口的机械增长,另一方面却加速了大、宛二县人口的机械增长。

(2) 限制致仕官员及胥吏寄籍京城。清代"定制,汉员皆侨寓南城外"。② 而免职之后,则规定限期离京。康熙二十九年(公元 1690 年)定,凡京官革职、休致、解任,严催起程。后虽议准,除革职提问官,照例勒限回籍外,其解任、休致、丁忧等官,听其自便。③ 但事实上,年老致仕者,虽"优赉有加",亦护送回籍。④ 因而汉官休致、解任亦少有留居京师者。即使留居京师,也多占籍大、宛等县。故至乾隆年间,"大、宛等县,多士云集,土著寄居,不免参杂"。⑤ 可见,即使在乾隆盛世,休致官员寄籍京师者亦为罕见。至于各部院衙门的书吏,五年役满考职后,即严催回籍,若潜匿京城或私自来京,均要问罪,⑥遂成为一代制度。这些政策的制定虽多出于"政治"原因,但也明显地阻滞了京师外城人口的机械增长。

后期,乾隆中期之后直到清末,随着清政府限制直省人口占籍京师这一政策的改变,外城人口的机械增长有所提高。

乾隆初年,乾隆帝即曾指出,流民资送势亦有所难行,不如听其自为觅食谋生。⑦ 清政府对资送流民回籍问题的认识发生了变化。至咸丰时期,据《清文宗圣训》载:"流民中谋生者,多系故土并无田庐依倚之人,而必抑令复还,即还其故乡,仍一无业之人耳"。其实,自嘉庆、道光两朝以迄同治、光绪时期,政府均曾三令五申编审京师保甲,然不再指称资送、摒逐流民了。于此可以推断,自乾隆中期开始,即逐步放松了对流民的追逐,也就造成了流民谋取职业,占籍北京外城的机会。当时除京畿的移民之外,来自山东、山西,以至南京等地的谋生者颇多。⑧ 因此,自乾隆中期之后,随着清政府限制政策的变化,机械移入北京外城的直省人口逐渐增多起来,到清末才得以达到 30 余万人。

① 《清高宗实录》卷 1037,乾隆四十二年七月己丑。
② [清]昭梿:《啸亭续录》卷 1《赐宅》,进步书局,民国年间。
③ 光绪《大清会典事例》卷 1038《都察院·五城》,光绪三十四年上海商务印书馆刻本。
④ 《清史稿》卷 11《圣祖纪》,中华书局本。
⑤ 《清高宗实录》卷 1042,乾隆四十二年十月乙未。
⑥ 光绪《大清会典事例》卷 1038《都察院·五城》,光绪三十四年上海商务印书馆刻本。
⑦ [清]王先谦:《东华录全编》乾隆二十七卷,乾隆十三年五月,光绪二十五年石印本。
⑧ 夏仁虎:《旧京琐记》卷 9《市肆》,辽宁教育出版社,1998 年。

三、清政府京师人口政策的原因

综上所述,清政府对北京内、外城人口及在各阶段实行的人口政策具有极大的差异,但在康、乾时期同时实行了迁移内城人口于各地、限制直省人口迁居外城的政策,从而成功地控制了北京城市人口的增长。当然,在当时的历史条件下并不存在人口控制的理论和方法,更谈不到限制人口的自然增长,故当时政府所能实行的唯有调节人口的机械增长——外迁与限制内迁,这正是清代北京城市人口增长缓慢的主要原因。因而这些政策及其实施都是成功的。如果偏废其中之一,即仅仅限制直省人口移居外城,或者仅仅迁移内城人口于各地,显然不会产生如此明显的效果。

应该指出,在限制内城人口增长的同时,清政府规定,"外任旗员子弟年至十八岁以上例应来京",[①]"选充执事人"。[②] 长期实行这一必然会给内城人口增长以影响的政策,表现了清政府在控制城市人口增长方面的灵活态度。

1. 直接原因

清政府之所以同时采取上述两项限制北京城市人口增长的政策和措施,其直接原因在于当时城市人口的迅速增长带来的种种社会问题。

（1）闲散旗人的增加,首先给京城的社会秩序带来了不良影响。闲散人口的大量存在往往是社会不安宁的重要因素。到清代中期,八旗"佐领丁壮虽增,而兵额不增",[③]造成旗下闲散丁壮的大量出现。当时闲散宗室"饱食终日,毫无所事……好为不法之事,累见奏牍"。[④] 闲散宗室觉罗甚至"潜住外城,滋生事端"。[⑤] 而一般的闲散旗人,其"中年可造之材,或闲散坐废,甚或血气方刚,游荡滋事"。[⑥] 尽管缺乏旗下兵丁,尤其是闲散人丁具体犯罪事实的统计资料,但从这些看来笼统的记载也可以想见八旗闲散人口当日那种优游自得,百无聊赖,为非作歹的情态。

（2）随着旗下人口的增加,内城住房日益紧张,房屋租价愈益昂贵。清政府定鼎北京之后,赏给官员兵丁的住房均有定例。一般披甲人分配住房二间。顺治十六年(公元1659年)始官员住房酌减,披甲之人亦各改赏一间,居住面积减少了一半。至康熙二十二年(公元1683年),政府又不得不将在外地驻防兵丁在京的房屋撤出,重新分配。凡

---

① 乾隆《钦定旗务则例》卷9《公式》,故宫珍本丛刊。

② 乾隆《大清会典》卷97《八旗都统·优恤》,清乾隆二十九年武英殿刻本。

③ ［清］魏源:《圣武记》卷11《附录·武事余记》,中华书局,1984年。

④ ［清］昭梿:《啸亭续录》卷4《宗室积习》,进步书局,民国年间。

⑤ 光绪《大清会典事例》卷6《宗人府·优恤》,光绪三十四年上海商务印书馆刻本。

⑥ 《清仁宗实录》卷256,嘉庆十七年四月甲辰。

此种种措施仍不奏效。至三十四年（公元1695年）又有7 000余名穷乏兵丁租屋以居，节省所食钱粮，以偿房租。① 康熙末年，"八旗兵丁愈多，住房更觉难容"。② 在几经建房赏住，并增加驻防之后，至乾隆初年，依然存在八旗无业穷人，居无定宅的现象。随着租赁房屋居住的兵丁增多，到乾隆四十六年（公元1781年）京城八旗满洲、蒙古、汉军人丁因城内房租昂贵，移往各自坟地居住或房租价贱的城外居住者渐多，且以汉军人等尤多。③ 由于内城房价不断上涨，导致了旗人自发迁离内城，"居乡者甚多"④的局面。至嘉庆初，甚至出现了身为宗室觉罗，也栖身无所者。⑤ 旗下住房日趋紧张，虽与达官贵族的兼并有关，但与旗下人口的大量增加也有直接关系。因为这毕竟是与旗下人口的增长同步发生的事实。

　　（3）随着北京内、外城人口的增加，物价上涨。物价上涨是一个十分复杂的问题，但与人口需求的多寡关系很大。这就是"生齿日繁，在京八旗及各省人民滋生繁衍，而地不加广，此民用所以难充"，⑥"用物广而需值日增"⑦的道理。以粮价为例，康熙四十八年（公元1709年）人口集中的京师，米一石需银一两三钱，小麦一石需银一两八钱，而口外秫米一石值银二钱，小米一石不过值银三钱。因此，京师米来自口外者甚多，京师米价之贵，盖因人民繁庶之故。⑧ 当时的京师"八旗生齿日繁，则马甲粮额有定，不以人众而增饷"，"一甲之丁，积久而为数十丁，数百丁，非复一甲之粮所能赡"。⑨ 乾隆初年，京师八旗闲散人丁即达数万人，⑩其中除挑补有米养育兵者外，并无固定的俸米收入。这一部分人丁连同其眷属生活所需粮米，只能购买于市场米局。故旗下闲散人口的增加是京师米价升高的原因之一。同时，大量流民的经常存在，也是京师米价升高的原因。尤至乾隆末年，由于城市人口的增加，致使京师内外米价昂贵，清政府除严禁米铺囤积涨价之外，又不断自外地采买粮米运京，并发仓米平粜。⑪ 尽管如此，收效并不大。

　　面对这些实际问题，清政府在中期实行双重政策，以控制北京城市人口的增长带有必然性。尽管在限制直省人口移居京师的时候一再宣称称"肃清辇毂"，"厘剔奸宄"云云。

① 乾隆《八旗通志》卷23《旗分志》，乾隆四年内府刻本。
② 乾隆《八旗通志》卷24《旗分志》，乾隆四年内府刻本。
③ 嘉庆《八旗通志》卷81《典礼志》，嘉庆元年武英殿刻本。
④ 乾隆《八旗通志》卷7《旗分志》，乾隆四年内府刻本。
⑤ 嘉庆《八旗通志》卷113《营建志》，嘉庆元年武英殿刻本。
⑥ 《清高宗实录》卷3，雍正十三年九月壬戌。
⑦ 《清高宗实录》卷919，乾隆三十七年十月癸未。
⑧ 《清圣祖实录》卷240，康熙四十八年十一月庚寅。
⑨ ［清］魏源：《圣武记》卷11《附录·武事余记》，中华书局，1984年。
⑩ ［清］梁诗正：《敬筹八旗变通之法疏》，琴川居士编《皇清奏议》卷37，民国二十五年石印本。
⑪ 《清高宗实录》卷1280，乾隆五十二年五月壬申。

2. 基本原因

在分析了清政府京师人口政策的直接原因之后,似乎还应该指出实施这一政策的基本原因。研究认为,社会经济因素是限制清代北京城市人口增长的决定因素,也是清政府实施上述人口政策的基本原因。清代北京作为封建国家政治中心的城市职能决定了其纯粹消费城市的性质。占城市人口 2/3 以上的八旗人口,系依赖国家粮饷生活的纯消费者。八旗人口不断增加,而"国家经费有常……各旗闲散人等,为额缺所限,不获挑食名粮"①者众多,生计拮据,以致栖身无所者,时有发生,迫使清政府实施了疏散京师八旗人口的政策,或派驻郊区,或增加驻防,或组织屯垦,或汉军出旗、占籍州县,这自然在某种程度上阻滞了城市人口的增长。

作为政治中心,这里不仅壅塞了皇族、国戚,而且集中了大批政府官员、胥吏、文人学士,包括八旗在内的军队等。这些消费者的集中和存在,在一定程度上刺激了外城商业和服务业的发展,以及城市人口的增加。清代外城人口的职业构成已无法确指,但据民国元年《内务统计》对外城居民的职业统计,属于第一产业的农、渔业就业人口为 4 915 人,属于第二产业的工业、采矿业就业人口为 18 624 人,属于第三产业的商业、服务、文化卫生教育的就业人口为 87 155 人,其中商业就业人口为 67 423 人。其他各业的就业人口为 63 416 人。其他各业虽未确指何业,但从当时城市的职业分类和城市职能看,肯定不是第二产业,亦非第一产业,而归入第三产业应是合理的。这样在有业人口中第三产业的人口达 150 571 人,占当时有业人口的 86.5%。而第二产业就业人口仅占 10.7%,第一产业就业人口仅占 2.8%。相比之下,大概可以判定,外城的确是一个满足北京城市消费者需要的商业服务区。城市的大量生活必需品并非本地生产,而是"城外"输入的。其实当时的所谓工业,绝大多数亦是加工手工艺品,直接满足内、外城消费者需要的手工业,因此生产能力有限。而众多的无业者,自然是依附于前述职业人口生活的消费者。由此可见,清代的北京是一个靠着有利的交通条件,依赖广大的城市腹地供应城市人口消费的粮食、农副产品,以及绝大部分手工业产品,而不向腹地农村提供产品的寄生性消费城市,而生活消费额相当庞大的宫室、王府等又有自己的一套供给与消费制度,从另一方面限制了京师手工业和商业经济的扩大与发展。

总之,清代北京城市的纯消费性质,造就了当时城市一定的经济形态。这种经济形态没有吸引更多资本的可能性,没有吸引工业生产扩大的动力,也就没有提供更多就业机会的能力,故城市负载人口的能力有限。因此以封建社会根深蒂固的自然经济为背景的这种城市经济形态,从根本上限制了自身人口增长。这也正是清政府多方控制城市人口增长的症结所在。

---

① 《清仁宗实录》卷 256,嘉庆十七年四月甲辰。

第九章　北京对周边地区的粮食依赖

自贞元元年(天德五年,公元1153年)金海陵王迁都中都,北京就开始了它作为国都的历史。中央政府及其隶属机构的高度集中导致国都城市各种服务人口的高度密集。人是生产者,又是消费者。人作为消费者,需要一定的生活资料维持自身的生存和发展。在各种生活资料中,粮食是一切问题的基础。对具有一定人口规模的国都城市来讲,粮食的地位尤为重要,因此人"一日不食则饥,三日则疾,七日则死,有则百姓安,无则天下乱"。[①] 建都于北京,而财赋之区在东南的历代王朝,为解决国都众多城市人口的粮食供给,除开发与发展京畿农业之外,进行区际间粮食的调配与运输成为不可回避的重要决策。输入北京的巨额粮食,除用于皇粮、官俸、兵饷及匠吏工食外,还大量用于城市市场平粜、贫民赈济与近畿州县救灾等,因而有效地稳定了城市社会生活,保障了城市社会秩序的安定。但每当王朝末季外部粮食输入发生困难甚至运道中阻之后,城市粮食供需矛盾急剧恶化,便直接导致城市人口的饥疫与流离,危及社会的稳定乃至政权的存在。总之,封建时代国都城市粮食供需过程及其演变,从正反两个方面揭示了北京与周边地区粮食的密切供求关系。

一、城市人口的增长与粮食供需矛盾的突出

金贞元元年(公元1153年),海陵王迁都燕京,改名中都,北京遂成为王朝都城。之后又有元、明、清相继建都,使封建王朝建都北京的历史长达六七百年。历代王朝的中央政府各机构,尤其是庞大的军事保卫系统和移民实京师的政策,均曾使北京城市人口规模在短期内激剧膨胀。金朝自上京会宁府迁都于中都,首先是将全部中央机构迁入中都。按正隆(公元1156～1161年)官制,中央政府及中都地方官吏总计3 200余员名。海陵王迁都之前中央政府及上京城市官吏虽无法确切统计,但三千余员名上下应无问题。除将这些官员及其眷属迁入中都外,还将宗室及部分猛安谋克军户迁入中都,

---

① 《元史》卷170《尚书传》,中华书局本。

"以蕃卫京国"。① 为此,金朝政府曾"以京城隙地赐朝官及卫士",②使安居京师。按《金史·百官志》,大定初中都宗室共 120 户,至二十三年(公元 1183 年),宗室已增加到 170 户,982 口,奴婢 27 808 人。③ 此外,迁入中都城市的还有宫监户,即直接服务于金代帝王的奴婢户口。同时,金朝还实行了"凡四方之民欲居中都者,给复十年,以实京城"④的政策,鼓励各地士民移居中都。根据中都城市户口增长过程,金朝迁都之初的一二十年间迁入中都的各地士民约在 2 万户左右。中都城市居民至金章宗太和七年(公元 1207 年)增加到 6.2 万户,40 万人。⑤

元代,在燕京经过四十余年(蒙古国时期)的残破之后,至忽必烈即位,始议建都燕京,遂名中都,并于中都东北郊外创建新城。至元九年(公元 1272 年)改中都为大都,大都遂成为元朝国都。在确立燕京为中都并建设大都新城的过程中,即不断有大量人口迁入中都和大都,即所谓"迁居民以实之"。⑥ 当时迁入中都与大都的人口包括中央政府的官吏、军户、工匠、民户及其眷属等。还在忽必烈总理"漠南汉地军国庶事"⑦的时候,他即开始网罗中原人才,立图强谋国之志;在开平即帝位之后,"始采取故老诸儒之言,考求前代之典,立朝廷而建官府",⑧不断完善中央统治机构。至元三十一年(公元 1294 年),"在京食禄者万人",⑨食禄者当系指在京大小官府官吏而言,不包括军人及工匠等。按《元史·百官志》,仅中书省六部额设官吏即达 2 300 余人,若加以枢密院、御史台、都漕运使司、大司农司、都水监、翰林国史院、蒙古翰林院、国子监、国子学、宣政院、集贤院、宣徽院及大都地方行政机构留守司、总管府以下各种机构的官吏,共计万人是不成问题的。若迁都之初以半数计,自开平迁至中都的中央政府官吏即在 5 000 员名以上,显示了大都城市政治中心的职能。

迁都之初,迁入中都与大都的侍卫亲军(原武卫军)人数最多,先后设立了"四怯薛"(蒙古语的汉语音译,意为轮流值宿守卫),左、右、中、前、后五卫侍卫亲军及二十一卫亲军,在大都城市及其周围,"列置诸营,环拱京都"。⑩ 其中如至元二年(公元 1265 年),"选诸翼军富强才勇者万人,充侍卫亲军",⑪"增侍卫亲军一万人,内选女真军三千,高

①　《金史》卷 44《兵志》,中华书局本。
②　《金史》卷 5《海陵纪》,中华书局本。
③　《金史》卷 46《食货志》,中华书局本。
④　《金史》卷 83《张浩传》,中华书局本。
⑤　韩光辉:《北京历史人口地理》,北京大学出版社,1996 年。
⑥　[清]于敏中:《日下旧闻考》卷 3 余引《元一统志》,北京古籍出版社,1981 年。
⑦　《元史》卷 4《世祖纪》,中华书局本。
⑧　[元]苏天爵:《国朝文类》卷 40《经世大典序录·制官》,西湖书院刻本。
⑨　《元史》卷 18《成宗纪》,中华书局本。
⑩　[元]苏天爵:《滋溪文稿》卷 1《前卫新建三皇庙记》,明钞本。
⑪　《元史》卷 6《世祖纪》,中华书局本。

丽等三千,阿海三千,益都路一千",①至元十六年(公元 1279 年),"选南军精锐者二万人充侍卫军,并发其家赴京师,仍给行费钞万六千锭"②等,均系大量迁移各地官兵于大都的实例。

大量迁移各地工匠于中都和大都亦不乏实例。如至元二年(公元 1265 年),先"徙镇海、百八里、谦谦州诸色匠户于中都,给银万五千两为行费",又"徙奴怀,忒本带儿炮手人匠八百名赴中都,造船运粮";③十六年(公元 1279 年),"括两淮造回回炮新附军匠六百,及蒙古、回回、汉人、新附人能造炮者,俱至京师"④等等。大量工匠的内徙,被组织在大都留守司、中书工部及院、监、司、局所属有关机构中,从事官府手工业生产,以满足帝王及中央政府的需要。这些隶属于官府的官工匠总计在 2 万户以上。此外,迁入大都城市的还有其他户口,如至元十三年(公元 1276 年),以诸路贫乏儒户五百户隶太常寺,以儒生医卜六人,隶秘书监;⑤二十年(公元 1285 年)以盗贼"妻孥送京师以给鹰坊人等"⑥;二十二年(公元 1285 年),"徙江南乐工八百家于京师"⑦等。

总之,在忽必烈迁都中都并创建大都新城的过程中,即有大批官吏、军户、工匠及服务人口迁入中都及大都城市,使大都城市户口在短期内迅速膨胀。据《北京历史人口地理》,大都(中都)城市由中统五年(公元 1264 年)的 4 万户,增加到至元八年(公元 1271 年)的 11.95 万户,又增加到至元十八年(公元 1281 年)的 21.95 万户,其中旧城 14 万户,新城 7.95 万户。自中统五年到至元八年的七年间,中都城市居民增加了 7.95 万户,年平均增加 1.12 万户;自至元八年至十八年的十年间又增加了 10 万户,年平均增加 1 万户。由此可见,忽必烈时期大都城市户口增长是相当惊人的。中期之后,大都城市居民略有减少,至顺元年(公元 1330 年)到至正九年(公元 1349 年),新、旧二城各 10 万户,共 20 万户,总人口仍在 80 万以上。

在经过了明初的户口减耗及洪武初年移民屯居的户口恢复与发展之后,又经靖难之役的破坏,直至永乐迁都北京之前,城市户口稀少,经济亦甚萧条。迁都之初及建都北京的过程中,永乐又大量迁移朝官、京卫、工匠及民户于北京,形成移民实京师的新高潮。

永乐迁都,除迁入了中央政府诸衙署的官吏并在完善中央政府的机构中不断增设官吏外,首先是"在南(京)诸卫多北调"。⑧据《明史·兵志》,南京京卫调或分调北京达

① 《元史》卷 99《兵志》,中华书局本。
② 《元史》卷 10《世祖纪》,中华书局本。
③ 《元史》卷 6《世祖纪》,中华书局本。
④ 《元史》卷 10《世祖纪》,中华书局本。
⑤ 《元史》卷 9《世祖纪》,中华书局本。
⑥ 《元史》卷 12《世祖纪》,中华书局本。
⑦ 《元史》卷 13《世祖纪》,中华书局本。
⑧ 《明史》卷 90《兵志》,中华书局本。

41卫1所。宣德中，又以逃回军人组建腾骧四卫，即四卫营，形成京卫云集局面。按卫所编制，永乐至宣德迁入与组建京卫官兵多达26万余人。其次是迁入了大量工匠民户。如永乐元年（公元1403年），迁移苏州、浙江等地富民3 800户于北京；永乐二年（公元1404年）迁山西民人1万户于北京；永乐十八年（公元1420年），迁移南京吏民工匠27 000户于北京等。官吏、军队、匠户的大量迁入使北京各类公职人员大量增加，宣宗即位，依例赏赐即达30余万人。[①] 同时，迁都之初明朝政府实行的抑税置店、招商聚货政策，刺激了北京城市手工业商业的发展，吸引了工商业者的迁居，因而至明代中后期，北京城市已拥有各种工商店铺39 800余家。北京居民五方杂处，连同附近州县，"地多卫官、陵户、皇庄、戚畹、戍守诸人所托处，其土著之民仅（十之）三四耳"。[②] 北京户口极盛时期的正统末年总计达90余万人，成为北京历史上人口最为繁剧的时期之一。至天启初，明朝政府进行北京城市保甲户口编审，五城共有编户151 190户，[③]若按户量5口计，城市居民75.6万人。

明末的饥疫，尤其朝代更替的战乱使北京城市户口至清初大为耗减。清王朝定都北京，遂有大量八旗户口自关外移住到北京城，弥补了明末北京城市户口的大量损失。按照《八旗通志》与《大清会典事例》的记载，八旗入关迁居北京时共有佐领含管领660.5个，根据当时每佐领编设壮丁数及当时八旗丁口比推算，入关时八旗官兵共17万余丁，58万人；出征南下的官兵外，居于北京者约40万人。在镇压三藩的过程中又不断有满蒙官兵自满蒙各地调入京师，[④]以补充因战争减员而导致的人丁稀少局面。是时调入京师的满蒙官兵达8 600余名，新编佐领40余个。平定三藩之后，奉调进京的汉军官兵达1.6万余名，编设京师汉军八旗佐领98个。在旗下官兵大量迁入之后，康熙、雍正、乾隆时期，京师八旗人口在安定的社会环境、优厚的物质待遇共同作用下，户口迅速增殖起来，并形成了政府"无余财给之，京师亦无余处之"的严重人口问题，因而迫使清政府采取了设置养育兵、养赡闲散，建房城外八旗官兵携眷驻防，增加直省驻防，派闲散旗人屯垦东北，动员汉军旗人出旗为民等疏散京旗户口政策，取得了控制北京八旗人口规模的良好社会效果。即使如此，雍正、乾隆时期京师八旗官兵丁壮还在19万人上下，总人口50余万人。

清代中央政府各衙门设官实行双轨制、满汉并列，机构庞大，官吏众多；兼王公宗室及京师八旗聚居京师，构成庞大的消费人口集团。他们除享受俸银之外，还享有禄米与甲米，每年共计300余万石。除文武百官、贵族勋戚、八旗官兵等享有禄米和甲米的公

---

① 《明宣宗实录》卷3，洪熙元年七月辛巳。
② 康熙《昌平州志》卷6《赋役志·户口》，康熙十二年澹然堂刻本。
③ 《明熹宗实录》卷9天启元年四月丁亥。
④ 《清圣祖实录》卷52康熙十四年正月壬午；卷53康熙十四年二月丙申；卷56康熙十四年七月丙申。

职人口及其养赡的眷口之外,还有生聚于外城的城市居民,包括满族圈占北京内城之后,被驱赶到外城居住的汉人、商人、汉官等。除汉族官吏食禄米外,其余人口则依赖商人贩卖或禄米进入城市米市的调剂买卖,广大城市贫民还经常依赖政府的赈济。清初,外城人口大约15万人,乾隆中增加到23万余人,光绪中则已增加到30万人。因此,北京外城同样是一个庞大的消费粮食市场。到宣统二年(公元1910年)北京城市共计136 708户,785 442口。[①]

王朝时期,北京城市皇室贵族、文武百官、军人吏士、工匠铺户及其所属人口共同构成了一个庞大的消费粮食的人口集团,而且这个人口集团伴随北京国都地位的确立规模不断扩大,对粮食的需求自然也相应扩大和迫切。

二、王朝时期粮食供给措施

历代王朝为解决北京粮食供应均采取了两大措施:一是远距离输入各地粮食,二是发展京畿农业。前者主要供应皇室贵族、官吏、军人、工匠,并用以赈济贫民;后者则主要供应城市平民。

各朝代的重农政策,均推动了京郊农业的发展。如金太宗灭北宋后,谓"苟不务本业而抑游手,欲上下皆足,其可得乎",因而"令所在长吏督劝农功"[②]。金世宗时对京郊农业发展更加重视,措施有:①招抚流移,鼓励耕垦,推行区种,改进工具;②开辟水田,发展稻作;③禁杀耕牛;④专设捕蝗官;⑤减免租税。元代,世祖专门设立中央机构司农司,全国置十道劝农司;乡村立社长,专为劝农,推广农业技术,改进农具,兴修水利。至元十年(公元1273年)由司农司奉敕撰《农桑辑要》,二十三年诏颁诸路。全书主要内容为耕垦、播种、栽桑、养蚕、瓜菜、果实、竹木、药草、孳畜等,征引前人农书达16种,是一部全面推广农业技术的官修农书。此书六十年间,先后出版印刷六次[③],至仁宗皇庆中私修《农书》与《农桑衣食撮要》亦相继刊行。三农书都提倡改进生产工具,其中大都地区有铁制农具达数十种。兴修水利,中央设都水监,外设河渠司。为打通大都城市对外水上通路,至元二十年后,先后凿通济、会通、通惠等运河河段,使漕船直达大都城内积水潭。浑河在京郊水利建设过程中亦有整治。

---

① 内务部统计科编制《内务统计人口之部》第1编《京师》,民国元年。
② 《辽史》卷39《地理志》,中华书局本。
③ 师道刚:"从三部农书看元朝农业生产",《山西大学学报》,1979年第3期。

　　明洪武初实行军屯、民屯等发展农业生产的措施。军屯,"官给牛种,各卫分拨军士,开垦荒田",①彭城等 14 卫在北平府属十几州县创置军屯即达 342 处。民屯则以110 户为一屯,洪武初年移屯北平地区的各地民户至少在 8 万户以上,②各州县户口均大幅度增长,耕地面积迅速扩大,北平府耕地由洪武二年(公元 1369 年)780 余顷增加到洪武八年(公元 1375 年)29 014 顷。③ 永乐间屯田规模进一步扩大,首先将靖难 48万精兵分置 72 卫,于顺天府各州县屯居。④ 军屯范围扩大,如密云县军屯由 8 处增加到 35 处。⑤ 民屯在北京地区继续存在并得到推广。除迁移江浙富户 3 800 户"充北京宛、大二县厢长,附籍京师"⑥外,还迁移山东、山西州县平民屯种北京州县。正统之后军屯渐弛,但京郊农业仍受到重视,如土木之变后景帝命在京郊举廉能,专司劝农,授民荒田,贷牛种;宪宗减民赋,添设顺天府州县劝农官;世宗清丈土地,均平赋役;穆宗许俺答封贡,万历初全面推行一条鞭法等。以上措施都对京郊农业发展起到了促进作用。

　　清朝入关之初,为恢复京郊农业,劝民复业,鼓励耕种,用以扩大耕地面积。康熙间针对圈地对京畿民间农业经济产生的严重影响,废止圈地后,顺天府新增、退出、开垦并清查民地共计 28 475 顷,其中新增开垦地约占三分之一,近万顷,为顺治中新垦地的 7倍多。康雍之际又实行新的赋税政策,规定"盛世滋丁,永不加赋","摊丁入亩";并兴修水利,推广稻作。至雍正时,仅顺天府所属州县稻田已增加到 13.3 万亩,"中熟之岁,亩出谷五石,为米二石五斗,凡三十万二千五百石",⑦收获不少。

　　历代京郊农业的发展和粮食生产的增长基本上满足了京畿农业人口的需求,稳定了州县人民生活秩序,还为北京城市提供了一定数量的粮食和农牧产品,丰富了城市粮食消费市场和供给。但仅靠京郊农业,远远无法满足京师庞大人口集团的粮食消费,这只有依靠大量调运外地粮食入京。

　　金代,其统治区限于中国北部,粮食供应区主要是山东、河南、河北等地。海陵王迁都之初,即设置了都转运使司,进行粮食征收与调剂,以保障中都城市的粮食供应。水路交通设施有了改进,在高粱河、白莲潭诸水置闸,修筑闸河,"以通山东、河北之粟"。但由于"通州而上,地峻而水不留,其势易浅,舟胶不行",⑧船只难以通过,故自通州至中都五十里常行陆輓。大定初,金政府实行纳粟补官和卖放度牒等筹粮措施之外,在山

① 《永乐大典》卷 3587《屯》,中华书局,1986 年。
② 《明太祖实录》卷 62 洪武四年三月己巳;卷 66 洪武四年六月戊申;卷 75 洪武五年七月戊辰。
③ 永乐《顺天府志》(残本)卷 8《田粮》,光绪间江阴缪氏艺风堂抄本。
④ [清]孙承泽:《春明梦余录》卷 36《户部·田土》,上海古籍出版社,1993 年。
⑤ 雍正《密云县志》卷 2《村庄》,雍正刻本。
⑥ 《明史》卷 77《食货志》,中华书局本。
⑦ 光绪《顺天府志》卷 48《河渠志》,光绪十至十二年刻本。
⑧ 《金史》卷 27《河渠志》,中华书局本。

东广行籴谷,得粟 45 万石;至大定二十一年(公元 1181 年)漕至通州和京师的山东恩献等六州粟已达 100 余万石。① 大安初,又"诏运大名粟,由御河抵通州"。② 粟之外,漕粮还有麦豆等。如《金史·河渠志》记载,承安中,漕边河仓州县,折纳菽 20 万石入京师,"仍漕麦十万石"。商旅贩运也是金代京师粮食的重要补充渠道,其数量之大可以影响京师市场粮食价格,"中都路去岁不熟,今其价稍减者,以商旅贩运继为故也"。③

元代,忽必烈统一中国,江南富庶的产粮区开始成为大都粮食主要来源地。交通运输方式也随着大都城市人口的膨胀有所改变。组织形式则有官府漕运、商人贩运等。在至元十二年(公元 1275 年),河运江南粮之前,其粮食来源仍金朝旧制,从山东、河北一带输入;至元十三年(公元 1276 年)克南宋临安后,始议开通运河,河运江南粮。至元二十二年(公元 1285 年)前后,漕运京师的江淮米达到百万石。故《元史·河渠志》称"河运二千余里,漕公私物货,为利甚大"。因至元十八年(公元 1281 年)大都城市人口已达 88 万人,元政府为解决粮食紧缺问题,还开拓了海运新渠道。据《大元海运记》,当时"江南粮多,若运至京师,米价自贱",至元二十年海运成功,运达京师米 42 000 余石,至元二十五年(公元 1288 年)海运达一百万石,以后逐年递增,至大四年(公元 1311 年)达 277 万石,泰定三年(公元 1326 年)更增至 335 万石。

从组织形式来看,漕运主要是官府组织,初期以河运为主,后期海运成为大宗,主要从南方产粮区供给。同时,由于大都城市工商业繁荣,有相当数量的人口从市场交易中获取粮食,则主要由私人贩运供给。据《元史·崔彧传》,"大都民食唯仰客籴,顷缘官括商船载递诸物,致贩鬻者少,米价翔涌",可见商运数量亦可影响大都粮价升降。麦子主要靠商运,"因附京地寒不可麦,而岁用不啻数千万斛,止仰御河上下商贩以资京畿"。④ 京师人口大量消费的杂粮同样依赖商贩。元政府一再申令,"以京师籴贵,禁有司拘顾商车",⑤"诸漕运官,辄拘括水陆舟车,阻滞商旅者禁之"。⑥ 可见商贩运粮规模较大,故政府以法律形式保障民间舟车的雇佣和商贩运粮之便。

明代永乐迁都之前,主要沿元代之旧,实行海运,每年供应北平粮食约数十万石。永乐四年(公元 1406 年)建北京,"转漕东南,水陆兼挽,仍元人之旧,参用海运",每岁运抵北京的粮米增至百万石。十三年(公元 1415 年)修会通河,海陆并罢。⑦ 初行河漕,每年运输粮米 200 万石。在北京人口极盛的宣德、正统间漕运达 400~500 万石。成化

---

① 《金史》卷 27《河渠志》,中华书局本。
② 《金史》卷 104《温迪罕达传》,中华书局本。
③ 《金史》卷 50《食货志》,中华书局本。
④ [元]王恽:《秋涧先生大全集》卷 86《议范阳种麦事状》,上海商务印书馆影印本,民国十八年。
⑤ 《元史》卷 15《世祖纪》,中华书局本。
⑥ 《元史》卷 103《刑法志》,中华书局本。
⑦ 《明史》卷 85《河渠志》,中华书局本。

八年(公元 1472 年)始以 400 万石为定额。

漕粮来源地区有南北之分。南方指南直隶(江苏、安徽)、浙江、江西、湖广(湖南、湖北),北方指山东、河南。之所以选择这些地方,一则是产粮区,二则是沿河或沿江,运输条件好。六省秋粮总数为 1 824 万石,作为漕粮北运的为 400 万石。其中南直隶漕粮占该省秋粮的 27.1%,湖广最少,占 10.8%。漕运省份不是各府县平均交纳,如浙江十一府只有杭、嘉、湖三府完纳。400 万石正漕中,南粮凡 3 244 400 石,占全部漕粮的 81%,而苏、松、常、镇(江)四府 1 201 950 石,杭、嘉、湖三府为 630 000 石,合计 1 831 950 石,占南粮的 56.46%,可见江浙承担了漕粮的大部分。需要指出的是,这些地方在明中后期由于商品经济的发展,农民往往购粮纳漕。这些商品粮多来自长江中上游的湖广、四川。正漕之外,政府还许令漕船"附载土宜,……孝宗时限十石,神宗时至六十石",[1]这是运军卫所军士私带的地方土产及各种生活用品,在限额内不交税。依漕船定额 11 770 计,每年附载京师的"土宜"由孝宗时的 11.77 万石,增至万历中的 70.62 万石,使京师农副产品供给多样化,是农产品商品化的表现,推动了商品经济的发展与繁荣。商贩运粮输入京师者少,主要是运往九边,中后期晋商等即因此崛起,加以明代倭寇骚扰沿海地区,海运受到限制。

清代,漕运沿袭明制,仍以 400 万石为定额。但漕额在历朝都不尽一致:顺治三年(公元 1646 年),实征 160 万石,不足定额。嘉庆前京通各仓储粮多,康熙六十年(公元 1721 年)计 5 829 507 石,雍正八年(公元 1730 年),达 14 963 385 石,乾隆后期仍在 1 000 余万石。咸丰后赣、鄂、湘、豫改征折色,咸丰二年漕 200 万石,三年后每年只有数十万石。漕运省份仍为山东、河南、江西、江苏、安徽、浙江、湖南、湖北。清初诸省所属地方交纳漕粮如表 9—1 所示。

表 9—1　清康熙年间各省正兑、改兑漕粮及耗米定额

省别	正兑(石)		改兑(石)		总计(石)
	正米	耗米	正米	耗米	
江南	1 500 000.00	972 200.00	294 400.00	85 485.00	2 852 085.00
浙江	600 000.00	456 000.00	30 000.00	12 600.00	1 098 600.00
江西	400 000.00	304 000.00	170 000.00	71 400.00	945 400.00
湖广	250 000.00	190 000.00			440 000.00
山东	280 000.00	114 800.00	95 600.00	16 252.00	506 652.00
河南	270 000.00	110 700.00	110 000.00	18 700.00	509 400.00
总计	3 300 000.00	2 147 700.00	700 000.00	204 437.00	6 352 137.00

资料来源:康熙《大清会典》卷 26。

---

① 《明史》卷 79《食货志》,中华书局本。

道光以前主要是漕运，之后恢复海运。①

漕粮仍以江浙地区为大宗。如顺治三年（公元1646年）起运漕粮至北京的江浙两省漕船1 429只，以每只载粮500石计，共计71 400余石，山东、河南、湖北不超过20万石。顺治四年（公元1647年）起运245万石，江浙约占80%，浙江漕额自顺治九年821 800石起，历年都在80～90万石左右，康熙五至八年甚至超过100万石。漕粮之外还有白米。清初江浙白粮正耗统计如表9—2所示。

表9—2　清初江浙白粮正耗统计

省别	白粮正米	耗米	春办米	总计
江苏	151 208.58	72 227.49	36 320.16	259 756.23
浙江	66 200.00	29 790.00	28 797.00	124 787.00
总计	217 408.58	102 017.49	65 117.16	384 543.23

商品粮作为漕粮的重要补充，亦源源输往京师。其来源有：运丁所带行月粮米，水手所带食水，也顺带到北方销售。② 其收入可补贴运丁。康熙四十一年（公元1702年）规定"抵通起卸后所余行月等米听其沿途买卖"，四十七年（公元1708年）"向来南粮余米俱准在通变卖，以资日用。现在各省粮艘陆续抵通，旗下于兑足正供之外，其所有多余米石情愿出售者，仍著加恩，准其就近于通州粜卖，于市价民食均有裨益"。③ 漕船携带土宜，明时最多60石，道光时增至180石，包括花生、蚕豆、烟茶、油类和桂饼、桂圆、蜜果、乌梅等干鲜果品及竹笋、木耳、干菌、茴香、胡椒、藕粉、生姜、皮蛋、腐乳、海带、紫菜、鲚鱼、火腿等各种副食品。这些都极大地丰富了京师的农副产品供给。商人贩运粮石，乾隆间已是"商贩船只，亦资利济"，④"向来南省各项商贾货船，运京售卖，俱由运河经行"。⑤ 天津城北门外是南北运河交汇处，明代以来"有杂粮店，商贾贩粮百万，资通京师"。⑥ 乾隆二十五年（公元1760年），"东省临清关，自二月初旬开坝以来，共验放过商船麦石8万余石，杂粮9万余石，俱径飞挽北上"。⑦

① 道光六年首次海运共1 510 707石（陶澍《陶云汀先生奏疏》卷14）；咸丰二年苏松常镇太五府行海运100万石。咸丰二年浙江亦行海运。
② 杨锡绂《漕运则例纂》卷16《通漕禁令》，清代各部院则例乾隆刻本。
③ 杨锡绂《漕运则例纂》卷16《通漕禁令》，清代各部院则例乾隆刻本。
④ 《清高宗实录》卷1403，乾隆五十七年闰四月丙申。
⑤ 《清高宗实录》卷1453，乾隆五十九年五月辛亥。
⑥ 天津文物管理处：《津门考古》卷22《天津城》，天津人民出版社，1982年。
⑦ 《清高宗实录》卷609乾隆二十五年三月戊辰。

　　商贩运粮比漕运灵活,来源地不限于漕运省份。康熙后期,江宁、苏州粮食已靠江西、湖广运米接济;雍正二年(公元 1724 年)王景灏奏:江浙食粮仰给于湖广,湖广仰四川。① 雍乾之际,湖广粮米又从四川输入:"湖广素称沃壤,故有'湖广熟,天下足'之谚,以今日言之,殊不尽然⋯⋯而今日之采买运贩者动云楚省,不知今日之楚省,非复昔日之楚省也,且亦待济于川省矣。武汉一带,有待川米来而后减价之语"。② 清代中叶,有"湖广熟,天下足;四川熟,湖广足"的说法。③ 由此可见四川粮食沿江外运为漕粮的完纳起了重要作用。明清两代均有移民进入四川,所谓"江西填湖广,湖广填四川",正是移民迁入促进了四川地区的农业开发。

　　在北方,新产粮区的崛起,运输方式的变化,促成粮食来源多样化:①东北:康熙间奉天粮开始流入关内,转粜于京畿。康熙三十一年(公元 1692 年)奉天地方频年丰收,清政府令"山海关监督,许肩挑畜驮者进关转粜",④五十五年(公元 1716 年)因"山海关外米谷颇多,向因奉禁,不敢入关,请暂开两月之禁"。⑤ 雍正间专门派人到关外采买米石,元年(公元 1723 年)七月差满官一员"将锦州等处将军府尹及内府佐领所属现存米石,查看总数,于近海口处,兑十万石"。⑥ 乾隆三年(公元 1738 年),奉天粟米一石银四五钱,相当京师米价一半;因而谕令,"奉天、山东沿海地方商贾,有愿从内洋贩米,至直隶粜卖者,文武大员,毋得禁止"。⑦ 乾隆四十四年(公元 1779 年)锦州、宁远运至通州米 2.2 万石;嘉庆八年(公元 1803 年)奉天解运通州粟米已达 20 万石,⑧奉天产的大豆运向上海,也运到天津,以致粟米价比山东低。②直隶北部:康熙间,"口外米价虽极贵之时,秫米一石,不过银二钱,小米三钱",北京小米一石一两二钱,麦子一石一两八钱,因而京城之米自口外来者甚多,"京师亦常赖之"。⑨ 乾隆三年(公元 1738 年),户部官去张家口、古北口采买。古北口外的八沟、鞍匠屯、塔子沟"为各蒙古米粮总汇之区",是固定的粮食集散地,官府采买已成惯例,往往达到 20～30 石。⑩ 交通方面,自道光初行海运,吸取了民间商贩运粮的经验,采用涉沙而行的"沙船",沿海岸线行驶避免了泥沙的阻碍。光绪二十七年(公元 1901 年),江苏、浙江、山东停止征漕,粮商贸迁更是迅猛发展,它较少漕政之弊,运输工具、运输路线、运输方式更为灵活。粮食的转运不再取决于政府指令,而是依市场需求而定。

---

①　《朱批谕旨》雍正二年八月二十四日。
②　[清]朱伦瀚:《截留漕粮以充积储劄子》,《清经世文编》卷 39,中华书局,1992 年。
③　[清]姚椿:《晚学斋文集》卷 1《附采买川米说》,道光二十年刻本。
④　《清文献通考》卷 34《市籴考三》,上海商务印书馆,民国二十五年。
⑤　《清文献通考》卷 34《市籴考三》,上海商务印书馆,民国二十五年。
⑥　《清世宗实录》卷 9,雍正元年七月己酉。
⑦　《清高宗实录》卷 75,乾隆三年八月乙巳。
⑧　《钦定户部漕运全书》卷 55《京通粮储·收受粮米》,清刻本。
⑨　《清圣祖实录》卷 240,康熙四十八年十一月庚寅。
⑩　《清高宗实录》卷 196,乾隆八年七月辛卯。

三、京师粮食供应与消费

发展区域农业和粮食生产,除用于京畿州县人口的粮食消费外,还有相当一部分与东南漕运一起进入北京城市粮食消费市场,调剂都城众多人口的粮食需求。而大量漕粮除用于官俸、兵饷和匠吏工食外,还大量用于市场平粜、贫民赈济和近畿州县救灾等。

金代,漕运输入中都的米麦主要用于百官俸给,百司承应俸给,燕赐各部官僚以下,诸局作匠人俸给,皇族及护卫亲军俸给等。《金史·百官志》载,正一品,“钱粟三百贯石,曲米麦各五十称石”;……正七品,“钱粟二十四贯石,麦四石”;省令史、译史,“钱粟一十贯石”;侍卫亲军百户,十二贯石;绣女都管,钱粟五贯石;作头五贯石,工匠四贯石,军夫除钱粮外,日支米一升半等。除以上大小官吏外,中都工商业者主要依赖商贩粜卖。在灾荒年月,政府还用漕粮赈济中都城市贫民。据《金史·章宗纪》,中都城置有暖汤院,“日给米五石,以赡贫者”,设普济院,赐米千石,煮粥以食贫民;还曾以十万石粮食减价粜给城市艰食的百姓,孤老幼疾之人,“各月给米二斛”。

据《元史·食货志》载,自元世祖以降始有俸禄,“内而朝臣百司,外而路府州县,微而府吏胥徒,莫不有禄”。大德三年(1299年),“益小吏俸米”;七年(1303年),“始加给内外官吏俸米。凡俸一十两以下人员,依小吏例,每一两给米一斗。十两以上至二十五两,每员给米一石。余上之数,每俸一两给米一升。”百官中太师、太傅、太保、中书省左右丞相禄米最多,月米15石,递减至同提领最低,月米五斗;枢密院知院月米一十三石五斗,递减至都目月米五斗。

宫中粮食消费由供膳司和宣徽院专供,而民间粮食消费仍以私贩为主。但到元代中后期,大都人口众多,米价时昂,政府不得不赈济城市贫民。元代赈济大都城市贫民,分赈粜和赈贷两种形式。其中,赈粜即“元时以京师米贵,岁发米数十万石减价粜之,自世祖以后,岁一举行,甚良法也”。[①]《元史·世祖纪》记载至元十四年(公元1277年),粜米万石,是元朝政府赈济贫民较早的一次。世祖至元末年每年用以赈粜的海运米已增加到45.5万石。

据《元史·成宗纪》,大德五年(公元1301年),赈济京师贫民,设米肆36所,那些“老幼单弱不能自存者,廪给五月”。至大四年(公元1311年)三月,“发京仓米,减价以

---

① ［明］于慎行:《谷山笔尘》卷12《赋币》,明刻本。

粜,赈贫民";十一月,大都增置米肆 10 所,日平粜 800 石,以赈贫民;①以后每年粜米都在 50 万石左右。② 延祐六年(公元 1319 年)敕,大都冬夏设食于路,以方便饥民就食。③泰定中(公元 1324~1328 年),大规模赈济达 13 次,最多一次赈粜米达 80 万石。④ 为使赈济能真正使贫民受益,不为豪强巧取,命官府统计贫民户口数,"置半印号簿文帖,各书其姓名口数,逐月对帖以给,大口三斗,小口半之。其价视赈粜之直,三分常减其一,与赈粜并行。每年拨米总二十万四千九百余石"。⑤ 即所谓"贫乏之家,计口赈恤,尤甚者,优给之"⑥的红贴粮。权势及有禄之家籴买者要处以追中统钞二十五贯的罚款,并笞二十七。⑦ 可见元代中期大都城市赈济贫民不仅执行严格,而且制度化了。此外,元代海运米还用于州县灾赈。如《元史·仁宗纪》载,皇庆元年(公元 1312 年)二月,"通州饥,赈粮两月"。

按《明史·食货志》,明代输入北京的粮食有漕粮、白粮之分,"漕粮皆军运,而白粮民运如故","军运以充军储,民运以充官禄"。明代白粮共 21.4 万石,主要是专供内府,其次是百官廪禄,即所谓"上供玉食","六宫百官之需皆取之"。⑧ 明代京军军饷,在永乐宣德中,主要来源于军屯屯田子粒。正统之后,屯政渐弛,至宪宗时,屯粮已不足过去的十分之一。及正德中,京畿屯军多逃亡,而常操军止 8 万,皆仰给于仓米。漕粮除用于京军月俸外,还"混支以给边饷",以及吏士、工匠等。嘉靖以前,岁支京师卫所军人、百官、吏士、工匠的俸饷米已达到 267 万石,又蓟镇军饷 30 万石;至嘉靖中,蓟镇、密云、昌平军饷已增加到 60.5 万石;⑨俺答部南侵,蓟、密、昌镇守军增加,边粮每年更增至 78 万石。⑩ 此外,明代漕粮也用于京师平粜、赈济等。据《明史·食货志》,在京师,"饥民还籍,给以口粮,京、通仓米,平价出粜。兼预给俸粮以杀米价,建官舍以处流民,给粮以收弃婴。养济院穷民各注籍,无籍者收养蜡烛、幡竿二寺"。"凡赈米之法,明初大口六斗,小口三斗,五岁以下不与。永乐以后,减其数"。永乐以后,有关京师平粜、赈济的记录不绝于史。大体有几种形式:①设养济院,收养京师弃婴、冻饿穷人和就食流民;②赈京师、顺天府州县灾民和饥民;③给京师流民米,人各三斗;④赐被寇者米,人各二石。

① 《元史》卷 24《仁宗纪》,中华书局本。
② 《元史》卷 96《食货志》,中华书局本。
③ 《元史》卷 26《仁宗纪》,中华书局本。
④ 《元史》卷 29《泰定帝纪》,中华书局本。
⑤ 《元史》卷 96《食货志》,中华书局本。
⑥ 《元史》卷 103《刑法志》,中华书局本。
⑦ 《元史》卷 103《刑法志》,中华书局本。
⑧ [明]马森:《马恭敏公奏疏》卷 1《明会计以预远图疏》,平露堂本。
⑨ [明]马森:《马恭敏公奏疏》卷 1《明会计以预远图疏》,平露堂本。
⑩ 《明会要》卷 31《职官志》。

清代,据《清史稿·食货志》,除江浙岁输白米于内务府以供上用及百官廪禄之需外,漕粮的十分之六、240余万石用于甲米,35～36万石用于官俸。[①]雍正之前,又有京仓米的百分之一用养工匠和王公贵族,即所谓匠米和恩米。其中王公贵族禄米,"视其俸银,每一两,给米一斛"(0.5石),亲王每年5 000石,世子3 000石,爵位最低的奉恩将军55石。[②]按18世纪中国人均粮食消费量2.6石(203千克)计,一个亲王每年禄米相当于1 923人全年口粮之总和。即使奉恩将军,其禄米亦可供21人的年消费。京官俸米,清初每年均为12石,历经变化,乾隆年间实行双俸,[③]一品官年俸米180石,二品官员154石,品秩最低的九品官,岁俸米也有31.5石。京师八旗甲兵,康熙中每人20石,后改为24石、18石和12石三等。[④]以上俸米除家庭消费外,一般均有盈余。盈余俸米进入京师粮食市场流通,因此清代有"京师粮石,全藉俸米、甲米辗转流通",[⑤]"以裕民食"[⑥]之说。可见清代漕粮在京师粮食消费中地位的重要。同时,"间遇京师粮贵,复发内仓米平粜",康熙之后,"京师平粜,有五城米局,八旗米局",[⑦]其中八旗米局是雍正时所设,共有24处。赈济贫民的场所称"厂",雍正四年(公元1726年),始于内城添厂,并添五城、通州厂各一处。乾隆初,五城增为十厂,并添设八厂于京郊四乡;九年(公元1731年),又于四路同知设四厂。

根据光绪《顺天府志·故事志》、《清会典事例》和《户部漕运全书·京通粮储》记载,清代京师赈济大体可分为如下类型:

第一,降价粜卖。如康熙六十年(公元1721年)四月,"京通仓米石,交侍郎张伯行,比时价减五分粜卖"。雍正四年(公元1726年),于"城内添设五城米厂,每城拨米一万石,半平粜"。十一年(公元1733年),"发粜秫米一百万石,节年粜卖十万余石"。乾隆二年(公元1737年),"京城雨泽愆期,米价稍长,拨米五城各厂平粜。"十三年(公元1748年),"京师米价渐昂,拨京仓米石减价出粜,以平市价。"十六年(公元1751年)二月,"京师米贵,命附京分设四厂,各发米二千石平粜"。"并奏准将春季俸米放剩气头、廒底米石,于四月内即行粜卖,以济贫民。"五月,"命再拨京仓米十万石于四乡平粜"。二十八年(公元1763年),"命五城各拨黑豆八十石平粜"。三十四年(公元1769年),"拨通仓米三十万石,补直隶霸州等十二州县平粜"。四十五年(公元1780年),"以京师麦贵,命

---

① 清户部:《钦定户部漕运全书》卷56《京通粮储·收受粮米》,清刻本。
② 乾隆《大清会典》卷21《户部》。
③ [清]吴振棫:《养吉斋丛录》卷25,中华书局,2005年。
④ [清]《皇朝政典类纂》卷171《国用十八·俸饷》,光绪二十九年上海图书集成局铅印本。
⑤ 《清仁宗实录》卷99,嘉庆七年六月甲辰。
⑥ 《清仁宗实录》卷87,嘉庆六年九月庚子。
⑦ 《清史稿》卷121《食货志》,中华书局本。

五城米商买通仓麦,运京平粜"。以上是不定期的平粜。此外尚有定期平粜之制。因为京仓陈米过多,陈陈相因,乃至红朽成灰,只好"给与耕种之民,听其量力运出,以肥田亩"。① 康熙五十六年(公元 1717 年),京仓陈米 4.30 万石;②至乾隆二年时,"节年粜卖十万余石,尚存未粜米八十余万石,均系雍正三年以前陈积"。③ 一般春季放剩气头、廒底米石在本年十月以后发放,秋季放剩者在次年三四月发放,可见发粜京仓陈米或是在青黄不接之时,或是寒冬时节。由上所述,可知清代平粜有常规、非常规两种形式,并由官粜为招商承办;所粜之米多为仓储陈米;有米、麦、豆等,赈粜对象以城市贫民为主,涉及近畿州县,具有延续时间长、数量大、范围广的特点,因而发挥了平抑京师粮价、维持平民生计的良好作用。

第二,赈给粟米。康熙二十三年(公元 1684 年)三月,"被灾之霸州、永清等州县,发粟赈济"。四十三年(公元 1704 年)四月,"赈山东流民之就食京师者"。雍正二年(公元 1724 年)十月,令发仓粮赈济霸州等七州县所(按梁城所)。乾隆五十九年(公元 1794 年)六月,"给京师贫民籽种"。嘉庆六年(公元 1801 年)六月,"发京仓秋米二千四百石,……赈右安门外饥民"。"拨米二千四百石……赈西路长辛店、卢沟桥等处被灾居民"。七年(公元 1802 年)三月,"展赈京城内外灾民一月"。道光三年(公元 1823 年)七月,宛平及京南固安等七州县被水,"分别抚恤,户五口以上者,给米四斗,四口以下者,给米三斗"。光绪五年(公元 1879 年)二月,"文安等积水,截漕米六百石赈之"。九年(公元 1883 年)八月,"通州等县村庄田庐被水淹没,阖境成灾,再拨京仓米四万石赈济"。以上实例表明,清代无偿赈济京师灾民乃至流民,同样具有维持平民生计的良好作用。

第三,煮粥赈济饥民。这是清代赈济京师贫民与流民的更频繁更直接的方法。见于清代文献记录的京师官设饭厂最早设置于顺治七年(公元 1650 年),如位于广宁门大街的增寿寺饭厂。雍正元年(公元 1723 年)二月,"五城粥厂展期一月,并各增加银米一倍"。三年(公元 1725 年)十月,"五城粥厂,每日增米二石,柴薪银亦加倍"。十二月,"彰义门、安定门外有养济院二处,发变色米一百石煮粥赈济"。四年(公元 1726 年)正月,"东直、西直、安定、右安、广宁五门,添设饭厂,每日每城赈米六石外,加米二石。"乾隆六年(公元 1741 年)夏,京师霖雨数旬,数百里外秋禾尽伤,"放散饼饵,日以数百万计,建席棚以处灾黎,活者数百万人。特命大臣四出查赈,截南漕数十万石"。乾隆八年(公元 1743 年)因"外来贫民日众,五城十厂,每厂日增米二石,柴薪银一两,煮饭散赈,自十月初一日起,至次年三月二十日止",延续达五个月又二十日,并形成煮赈延续日期定制。每遇水旱灾害严重,米价昂贵,亦常增加煮粥银米,或提前煮赈或展赈一至数月,

---

① 《清圣祖实录》卷 299,康熙六十一年九月庚午。
② [清]杨锡绂:《漕运则例纂》卷 16《通漕禁令》,清代各部院则例,乾隆刻本。
③ 清户部:《钦定户部漕运全书》卷 65《京通粮储·发粜仓粮》,清刻本。

甚或临时增设粥厂。至光绪初年,京师煮赈展限,加粟、添厂更为频繁。如光绪四年(公元1878年)有九个月份出现煮赈活动。其中,正月,"通州地方歉收,给通仓粳米二千石";二月"普济堂、功德林、安定等六门,礼贤等镇,卢沟桥、鲍家村、赵庄各粥厂,均展限两个月,加给粟米一千八百石",并"添设永定、左安、右安、广安、广渠门外粥厂五座,安插外来饥民";三月,"通州张家湾设粥厂","五城十五厂,再展限两个月";五月,"六门、四镇及卢沟桥、赵村、鲍家庄粥厂,展限两个月,赏给粟米一千四百石,五城十五厂、朝阳阁、育婴堂、打磨厂、长椿寺、关帝庙、圆通关、梁家园各粥厂,按月拨给仓米";八月,"普济堂、功德林赏加小米五百石,卢沟桥粟米四百石,资善堂粟米三百石";九月,"崇善堂、百善堂暖厂,给小米五百石,教子相同回民粥厂,南下洼、太清观公善堂暖厂,各三百石";十月,五城各粥厂,"月给米三百十一石";十一月,"通州王恕园粥厂,赏给籼米八百石";十二月,"普济堂、功德林,均加赏小米三百石"。以上实例反映了清代北京城乡煮赈频率的逐渐提高。

清代京师粥厂的设置有四个特点:①在时间序列上,粥(饭)厂的设置呈增长趋势。顺治时仅有五处,康雍时七处,乾隆至咸丰朝共二十二处,而同治光绪中则增至二十七处。②在空间布局上,粥厂的设置则表现了清初主要集中在城区,至清代中后期向郊区及远郊区缓慢扩展的过程。③在粥厂性质方面,表现了非官设或称私设粥厂比重的逐渐扩大。④以工代赈。是劳动力人口以自己的劳动获取政府赈济的重要方式。如乾隆六年(公元1741年)夏,京畿霖雨数旬,"截南漕数十万石,以济筑永定河西堤"。二十七年(公元1762年),近畿秋成稍歉,在命京师五城增厂煮赈的同时,于次年春加筑永定河月堤,"开减河,以工代赈"。嘉庆六年(公元1801年),京师水灾,七月,"浚京师护城河,以工代赈。"

上述各历史时期实行的各项赈济措施,不仅平抑并稳定了京师的粮食价格,保障了粮食的市场供应,养济且维持了京师贫民的生计,而且有效地救济了挣扎在死亡线上的各地流民。这些措施显然起到了稳定社会、减少人口流离死亡的作用。

历代京师粮食消费,不论是何种形式,都是在漕运畅通、京师粮食来源充足的前提下进行的。但随着朝代末期政治腐败,贫民、灾民、流民增多,京师人口压力增大,漕粮征收困难时,京师就会出现粮荒并导致灾难性后果。

四、京师乏粮后果及应急措施

金代,在其统治的后期,由于蒙古骑兵屡屡南下,攻城略地,至贞祐二年(公元1214年),金之山东、河北诸路失守,河东州县亦多残毁,"上国之地皆已陷失,巍巍帝都邻为敌境,兵戈朝起夕已到京"。^①漕粮区的沦陷使中都粮食来源紧缺,政权危在旦夕。贞祐元年十月至二年四月,蒙古骑兵围困中都长达 6 个月,中都城市的外界粮食供应完全断绝。金朝统治者在山穷水尽之际采取了"大括粟"与"纳粟补官"两项临时抱佛脚的战时应急筹粮措施。^②定"括官民粮,户存二月,余悉令输官",^③结果"京城白金三斤不能易米三升","军民饿死者十四五",^④粮荒导致了人口的大量死亡。面对这种状况金宣宗放弃中都,迁都南京。次年中都城陷落。

元代,在其统治风雨飘摇之际,京畿连年干旱,粮食严重歉收,使饥民遍地,直接影响到大都城市的粮食供应。但最致命的是海运的不畅乃至断绝,直接威胁了元朝统治的稳固。南粮北调在元顺帝初每年还保持在 300 万石,因而顺帝至元中赈粜粮米于大都城市贫民,一仍元代中期。但至正元年(公元 1341 年)发生"海运不给"的问题后,元朝政府赈济京师贫民与州县灾民的善政即已罕见,出现了"京师料钞十锭,易斗粟不可得"^⑤的境况。翌年,"海运不通";^⑥每年 300 余万石的海运米基本上断绝了。当时江淮兵起,海运阻断,京师食不足,只好和籴于浙右,曾得粮百万石。^⑦原来的赈济活动由于粮食短缺而停止,京师贫民流民空腹游巷,严重威胁大都城市的社会稳定。时人认为"所在盗起,盖由岁饥民贫",建议大发仓廪赈之,以收人心,但元顺帝不允许。^⑧自此而后,京师赈济成为历史陈迹。因此到至正十四年(公元 1354 年),造成了"京师大饥,加以疫疠,民有父子相食者"。^⑨

面对海运阻断的困境,元朝政府为保障统治集团及其隶属服务人口的粮食供应,除取消了每年对大都城市居民的大量赈济之外,还采用了多种办法筹措粮食:①兴京畿水利,行畿内屯田。丞相脱脱指出:"京畿近地水利,招募江南人耕种,岁可得粟百万余石,不烦海运而京师足食"。^⑩元顺帝采纳了这个建议,令有关部门试行。翌年三月,此项工程启动,"西至西山,东至迁民镇,南至保定、河间,北至檀、顺州,皆引水利,立法佃种,岁乃大稔"。^⑪元末京畿屯田取得了较大成效,但与每年海运 300 余万石东南米相对比,仅相当十分之一左右。因此还不能全部保证京师粮食的供给,以致时常发生饥疫乏

①　[宋]宇文懋昭:《大金国志》卷 24《宣宗纪》,上海商务印书馆,1936 年。
②　[宋]宇文懋昭:《大金国志》卷 14《宣宗纪》,上海商务印书馆,1936 年。
③　《金史》卷 107《张行信传》,中华书局本。
④　[宋]宇文懋昭:《大金国志》卷 24《宣宗纪》,上海商务印书馆,1936 年。
⑤　《元史》卷 97《食货志》,中华书局本。
⑥　《元史》卷 42《顺帝纪》,中华书局本。
⑦　《元史》卷 187《贡师泰传》,中华书局本。
⑧　《元史》卷 41《顺帝纪》,中华书局本。
⑨　《元史》卷 43《顺帝纪》,中华书局本。
⑩　《元史》卷 42《顺帝纪》,中华书局本。
⑪　《元史》卷 138《脱脱传》,中华书局本。

粮。如至正十九年(公元 1359 年),正月至五月,"京师大饥,银一锭得米仅八斗,死者无算"。① ②籴粟催漕,济屯粮不足。③给与川资,遣流民回原籍,减少城市中流动人口。④汰冗官,均俸禄,拨发钱钞,措置农具,令腹里军人且耕且战,自行养济。② 但都是杯水车薪,无法满足大都城市的粮食需要。至正十八年(公元 1358 年)京师大疾疫,到二十年(公元 1360 年)四月,因饥疫死亡而前后埋死者二十万③。总之,"元京军国之资,久倚海运,及失苏州,江浙运不通;失湖广,江西运不能;元京饥穷,人相食,遂不能师",④而"国已不国矣"。⑤

明代,在京郊州县,尤其是大运等仓储所在的通州被后金军陷落并焚掠之后,京师粮食供应也已极为紧张。崇祯末,因"太仓久罄",对京师贫民的赈济亦销声匿迹。农民起义军抵制明政府"敲骨吸髓"的田粮征收,使得政府财政更是雪上加霜。面对内外交困的形势,统治者已无可奈何花落去,使京师疫病流行,死者遍地。

清代,京师粮食供应因袭明旧,每年漕额达 400 万石。但从乾隆中后期开始,京仓的储粮逐年减少。漕政弊端丛生,既有漕务官的中饱私囊,也有运丁的私下变卖。江浙漕粮区的百姓更为重漕所苦,漕粮往往无法完纳,地方官只好谎报灾年歉收,借以减免漕粮。农民的抗粮斗争亦此起彼伏,征收漕粮难以为继。光绪二十七年(公元 1901 年)江浙、山东等地罢漕,粮商运粮供应京师的份额逐渐增大,这势必导致粮价上涨。以小麦为例,康熙四十八年(公元 1709 年),每仓石价银 1.2 两;乾隆四十二年(公元 1777 年)1.1 至 1.6 两;同治十年(公元 1871 年),最高达 3 两;光绪二十五年(公元 1899 年),上升至 3.5 至 4.9 两;上涨幅度之大居全国首位。乾隆四十二年黑豆每仓石价银 1.7 两,至同治十年每仓石突破 5 两。米价倍涨兼赈济不力的结果,使京师兵丁俸给"不敷养赡"、"官民交困",甚或啼饥号寒者日众,倒毙道途者日增。

针对京师乏粮现状,明清两代有识见的士大夫倡导发展京畿农业,以弥补京师粮食供给的不足。明万历初年,徐贞明倡议开发京畿水利,大规模发展京畿农业生产,他认为"神京雄据上游,兵食宜取之畿甸,今皆仰给东南。岂西北古称富强地,不足以实廪而练卒乎。夫赋税所出,括民脂膏,而军船夫役之费,常以数石致一石,东南之力竭矣。又河流多变,运道多梗,窃有隐忧……而畿辅诸郡,或支河所经,或涧泉自出,皆足以资灌溉"。⑥徐氏从四个方面阐述了开发京畿水利,发展京畿农业的重要性、必要性及有利条件。

① 《元史》卷 51《五行志》,中华书局本。
② 《元史》卷 45《顺帝纪》,中华书局本。
③ 《元史》卷 224《宦官传》,中华书局本。
④ [明]叶子奇:《草木子》卷 3 上《克谨篇》,中华书局,1959 年。
⑤ [明]叶子奇:《草木子》卷 3 下《杂制篇》,中华书局,1959 年。
⑥ [清]席裕福等:《皇朝政典类纂》卷 61《钱币四·钱法》,光绪二十九年上海图书集成局铅印本。

在《潞水客谈》中，他进一步剖析了兴举京畿水利的十四利，其中谓"中人治生必有常稔之田，以国家之全盛独待哺于东南，岂计之得哉？水利兴则余粮栖亩皆仓庾之积，利二；东南转输其费数倍。若西北有一石之入，则东南省数石之输，久则蠲租之诏可下，东南民力庶几稍苏，利三"。① 在漕运南方米粟济北京和兴举水利开发京畿农业这两种解决北京粮食供给的措施中，徐贞明提倡、支持的显然是后者。

万历十三年（公元 1585 年），徐贞明以尚宝司少卿主持京东水利。他"躬历京东州县，相原隰，度土宜，周览水泉分合，条列事宜以上"，并议"请郡县有司以垦田勤惰为殿最，听贞明举劾；地宜稻者以渐劝率，宜黍宜粟者如故，不遽责其成；召募南人，给衣食农具，俾以一教十；能垦田百亩以上，即为世业，子弟得寄籍入学……"等六事。翌年二月，垦田即已至 3.9 万余亩。② 正当徐贞明遍历诸河，穷源竟委，将大行疏濬的时候，"奄人、勋戚之占闲田为业者，恐水田兴而己失其利"、"争言不便"，③使得徐贞明的宏图难展，所开 3.9 万亩水田，"尽撤毁堤岸，斥为闲田"。④

万历三十年（公元 1602 年），漕粮改征折色渐多，漕运抵京，已减少到不足 140 万石，致使太仓入不当出，仓储渐匮，故时人担忧，"计二年后，六军万姓将待新漕举炊，倘输纳愆期，不复有京师"。⑤ 万历末，屯田御史左光斗再议行京畿屯田，认为"欲使（北方）旱不为灾，涝不为害，惟有兴水利一法"。⑥ 天启中，董应举总掌京畿屯务，于顺天府宛平县及保定等地量田募耕，年"收粟、麦谷五万五千余石"。⑦ 但由于启祯之际，国家多事，军费粮饷开支巨大，远非这点粮食所能支撑。崇祯末，虽曾颁布《潞水客谈》于户部，但"有其法，无其人，徒附空言"。⑧ 太仓久罄，京师饥疫频发，死者不可胜记。

清康熙帝非常重视在京畿种植水稻的试验，曾亲自种植一块稻田，以便观察推广。雍正中，怡亲王允祥总理京畿水利，对京畿水利设施多所规划，于京东、东南诸州县设营田专官，募农耕种外，于水利营田府下分置京东、京西、京北、京南四局，以加强对京畿水利的开发和管理，使顺天府州县扩大稻田 13.3 万余亩，"中熟之岁，亩出谷五石"。⑨ 但终清一代，京畿水利事业开发虽早，水田多系官田、旗地或庄头地，因而当时农业的发展仍然带有很大局限性。京畿粮食生产还是不能满足京师众多人口的需求，故仍然依赖南方漕粮或商人采办粮食的大量输入。

① 《明史》卷 223《徐贞明传》，中华书局本。
② 《明史》卷 223《徐贞明传》，中华书局本。
③ 《明史》卷 223《徐贞明传》，中华书局本。
④ ［清］朱彝尊：《日下旧闻》卷 2《补遗》引《赐闲堂杂记》，康熙二十七年刻本。
⑤ 《明史》卷 79《食货志》，中华书局本。
⑥ 《明史》卷 244《左光斗传》，中华书局本。
⑦ 《明史》卷 242《董应举传》，中华书局本。
⑧ ［清］孙承泽：《天府广记》卷 36《水利》，北京古籍出版社，1984 年。
⑨ 光绪《顺天府志》卷 48《河渠志》，光绪十至十二年刻本。

总之,金元明清四代,北京凭借其在政治上独一无二的首都地位,拥有支配、利用全国各产粮区粮食资源的超经济特权,这在一定程度上实现了封建帝都城市所能达到的最大限度的繁荣,并使得都城人口过分膨胀,城市的辖区也渐次扩张。但同时这也是京师周期性衰落的根源。当出现不可控制的天灾人祸,中央统治力削弱,北京失去产粮区的支持时,便迅速陷入极大的混乱之中。

五、元大都城市贫民购粮证

元世祖迁都燕京,城市户口剧增。自中统五年(至元元年,公元 1264 年)到至元十八年(公元 1281 年)的短短十七年间,城市各类居民即由 4 万户增加到 21.95 万户,增加了 17.95 万户。因此,粮食消费与日俱增。

海运成功之前,大都城市人口所需要的粮食主要依赖河漕和陆运。政府漕运外,私人贩卖亦为大宗。据《元史·崔彧传》:"大都民食唯仰客籴,顷缘官括商船载递诸物,致贩鬻者少,米价翔涌。"《秋涧先生大全集》亦谓:因"附京地寒不可麦,而岁用不啻数千万斛,止仰御河上下商贩以资京畿"。可见私贩粮米数量之巨,影响之大。难怪元朝政府一再申令,"京师籴贵,禁有司拘顾商车",[①]甚至法定,"诸漕运官,辄拘括水陆舟车,阻滞商旅者禁之"。[②] 由此可见,元朝迁都之初,河运、陆辇、私贩是供应大都城市官私人口粮食需求的主要来源。

大都城市户口增加,粮食供应紧张,米价昂贵,迫使元朝政府开拓新的粮食供应渠道,这就是海运。至元二十年(公元 1283 年)海运成功,运至京师的江南米仅 4.2 万余石,当时因"养济百姓,食用粮数多",到二十五年(公元 1288 年)即增运至 100 万石,以后逐年递增,泰定三年(公元 1326 年)增加到 335 万余石。直至元顺帝初年每年海运米还保持在 300 万石以上。每年如此巨额的海运粮食主要用于供应贵族、官僚、军队与工匠人口;同时也赈济城市与近畿州县贫民和饥民。

京师户口繁凑,人烟众多,米价昂贵,贫困乏粮者大有人在。面对这种状况,元朝政府"岁发米数十万石减价籴之,自世祖以后,岁一举行"。[③] 据《元史·世祖纪》,元朝政府赈济大都城市贫民最早的一次是在世祖至元十四年(公元 1277 年),籴米万石。《元史·食货志》谓,"京师赈籴之制,至元二十二年(公元 1285 年)始行。其法于京城、南城设铺各三所,分遣官吏,发海运之粮,减其市直以赈籴"。"凡白米每石减钞五两,南粳米

---

① 《元史》卷 15《世祖纪》,中华书局本。
② 《元史》卷 103《刑法志》,中华书局本。
③ 〔明〕于慎行:《谷山笔尘》卷 12《赋币》,明刻本。

减钞三两,岁以为常"。① 此后,用以赈粜贫民的粮食不断增加。据《元史本纪》,到元世祖末年,每年已达到 45.5 万石。成宗元贞元年(公元 1295 年)以京师米贵,设米肆 30 所,发粮 7 万余石粜之;二年(公元 1296 年),减米肆为 10 所,但每年所粜多至 40 余万石;少亦不下 20 余万石。武宗至大四年(公元 1311 年)后,每年所粜,率 50 余万石,占当时海运米的六分之一左右。因此,当时有"内外官府,大小吏士至于细民无不仰给于此(按指海运)"②之说。

初行赈粜之法,赈粜粮多为豪强嗜利之徒,用计巧取,与贫民争利,弗能周及贫民的问题严重存在。为保证城市贫民的粮食供给,元朝政府法定,不许权豪势要及有禄之家粜买,否则笞二十七,追中统钞 25 贯,以示惩罚。③

除上述一般性赈粜之外,元朝政府还实行了"贫乏之家,计口赈恤,尤甚者,优给之"④的红贴粮制度。据《元史·食货志》,"赈粜粮之外,复有红贴粮。红贴粮者,成宗大德五年(公元 1301 年)始行。令有司籍两京贫乏户口之数,置半印号簿文贴,各书其姓名口数,逐月对贴以给。大口三斗,小口半之。其价视赈粜之直,三分常减其一,与赈粜并行。每年拨米总二十万四千九百余石。"这种加盖有印戳,编有号码、书写有贫乏居民户主姓名、大小口数的文贴,实际上就类似于 20 世纪 60 年代到 80 年代中期城镇居民的购粮证。借此,每人每月可领取 3 斗或 1.5 斗价格低廉的红贴粮。因此,这种文贴应该是北京历史上最早出现的居民购粮证。其出现于元成宗大德五年,使用到元顺帝至正初年,海运不通,京师粮食供给十分困难时期,前后约 40 年。

如上所述,元代中期京师赈粜不仅由少到多,而且制度也日益完善。无疑,这有力地保障了大都城市贫民的生计,稳定了社会,也推动了人口的增殖。因此,史称,元朝政府"爱民之仁,于此亦可见矣"。⑤

但在至正初发生"海运不给",尤其至正十二年(公元 1352 年)海运不通后,京师赈济已成为历史的陈迹,致使"京师料钞十锭,易斗粟不可得",因而"强贼"四起。到至正十四年(公元 1358 年),"京师大饥,加以疫疠,民有父子相食者"。⑥ 再到至正十八年(公元 1358 年),京师大饥疫;至二十年(公元 1360 年)四月,前后埋葬饥疫而死者 20 万。⑦ 其中绝大多数为城市贫民和各地饥民。

---

① 《元史》卷 96《食货志》。
② 《元文类》卷 40《杂著·经世大典序录》。
③ 《元史》卷 103《刑法志》。
④ 《元史》卷 103《刑法志》。
⑤ 《元史》卷 96《食货志》。
⑥ 《元史》卷 43《顺帝纪》。
⑦ 《元史》卷 224《宦官传》。

第十章 清代北京赈恤机构的时空分布

按历史文献记载,中国是世界上倡行与发展慈善事业最早的国家。据《周礼·地官》,司救(周代官名)职责之一就是"凡岁时有天患民病,则以节巡国中及郊野,而以王命施惠。"郑氏注,"施惠即赈恤也"。西周之后,中国历代政府均仿行之,因有禀贫民之政。清代"视民如伤,饥寒交恤,视前代尤为切至。"[①]揆诸史实,清代自顺治,尤其康熙之后,善政频施,在州县城乡设置了常平、裕备、社、义诸仓,以备州县城乡村镇赈济;[②]在京师则设置了赈粜米局(厂)、施粥饭厂、栖流所及育婴堂等赈恤机构。这些机构在收养灾黎、救治饥贫方面发挥了重要作用,产生了良好社会效果,成为清代中期之后中国城乡人口迅速增殖的重要原因之一。尽管从本质上来讲,当时的饥贫和灾黎在很大程度上是封建统治和民族压迫所致,但这些机构的建立及救治措施的推行,还是对稳定社会、发展经济、增殖人口起了一定推动作用,因此有必要以北京城市为例进行专门探讨。

清王朝定都北京,圈占内城,分驻八旗之后,即形成了旗、民分居京师内外城的局面。八旗兵丁国家根本的政治地位,决定了其在经济生活领域中的特殊待遇和特殊赈济方式。因此,对此不作系统分析,只将注意力集中在探讨外城及郊外州县饥贫人口的赈恤设施及其时空变化方面。

一、京师外城粜米官厂的设立及分布

清代京师内城分置八旗,外城则分为东、西、南、北、中五城。五城粜米官厂设立于康熙年间(公元 1662～1722 年)。至雍正三年(公元 1725 年),因"上年雨水过多,米价腾贵","于京师东、南二城立厂一处,西、北二城立厂一处,通州立厂二处,清河立厂二处,照时价减粜。"翌年,发京仓好米五万石,每城领一万石,照例立厂,委员平粜。五年(公元 1727 年),因米价上涨且是年多一闰月,青黄不接,民间有艰食者,照例发粜。八年(公元 1730 年)五城设厂粜米,人多拥挤,于每城各增设一厂。规定"止许零星籴买,

① 光绪《顺天府志》卷 12《京师志·厂局》,光绪十至十二年刻本。
② 《清史稿》卷 121《食货志》,中华书局本。

每人不过三升";所粜成色米,价格按成递减,"于贫民尤为便益,应随时发粜,不宜拘定米数,亦不必限定于麦秋停止,俟米价稍平,应停之时,"①再行停止粜卖。由此可见,早在雍正时期,粜米官厂不仅已增设为十处,而且发粜的有关规定和措施已日臻完备,发粜对象是京师外城因米价腾贵、青黄不接而艰食的京师贫民。

乾隆初,京师外城五城共设平粜官厂十处,其中七居城内,三居城外(表10—1)。②乾隆三年(公元1738年),因"粜米加多,籴米人众,将原设六厂移于城外关厢,酌定地方分设"。所谓原设六厂移于城外关厢、酌定地方分设,显然是增加了平粜官厂的个数,而且从米厂由城内向城外转移的过程看,接受赈粜者不仅仅是城内饥贫市民,而且还有关厢乃至附近州县的饥贫百姓。

表 10 —1 清乾隆三年(公元 1738 年)北京五城粜米官厂分布

城别	编号	所在位置	光绪初年存废情形	
			存	废
东城	一	崇文门外小市口	存屋数间	
	二	朝阳门外会芳楼东*		已废
中城	一	正阳门外鹞儿胡同		已废
	二	正阳门外粮食店	存屋数椽	
南城	一	崇文门外蒜市口香串胡同	房屋无损	
	二	广渠门内揽杆市街		已废
西城	一	宣武门外轿子胡同		已废
	二	阜成门外关厢内*		已废
北城	一	宣武门外观音堂路东北方壶斋	存房三间	
	二	德胜门外酱房胡同*		已废
合计	10		4	6

注:＊号表示在城外的粜米官厂。表内所属五城方位是指清代北京的外城区划,下表皆同。

资料来源:光绪《顺天府志》卷12《京师志·厂局》;《大清会典事例》卷1034《都察院·五城》。

乾隆二十四年(公元1759年),因京师米价稍昂,先后拨京仓米10万石平粜;同时又令于河南麦收丰稔之处采买麦十万石运京平粜;且规定"杂粮行户不准领买,五城面铺……买麦磨面,以五石为率。"③一年之间赈粜米麦已达20万石。除米麦之外,赈粜粮色还有黑豆、秔米、稜米、粟米及京仓气头廒底等。

---

① 《大清会典事例》卷 1034《都察院·五城》,光绪三十四年上海商务印书馆刻本。
② 《大清会典事例》卷 1034《都察院·五城》称六厂在城内,四厂在城外,与所列十厂位置矛盾,姑改正之。
③ 《大清会典事例》卷 1034《都察院·五城》,光绪三十四年上海商务印书馆刻本。

在外城五城及关厢分设米厂平粜米麦的过程中,乾隆与嘉庆年间还曾实行过"令五城确查稳实铺户认买","将官米交给该铺户自行粜卖,仍官为酌定价值";或"改交商办,仍于适中地方,每岁选择殷实铺户二家,令其将领出粗米,尽行舂细,按八折交出,照市价酌减出粜"的办法,与官府设厂平粜交替而行。"如该铺户不遵官定价值,仍私行抬高牟利者,一经查出,……将该商治罪。"政府令五城铺户领买平粜米麦,目的在"事归简易"。①

据文献记载,嘉庆时京师五城所置粜米十厂曾有正副之别,这当是各米厂酌定地方分设的结果。道光时曾因移城内给孤寺一厂至广安门外天宁寺而使城外出现平粜六厂、城内仅四厂。由此可见,五城粜米十厂在城内外的位置并不完全固定,时有变动,以便民粜。光绪初,曾拨南省大米三万石,在正阳、崇文门外,设局平粜。清末不仅用于赈粜的米麦数额减少了,而且粜米之特定场所局(厂)亦多被废弃了(表10—1)。

按照清代中期政府的规定,赈粜米麦的价格一般均较市场时价低二百五十文至四百文,甚至五百五十至六百文。如嘉庆十一年(公元1806年),将米麦十万石分给五城十厂减价粜卖,每秔米一石,市价制钱一千八百五十文,酌减制钱二百五十文,以一千六百文出粜;漕麦一石,市价制钱二千八百文,酌减制钱三百文,以二千五百文出粜。道光三年(公元1823年),以秔米三万石、稜米二万石分给五城设厂平粜,秔米每石著减制钱五百文,以一千八百文出粜,稜米每石著减制钱六百文,以一千二百文出粜。②

按文献记录,清代京师外城赈粜米麦均发生在米价或因水旱灾异,或因青黄不接,或因奸商囤积昂贵之时。减价平粜首先在于平抑米价,解决城市"贫民口食维艰"及"民间艰食"的现实社会问题,以达到赈饥乏、欲民食的目的。因此,官府降价粜卖米麦的举措,在某种程度上保证了京师下层城市市民的生计及社会的稳定,制止了人口流离,对接受赈粜米麦的城市、关厢及附近州县居民人口的增殖起了积极推动作用。

二、京师外城官私饭厂的设立及分布

京师五城饭厂包括粥厂、暖厂是清代拯救城市贫民与饥民及各地流民的主要赈恤机构,其作用不亚于赈粜米厂,只是它更直接地面对城市及来自各地州县的饥民。清代见于文献记录的京师官设饭厂最早设置于顺治七年(公元1650年),如位于广宁门大街的增寿寺饭厂,位于宣武门外青厂的永光寺饭厂等。顺治九年(公元1652年)始定,"五

---

① 《大清会典事例》卷1034《都察院·五城》,光绪三十四年上海商务印书馆刻本。
② 《大清会典事例》卷1034《都察院·五城》,光绪三十四年上海商务印书馆刻本。

城煮粥赈贫,每年自十一月起,至次年三月中止,每城日发米二石,柴薪银十两"。康熙二十九年(公元 1690 年),清政府又决定"增设粥厂五处。日发米二十石,柴薪银十两,并原设粥厂,均至六月底止"。雍正四年(公元 1726 年),"煮粥赈贫,每城每日六石外,加米二石"。且因东直、西直、安定、右安、广宁五门,向未设饭厂,故增设饭厂五处,每日每厂给米二石。至此,京师外城及关厢每日煮粥赈贫用米已达到 50 石。乾隆八年(公元 1743 年),因"外来贫民日众,五城十厂,每厂日增米二石,柴薪银一两,煮饭散赈,自十月初一日起,至次年三月二十日止",延续达五个月又二十日,并形成煮赈日期定例。但每遇水旱灾害严重,米价昂贵,民食艰难,亦常增加银米,或提前煮赈,或展赈一至数月,甚或临时增设粥厂。如乾隆二十四年(公元 1759 年),因"近京地方,收成未能一律丰稔","五城设厂煮赈,贫民就食者多","每厂每日加给米一石,俾得宽裕煮赈,以资优恤"。二十七年(公元 1762 年),因"近京收成稍歉,四乡贫民,赴厂就食,路远既不无向隔,人众亦易致拥挤","于五城例设各厂外,每城各再添设一厂,于东坝、卢沟桥、黄村、清河、树村五处,照旧章程,一体妥办……"二十八年(公元 1763 年),五城内外各厂,展赈一至四个月;而增设煮赈各厂,则展赈一至五个月。三十六年(公元 1771 年),因"秋间雨水稍多,其距京稍远乡民,艰于赴厂",故又"于近京四乡地面,约计三四十里许,再行添设四厂","应在东坝、卢沟桥、黄村、清河四处①。至此,官设五城平粜煮粥等厂已达二十处,又近郊四处。五十七年(公元 1792 年),因近畿久旱,京城及附近觅食贫民,糊口维艰,赴京就食者颇多,故截留漕粮,分给五城各厂煮赈,"自六月中旬为始,每厂日给米三石,至十月初一日以后,于各厂原额一石之外,加米二石,仍俱以三月二十日停止",煮赈日期长达 8 个月。是年连同赈粜在内,除截漕五十万石外,还动用了通仓米。又因是年就食贫民,自京南来者居多,除仍旧制于黄村、卢沟桥、东坝、清河分别增设粥厂外,树村非南来贫民经由之地,故将原树村厂裁撤,改在大井设厂。嘉庆七年(公元 1802 年),除于卢沟桥、黄村、东坝、采育置厂外,因卢沟桥一厂就食贫民较多,且距广宁门稍远,故又于适中之大井置厂一处。道光十二年(公元 1832 年)与光绪二年(公元 1876 年)则分别提前到七月十一日和七月初一日开始煮赈;咸丰八年(公元 1858 年),五城饭厂煮赈则展限至九月十五日,②煮赈日期均在九个月以上甚或接近一年。

除官设饭厂之外,清政府还鼓励京师士民私置饭厂,如光绪初谕令:"嗣后如有乐善好施,添设粥厂者,概在外城地方妥为设立。"③其实,官员富贾私人设立饭厂早在清初即出现了。如康熙三十六年(公元 1697 年)邑人王廷献所设普济堂粥厂;康熙四十七年(公元 1708 年)僧人王元章募建功德林庙养济院,乾隆初始改由政府赏赐银米;乾隆中

---

① 《大清会典事例》卷 1034《都察院·五城》,光绪三十四年上海商务印书馆刻本。
② 《大清会典事例》卷 1034《都察院·五城》,光绪三十四年上海商务印书馆刻本。
③ 《大清会典事例》卷 1035《都察院·五城》,光绪三十四年上海商务印书馆刻本。

期范叔度所设寿佛寺粥厂和武进施韠所设惜字会馆等均属此类。

　　清代中期以后,伴随京畿土地兼并的加剧及内忧外患和水旱频仍等,城市手工业者及州县农民大量破产,黎民艰于口食,流落觅食京师者日多,迫使清政府实施各种赈济措施,其中包括设置官私粥厂,煮粥分赈,以资贫民口食。因此,清代后期用于煮赈的官私粥厂大为增加了(表10—2)。

表 10 —2　清代北京粥厂的时空分布

名称	创设年代	位置	性质	所属城区
增寿寺饭厂	顺治七年(公元1650年)	广宁门大街	官设,吏目散给	西城
永光寺饭厂	顺治七年(公元1650年)	宣武门外青厂	官设,吏目散给	北城
万明寺饭厂	顺治九年(公元1652年)	阜成门外南驴市口	官设,副指挥散给	属西城,在西郊
佑圣庵饭厂	顺治九年(公元1652年)	永定门内	官设,吏目散给	中城
给孤寺粥厂	顺治九年(公元1652年)	正阳门外西珠市口	官设,副指挥散给	中城
功德林粥厂	康熙四十七年(公元1708年)	德胜门外功德林庙	私设,后改官赏银米由副指挥散给	属北城,在北郊
海会寺饭厂	康熙雍正年间	朝外大街	官设,副指挥散给	属东城,在东郊
兴龙庵饭厂	康熙雍正年间	崇文门外蒜市口西利市营	官设,吏目散给	东城
安国寺饭厂	康熙雍正年间	三里河南桥湾	官设,吏目散给	南城
积善寺饭厂	康熙雍正年间	广渠门外	官设,副指挥散给	属南城,东郊
普济堂粥厂	康熙三十六年(公元1697年)	广宁门外关帝庙	私设,雍正时岁赐千金	西郊
法源寺粥厂	雍正年间	广安门内砖儿胡同	官设	西城
寿佛寺粥厂	乾隆年间	宣武门外梁家园	私设	北城
广育善堂	乾隆朝设,久废,光绪朝复设	琉璃厂沙土园	官设	北城
惜字会馆	乾隆三十九年(公元1774年)	宣武门外梁家园	私设	北城
朝阳阁粥厂	乾隆四十五年(公元1780年)	正阳门外珠宝市北	官设	中城
东坝粥厂	乾隆二十七年(公元1762年)	东坝镇	官设	东郊
卢沟桥粥厂	乾隆二十七年(公元1762年)	卢沟桥镇	官设	西南郊

名称	创设年代	位置	性质	所属城区
黄村粥厂	乾隆二十七年(公元1762年)	黄村镇	官设	南郊
清河粥厂	乾隆二十七年,后裁撤	清河镇	官设	北郊
树村粥厂	乾隆二十七年,后裁撤	树村镇	官设	西北郊
大井粥厂	乾隆五十七年(公元1792年)	大井村	官设	西郊
采育里粥厂	嘉庆七年(公元1802年)	采育镇	官设	南郊
勉善善堂	嘉庆初年	广安门内王子坟口	私设	西城
悦生善堂	嘉庆二十三年(公元1818年)	广安门内皮库营	私设	西城
圆通观粥厂	道光五年(公元1825年)	宣武门外南横街	官设	北城
长椿寺粥厂	咸丰四年(公元1854年)	宣武门外土地庙斜街	官设	西城
姚斌关帝庙饭厂	同治元年(公元1862年)	药王庙街	官设	南城
关帝高庙粥厂	同治元年(公元1862年)	正阳门外长巷三条	官设	中城
普贤寺粥厂	同治元年(公元1862年)	东直门外东中街	官设	东郊
广通寺粥厂	同治元年(公元1862年)	西直门外北关	官设	西郊
闻阳庵粥厂	同治四年(公元1865年)	阜成门外关厢	官设	西郊
白云观粥厂	同治四年(公元1865年)	西便门外	官设	西郊
宏慈寺粥厂	同治四年(公元1865年)	德胜门外	官设	北郊
二圣庙粥厂	同治四年(公元1865年)	东便门外	官设	东郊
关帝庙粥厂	同治四年(公元1865年)	永定门外	官设	南郊
崇寿寺粥厂	同治五年(公元1866年)	西直门外竹竿井	私设	西郊
双关帝庙粥厂	同治五年(公元1866年)	海甸(淀)	私设	西郊
培善粥厂	同治五年(公元1866年)	广渠门内卧佛寺		东城
益生堂粥厂	同治七年(公元1868年)	朝阳门外七条胡同观音寺	私设	东郊
罗道庄粥厂	同治九年(公元1870年)	西便门外	私设	西郊
法塔寺粥厂	同治九年(公元1870年)	广渠门内冈子上		东城
崇孝寺粥厂	同治十年(公元1871年)	宣武门外枣林街		西城

续表

名称	创设年代	位置	性质	所属城区
百善堂暖厂	同治十一年(公元1872年)	宣武门外梁家园		北城
普善局粥厂	光绪元年(公元1875年)	正阳门外打磨厂	私设	中城
种善粥厂	光绪三年(公元1877年)	广渠门内夕照寺西	官设	东城
继德堂粥厂	光绪三年(公元1877年)	朝阳门外神路街南海会寺	私设	东郊
玉清观粥厂	光绪四年(公元1878年)	左安门内冈子上		东城
礼拜寺粥厂	光绪四年(公元1878年)	朝阳门外南中街	清真诸首事合设,收养回民	东郊
礼拜寺粥厂	光绪五年(公元1879年)	宣武门外教子胡同礼拜寺	清真诸首事合设,收养回民	西城
三忠祠粥厂	光绪四年(公元1878年)	东便门外三转桥	私设	东郊
崇善堂暖厂	光绪元年(公元1875年)	三里河阳清化寺街	私设	南城
兴善堂暖厂	光绪四年(公元1878年)	广渠门内冈子上	私设	东城
广仁善堂	光绪六年(公元1880年)	广安门内烂面胡同	官设	西城

资料来源:光绪《顺天府志·京师志·厂局》;《大清会典事例·都察院·五城》。

按照表10—2的统计清代北京粥厂的分布具有三个特点。①在时间序列上,粥(含饭)厂的设置明显呈增长趋势。顺治时仅置有粥厂五处,康熙雍正时七处,乾隆至咸丰朝共二十二处,而同治光绪中则增至二十七处。若依平均计,顺治中3.6年增置粥厂一处,康熙中10.6年增置粥厂一处,乾隆至咸丰中5.7年增置粥厂一处,而同光中每1.7年增置粥厂一处。这一过程恰恰与表10—1五城粜米官厂由多到少,至光绪中大部分已废弃相反。②在空间布局上,粥厂的设置则表现了由清初主要集中在城区至清代中后期缓慢向郊区及远郊区扩展的过程。自顺治至雍正的92年间所置12个粥厂的58.3%在五城中,乾隆至咸丰的126年间所置15个粥厂的53.3%在五城中,同光47年间所置27个粥厂仅48%在五城中。五城中,按设置粥厂的数量排列:西城八处,北城六处,东城六处,中城五处,南城三处,合计28处。而郊外,则以西郊最多,达十一处,东郊次之九处,北郊与南郊均有三处,合计26处。③在粥厂性质方面表现了非官设或称私设粥厂比重的扩大。清初顺治中五处粥厂均为官设。康熙雍正时所设七处有两处为私设,其中一处后亦改为官赏银米,私设粥厂仅占14.2%;清中期乾隆至道光时所设十四处粥厂有四处为私设,占28.5%;清后期,在性质明确的23处粥厂中,有11个为私设粥厂,占45.8%。

粥厂或称饭厂是清代京师煮粥赈贫的重要设施,其功能和赈粜米厂相一致,但是由于定例每年自十月初一日开设，至来年三月二十日截止，煮粥赈济长达五个月又二十天，而且清政府还可以根据当时的社会经济条件先期（提前日期）或展期（延长日期）以控制煮赈日期，或增设饭厂增加银米以扩大煮赈范围。另外煮赈日期一般集中在城乡贫民缺衣乏食的冬春季节，因此饭厂煮粥赈贫较米厂赈粜具有更普遍更直接的社会救济意义。虽然缺乏这一举措在救治"生计拮据"，"艰于口食"的灾民穷黎人口方面的具体统计资料和直接证据，但其在稳定社会、生养贫民、增殖人口方面的作用无论如何也不能低估。

三、京师其他赈恤机构的设立及分布

清代京师五城除设有米局（厂）、饭厂等赈济与赈恤贫民和灾黎的设施之外，还置有育婴堂、栖流所等赈恤设施，同样发挥了救助贫民灾黎及幼婴儿童的良好作用。

栖流所系设以专供无房屋居住之穷民及无依流民栖息的固定场所。清代，早在顺治十年（公元1653年）即已出现了每城建造栖流所，由五城管理，俾穷民得所的规定。但当时这一规定实行情况如何，因缺乏资料还无法具体说明。雍正初年，曾因冬季寒冷，发生无房屋居住之穷民受冻伤损之事，因令恤穷救困，防止发生冻毙的事件。雍正末年规定，除以时修葺五城栖流所外，凡遇无依流民及街道病卧者，皆送栖流所。"凡栖流所贫民，日给柴薪等费制钱十五文，折仓米一升，制钱六文；立冬后人各给布棉袄一件，价银六钱；布棉被一条，价限一两……均该（城兵马指挥）司指挥管理。"①自嘉庆十五年（公元1810年）始，栖流所备用银两每年五城准领银二千六百两。按文献记载，清中期，京师五城栖流所时空分布如表10—3所示。

表10—3　清代中期京师外城栖流所时空分布

栖流所名称	设置年代	地理位置	性质	备注
东城栖流所	雍正元年（公元1723年）	广渠门内大街	官设	同治中移东河漕，有房八间
西城栖流东所	嘉庆十五年（公元1810年）	宣武门外玉虚观前	官设	
西城栖流西所	嘉庆十五年（公元1810年）	西便门内歪脖树	官设	已坍塌
中城栖流所	嘉庆十五年（公元1810年）	永定门内厨子营	官设	
南城栖流所	嘉庆十五年（公元1810年）	崇文门外高家营	官设	一说在平乐园
北城栖流所	嘉庆十五年（公元1810年）	正阳门外西河沿	官设	

资料来源：光绪《顺天府志·京师志·五城》；《大清会典事例·都察院·五城》。

① 《大清会典事例》卷1036《都察院·五城》，光绪三十四年上海商务印书馆刻本。

　　五城栖流所虽有为收养贫民的额定备用银,但每遇灾歉,春夏间流民觅食较多,开支增加而银两不敷使用时,又予恩赏。如道光四年(公元1824年)一次赏给五城栖流所银即达二千六百两,以资应用。除官置栖流所外,清末官绅私家建置的类似机构亦有所增加。如光绪三年(公元1877年)即设置了类似机构四处(表10—4)。

表10—4　清末京师外城官绅所置收养贫民机构之分布

机构名称	设置年代	位置	性质	备注
资善堂	光绪三年(公元1877年)	西城广安门内	私设	
崇善堂	光绪三年(公元1877年)	南城清化寺街	私设	
公善堂	光绪三年(公元1877年)	北城南下洼太清观	私设	
百善堂	光绪三年(公元1877年)	北城梁家园	私设	按《顺天府志》为光绪元年设

　　资料来源:《大清会典事例·都察院》。

　　因各善堂均用以“栖息穷民”,及“收养贫民”,且资善、崇善、百善三堂均设暖厂,故清政府每年各给小麦三百石。因是年“各省灾区甚广,京师粮价倍昂,贫民就食者多”,清政府又各加赏小米二百石,以赡穷黎。翌年又决定每年赏给公善堂小米三百石,资善堂暖厂加给小米三百石。①

　　由上所述,清代京师外城栖流所的设置经历了由少到多,由官设至私设并由官府支持的发展过程。这一事实又客观地反映了京师五城贫民和流民的增加过程。

　　育婴堂是收养无依童幼的专门机构。据光绪《顺天府志》,清代京师育婴堂创设于康熙元年(公元1662年),位于广渠门内夕照寺西。无依童幼或来源于灾歉疾疫亲养亡故,或因社会成员贫而不育。对于后者,早在清初即有禁止遗弃婴孩的法令。康熙十二年(公元1673年)规定:“凡旗民有贫穷不能抚养其子者,许送育养婴儿之处,听其抚养。如有轻弃道途,致伤生命,及家主逼勒奴仆抛弃者,令五城司坊官严行禁止。”②但终清一代弃婴禁而未止,同时各种社会积弊和人民生计的贫困化,社会无依童幼有增无减。北京作为士民辐辏、五方杂处的都城,无依童幼更形集中,因此自清初至清末先后设置的育婴堂及相关机构不断增加(表10—5)。

　　由表10—5资料,清代前期二百余年间京师仅置有两个育婴堂及有关机构,而清后期的五十年间即同光宣时期即设置了七个育婴堂及相关机构。由此可见,清末的数十年间无依童幼在京师有所增加,其中尤以同光之际出现较多。在地域分布上,清代早期内城不存在育婴设施,显然也就不存在或极少存在无依婴幼,而清末无论内城还是外城

---

①　《大清会典事例》卷1036《都察院·五城》,光绪三十四年上海商务印书馆刻本。
②　《大清会典事例》卷1036《都察院·五城》,光绪三十四年上海商务印书馆刻本。

均存在,其中尤以外城五城中的南城无依婴幼最集中。这充分说明清末京师、主要是外城婴幼人口扶养问题益加严重,已形成值得重视的社会人口问题。

表 10—5　清代京师育婴堂及相关机构的时空分布

名称	设置年代	位置	性质	备注
育婴堂	康熙元年(公元 1662 年)	广渠门内夕照寺西	私设	雍正二年,颁帑千金
广育善堂	乾隆朝建,久废,光绪初复设	琉璃厂沙土园	官设	
广仁善堂	光绪六年(公元 1880 年)	广安门内烂面胡同	私设	每年赏给小米三百石
育婴局	光绪元年(公元 1875 年)	宣武门外梁家园		
北育婴堂一	同治七年(公元 1868 年)	西安门外路南	原学堂分设	
北育婴堂二	光绪三年(公元 1877 年)	鼓楼东街路南	私设	
怀少局	光绪四年(公元 1878 年)	宣武门外梁家园	私设	
牛痘局一	同治初年	正阳门外小李纱帽胡同	官设	
牛痘局二	同治年间	宣武门外琉璃厂	官设	

资料来源:光绪《顺天府志·京师志》。

育婴设施的经费来源除私人官绅捐助之外,清政府亦"给发官项",有规定的经费款项。如道光七年(公元 1827 年)规定,政府经理之育婴机构每年支销共银 725 两余,钱 5 600 960 文。[1]

除栖流所、育婴堂等设施之外,还置有恤嫠所。嫠即寡妇,恤嫠所是专以抚恤无依寡妇的机构,在琉璃厂沙土园。

四、清代京师赈恤机构时空分布特点及其影响机制

综上所述,清代京师粜米官厂、饭(粥)厂、栖流所、育婴堂等赈恤机构的时空分布(图 10—1、图 10—2)表现了两个方面的明显特点。

(1)赈恤机构的演变序列首先表现为粜米官厂由盛转衰,而饭厂、栖流所及育婴堂的迅速兴起。表 10—1 所列五城粜米官厂至光绪初年实际存废情形即深刻地说明了这一机构的最终衰落,而表 10—2、表 10—3、表 10—4、表 10—5 所列各机构的建置过程及其演变,则充分说明了这些赈恤机构及其职能的迅速兴起和扩大,并几乎取代了赈粜举措。其次是赈恤机构的性质则表现为先期以官设为主,而中后期逐渐过渡到以官绅、

---

① 《大清会典事例》卷 1036《都察院·五城》,光绪三十四年上海商务印书馆刻本。

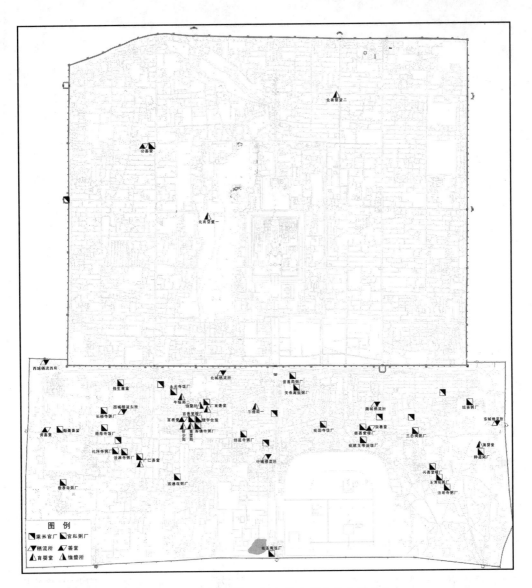

图 10—1　清代京师赈恤机构在城内的空间分布

商贾、宗教团体私设占相当大的比重。一如前述,某些私设赈恤机构则得到政府赏赐与资助。如广宁门外普济堂粥厂,康熙除赐御书"膏泽回春"匾额、御制碑文记其事以资鼓励外,还两赐帑金;雍正也因"其经管之人,实心行善,有存孤恤老之风……辇毂之下,乐善良民,敦行不怠",内心嘉悦,赐二普济堂及一育婴堂银各五百两,"以助其饥养之费";乾隆初,每岁赏粟米二百石;嘉庆七年(公元 1802 年),赏银五千两生息;同治五年(公元 1866 年),加赏小米五百石,且著为定例。① 又如德胜门外功德林粥厂,康熙朝山西僧人

---

① 光绪《顺天府志》卷 12《京师志·厂局》,光绪十至十二年刻本。

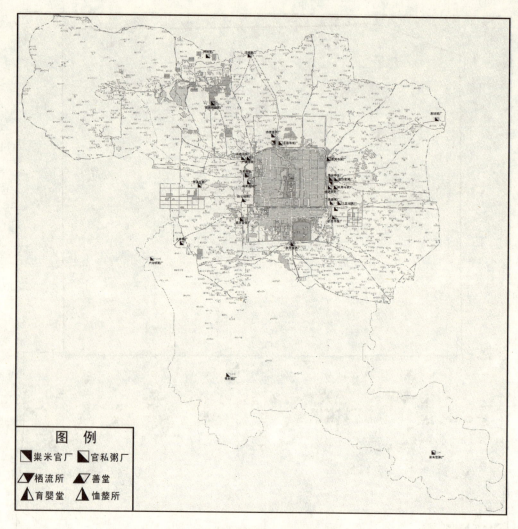

图 10—2 清代京师赈恤机构在郊区的空间分布

募建,每年夏季施茶药,冬季施粥饭。雍正初赏给济贫银一千两;乾隆初,因其收养贫民较前倍增,每年赏给粟米一百石、经费银一千两,散给贫民。①

（2）赈恤机构的空间分布首先表现为某些局部区域的高度集中。仅就表10—2所列粥厂而言,外城西城多达八处,北城与东城均为六处,中城五处,南城三处。若按全部赈恤机构统计,外城五城中最多的是北城,十四处,依次是西城十三处,东城与中城均为九处,南城七处。而栖流所（含同功能机构）与育婴堂合计,西城与北城两个区均为五处。由这些赈恤机构抚育幼稚、养赡贫民、救助灾黎与流民的功能作大概分析,西城与北城是清代北京外城贫困人口、无依婴幼人口及流民等最为集中的地区,东城与中城次

---

① 光绪《顺天府志》卷12《京师志·厂局》,光绪十至十二年刻本。

之。仅就五城栖流所每年备用二千六百两银两的分配状况,亦可证明清代中期以后京师城市贫民及各地流民在京师五城中的大致分布。嘉庆十五年(公元1810年),曾就五城栖流所备用二千六百两银两,每城支领若干两的问题确定了"就各城收养人数多寡,分别酌定报部立案。自此次酌定之后,不准再逾此数。如偶遇偏灾,实不敷用,令都察院自行奏明加增"①的原则。这里特别值得注意的是根据五城各城收养人数的多少,酌定各城支领备用银的额度分别为:中城分领银三百六十两,东、南二城各四百七十两,西、北二城各六百五十两。由此可见,前述关于城市贫民聚居五城状况的推论是完全正确的。至嘉庆二十二年(公元1817年),因"查中、南二城,虽所辖地面不宽,而商贾辐辏,乞丐流民,群趋觅食,是以残废僵死者多。西、北二城原定银数较多,尚有赢余",因此"将西、北二城额定银内,各划出五十两,分给中城四十两,连原额共四百两;分给南城六十两,连原额共五百三十两,作为定额。西、北二城即以六百两之数造报,统以嘉庆二十二年为始"。② 此次更动五城栖流所备用银除东城外,其余四城均有增减,但五城支领备用银仍以西、北二城最多,均为六百两;南城次之,为五百三十两;东城又次之,自为四百七十两,而中城最少,为四百两。因此,在按"收养人数多寡"酌定各栖流所支领备用银原则不变的情况下,五城支领备用银的额度,依然客观地展示了清代中期之后外城五城城市贫民和各地流民在城市中分布的大体状况。其中仍以西、北二城最多,东、南二城次之,中城最少。

其次则表现了诸赈恤机构在空间上由城区向郊区的扩展。按表10—1至表10—5,清代不同阶段所设赈恤机构在城区和郊区的分布情况统计,清代初期即顺治康熙时期在全部17个赈恤机构中设于近郊者仅5个,占29.4%;中期即雍正至道光中所设全部32个赈恤机构中,设于城郊者增加到10个,占31.2%;后期即咸丰至宣统中所设全部39个赈恤机构中,设于郊外者增加到14个,占35.9%。

清代京师外城赈恤机构时空分布的上述特点是当时社会经济、政治文化以及北京城市自身因素综合作用的结果。

(1)社会经济与政治因素共同导致京师赈恤机构在演变序列上所表现出来的上述两方面特点。清朝定都北京,推行的圈地圈城和剃发政策直接导致了京畿社会的混乱及人口的破产流离,但同时实行的严苛的"逃人之法",却又在某种程度上限制了京畿破产人口向京师的流移。清初政府视京师无业流民为极大危险,横加驱逐,甚或逮回原籍。直至雍正初年,清政府仍然执行着对就食京师的流民,清查口数,资送回籍的政策。③ 因此,清代初期京师流民数量有限。但满族统治者为尽快稳定京师社会,养济城

① 《大清会典事例》卷1036《都察院·五城》,光绪三十四年上海商务印书馆刻本。
② 《大清会典事例》卷1036《都察院·五城》,光绪三十四年上海商务印书馆刻本。
③ 《清世宗实录》卷5,雍正元年三月丁酉。

市贫民,及时实行的设厂粜米及煮粥施舍的办法,其对象主要是城市贫民而非京畿流民,故当时赈恤机构少且集中于汉人聚居的外城五城中。

清代中期虽然政治稳定,但圈地带给京畿州县人口的土地问题以及新形成的土地兼并加剧,兼水旱灾害破坏,导致破产人口和流民的增加。而国家经济的恢复与发展及北京粮食供给的充足又为在更大范围和更大规模上实行赈恤提供了物质条件。乾隆初年政府对资遣流民回籍的态度亦发生了明显变化,认为流民资遣势亦有所难行,不如听其自为在京觅食谋生,①致使清代中期京师外城除贫民之外,流民明显增多,因而清代中期京师外城赈恤机构增加且赈恤规模亦大为扩展,并出现了"京师五城厂局,收养穷民,食之,衣之,岁发银米以为常"②的定制。

清代后期,国家内忧外患,财政困顿,京师粮食供应渠道亦发生了变化。清朝政府已没有实力推行中期实行的减价赈粜的措施,因而五城米局最终衰落,而代之以全面的煮粥赈恤,同时动员社会力量赈济日益增多的城市贫民和京畿流民。另一方面,清代后期政治腐败,经济衰落,京畿灾害频仍,道殣相望,破产增加,流民日众,使清政府对流民的政策益加宽松。据《清文宗圣训》,咸丰认为,"流民中谋生者,多系故土并无田庐依倚之人,而必抑令复还,即还其故乡,仍一无业之人耳"。严格摈逐京师流民的政策在实行了约二百年之后终于动摇并解除了,因而流民进京谋生者明显增加。京师贫民和流民的大量增加成为清末京师外城各类赈恤机构迅速兴起与发展的直接原因。

(2)京师外城功能分区、居住状况及交通条件则导致京师赈恤机构在空间分布上的上述两方面特点。清代京师内城被八旗圈占之后,外城遂成为汉族官僚、商人富贾、城市服务人口的集中聚居区和商业服务业中心,因而清代形成了京师外城特有的社会生活与物质文化面貌:"当时汉人之宦京师者,多旅居宣武门外,崇文门外则为商人荟萃之所";并因五城经济生活和居住特色形成了"东城布帛菽粟,西城牛马柴炭,南城禽鱼花鸟,北城衣冠盗贼,中城珠玉锦绣"③的五城基本功能分区。但从外城整体看,"北面繁盛,南面较荒僻……天坛、先农坛两处,占地甚广","永定门、左安门、右安门一带,仍多荒僻,苇塘菜圃,与冢墓相间"④。由此可见,清代外城北面靠近内城的东西一带居民稠杂、商业繁盛;而外城南面三门以内则多园艺冢墓,居民稀少甚为荒凉。这种居住状况和社会经济功能区的形成为城市贫民及外地流民在外城的趋向与居止提供了基本物质条件和生计依托,因而繁荣城区与苇塘园圃的交接过渡地带成为城市贫民尤其外地

---

① [清]王先谦编《东华录全编》乾隆二十七卷,乾隆十三年五月,光绪刻本。
② 光绪《顺天府志》卷12《京师志·厂局》,光绪十至十二年刻本。
③ 陈宗蕃:《燕都丛考》第3编第一章《外城总说》,引《京尘杂录》,北京古籍出版社,1991年。
④ 陈宗蕃:《燕都丛考》第3编第一章《外城总说》,引《京尘杂录》,北京古籍出版社,1991年。

流民栖居相对集中的地区。而西、北二城和东、南二城均拥有甚为广阔的这种地带,因此,这里城市贫民和外地流民相对集中,赈恤机构自然也相应增多。

另一方面,北京外城对外交通联系主要是三个方向。首先是广安门通卢沟桥以远的陆路,其"门临孔道,地接神区,萃万国之梯航,普兆民之乐利",熙来攘往,肩摩毂击。① 其次是京师税关所在崇文门及与运河交通相联系的东便门和广渠门,"致天下之民,聚天下之货,熙熙攘攘,骈阗辐辏,驵侩之徒,群萃杂出"②。最后是永定门,系通往盛京及山东陆路的端点,也占有重要地位。交通线联络的城市腹地的范围及其通达状况,对外地流民进入北京城市的数量及其进城之后滞留区位产生直接影响。与西南陆路相连通的西、北二城赈恤设施最多,与运河水路交通相连通的东、南二城,赈恤设施次之,而直接与京畿南部、山东相连通的中城,赈恤机构相对较少。这不仅反映了外地流民在北京外城的大体分布状况,也深刻地说明了交通功能对外地流民滞留区域的显著影响。

同时,北京外城各城区适中地区空旷土地的存在,也是影响外城赈恤机构分布状况的重要因素。例如,北城梁家园,"空旷平原,并无烟水",先后建置赈恤机构达六处以上。其中最著名的寿佛寺粥厂和惜字会馆均位于此。据《京尘杂录》,寿佛寺"日费八金为糜粥以食饿者。五城惟冬春之际设饭厂,独寿佛寺粥厂无间寒暑。其西又有义学……"

总之,外城城市性质、功能分区,居住状况及交通条件等是清代京师外城赈恤机构空间分布特点的决定因素。

综上所述,京师外城各类赈恤机构或"收养无依之贫民及抛弃之婴孩",使"居有舍宇,出有衣履,食有饘粥,而疾有医药";或恩赏粟米,减价粜给,使自养济;或贫民流寓,随时资散外,"其妇女、幼童、孤寡无依","赁屋收养",且设义塾,延师课读,晓以义礼。③ 光绪初,仅广安门内广仁善堂即已收养无依幼童及妇女百余户,四百余口。在水旱灾害、民生穷蹙、青黄不接、觅食维艰的情况下,适时地对贫而无告的灾黎穷人赈恤救治,收到了"寒得衣而饥得食,羁旅如归;病有托而疗有方,疲癃立起;既安全之甚众,且存没之皆宁",甚或"全活无算"④的良好社会效果。因此,清代广泛实行的赈恤举措无论在京师,还是在州县城乡均起到了稳定社会、增殖人口的作用,是我国清代人口增殖加快的不可忽视的原因之一。

---

① 光绪《顺天府志》卷12《京师志·厂局》,引清圣祖御制《养济堂碑记》,光绪十至十二年刻本。
② 光绪《顺天府志》卷11《京师志·关榷》,光绪十至十二年刻本。
③ 光绪《顺天府志》卷12《京师志·厂局》,光绪十至十二年刻本。
④ 光绪《顺天府志》卷12《京师志·厂局》,光绪十至十二年刻本。

第十一章　北京城市郊区的形成与发展

　　城市的郊区是指包围城市而又毗邻城市的环状地带。说得更科学一些,城市郊区应该是城市行政界线以内,城区用地周围的田园景观地带和紧密为城区服务的农副业经济区,是城市的重要组成部分。尽管早在西周时期,我国已有"邑外为郊,离城五十里为近郊,百里为远郊"和"以宅田、士田、贾田任近郊之地","以官田、牛田、赏田、牧田任远郊之地"的记载。[①] 但是,现代意义上的城市行政界线的变迁和形成,是在漫长的历史进程中,伴随着城市规模的扩大和城市职能的完善而逐步实现的。北京城市郊区的形成和发展就是典型的一例。

　　目前北京城市郊区包括十二区二县,其中朝阳区、丰台区、海淀区、石景山区为近邻区;门头沟区、房山区、大兴区、通州区、顺义区、昌平区、怀柔区、平谷区 8 个远郊区,密云、延庆为 2 个远郊县;总面积为 16 406 平方公里,截至 2009 年末,北京市户籍人口1 245.8万人,外来人口509.2 万人,常住人口共计 1 755 万人。今日的北京城市郊区是经历了一个漫长的发展演变过程而后形成的。这一过程大致分为三个阶段:第一阶段:从燕都蓟城至金中都期间,尚未形成有明确行政界线的城市郊区,只是处于城郊状态。第二阶段,从元大都至民国北平市期间,逐渐形成了有明确行政界线的城市郊区,并保持相对稳定。第三阶段:中华人民共和国成立后,北京城市郊区迅速扩展,以至形成今日的市域。上述三个阶段前后相继,密不可分,并且每一个阶段都与北京城的历史地位和城市职能息息相关。

一、城郊的出现

　　北京城的原始聚落,名蓟,作为殷商北方属国即已长期存在,并且也以蓟为都城。至西周,蓟城为周武王分封蓟国的都城。春秋战国时期,蓟城是燕国都城,为"渤碣之间一都会"。那时候,人烟尚稀,蓟城不可能领有为严格界线所划定的郊区,但是在城郊已建有燕国的离宫别馆。文献记载,蓟城西三四十里地有燕国的宁台,台下有元英、曆室

---

　　① 《周礼·地官·载师》,《十三经注疏》,北京大学出版社,2000 年。

等宫殿。①

两汉至隋唐间，蓟城一直是州郡（国）治所，是中原王朝经略北方的军事重镇，所属蓟县附郭，既管理蓟城，也管理郊外乡村。例如，隋大业七年（公元611年），炀帝用兵辽东，在蓟城建临朔宫，"遣诸将，于蓟城南桑乾河上，筑社稷二坛，设方墠，行宜社礼。帝斋于临朔宫怀荒殿，预告官及侍从，各斋于其所。……又于蓟城北设坛，祭马祖于其上，亦有燎。又于其日，使有司并祭先牧及马步，无钟鼓之乐"。"众军将发，帝御临朔宫，亲授节度。"②这里的蓟城南、北，显然是指城郊而言。这一史实说明，城郊即郊外区域为封建统治者的政治、军事乃至经济活动提供了适宜的场所。

唐建中二年（公元781年），废寄治之燕州（归德郡），分蓟县置幽都县，"管（幽州）郭下西界，与蓟分理"。③ 至此之后，作为幽州治所的北方军事重镇蓟城便由双附郭的蓟与幽都二县分治，唐代幽州城内划分为26坊。

辽建陪都于幽州，城改名南京，又曰燕京。又于南京置析津府，统六州，十一县，其中析津、宛平二县附郭，④城郊即由两县分治。据《辽史·百官志》记载，五京均置警巡院后，设警巡使。警巡即警戒巡逻，警巡院则是相关的城市管理机构。《辽史》未载明辽代五京警巡院设置的具体时间，契丹国时期宋辽之间战争频仍，民族杂居，城市社会治安问题较多。唐末五代至宋初诸都城设置了刑狱治安机构军巡院及厢。据此推测，契丹国时期陪都南京同样设置了类似的专门城市社会治安管理机构——警巡院。因此，警巡院应是辽代前期特殊社会环境下在上京、东京、南京专门设置的维护社会治安的机构。都城内民政则仍由附郭蓟北、幽都二县管理。"澶渊之盟"使宋辽之间交往密切起来，辽朝都城的社会经济文化得到迅速发展，城市社会经济文化事务日益繁剧，警巡院逐渐由军事治安机构演变为城市行政管理机构，而附郭县不再管理城内民事、供需等民政，使其统辖区域缩小到城外郊区。到辽代中后期南京已成为独立的建制城市，由警巡院管理城市民事、狱讼和治安；城外郊区则分属析津、宛平两附郭县管理。

金海陵王天德三年（公元1151年）三月，命从东、西、南三面增扩燕京城后，周垣达三十六里上下。⑤贞元元年（公元1153年）海陵王迁都燕京城，改号中都，置中都路，并改原析津府为大兴府，改析津县为大兴县。时大兴府领十县一镇。其中大兴、宛平二县附郭，两县治所已移至中都城外，⑥对城郊的管辖一如辽代。但是，金中都城内已设有

---

① ［唐］李泰等：《括地志辑校》卷2《幽州·蓟县》，贺次君辑校，中华书局，1980年。
② 《隋书》卷8《礼仪志》，中华书局本。
③ 《新唐书》卷39《地理志》。
④ 《辽史》卷40《地理志》。
⑤ 《金史》卷24《地理志》，中华书局本；阎文儒："金中都"，《文物》，1959年第9期。
⑥ 李丙鑫："大兴县县名由来及其治所迁移辨误"，《北京档案史料》，1987年第4期。

左、右两警巡院,①负责"括户籍",②"检民力"。③《金史·地理志》谓中都路领"府一,领节镇三、刺郡九、县四十九",中都属中都路大兴府,中都城内左、右警巡院亦当属之。中都路大兴府所领之大兴、宛平二县系附郭县及其他畿县,与警巡院不相统属。据记载,在承安五年(公元1200年)考中经义科进士的33人中,张儒卿、孔天昭、王毅系大兴府左警巡院人,而大兴府右警巡院、附郭县及畿县没有考中者。另有中都路所属刺郡通州三河县的晁李仲考中,④可见警巡院和县在金朝同是县级行政建制,已被列为金朝人的籍贯。因此金中都已出现了城市行政机构警巡院。中都城市警巡院对其周围地区没有领属权,也就是说,中都城外未能形成有明确界线的郊区。

尽管辽南京和金中都尚未领有一定范围的郊区,也没有明确的行政界线,但与城郊的关系日益密切。特别是金代,不但利用中都东北郊外的天然水泊营造了大宁宫,为日后大都新城的兴建奠定了基点,而且在西郊玉泉山、香山等地修建行宫寺院,例如香水院、清水院等八大院,作为金朝帝王巡幸驻跸之所。又于南郊大兴县境营造建春宫,开辟游猎场所,同时,大定四年(公元1164年)于都门外夹道重行植柳各百里,⑤完善道路系统。金代帝王在中都四郊的广泛活动为后来郊区的形成奠定了基础。

二、城市郊区的形成与稳定

金宣宗贞祐二年(公元1214年),为逃避北方蒙古骑兵的威胁,迁都南京(汴梁)。翌年,中都城为蒙古骑兵所破,改名燕京,称燕京路。时城内宫阙,尽遭焚毁。其后过了四十九年,即元世祖至元元年(公元1264年)决定建都燕京,仍称中都,改燕京路为中都路。至元四年(公元1267年)始于中都旧城东北郊外另建新城,初亦名中都。至元九年(公元1272年)新城改名大都,改中都路为大都路。至元十三年(公元1276年)已出现大都路总管府。⑥大都新城方六十里,十一门,内除宫城(大内)和皇城(萧墙以内)外,又分五十坊。至元十九年(公元1282年)废故大兴府置大都留守司;二十一年(公元1284年)改置大都路总管府,领院二、县六、州十。州领县十六(图11—1)。⑦所谓二院,即左、右警巡院,分领大都城内坊市民事,实为大都城市行政机构,与分治郭下的大

---

① 《金史》卷107《高汝励传》,中华书局本。
② 《金史》卷107《高汝励传》,中华书局本。
③ 《金史》卷93《承裕传》,中华书局本。
④ [金]李俊民:《庄靖先生遗集》卷8《题登科记后》,《九金人集》本,台北成文出版社,1967年。
⑤ 《金史》卷24《地理志》,中华书局本。
⑥ 《元史》卷9《世祖纪》,中华书局本。
⑦ 《元史》卷58《地理志》。

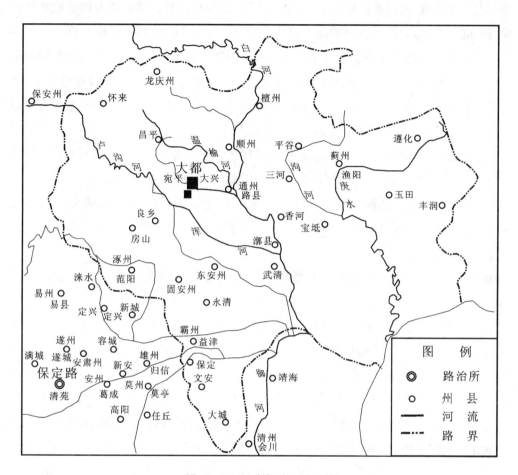

图 11—1　元大都路区域形势

兴、宛平二县不相统属,这一点当是金中都行政制度的延续和继承。元世祖中统年间
(公元 1260～1263 年),为防盗起见,曾于各地设置巡军弓手,"验民户多寡,定立额
数"。[1] 据《经世大典·序录·弓手》,"中统五年,验郡邑民户众寡,置马步弓手,夜游
逻……皆以防盗","每百户取中产者一人以充"。[2] 到至元十八年(1281 年),京师南北
二城共计设弓兵 2 085 万人,[3]到至顺、至正初年,在大都各城门外的关厢中,西北关厢
巡检司设弓手 30 人,南关厢巡检司设弓手 27 人,东关厢巡检司设弓手 18 人。据此可
以大概推知当时的三个关厢巡检司所领人户分别为 3 000 户、2 700 户和 1 800 户。由
此可见,元末大都城的关厢获得了相当的发展。正如《马可·波罗游记》所载:"[大都]
各城门外都有一个城郊,范围广大,和左右两边城门的近城,连成一片,所以它的长度延

① 《元史》卷 101《兵志》。
② [元]苏天爵:《元文类》卷 41《弓手》引《经世大典·序录》,上海商务印书馆,1993 年。
③ 《元文类》卷 41《弓手》引《经世大典·序录》注,上海商务印书馆,1936 年。

伸六七公里之远,因而近城居民的人数超过了都城的居民数。建有许多旅馆或招待骆驼商队的大客栈,为来自各地的商人提供住宿。①"元大都的近郊不仅建有许多坛庙寺观、别墅苑囿,还建有许多粮仓、窑场,设有采木提举司和养种园等。另外,中都旧城经过元世祖时期的恢复,人口仍然众多。至元十八年(公元 1281 年),旧城设弓手 1 400 人,管理 14 万户;至顺、至正中中都旧城设弓兵一千人,人口在十万户,且一直设有警巡院。② 因此原中都旧城仍属于大都城的重要组成部分。

上述各巡检司所辖关厢以及邻近村庄已存在着确定的界线。这一区域界线之外才是"环四境、控六乡"的大兴、宛平两县属地。因此,可以说北京城市郊区在元大都时已初步形成了。只是因资料所限,目前尚难勾画出它的明确界线。根据某些文献记载,元代一些官宦人家的园林别墅多集中在今丰台草桥一带,③这里似乎应属大都城郊区范围之内。

明初建都应天,称南京,而元大都改名北平,大都路改名北平府。永乐元年(公元 1403 年)又改北平为北京,改北平府为顺天府。顺天府领五州、二十二县,其中大兴、宛平二县附郭。永乐十八年(公元 1420 年)迁都北京后,北京又称京师,将"京师之地分为五城,每城有坊",④勾当城坊公事;又设五城兵马司,稽查奸宄。而"城内分土,前从棋盘街、后从北安门街以西,俱属宛平。城外,东与大兴联界"。⑤ 实际上,"城内总小甲悉属五兵马司,近城地方三四十里犹籍隶厂卫,县官曾不得一轻拘摄,县门之外,率尔我而主宾焉"。⑥ 明代京师行政管理实行了名义上的双重行政管辖。据上推知,明代北京城内应属五城坊巷和兵马司,而城外四郊应属中央政府的厂、卫、监、局等管辖。据嘉靖年间(公元 1522~1566 年)成书的《京师五城坊巷胡同集》记载,城外关厢,其中朝阳、东直两关厢设五牌三十七铺,包括朝阳门外河沿往南至都城东南大通桥及新城便门(东便门),东直门外北河沿往北至都城东北,计四十多个街巷村落。郑村坝共四牌,包括驹子房等十五个村庄。阜成、西直关外七铺,包括阜成门外河沿往南、白纸坊至都城西南角新城便门(西便门),计九处村庄。北河沿往北至西直门和都城西北郊外计七十多个村庄。安定、德胜关外六铺,包括安定门外六处、德胜门外二处、东乡十六处、中乡二十五处、西乡十八处,共计六十多个村庄。白纸坊五牌二十一铺中,坐落于新城外者计十余个村庄。又崇南、崇北坊郊外有十余个村庄。总计城外关厢所属街巷、胡同、村庄有

① (意)马可·波罗:《马可·波罗游记》第 2 卷第 11 章"汗八厘附近建筑的大都新城……",福建科学技术出版社,1981 年。

② 《元史》,卷 21《成宗纪》,中华书局本。

③ [明]刘侗、于奕正:《帝京景物略》卷 3《草桥》,北京古籍出版社,1980 年。

④ [清]孙承泽:《天府广记》卷 2《城坊》,北京古籍出版社,1982 年。

⑤ [明]沈榜编:《宛署杂记》卷 2《分土》,北京古籍出版社,1980 年。

⑥ [明]沈榜编:《宛署杂记》卷 2《署廨》,北京古籍出版社,1980 年。

230 余个。[①]

明代,"城内地方以坊为纲",坊下分牌,牌下裂为铺,即"城内各坊,随居民多少,分为若干铺",而"城外各村,随地方远近,分为若干保甲"。[②] 城市与村庄编设坊铺和保甲有明显的区别。从当时四郊与五城统一划分牌铺的事实来看,城外关厢及所属村庄又应属于五城管辖。这与上文所说大兴、宛平二县不得拘摄的记载并不矛盾。总之,明代北京四郊实由京师五城和中央政府的厂、卫、监、局共同管辖。

由某些村落名称和不完整的记录所反映的这个时期城市郊区经济职能及其与城市的密切联系,亦可证实上述推断并非廖说。东北郊郑村坝(今东坝)一带十五个村庄为明代御马苑所在地,"各马房大小二十所,各相距三四里,牧养御马"。[③] 西南郊外为嘉蔬署所在地,各村居民多为菜户,专供宫廷食用蔬菜。南海子为"育养禽兽、种植蔬果之处"。[④] 西郊村庄居民多属林衡署果户,供应宫廷干鲜果品。东南郊、南郊除菜农外,又有花户,专门培育花卉,以供宫廷及官僚贵族食用与观赏。北郊则多牧养奶户。总之,明代北京四郊是一个与宫廷生活和城市需求存在着密切联系的农牧业园艺区,是城市的重要组成部分。根据文献记录,街巷村庄的分布,可以大体勾画出明代北京郊区的界线。

与元大都时相比,不但明代在郊区的界线较为明确,而且有两处重要变化值得特别指出。①明初废弃元大都北城墙,将其南移约五里地,于今德胜门、安定门一线新修城墙,作为明北京城的北墙,于是元大都的北部城区废为郊区。②今东西长安街以南,原为大都城丽正、文明、顺承三门外的郊野,永乐年间营建北京宫殿城池时,将大都城南墙向南拓展约二里地,于今正阳门、崇文门、宣武门一线新建北京城南城墙,将大都城南郊之北部圈入北京城内。至嘉靖三十二年(公元 1553 年)修筑外城之后,北京城区进一步扩展至永定门、左安门、右安门一线。明北京城区两度向南扩展的结果,使其南郊比元大都南郊的范围大大缩小,而使南海子(元称下马飞放泊)与京城的距离大为缩短。这种部分城区废为郊区、部分郊区圈入城区的变迁,在明代是极为突出的。

顺治元年(公元 1644 年),清朝定鼎北京。顺元府沿明制,领五州十九县,其中大兴、宛平二县附郭,从遵化、主田、丰宁析出。为安置大量内迁的旗人,清政府于 1648 年下令圈占北京内城,驱逐原居内城的汉官、汉民和商人等于外城居住,[⑤]使满洲、蒙古、

　①　《京师坊巷胡同集》所载与《宛署杂记》的村落有重复现象,乃因京师某些村落由五城坊巷、厂卫监局与京师赤县兼管之故,从而形成了位于郊区之内的州县所管村庄土地,即飞地。

　②　[明]沈榜编:《宛署杂记》卷 5《街道》,北京古籍出版社,1980 年。

　③　[明]张爵:《京师五城坊巷胡同集》,北京古籍出版社,1982 年。

　④　[明]张爵:《京师五城坊巷胡同集》,北京古籍出版社,1982 年。

　⑤　《清世祖实录》卷 40 顺治五年八月辛亥;谈迁:《北游录·纪闻下》,中华书局,1960 年。

汉军八旗拱卫皇城而居。同时于北京城内外布列巡捕营汛,以"稽查奸宄","肃清辇毂"。顺治元年(公元 1644 年)已设京师南、北二营,十四年(公元 1657 年)又增置中营。① 所属巡捕官兵分驻郊外者,分别在朝阳门外大街、广渠门外关厢大街、左安门外黄家庄等地;南营巡捕官兵在城外的驻地分别为海甸(淀)、正阳门外东小市、西直门外西关、右安门外关厢、广安门外大街、挂甲屯、水磨地方、树村南、瓮山东北、香山买卖街、四王府和小屯村;北营官兵在郊外的驻地分别为安定门外大关、东直门外大街、德胜门外大关、朝阳门外鸡市口头条胡同等。② 可见清代京师巡捕营巡防之地一开始便伸展到了郊外,其中在西北郊外则达到香山一带。三巡捕营在郊外的巡防之地,在明代当属于北京郊区的范围。但由于城属(清代称城外四郊为城属)若干地方不属京营汛地管辖,州县不随外营汛地管辖,造成了京师东西南北四城与大兴、宛平及外州县地方犬牙相错、彼此混淆的局面。发生这种状况的根源就在于明代北京城市郊区中存在着属于州县管辖的飞地和村庄,而清初又直接地继承了明代这种隶属关系的结果。至雍正十一年(公元 1734 年),清政府为扭转这种局面,明确规定:"嗣后悉照京营旧制,凡城属地方,有越出京营界外者,就近各归大、宛二县管辖;大、宛二县地方,有夹杂京营界内者,就近各归四城管辖。各按界址,竖立石碑,永远遵守。"③这一规定进一步具体划定了北京城市郊区与大、宛二县之间的行政界线。如此明确地划定城市郊区的行政界线,大概是我国城市发展史上的第一次。

至乾隆年间,因"京师辇毂重地,向来步军统领所管营务,止分中、南、北三营,地方本属广阔,又西北昆明湖一带离城较远,稽查巡缉,更觉耳目难周",故增设左右二营,并改原南营为中营,改原中营为南营,共为中、南、北、左、右五营。五营所辖郊外地面重新作了调整,更便于领属,但整体范围未变。④ 直至清末及民国初年,各营汛驻地及其所管区域亦未变动。民国初年出版的《大中华京师地理志》即曾肯定:"城外四郊,步军统领京汛之地,亦仍旧制。"京营汛地不变的事实雄辩地说明了有清一代北京城属的范围是稳定的。

据文献记载,至嘉庆年间,仅城属东郊、东南郊、南郊、西南郊就有村落四百余处。⑤这些村落具有规模小、分布均衡的特点。至清末,京营四郊、即城属区域的人口已达到34 万余人。⑥

应该指出,光绪《顺天府志·地理志一》及《大中华京师地理志》等书所记城属的西北边界距城仅十五里,即在清漪园(今颐和园)东垣外南北一线;《顺天府属总图》及《畿辅全图》的《大兴县境图》和《宛平县境图》亦均把京师城属与宛平县在西北的界线划定

---

① 《清朝通典》卷 69《兵二》,上海商务印书馆,1935 年。
② [清]于敏中:《日下旧闻考》卷 73《官署》,北京古籍出版社,1981 年。
③ 光绪《大清会典事例》卷 1090《顺天府·职掌》,光绪三十四年上海商务印书馆刻本。
④ [清]于敏中:《日下旧闻考》卷 73《官署》,北京古籍出版社,1981 年。
⑤ 光绪《大清会典事例》卷 1033《都察院·五城》,光绪三十四年上海商务印书馆刻本。
⑥ 梁方仲:《中国历代人口、田地、田赋统计》,甲表 86,上海人民出版社,1980 年。

于清漪园以东南北一线。这显然与清代巡捕营汛在城属西北部的实际分布及前述有关城属与大、宛二县根据京营汛地划界分治的原则相抵牾。原因何在,有待稽考。

清代,自康熙时期始,在北京四郊,尤其在西北郊外大兴土木,辟治苑林,兴建离宫,优游享乐,兼理政务。为加强宫苑的防卫并解决清代中期京师内城旗下人口膨胀而造成的沉重压力,又一再于宫苑周围或近城地方建筑兵营,派拨旗下官兵挈家驻防。从而极大推动了西北郊外的繁荣和发展,密切了城市与郊区的联系。英法联军和八国联军相继攻掠北京,焚劫圆明园诸园的暴行加速了清末北京郊区的残破和萧条,给北京郊区人民带来了深重的灾难。庚子事变后,清政府在内城设置善后协巡总局。光绪二十八年(公元1902年)四月改善后协巡总局为内城工巡总局。光绪三十一年(公元1905年)七月设置外城工巡局,九月设置巡警部,十一月京师内外城工巡局改名内外城巡警总厅。民国成立,内外城巡警总厅并为京师警察厅,管理城市治安。

1911年国民革命推翻了清朝的统治。其后的北洋政府统治时期,北京仍为京师。民国三年(公元1914年)四月内务总长朱启钤奉令督办京师市政,六月内务部组建京都市政公所,标志着市政公所的成立。[①] 同年十月,改顺天府为京兆地方,亦称京兆尹、京兆特别区,简称京兆,辖通县、三河、宝坻、蓟县、武清、香河、大兴、宛平、良乡、房山、涿县、固安、永清、安次、霸县、昌平、顺义、密云、怀柔、平谷20县(图11—2)。因此,有"京兆一区,为县二十,地方数百里,人民数百万"[②]之说。民国七年(公元1918年)八月改京都市政公所为京都市,管理城市行政事务。民国前期,清代以来一直延续的步军统领衙门管理的城属二十营汛地,到民国十三年(公元1924年)划归京都市,仍属城市郊区。京都市与京兆地方是当时相互独立的行政单位,直隶民国政府。

1928年6月,中华民国政府定都南京后,改北京为北平特别市,旋改北平市。日伪占领时期又改北平市为北京。抗战胜利后复改称北平市。虽然这期间城市的名称不断变换,而其郊区范围却未有大的变化。西至三家店,东达东坝,北起立水桥,南迄大红门,北平城市郊区面积为645平方公里,只是原属清代城属的南苑划入了大兴县。日本投降后,北平郊区由原来的东、西、南、北四郊区制改为八郊区制,其方位自东北郊始,依顺时针方向环绕城区依次为郊一,至郊八区。至民国三十七年(公元1948年)六月,郊区人口达到了49万余人。[③]

民国时期,北京城市的消费性质在一定程度上影响了郊区经济的发展。日伪占领时期,于东、西郊分别建立了工业区和北京新城区,改变了历史上北京郊区的那种纯粹的田园风光。郊区的园林寺庙开辟为公园和游览胜地使旅游业得以发展。燕京大学,

① 《京都市政汇览》第一章《关于市政机关的设置事项》第一节《京都市政公所》,中华民国八年十二月。
② 《治理京兆计划书》第一章《概论》,京兆尹公署印行,中华民国十四年七月。
③ 北平市政府:《北平市政统计》,民国三十七年(1948年)。

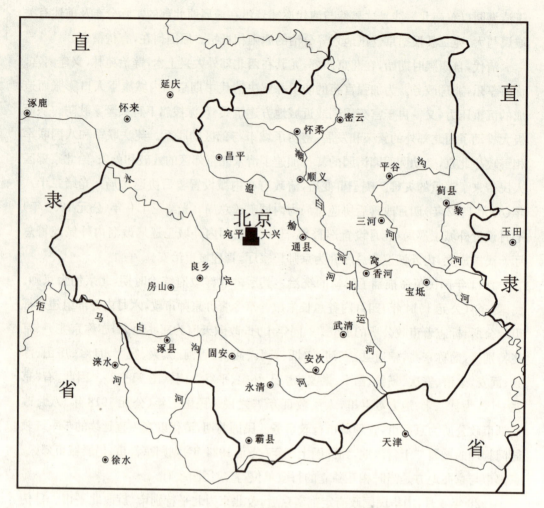

图 11—2 民国初北平市与京兆地方区域形势

清华学校的建立,又推动了郊区教育事业的兴起。民国时期,北京城市郊区不仅保持着与城市生活的密切关系,而且开始了自我完善的进程。

总之,在中国古代即出现了独立建制城市,并出现了城市领属的郊区,处在附郭县包围之中。中国都城郊区在七八百年前形成是中国城市发展和成熟的标志。

三、城市郊区的扩大与发展

1949年初,北平和平解放;依北平市军事管制委员会第一号布告:"在北平城郊划定东至通州、西至门头沟、南至黄村、西南至长辛店、北至沙河的辖区内实行军事管制。" 6月,市政府划入长辛店、丰台、南苑、门头沟,增加面积548平方公里,市域面积计

1 255平方公里。1949年9月21日至30日召开的中国人民政治协商会议第一届全体会议上,决定改北平为北京,并定为新中国的首都。从此,北京的城市建设及其郊区发展进入一个新的历史时代。

从1949年底至1952年间,北京市的区划调整极为复杂,略而不论。至1952年9月,北京市区划分为东单、西单、东四、西四、前门、崇文、宣武七个城区,和东郊、丰台、南苑、海淀、石景山、京西矿区(原河北省宛平县划入北京市而改设)六个郊区。其中郊区面积共增加了1 961平方公里。

1956年3月,经国务院批准,将河北省属昌平县划归北京市,改名昌平区。又将河北省通县所属金盏、长店、北皋、孙河、崔各庄、上新堡、前苇沟七个乡划入北京市。从而使城市郊区的面积又增加了1 604平方公里,人口增加了29万余人。

1958年3月,国务院决定,将河北省属的通县、顺义、大兴、良乡、房山五县和通州市划归北京市管辖,分别改名通州区、顺义区、大兴区、周口店区(良乡、房山二县合并改名),使北京郊区面积又增加了4 040平方公里,人口增加了近136万。4月撤销前门区,所辖区域分别划归崇文与宣武区。5月,北京市政府决定,并经国务院批准,再次调整行政区划,撤销前门区,分别并入崇文区和宣武区;东单区和东四区合并为东城区;西单区和西四区合并为西城区;撤销南苑区,分别并入大兴区和丰台区;撤销石景山区,并入丰台区;京西矿区改名门头沟区;东郊区改名朝阳;6月,将东城区所属朝外大街、朝外市场、神路街、东便门四个办事处所辖区域划归朝阳区;至10月,国务院决定,又将河北省的怀柔、密云、平谷、延庆四县划归北京市管辖,使北京市郊区面积又增加了7 546平方公里,人口增加了82万余人。至此,北京市域面积达到16 406平方公里,其中郊区面积(包括郊县)为16 316平方公里,占北京市总面积的99.5%。

1960年初,原昌平、通州、顺义、大兴、周口店五个区分别改称昌平县、通县、顺义县、大兴县、房山县。10月,将丰台区马连道街道办事处划归宣武区,使城四区面积达到90平方公里。

1963年,石景区复从丰台区分出,成立了区级政府——石景山办事处。1967年正式恢复了石景山区。1974年2月,于房山县境内设立石油化工区办事处,1980年1月,经国务院批准,正式设立燕山区,其辖区范围包括房山县周口店公社的坟山大队,城关公社的羊耳峪、岗山、凤凰亭、北庄大队和朱各庄大队的马庄生产队,总面积仅3平方公里。1987年2月燕山区与房山县合并改名房山区,至此形成北京市所辖的10区8县的行政建制。1997年4月,撤销通县建制,改设通州区。1998年3月,撤销顺义县,改设顺义区。1999年9月,撤销昌平,改设昌平区。2001年1月,撤销大兴县,改设大兴区。2002年4月,撤销怀柔、平谷县建制,改设怀柔区和平谷区。至此,形成当今北京市16区2县建制。

回顾中华人民共和国成立之后北京城市郊区的变迁过程,可以归纳出两个特点:第一,解放初期,顺应城市经济建设的要求,郊区范围迅速扩大;20世纪六十年代以来,郊区相对稳定。第二,郊区生产的专门化倾向相当明显,例如,原燕山区为石油化工区,石景山区为钢铁、电力等重工业区,门头沟区主要为煤矿工业区,丰台、朝阳、海淀为农业园艺区,海淀同时又是文教科技区等等。这两个特点正是新时期北京城市发展和城市建设的总趋势所决定的,带有历史的必然性;同时也反映了这一区划的相对合理性。

纵观北京城市郊区形成和变迁的整个历史过程,可以推动这一过程不断前进的原动力,正是北京城市的性质、职能及其历史地位的变化。

第十二章 清代北京城市郊区行政界线的确定

清代北京城市的城属即城市郊区行政界线划定于雍正中（公元 1723～1735 年）。按照城市郊区是在行政上隶属于城市的城市外围地区，是城市的重要组成部分的概念，这是我国古代封建王朝划定京师城市郊区行政界线的重要实践。事实上，早在元代中期和明代即已逐渐形成了直属于京师城市的郊区，[①]只是由于政治和历史原因，以及土地私有形成的行政管辖区域的参差和大量"飞地"，使当时属于京师城市的郊区界线尚不甚明确。我国古代行政建制和区划虽然出现很早，但至隋唐时期才出现了以"四至八到"记录各类行政区域范围的形式，并逐渐形成了行政区域间的习惯性边界线。直到清代大多数行政区划间的边界线依然不是明确法定的界线。这种状况给行政管理、社会治安及经济开发带来了不良影响乃至障碍。为解决这些实际存在的问题，雍正中清朝政府曾派员查勘某些省区的边界、建立界牌（碑），以期永远遵守；其中包括勘定京师城属与周边州县间的行政界线。但北京地方志对这条边界的记录与其他相关的记录却不尽一致，实有必要予以考索以确定其正确的边界走向及清代北京城市郊区的大致范围。

一、清代地方志书有关北京城属的行政范围记录

清代文献对京师城属的直接记录很难找到，但有关的间接记录却时有所见。如光绪《顺天府志》所附大兴县图和宛平县图及《顺天府志·地理志》关于大兴县和宛平县政区"四至八到"的记录，光绪《畿辅通志·舆地略·疆域图说》大兴县图和宛平县图（图12—1）及两县政区"四至八到"的记录均涉及了京师城属，且记述颇为详尽。

按《顺天府志·地理志》，"大兴县：东除城属八里外，至通州界十二里；西无管辖，系宛平属；南除城属二十四里外，至东安县界七十一里；北除城属一十二里外，至昌平州界二十三里；东南除城属三十七里外，至东安县界五十里；西南除城属二十四里外，至固安县界七十四里；东北除城属十里外，至顺义县界三十五里；西北除城属十二里外，至昌平州界十三里"。"宛平县：东无管辖，系大兴县属；西除城属十五里外，至宣化府保安县界

---

① 韩光辉、尹钧科："北京城市郊区的形成及其变迁"，《城市问题》，1987 年第 5 期。

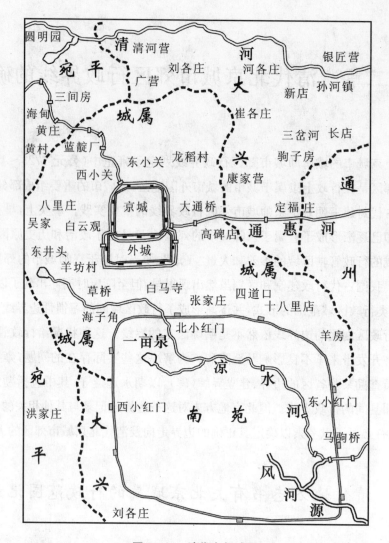

图 12—1 清代京师城属

一百七十五里;南除城属二十里,又除大兴属二十七里外,至固安县界五十五里;北除城属十八里外,至昌平州界五里;东南无管辖,系大兴属;西南除城属十五里外,至良乡县界三十里;东北无管辖,系大兴属;西北除城属十五里外,至宣化府怀来县界二百十五里。"

《畿辅通志》在关于大兴县和宛平县政区"四至八到"的记录中,仅宛平县"北除城属二十里外,至昌平州界八里"与《顺天府志》的上述记录有所不同,其余基本一致。按《畿辅通志·疆域图说》所附宛平县地图测算,①京师城属北面界线距城二十里当更切合实际。

----

① 光绪《顺天府志·地理志》,光绪十至十二年刻本。所附州县地图更具示意性,故未作测算依据。

综合《畿辅通志》和《顺天府志》的有关记录,清代京师城属就是环绕北京内外城的周边地区,即城市的郊区。在与大兴县接壤的地区,城属的大致范围是:东8里,南24里,北12里,东南最远37里,西南最远24里,东北10里,西北12里;在与宛平县接壤的地区,城属大致范围是:西15里,南最远20里,北最远20里,西南15里,西北15里。

按照《畿辅通志》和《顺天府志》附图所绘城属与宛平、大兴两县间的边界分析,清代北京城属的范围大体上就是城门或城墙至城属外部边界之间的空间。如果这个推论不错的话,上述有关城属的文字记录及所附地图表示的边界基本上是一致的,即两部志书记录的两部分内容并未发生明显的矛盾。因此,《北京历史地图集》在"清北京地区"图幅中,关于京师城属的范围和外部界线就是根据上述图文资料编绘的(图12—2)。

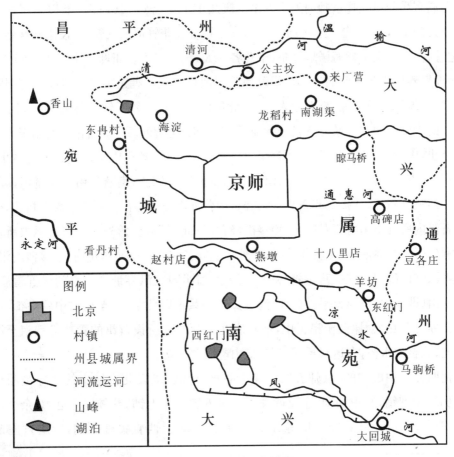

图 12—2　清代北京城属

由图12—2,清代京师城属北起清河、来广营以南,南达南苑东、西红门以北,东自豆各庄以西,西至东冉村与看丹村以东地区。显而易见,京师城属这一范围相当狭小。但事实上,清代至迟到清中期京师城属的范围并不止于此,京师城属的外部边界显然也不止于此。

二、清北京城属界线的确定及原则

清王朝定都北京,满族统治者圈占京师内城,驱赶汉官、汉民及商人等居于外城,形成清代旗人与汉民分别聚居内、外城的基本格局。同时,于京师内、外布列巡捕营汛,以"稽查奸宄"、"肃清辇毂",即卫戍与巡警京师,维护京师安全。首先是顺治元年(公元1644年),在北京设置了巡捕南、北二营;十四年(公元1657年)又增置了巡捕中营。① 故康熙《大清会典》称,京营巡捕分南、北、中三营,各置参将一员,游击一员,把总五员。所属巡捕官兵分汛驻扎京师内外十五汛。康熙十三年(公元1674年)始以步军统领提督内城九门事务;三十年(公元1691年),命步军统领兼管巡捕三营,并设南营畅春园守备、把总各一人,设中营海子墙守备、千总各一人,把总二人。康熙五十一年(公元1712年)增设畅春园守备、把总各一人,增设静明园把总一人。雍正中又先后设南营圆明园守备二人,增设千总七人、把总六人。② 至此形成了步军统领所辖各营汛守备、千总、把总管辖的大致范围:"大城外三营分管地界:东三汛,北营外西一守备汛内所辖至大王庄观音堂止,中营外正东守备汛内所辖至双桥止,外东南守备汛内所辖至北鹿司村止,均接通州界;南三汛,中营外正南守备汛内所辖至南苑北墙止,南营外南二守备汛内所辖至西红门三官庙止,均接旧州营界;西二汛,南营外南三守备汛内所辖至大井村止,外南一守备汛内所辖至田村府君庙止,均接拱极营界;北二汛,北营外正北守备汛内所辖至清河利(立)水桥河沿止,接巩华营界,又外东北守备汛内所辖至羊房村止,接沙河汛界,以上各汛统以南、北、中三营参将各一人。"③ 而圆明园三汛界址,"东自刘村五道庙起,西至京山(即金山)口与宛平县接界,南自黄庄马兵汛路北起,北至树村中营后街,与昌平州接界"。④ 因此,康熙至雍正中,清政府在京师近郊所设营汛的管辖范围南至海子墙以北、北至立水桥,东达双桥、西到玉泉山静明园一带。

据明嘉靖中成书的《京师五城坊巷胡同集》记载,隶属北京城市的城外关厢与城市一例编设牌铺,其中朝阳、东直两关厢共设五牌三十七铺,共领属附近40余个街巷村庄;郑村坝四牌,领属驹子房等处15个村庄;阜成、西直关外七铺,所属村庄及西

---

① 《清朝通典》卷69《兵二》,上海商务印书馆,民国二十五年;《清会典事例》卷1156《步军统领》光绪三十四年上海商务印书馆刻本。按康熙《清会典》载,"原设南营,顺治十四年改为巡捕中营"。原南营所属营汛则管辖北京城西郊、南起南苑西红门三官庙、北至圆明园以北的树村,西达金山口,故下文畅春园、圆明园、静明园诸营汛皆隶南营,至乾隆中调整,畅春园、圆明园、静明园等营汛始属中营。

② 《清会典事例》卷1156《步军统领》,光绪三十四年上海商务印书馆刻本。

③ 乾隆《清会典则例》卷199《步军统领》;雍正《畿辅通志》卷38《兵制》,雍正十三年刻本。

④ 乾隆《清会典则例》卷199《步军统领》;[清]唐执玉修《畿辅通志》卷38《兵制》,雍正十三年刻本。

北郊外村庄共计 80 余个；安定、德胜关外六铺领属以及城市所属近郊村庄则达 60 余个；外城白纸坊、崇南坊、崇北坊所属郊外村庄亦在 20 个以上；明代中期北京所属近郊街巷村庄计达 220 余个。其地域范围大致与清初京师巡捕三营所辖城属地面相当。随着清代定都北京及西郊皇家园林的兴起与发展，京师巡捕三营管辖的郊区范围便迅速地扩展到昆明湖乃至玉泉山静明园一带。康熙中至雍正中于京师城属西北部畅春园、静明园和圆明园等处增设巡捕南营所属各守备、千总、把总均与当时京师城属范围扩大有关。

　　雍正五年（公元 1727 年），为划定京师五城之间的界限及城属与周边州县之间的界限，曾谕令："京城内旧有基址界限之处，著五城御史查勘，建立界牌；其城外与州县接壤之处，著巡视直隶三路御史，于该管处查明厘定，建立界牌。"[①]至雍正十二年（公元 1734年）始议准："京师东、西、南、北四城，与大兴、宛平及外州县地方，犬牙相错，彼此溷淆，皆由城属不随京营汛地管辖，州县不随外营汛地管辖之故。嗣后悉照京营旧制，凡城属地方，有越出京营界外者，就近各归大、宛二县管辖，大、宛二县地方，有夹杂（京）营界内者，就近各归四城管辖，各按界址竖立石碑，永远遵守。"[②]这两条重要史料均涉及京师城属与周边州县接壤划界的问题；尤其这后一条史料，不仅揭示了清代初期北京郊区与毗邻州县之间存在的土地"犬牙相错、彼此溷淆"的基本事实及其历史根源，而且系统地提出了解决这种现象的基本原则——以京师巡捕营汛所管地面为准划定京师城属外部边界。京师巡捕营汛分管地面即归京师五城中的东、西、南、北四城属地；这里就是清代京师所辖之城属，使京师卫戍巡警区与京师五城的行政管辖区在郊外统一起来。按《清高宗实录》关于京师巡捕"旧设南、北、中三营，共十九汛"的记载，康熙中后期至雍正中随西郊皇家园林的开发和兴起，京郊巡捕营汛较康熙初年增加的四个，多数设在京师城属西北部。按照这十九个营汛管辖范围具体划定的京师城属与大、宛二县间的界线显然就是当时北京城市郊区的行政界线。这条行政界线以内、内外城城区以外的地区就是清代康雍年间北京城属范围。

　　至乾隆九年（公元 1744 年），静明园附近三营步兵汛增设为十二个；静宜园附近增设三营马兵汛一、步兵汛十，西山小屯村及冷泉附近各增设三营马兵汛一、步兵汛四。至乾隆四十六年（公元 1781 年），因"京师辇毂重地，向来步军统领所管营务，止分中、南、北三营，地方本属广阔，又西北昆明湖一带，离城较远，稽查巡缉，更觉耳目难周；所有从前额设官兵，不敷派拨，且营制亦有参差未协之处"，故有"添设兵丁，酌安营汛"的谕令。[③] 按此谕令，除于原设马步兵五千一百名，再添设马步兵四千九百名，定额一万

---

① 雍正《清会典》卷 27《户部·田土》，雍正十年武英殿刻本。
② 《清会典事例》卷 1090《顺天府·划界分治》，光绪三十四年上海商务印书馆刻本。
③ 《清会典事例》卷 1156《步军统领》，光绪三十四年上海商务印书馆刻本。

名外,将旧设南、北、中三营,共十九汛,按南、北、左、右分设四营,以合方位;圆明园向称南营,改为中营,列各营之首,共为五营,二十三汛。[①] 其中,"中营五汛,南营六汛,余三营各辖四汛"[②]。除中营设副将一人外,余四营均各设参将一人,五营又各设游击一人;每营添都司一人,与守备一体分汛管辖,汛设守备一人。可见,经乾隆中的巡捕营制调整,京师巡捕营不仅增加了兵额,且将原来三营增设为五营,将十九汛增加到二十三汛,从而增加了京师巡捕营在静明园及以西地区的驻汛点,完善了巡捕营制,加强了对京师西北郊的军事与治安管理。

这一过程与八旗健锐营在香山地区的出现及八旗军营式聚落的兴起直接相关。健锐营是清代禁卫军之一,创置于乾隆十四年(公元 1749 年),设云梯兵二千名。这些选拔自京师八旗的满蒙军人一般携眷驻扎于此。清政府按八旗驻扎方位给他们建造了营房,因而形成了一系列军营聚落。这就是香山东麓的正蓝、镶白、正白、镶黄、正黄、正红、镶红、镶蓝旗营房。当今香山东麓以旗为通名的地名就是从清代健锐营驻扎营房演变而来的。为稽查巡缉,确保旗人安全,遂增设了驻守香山的静宜园汛及四王府游击署等。这大概就是"添设兵丁,酌安营汛"的含义。因此,香山地区属京师巡捕营驻汛地无疑。

据《畿辅通志·京师》,中营副将署在海甸(淀)辛庄,游击署在香山四王府村;所辖五汛:圆明园汛都司署在挂甲屯,畅春园汛守备署在海淀新庄,树村汛守备署在树村,以上三汛,每汛兵五百名;静宜园汛守备署在香山,乐善园汛守备署在西直门外,以上二汛每汛兵五百八十名。南营参将署在崇文门外抽分厂,游击署在菜市口;所辖六汛:西珠市口汛都司署在棉花头条胡同,东珠市口汛守备署在东珠市口,以上二汛,每汛兵四百三十三名;东河沿汛守备署在东河沿,西河沿汛守备署在铁厂,以上二汛,每汛兵四百二十三名;花儿市汛守备署在崇文门外上三条胡同,菜市口汛守备署在牛街口,以上二汛,每汛兵四百二十四名。左营参将署在朝阳门外芳草地,游击署在东便门外三虫祠;所辖四汛:左安汛都司署在左安门外关厢,汛兵四百四十四名;河阳汛守备署在朝阳门外南中街,东便汛守备署在东便门外三虫祠,以上二汛每汛兵三百九十名;广渠汛守备署在广渠门外关厢,汛兵三百七十六名。北营参将署在德胜门外大关,游击署在安定门外大关;所辖四汛:德胜汛都司署在德胜门外大关,安定汛守备署在安定门外大关,东直汛守备署在东直门外大关,朝阳汛守备署在朝阳门外鸡市口,以上四汛,每汛兵四百名。右营参将署在阜成门外关厢,游击署在广宁门外关厢;所辖四汛:永定都司署在永定门外刁桥,阜成汛守备署在阜成门外驴市口,西便汛守备署在西便门外角楼,广宁汛守备署在广宁门外车市,以上四汛每汛兵三百七十名(图 12—3)。

---

① 《清高宗实录》卷 1136,乾隆四十六年七月丁未。

② 《清会典事例》卷 1156《步军统领》,光绪三十四年上海商务印书馆刻本。

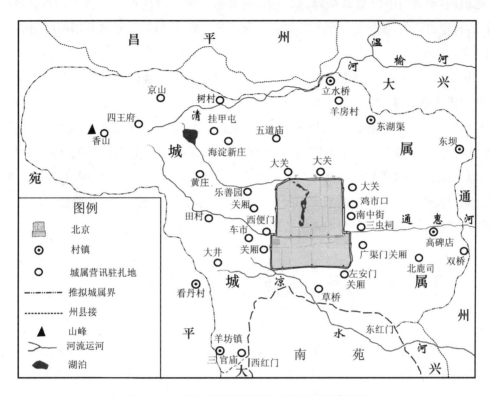

图 12—3　清京郊巡捕营汛驻地及城属推拟界线

　　从乾隆四十六年的谕令及康熙雍正中京师巡捕营汛在郊外驻扎形势分析,乾隆四十六年谕令的实质在于"添设兵丁,酌安营汛",以解决京师城属地方广阔、西北昆明湖一带,离城较远,稽查巡缉难周,原额官兵不敷派拨及营制参差未尽协调的问题,而不是扩大营汛管辖的地域范围。事实上,所采取的有关措施也的确获得了预想效果。因此,京师西北郊外的海淀、昆明湖乃至香山一带地方在清代中期以前乃至康熙雍正时期即已属京师城属管辖,而不属宛平县管辖范围。按《日下旧闻考·官署》关于原南营巡捕官兵在西北郊外分别驻扎海淀、挂甲屯、水磨地方、树村南、瓮山东北、香山买卖街、四王府及小屯村,以及南营改为中营后"其畅春园、树村、香山三汛仍旧"[①]的记载,均亦证明了这一点。据此大概可以推定,雍正中乃至清初北京城属范围在西北郊已扩展到香山地区,并于雍正中最终划定了城属在这里的行政界线。这一界线恰与步军统领所属京师巡捕营汛管辖的范围相一致(图 12—3)。

　　嘉庆以降除设左、右翼总兵各一员佐理步军统领并随事添设官佐之外,直至清末乃至民国初年,步军统领所属营汛在京师四郊管辖范围亦未发生变动。在这个稳定的郊

　　① ［清］于敏中:《日下旧闻考》卷 73《官署》,北京古籍出版社,1981 年。

区范围内,至嘉庆中仅城属东郊、东南郊、南郊和西南郊村落即已发展到四百余处。①
因此,有理由认为,民国初年的京师四郊就是清代形成的城属,其地域范围前后相承,未
发生明显的变化。

　　按照"划界分治,大、宛两县与五城兵马司接壤之地,五城以京营所辖为界,两县以
在外营汛所辖为界,各治境内,以重官守"②原则,光绪《畿辅通志》和《顺天府志》有关地
图对京师城属及大、宛两县范围的画法存在明显不妥;质言之,将京师城属与宛平县在
西北部的行政界线划定于清漪园(后来的颐和园)以东南北一线是错误的。归纳以上所
述,原因在于:①这条界线与清代京师巡捕营汛在城属西北部的实际分布明显不一致;
②这条界线与雍正中确定的城属和大兴、宛平二县根据京营汛地划界分治原则相抵牾;
③这条界线与民国初年京师四郊对清代北京城属承继关系相矛盾。

三、勘定北京城属行政界线的意义

　　在中国,早在春秋战国时期随着郡县行政建制的出现和确立,便于对不同等级规模
的地域实行分区管理的行政区划便产生了,从而也就形成了各类行政区划之间的边界
即行政边界。行政区划的变动导致行政边界的变更。但古代行政边界因人口与资源之
间的矛盾冲突尚不明显,行政边界地区的利益分配和资源争议也未被重视,因而在不同
等级的行政区划之间历史地形成了并非法定的传统习惯性控制边界。随着中国社会总
人口的迅速增加和资源开发强度的加大,至康雍之际划定行政区域的边界、维护社会治
安、减少对边界地区资源占有和开发的纠纷便自然地提到各级政府行政工作的日程
上来。

　　雍正初清政府要求北京城属与周边州县接壤之处,查明勘定,建立界牌(碑),即确
定京师城属与周边州县之间的行政界划,原因就在于城属与外围州县地方,犬牙相错,
彼此混淆,没有严格的行政界线,不利于"稽查奸宄"、"肃清莘毂",即不利于维护社会治
安。因此防止推诿命盗案件,争竞边界利益,维护京师及近郊的社会安宁,净化社会环
境成为雍正皇帝勘定京师城属外部边界的基本指导思想。历史地考察,这次勘界之后
便出现了我国历史上最早确定的京师城市郊区的行政界线。尽管当时京城至这条行政
界线之间的区域被称作城属也没有独立的行政机构,但其作为城市的组成部分,实质上
已是具备了近现代含义的城市郊区。

---

　　①　《清会典事例》卷 1033《都察院·五城》,光绪三十四年上海商务印书馆刻本。
　　②　乾隆《清会典》卷 85《顺天府》,乾隆二十九年武英殿刻本。

在西方,以研究西方城市发展史著称的美国著名学者刘易斯·芒福德在其名著《城市发展史:起源、演变和前景》一书中虽以较大篇幅论述了城市郊区问题,并认为"郊区的兴起对城市的社会内容和空间安排上都带来了显著的改变,但奇怪的是至今大多数解释城市的人都不提郊区;即使少数提到郊区规划的人,特别是克里斯托弗·滕纳德教授(Christopher Tunnard)也认为郊区只是新近才出现的现象"。这至少说明,具近现代意义的城市郊区在西方出现甚晚,甚至是 20 世纪以来才出现的。尽管芒福德还认为,"郊区几乎与城市本身一样出现得很早,而且,也许因为有了郊区,古代城市,尽管城墙内各处很不卫生,却仍得以生存下来"。① 但从芒福德的整个论述过程来看,他所说的郊区实际上相当于中国古代在行政上与城市同时隶属于州县的城郊,并不存在行政上隶属城市的郊区,也就不存在勘定的郊区界线。因此,完全有理由说,清雍正中勘定的北京城属行政界线是当时世界上最早的城市郊区界线,清代北京城属就是世界上最早的城市郊区。

---

① Lewis Mumford. 1961. *The city in history*:*its origins*,*its transformation*,*and its prospects*. Harcoure, Brace & World,Inc. ,NewYork.

第十三章　清代八旗驻防与王府聚落向郊区的转移

清代,在北京西北郊圆明园周围和香山脚下,有不少以旗为通名的村落,分两组按相同的方位排列着。同时,康雍乾之际,在北京北郊还规划建设了一个由行宫、王府及其附属建筑组成的宏大聚落,但只存在了大约四十年时间。旗人聚落向郊区的转移需要加以认真探讨。

一、京郊八旗驻防聚落的形成[①]

京郊旗村聚落从何而来? 要得到一个满意的答案,还需要从清代京师八旗制度讲起。

八旗是清代满洲、蒙古和汉军八旗的总称。实际上,满、蒙、汉军各设八旗,共计24旗。其旗色分别为镶黄、正黄、正白、镶白、正红、镶红、正蓝、镶蓝。

八旗中以满洲八旗设置最早。清(当时称后金)太祖努尔哈赤辛丑年(公元1601年)始设黄、白、红、蓝四旗,皆为纯色。至甲寅年(公元1614年)始定八旗制度,以初设四旗为正黄、正白、正红、正蓝旗,增设镶黄、镶白、镶红、镶蓝四旗,合为八旗。每旗均设旗主一人,入关之后改称汉语名都统。

清太宗皇太极天聪九年(公元1635年)始设蒙古八旗,旗色与满洲八旗相同。崇德二年(公元1637年)分满洲八旗之下的汉军设为二旗;四年(公元1639年)将汉军二旗分为四旗;七年(公元1642年)将汉军增设为八旗,旗色及其他制度也均与满洲八旗相同。至此共编设满、蒙、汉等24旗。

顺治元年(公元1644年),清政府入关定都北京,遂分置满、蒙、汉军八旗于京师内城。其中镶黄、正黄二旗居北方,正白、镶白居东方,正红、镶红居西方,正蓝、镶蓝居南方。皇城以外,以位于中轴线上的棋盘街(今前门以北至毛主席纪念堂之间)、鼓楼大街以及旧鼓楼大街为界其东自北而南依次为镶黄、正白、镶白、正蓝四旗,称左翼;其西自北而南依次为正黄、正红、镶红、镶蓝四旗,称右翼;清代通称京师八旗。

---

① 韩光辉:《北京历史人口地理》,北京大学出版社,1996年。

　　顺治五年(公元 1648 年),清政府在京畿大规模圈地的同时,下令圈占了北京内城,原居内城的汉人、商人乃至汉族官僚尽迁外城,故起码至光绪之前,北京内城一直是京师八旗官兵眷属的集中聚居地,故又称满城。所以八旗制度形成于入关之前,发展巩固于入关之后。

　　八旗之下还设有参领、佐领。满洲与汉军八旗每旗之下均设五个参领,蒙古八旗每旗之下只设两个参领。每参领之下又设佐领(顺治十七年前称牛录)若干,佐领随旗下人丁户口的增长随时编设,乾隆之前无固定名额。这与满、蒙、汉军定额八旗及每旗五参领或二参领不同,从而形成了八旗、参领与佐领的军事行政管理体系。众多的京师旗人即分属于这个系统。八旗,以旗统人,即以旗统兵。凡旗下人丁户口不分长幼男女,皆隶属于旗,且每三年查报统计一次,即由军政合一的基层管理单位佐领进行。

　　入关之前,一般以 300 或 200 个壮丁编一个佐领,努尔哈赤时有满洲佐领 308 个、蒙古佐领 76 个,汉军佐领 16 个,合计 400 个。据《八旗通志》记载,入关时八旗共有佐领 660.5 个,其中满洲 307.5 个,蒙古 118.5 个,汉军 162.5 个,包衣佐领 72 个。

　　入关后至康熙初年,每佐领编设壮丁数改为 130～140 名,余丁汇编新佐领,故至康熙二十年(公元 1681 年),京师八旗佐领增加到 954 个。平定吴三桂为首的“三藩之乱”后,京师旗人进入了休养生息、迅速增殖的时期。至康熙五十年(公元 1711 年),京师八旗佐领增编到 1 293 个,其中满洲 670 个、蒙古 206 个、汉军 268 个,内务府三旗和下五旗包衣佐领 149 个;至嘉庆初最终增编至 1 374.5 个,较入关时佐领数增加了 714 个。佐领数的不断增加,显然是京师八旗兵丁户口不断增殖的标志。但因佐领职任和兵额的限制,清代中期即已不可能再更多地增编佐领,故而旗下闲散无业人口急剧增加,形成了京师八旗“户口日繁,待食者众,无余财给之,京师亦无余地处之”的严峻社会经济问题。

　　清代中期,除京师闲散宗室饱食终日无所事事,屡为不法,闲散旗人游荡滋事之外,闲散旗人的赡养和贫困兵丁的住房问题均甚严重。为解决闲散旗人的赡养,雍正初即开始增设养育兵 5 120 名,每人给三两钱粮。乾隆初为养赡旗人又增设养育兵及甲兵达 15 900 余名,其中养育兵 10 770 名。乾隆中又增养育兵及圆明园甲兵共 10 484 名;后因自京师派大量旗兵到外地驻防,得裁养育兵 3 157 名。嘉庆中两次又增设养育兵 7 726 名。前后实际增设养育兵达 36 000 余名。虽然后来增设的养育兵所得养赡钱粮大大减少,但还是起了养赡闲散、改善旗人生计的作用。

　　清政府定都北京,对八旗官员兵丁的住房实行的是分配制,且均有定例。一般从军之人均给房二间。顺治十六年(公元 1659 年)始,因官房不敷分配,官员住房酌减,从军之人各给一间;康熙初开始在内城空地由官府造房;二十二年(公元 1683 年)又将驻防外地兵丁在京的房屋收回另行分配;凡此在当时均未能奏效。至三十四年(公元 1695

年),京师八旗仍有 7 000 余名兵丁无房可住。乾隆初,仍然是"八旗无业贫人,居无定宅",高价租房居住;至嘉庆中甚至出现了宗室贵族栖身无所的情形。可见清代中期京师八旗兵丁住房问题已相当严峻。

为最终解决京师旗人"户口日蕃,待食者众,(政府)无余财给之,京师亦无余地处之"的问题,清政府采取了增加各地八旗驻防,迁移京师闲散旗人于东北屯垦,动员汉军旗人出旗为民,及在京郊建房令旗兵携带家眷驻扎等一系列疏散京师旗人的措施。前后疏散京师八旗兵丁总计在 25 万人以上。其中驻防京郊的官兵达 5 万余人,总人口在 20 万人以上。

首先是康熙三十四年(公元 1695 年)于内城八门外,各盖房 2 000 间,共 1.6 万间,令京师八旗无房贫困旗兵 8 000 名携眷居住。雍正六年(公元 1728 年),又于内城八门外各建房 460 间,共 3 680 间,令京师八旗官兵携眷驻防。因而在内城八门外关厢形成新、旧营房地名,惜伴随新时期旧城改造多已堙废。

其次是雍正二年(公元 1724 年),随着圆明园的兴起及其守卫的需要,于其周围筑造八旗营房 10 000 间,分为八处。每处 1 250 间,分驻官兵 392 名。乾隆十二年(公元 1747 年)每处添建房屋 300 间,增驻护军 100 名。故每处房舍 1 550 间,驻军 492 名,总人口当在 2 000 人以上。因而在当时每处驻防即已形成一个规模不小的军事聚落,并且按京师八旗分左、右翼形式分布驻扎。雍正二年为内务府三旗护军 139 员名官兵所造 504 间营房则在镶白旗护军营房南邻,俗称镶白旗小营。

香山健锐营始设于乾隆十四年(公元 1749 年),置云梯官兵 1 068 名,十八年(公元 1753 年)增设官兵 1 056 名,二十八年(公元 1763 年)增设官兵 1 084 名,四十一年(公元 1776 年)后又增设 89 名,合计 3 297 名。前后共建住房 10 850 间上下,平均每旗拥有营房 1 350 余间,驻扎官兵 400 余名;每旗营房或集中一处,或分散三处(如镶黄旗分为南、北、西三营);但也均严格按照北京八旗的驻扎形式分左、右翼驻扎。左翼四旗在东,右翼四旗在西。集中聚居的旗营人口也在 2 000 人上下,同样是规模不小的军事聚落;分散聚居者也有六七百口。

蓝靛厂外火器营始建于乾隆三十八年(公元 1773 年),位于长河西岸蓝靛厂北。共建营房 7 132 间,移驻官兵 2 676 名,总人口 1.3 万人以上。因该营官兵集中驻扎,故在当时京郊八旗驻防营中是规模最大的一个。该营与圆明园驻防八旗护军营中的镶蓝旗营房相毗邻。

京师八旗官兵在京郊的驻防,一方面是为了就近守卫皇家苑囿和便于官兵军事训练,但另一方面驻防官兵普遍携眷的事实说明,京师八旗驻防京郊也明显带有疏散城市人口的性质。

清代因驻防形成的这些驻防聚落(图 8—1)是依赖政府定期发放的俸饷及各种优

恤生活的。因而在当时这些驻军及其眷属虽被视为"不士、不农、不工、不商"的特殊人群,却显示了勃勃生机。但历经清末内忧外患,生计困难,尤其是政权易代之后,驻防旗人被迫开始以新的方式生活,或者离开旧式军营转徙他处谋生,或者就地生计,自食其力,因而这些军事聚落的性质发生了根本的转变,最终形成地方性居民点聚落,但仍沿用了原有名称。这就是北京西北郊外以"旗"为通名的地名来源。可惜的是,原本可以作为游人观光的清代兵营建筑格调经过世纪的变革,早已不复存在了。

二、王府修造的时间与规模

康熙帝两废太子在清朝历史上是影响甚大的政治事件。废太子允礽(原名胤礽)长期被幽禁紫禁城咸安宫中,[①]至康熙六十一年(公元1722年)三月十日谕令:"郑家庄已盖设王府及兵丁住房,欲令阿哥一人往住。"[②]概因政治原因,大多数早期官方史料对郑家庄方位均讳莫如深。据昭梿《啸亭续录》,"理亲王府在德胜门外郑家庄,俗名平西府"。到清末,在地方志中才有披露。而《清史稿·诸王传六》称:"雍正元年(公元1723年),诏于祁县郑家庄修盖房屋,驻扎兵丁,将移允礽往居之。"这两条文献显然矛盾,有必要加以辨析。

按史料,筹划与建造郑家庄王府在康熙末年。康熙五十七年(公元1718年),始谕令兴建行宫与王府。康熙六十一年三月十日的谕令:"前因兵丁蕃庶,住房不敷,朕特降谕旨,多发库帑,于八旗教场盖设房屋,令伊等居住。近看八旗兵丁越多,住房更觉难容。朕因思郑家庄已盖设王府及兵丁住房,欲令阿哥一人往住。今著八旗每佐领下,派出一人,令往驻防。此所派满洲兵丁,编为八佐领,汉军编为二佐领。朕往来此处,即著伊等看守当差。"[③]

郑家庄王府及其附设的兵丁住房至康熙六十一年三月十日谕令发出时已建造完成。其目的有三点。①派驻阿哥即皇子一人,虽未明言是废太子允礽,但从康熙认为允礽"鸠聚党与,窥伺朕躬起居动作"[④]来看,被派驻者当即允礽。②借此派驻京师八旗驻防,以缓解京师八旗兵丁住房困难。③为玄烨往来路过此处,值勤当差。

光绪《昌平州志·会计簿》首先提供了郑家庄王府开始营造的时间线索。在昌平州开垦地项下,"康熙五十八年(公元1719年)奉旨盖造王府营房,占去地伍拾玖亩伍厘玖

①　《清史稿》卷8《圣祖纪》、卷220《诸王传六》,中华书局本;《清圣祖实录》卷234、卷251。
②　《清圣祖实录》卷297,康熙六十一年三月乙未。
③　《清圣祖实录》卷297,康熙六十一年三月乙未。
④　《清史稿》卷8《圣祖纪》、卷220《诸王传六》,中华书局本;《清圣祖实录》卷234、卷251。

毫"。在清朝御马监项下,"康熙五十八年奉旨盖造王府营房,占地肆顷捌拾伍亩捌分"。这两条记录以雄辩的事实说明,在郑家庄盖造王府及附属驻防营房始于康熙五十八年。历经康熙五十九与六十两年的营建,至康熙六十年十月竣工。但在发出上述谕令后还未来得及实施迁住皇子的计划,康熙帝即病故了。由此可知,在郑家庄营造王府及营房的举措是出于康熙本人的筹划,而非始于雍正皇帝。故《清史稿·诸王传六》记雍正元年诏于郑家庄修盖房屋,显然不妥。

对此,《清世宗实录》卷七亦有记述:"雍正元年五月乙酉(初七日)谕宗人府,郑家庄修盖房屋驻扎兵丁,想皇考圣意,或欲令二阿哥(按指允礽)前往居住,但未明降谕旨,朕未敢揣度举行。今弘晳既已封王,令伊率领子弟,于彼居住甚为妥协。"弘晳,废太子允礽嫡子,雍正即位,封理郡王。[①] 紧接上述谕令的内容是:"(弘晳)分家之处,现今交与内务府大臣办理,其旗下兵丁择日迁徙之处,俟府(按指王府)佐领人数派定后举行。弘晳择吉移居,一切器用及属下人等如何搬运安置,何日迁移,兵丁如何当差,府佐领人等如何养赡及如何设立长久产业之处,著恒亲王、裕亲王、淳亲王、贝勒满都护会同详议具奏。一切供用务令充裕,勿使伊艰难,并贻累属下之人。彼处距京二十余里,[②]不便照在城居住诸王,一体行走,除伊自行来京请安外,其如何上班及会射诸事,著一并议奏。"

诸王大臣会议结果是:"理郡王弘晳迁移郑家庄由兵部领取车辆,将需用物件载往,其给与理郡王人数,共三百四十五名。现有护军、领催、马甲并亲随执事等,均给钱粮,令其当差行走。郑家庄城内,原有房四百间,如尚不敷,可行添造。现有钦放长史一员,所请护卫十二员,暂行跟随侍卫三员、蓝翎侍卫一员,俟有缺出,照例咨部题明补放。郑家庄离京二十余里。升殿之日,理郡王听传来京,每月朝会一次,射箭一次。"因此,郑家庄王府及官兵住房始建于康熙五十八年;雍正元年,移住郑家庄王府的不是废太子允礽,而是允礽嫡子弘晳。

同时还决定,"设驻防郑家庄城守卫一员,佐领六员,防御六员,骁骑校六员,笔帖式二员,领催二十四名,兵五百七十名"。[③] 共有驻防官兵 615 员名。

如上所述的史料内容丰富,其中与本文直接相关者有四点。①雍正元年移住郑家庄王府的是废太子允礽嫡子弘晳而不是允礽本人,事实上翌年底允礽即已病死。②郑家庄王府距京城仅二十余里(实际上是 40 里)。③郑家庄王府服务人口 345 人,加驻防官兵共 960 人,若加以王府自身人口及官兵眷属,总人口当在 4 000 人以上,因而占地达 544 亩。④郑家庄城内包括行宫、王府各类建筑,已有房舍 400 间,若因服务人口多、

---

① 《清史稿》卷 9《世宗纪》,中华书局本。

② 按当今里程,郑家庄王府距京约 40 里。

③ 《清世宗实录》卷 7,雍正元年五月乙酉。

不敷分配,仍可添建。按驻防官兵住房分配制度,还要续建驻防营房约 2 000 间。据满文档案,郑家庄共建大小房屋行宫 290 间,王府 189 间,南济庙 30 间,兵丁、铺子、饭茶房 1 973 间,共计 2 482 间(另有文献讲是 2 588 间),围以 590 余丈的城墙,667 丈的护城河,形成了一个方圆近 4 里的驻防城镇,前后支银达 268 760 余两。

三、郑家庄王府的确切位置及王府的衰落

按前述《清史稿·诸王传六》的记载,郑家庄王府亦即理王府应当在祁县境内。考察祁县,在中国历史上前后出现过两个。一是山西祁县,系春秋晋置,治所在今祁县东南祁城。二是河北祁县,原系唐景福二年(公元 893 年)所置祁州,治所原在无极县,北宋景德元年(公元 1004 年)移治蒲阴县;1913 年划一行政建制,改祁州为祁县;但因其与山西祁县重名,1914 年改名安国县。两州县不仅与前述雍正谕令和诸王大臣会议提及的郑家庄"距京二十余里"不符,而且地方志资料和实地考察均证明,郑家庄王府既不在河北祁州,也不在山西祁县,而是在京城德胜门外二十余里的昌平南境郑家庄和平西府一带。

1. 在康熙自畅春园出发巡行塞外举行秋狝之典的道路上

按前述康熙六十一年三月在郑家庄建造王府和兵营,令皇子一人往居并编设八旗官兵驻防,以便"朕往来此处,即著伊等看守当差"的谕令,郑家庄王府与营房就在康熙皇帝巡行的道路侧近。据汪灏《随銮纪恩》记载:"康熙四十二年(公元 1703 年)夏五月,皇上避暑于塞外,兼行秋狝之典。五月二十五日黎明值微雨后,凉风袭襟,月钩挂树,乘舆发畅春园,十二里清河桥,十二里何家堰,五里沙河城,又名巩华城……十里郑家庄,渡河入昌平卅界,又十里抵汤山,驻跸焉。"汪灏所记康熙的这次巡行活动下距郑家庄王府营建 16 年,故在其行程记录中只提及郑家庄而未提及王府。但仍需指出的是,康熙自畅春园出发,至汤山行宫,若按所经地名清河桥、何家堰(即今昌平县南境之霍家营)、沙河城、郑家庄勾勒出一条路线的话,这条路线则是极其迂回曲折的。其中沙河城可能是指示方位的地名,未必就是沿途所经行。但由此可知郑家庄在康熙巡行塞外的路线上,符合营造王府驻扎兵丁,令其看守当差的要求。

2. 在距京城二十余里(实际是 40 里)的昌平南境

据雍正元年五月关于在郑家庄修盖房屋、驻扎兵丁的谕令及诸王大臣会议内容,理郡王弘晳王府及驻防营所在之"郑家庄离京二十余里"。而按光绪《昌平州志·会计簿》的记载,"康熙五十八年奉旨盖造王府营房,占地肆顷捌拾伍亩捌分",恰恰就在昌平州南境郑家庄、黄土坡一带。这里在清代属于御马监土地。从京城德胜门到郑家庄也正

是二十余里。

在郑家庄王府及驻防城守尉设置之后,即与附近驻防形成一定的防御系统。按《清朝文献通考·兵五》:雍正十年(公元1732年)议定直隶驻防官兵,"其独石口、千家店、张家口、古北口、昌平州、郑家庄六处为一路;良乡县、宝坻县、固安县、东安县、霸州、采育里、保定府、雄县八处为一路"。其中,独石口等六处驻防形成的一路均在京城以北,由远及近,以郑家庄距京城最近;而且没有比郑家庄更近的驻防地。良乡等八处驻防形成的一路均在京城以南,是由近及远,在《大清会典事例》、《顺天府志·营制》等文献中,关于清中期京畿驻防营制的记录亦与此完全一致。惟雍正《畿辅通志·兵制》将郑家庄记为郑家口。总之,郑家庄王府应在距京城二十余里的昌平南境。

3. 郑家庄与平西府

按明隆庆《昌平州志·田赋志·村店》,明代后期昌平州南境尚无郑家庄与平西府及东、西三旗等聚落。但据康熙《昌平州志·赋役志·村店》,清初昌平州南境已出现了东三旗、西三旗、郑家庄、郑家庄马房、平房村等地名。前后比较,郑家庄及东、西三旗等村庄应是清初实行京畿圈地建立旗庄之后新出现的聚落。其中的郑家庄马房因在郑家庄以南,故又名南郑家庄。郑家庄马房又名郑家庄马厂,恰系清朝御马监属地。[①] 至清代中后期,昌平州南境在相当于上述范围的地区内则有北郑家庄、平西府、东三旗、西三旗等聚落名称,其中"平西府,初名南郑家庄"。[②] 郑家庄马房又名南郑家庄恰恰是康熙五十八年奉旨盖造王府营房,占地肆顷捌拾伍亩余的地方,亦即后来的平西府所在。

清初在这一地区出现的平房(即今平坊)村与康熙末在南郑家庄修建之王府营房在空间上呈东西对应关系。按中国古代方位地名的命名原则,平房西之王府即被俗称为平西府了。南郑家庄地名被平西府取代应发生在理王被圈禁、驻防裁撤之后。因此光绪《顺天府志·地理志·村镇》有平西府而无郑家庄马房亦即南郑家庄的记载。但因该王府营造于郑家庄,故早期史料自称为郑家庄王府。因此有"密王(即理王,因废太子允礽谥曰密,故又以密代理。实际上允礽并未移住郑家庄王府,如前所述,故称密王府不妥)府旧在德胜门外郑家庄,俗称平西府。王得罪后,长子宏(即弘晳)降袭郡王,晋亲王,仍居郑家庄"[③]的记载。

由此可见,允礽嫡子弘晳的理王府就在德胜门外,距京城二十余里的昌平南境之郑家庄,俗称平西府(图8—1)。

---

① 光绪《昌平州志》卷11《会计簿》,光绪十二年刻本。
② 光绪《顺天府志》卷28《地理志十·村镇二》,光绪十至十二年刻本。
③ 光绪《顺天府志》卷13《京师志·坊巷》,光绪十至十二年刻本;陈宗蕃编著《燕都丛考》,北京古籍出版社,1991年,亦有类似记录。

如上所述,雍正初期的理王府及其驻防城是一个占地伍顷肆拾余亩,房舍二千五百余间,总人口约四千人的宏大聚落。但作为清王朝政治斗争的附属产物,它随着主人的荣辱而兴衰。

雍正元年以理郡王身份移住郑家庄王府的弘晳,至雍正八年(公元 1730 年)五月,晋封为理亲王,[①]至乾隆四年(公元 1739 年)冬十月,理亲王弘晳缘事削爵并被圈禁。遂又因弘晳问"准噶尔能否到京,上寿算几何",被永远圈禁。[②] 随着这一系列变故的发生与发展,郑家庄理王府的地位显然迅速地衰落了。至乾隆二十八年(公元 1763 年),甚至"裁郑家庄驻防城守尉以下官兵,酌拨补福建水师营兵额"。[③] 二十九年(公元 1764 年),郑家庄王府驻防城守尉以下官兵 612 名遂被裁撤并全部调往福建,充补了福州驻防水师。[④] 至此,郑家庄王府因主人弘晳的永远被圈禁甚或病死和大批八旗驻军人口的裁撤,行宫、王府及官兵驻防被平毁迅速地衰落下来。郑家庄驻防城仅仅存在了短短四十年,作为理王府第时间更短些;兼政治原因,导致郑家庄王府及其驻防城长期鲜为人知。王府无王居止,名称自然变异,平西府名称显然是理亲王弘晳削爵圈禁,驻防裁撤之后演化而成的。因此名称的演变也正是王府衰落的标志。当今的平西府为镇驻地。平西府中学则占用了旧日王府的基址,仍然显示出王府昔日规划设计的平面格局和特点。

在北京内城东北部北新桥三条西段有一王大人胡同。据《啸亭续录》,理郡王府在王大人胡同。其实王大人胡同就是因理郡王府在此得名。按前述,理王府在京城德胜门外二十余里的平西府,为何内城王大人胡同还有一处理郡王府呢?

雍正即位后,在封允礽嫡子弘晳为理郡王、移居郑家庄王府又晋封其亲王的同时,还先后封允礽子弘晸和弘眺为辅国公;[⑤]乾隆四年(公元 1739 年),理亲王弘晳缘事削爵圈禁后,又封弘晸为郡王,并袭理亲王爵。[⑥] 在《顺天府志·京顺志·坊巷》关于王大人胡同的按语中讲:"王讳弘晸,圣祖孙,废太子理密亲王允礽次子,谥曰恪。密王府旧在德胜门外郑家庄,俗称平西府,王得罪后,长子弘晳降袭郡王,晋亲王,仍居郑家庄。乾隆四年,黜属籍,以弘晸绍封。"由此可见,王大人胡同中的理郡王府系允礽次子弘晸的府第,始于乾隆四年弘晸绍封郡王。故乾隆初年,在京师内外各有一个理王府,外即郑家庄王府,内则王大人胡同的弘晸郡王府。城内理郡王府至同治初年转而封赏给淳

　　① 《清史稿》卷 9《世宗纪》,中华书局本。
　　② 《清史稿》卷 10《高宗纪》,中华书局本。
　　③ 《清朝文献通考》卷 183《兵考五》,上海商务印书馆,民国二十五年;《大清会典事例》卷 1119,光绪三十四年上海商务印书馆刻本。
　　④ 《清朝文献通考》卷 185《兵考七》,上海商务印书馆,民国二十五年。
　　⑤ 《清史稿》卷 9《世宗纪》,中华书局本。
　　⑥ 《清史稿》卷 10《高宗纪》,中华书局本。

度亲王之后辅国公奕梁。[①]

　　综上所述,清康熙敕建的郑家庄王府及兵丁住房就位于京郊昌平南境、京城德胜门外二十余里的郑家庄即后来的平西府,而不在山西祁县,亦不在直隶祁州。因此,《清史稿·诸王传六》"雍正元年诏于祁县郑家庄修盖房屋,驻扎兵丁,将移允礽往居之"的记载中,关于王府与营房始建时间、营造地点及移住者均是错误的,有必要纠正。其正确的记录应该是:"康熙五十八年,诏于昌平州郑家庄修盖王府与住房,驻扎兵丁,将移胤礽往居之。雍正元年,移弘晳往住并置八旗驻防。"

---

　　① 光绪《顺天府志》卷 13《京师志·坊巷》,光绪十至十二年刻本;陈宗蕃编著《燕都丛考》,北京古籍出版社,1991 年,亦有类似记录。

第十四章　明清北京地区长城沿线
聚落的形成与发展

　　明长城的修筑始于洪武初年对元朝残余军事力量的防务,断断续续,最终完善于隆庆至万历初年。随着军事防务的加强,至明代中期全线划分为九大军事防区,驻扎重兵,史称九边或九镇。其中北京地区长城沿线防务分属于蓟镇和宣府镇。嘉靖中,俺答南牧,明朝政府为加强京畿防务,遂将蓟镇分作蓟州镇、昌(平)镇和真保镇。大量驻军沿长城内侧分散驻扎形成的军事据点,经过二三百年的演变,至清代伴随中华民族新的大统一局面的形成和游牧民族及其经济文化与农业民族及其经济文化之间矛盾冲突的缓解,大部分即已演变为一般性居民点,分布于长城内外的谷地关隘中,沿河谷阶地呈带状展布,显示了以经济开发为主的职能。它们的存在极大地推动了长城内侧山地沟谷农业的开发与发展,从而导致并加速了平原人口向山地沟谷迁移定居的过程,改变了山地景观的原始状况。

一、明初北京地区防务及驻防聚落兴起

　　元顺帝在明朝军事力量的打击之下,虽然逃往塞外,但仍然掌握着强大的军事威慑力量,随时可能构成对明王朝的威胁。为廓清残元军事实力,洪武初以攻为守,不断用兵漠北。洪武五年(公元 1372 年)正月,徐达、李文忠进击漠北的军事失利,直接导致明朝确立了攻守并重的长期斗争战略。洪武六年(公元 1373 年),"命大将军徐达等备山西、北平边,谕令各上方略。从淮安侯华云龙言,自永平、蓟州、密云迤西二千余里,关隘百二十有九,皆置戍守"①。九年(公元 1376 年),"敕燕山前、后等十一卫,分兵守古北口、居庸关、喜峰口、松亭关烽堠百九十六处,参用南北军士"。② 至洪武十四年(公元1381 年),徐达"发燕石等卫屯兵万五千一百人修永宁、界岭等三十二关"。③ 界岭即界岭口,位于今河北省抚宁县北偏东约 100 公里处;永宁即永宁卫,在今北京市延庆县治

---

① 《明史》卷 91《兵志》,中华书局本。
② 《明史》卷 91《兵志》,中华书局本。
③ [清]游智开修:《永平府志》卷 42《关隘》,光绪五年刻本。

东。两地间西段各关即位于今北京市域内。

当时,"凡天下要冲及边防去处,奉旨创立卫所,拨军守御。"①因此,明初在北京地区置关修口的同时,先后建置了密云中卫、蓟州卫、密云守御千户所及密云后卫、居庸守御千户所及隆庆卫(后改为延庆卫)、永宁卫、通州卫及守卫北平城的燕山六卫和燕王府三护卫等卫所,分兵据守山地关塞,因而在山区形成明代最早的军事聚落。

靖难之后,迁都北京,"在南(京)诸卫多北调";②为便防守,"凡天下要害处所,专设官统兵镇戍"③。当时,在北京沿边及近畿州县城镇增设并移调军卫10个。其中隆庆左卫驻扎居庸关,长陵卫驻扎昌平州城,营州中屯卫驻扎平谷,营州左屯卫驻扎顺义,兴州中屯卫驻扎良乡,通州左右卫、神武中卫、定边卫驻扎通州,并恢复永宁卫驻扎永宁县。洪熙宣德中在北京地区沿长城一线的驻军主要是增设了献陵卫和景陵卫,驻扎昌平。

按明代卫所编制,每千户所置官兵1 120人,每卫领五千户所合计官兵5 600人。故洪武中,北京地区沿边及州县已拥有官兵30 000人;永乐至宣德中又增加官兵约70 000人。

按《明会典·兵部·镇戍》,"总镇一方者,曰镇守;独守一路者,曰分守;独守一城一堡者,曰守备。……其官称挂印专制者,曰总兵,次曰副总兵,曰参将,曰游击将军"。当时,与北京地区长城沿线防务有关的镇守二处,即蓟州镇和宣府镇,分驻三屯营(今迁西县西北)和兴和所(今宣化);分守五处,即燕河营(沿河口)、居庸关、密云、古北口和通州;守备五处,即天寿山、黄花镇、隆庆州、永宁城与四海冶。显然,这些层次高的重要镇戍多数叠加在元代以前即已形成的聚落上。除天寿山、团山永宁城系新置镇戍外,其余原本系自古以来即在战略要地上成长起来的或以军事职能或以交通职能为主的聚落,至明初叠置镇戍后进一步强化了这些聚落的军事性质和军事职能。

长城沿线"皆峻垣深壕,烽堠相接。隘口通车骑者百户守之,通樵牧者甲士十人守之"。"各处烟墩,务增筑高厚,上储五月粮及柴薪药弩,墩傍开井,井外围墙与墩平,外望如一。"④因此,除上述各主要驻扎防御地点之外,其余相当一部分卫所官军一般均分散地驻扎在长城沿线关塞隘口处,即所谓"经画之臣,一一为乘障,一一列戍守"。⑤据《四镇三关志》,明初北京地区长城沿线主要驻扎关塞有平谷县之彰作关、将军关、黄松峪关、北水峪关;密云县之墙子路关、小黄岩口、大黄岩口、大虫峪口、大黑关(黑谷关)、大角峪口、司马台关、古北口、西台子口(陈家峪正关)、西驼古关、白马关、黄峪口、鹿皮关(二关口建年无考)、白道峪关、牛盆峪、小水峪;怀柔县之大水峪关、河防口关、莲花池

---

① 《明会典》卷108《兵部》。

② 《明史》卷90《兵志》,中华书局本。

③ 《明会要》卷42《职官十四·总兵官》。

④ 《明史》卷91《兵志》,中华书局本。

⑤ [明]刘效祖:《四镇三关志》卷1《建置》,光绪十五年李文田钞本。

关(亓连口关、蓟镇西界)，延庆县之北口子(四海冶口)、四海冶关;昌平之慕田峪、黄花
镇关、撞道口、西北峪口、石佛寺口、青龙桥东口、八达岭口、居庸关、石硖口、德胜口、锥
石口、灰岭口;宛平县之沿河口(沿河城)等，因驻军多少，形成不同等级规模和空间结构
的军事聚落。

　　明代实行军户制，即"军皆世籍"，[①]"尝为兵者，仍俾为兵"，[②]"兵役之家，一补伍，余
供装，于是称军户";[③]同时，"军士应起解者，皆佥(签)妻"，[④]即官军签发卫所当役亦签
发其妻孥，随军驻扎卫所，[⑤]并给月粮养赡。因此，明代卫所驻军多携带眷属。眷属随
军戍守成为明初沿边卫所关塞形成军事聚落的前提条件。按《明会典》记载，明代"凡天
下冲要及险阻去处，各画图本，并军人版籍，需令所司成造送部，务知险易"，同时规定，
"图本户口文册，俱限三年一次造报"[⑥]。加强对关塞要冲处驻扎军人及眷属户口的管
理和统计是明代稳定沿边军事聚落的重要措施和有效手段。

　　洪武初年开始推行的军士屯田制度规定，北平都司卫所所置屯田，"以五十亩为
一分，七分屯种，三分守城"，[⑦]而"边军皆屯田，且战且守"。[⑧]永乐初规定，各处卫所
凡屯军百名以上，委百户 1 员，300 名以上委千户 1 员;旋又规定，每百户所管旗军
(按即屯军)112 名，或 100 名，70 名、80 名，即每屯屯军大约在 100 名左右，其长期屯
居的结果，同样有家属随屯聚居，即所谓"养以屯田，栖以营房"，"择地为营，联房以
居，使之出入相友，朝夕相亲"[⑨]。除沿边关塞驻扎之外，据不完全统计，京畿军屯即
达 325 处(表 14—1)。

表 14—1　明代京畿部分州县军屯统计(屯)

宛平	大兴	永清	固安	香河	怀柔	良乡	昌平	东安	密云	通州	永宁	合计
11	28	11	20	28	26	17	19	47	35	53	30	325

　　资料来源:永乐《顺天府志》、万历《香河县志》、雍正《密云县志》、康熙《通州志》、万历《永宁县志》。

　　营屯之外，还普遍存在军户分散屯种的形式。所谓军户屯田，系军官与正军家属主
要指"舍余"、"军余"等军属人口受田或自行垦田或就原籍乡间屯种的形式。[⑩] 永乐初

① 《明史》卷 90《兵志》，中华书局本。
② 《明太祖实录》卷 17，乙巳年(公元 1365 年)七月丁巳。
③ [明]尹畊:《塞语》，《明代社会经济史料选编》第 6 章。
④ 《明史》卷 92《兵志》，中华书局本。
⑤ 《明太宗实录》卷 263，永乐二十一年九月壬辰。
⑥ 《明会典》卷 133《镇戍·图本》。
⑦ 《明会典》卷 18《户部·屯田》。
⑧ [清]孙奇逢:《畿辅人物考》卷 1《宋讷传》，同治八年黄山堂刻本。
⑨ 康熙《通州志》卷 6《兵防志》，民国钞本。
⑩ [清]顾炎武:《天下郡国利病书·北直中》，上海商务印书馆，民国刊本，"军则戍于卫，而留其余丁于屯"。

规定,各处卫所"若官员军余家人自愿耕种者,不拘顷亩,任其开垦,子粒自收,官府不许比较,有司无得起课"①。这一新规定,大大推进了军户屯田的发展。当时,"京师常操军十九万,以屯军四万供之,而受供者又得自耕",②即说明营屯之外,还存在军户屯田的事实。宣德中,针对当时出现的军户贫富不均现象,政府将其划分为三等,令有丁力牛具的一等军户协济贫难力单的三等军户,目的是使"人有赢余,可以立产业,成家室,免逃窜之患"③,以稳定驻扎和屯居的军户。这些事实表明,卫所驻扎军户,包括屯居的卫所军人及其眷属均不属于驻扎及屯居所在州县。其聚落自然应该是驻防与屯种相结合的家庭集聚体,是独立于州县所属一般聚落之外的军事性质的聚落。

明初卫所驻扎并实行营屯的结果,造成了卫所普遍有实土④的现象。例如延庆卫、延庆左卫、永宁卫、营州中屯卫、营州左屯卫、兴州中屯卫、密云卫、密云后卫等均拥有实土。分别位于各所在州县,即"京卫、良牧署庄村界连县境,不隶所辖"⑤。因而造成了"昌平昔在胜国时,地多卫官、陵户、皇庄、戚畹、戍守诸人所托处,其土著之民什仅三四耳";⑥怀柔"迫接边鄙,故屯田之军寓焉,四周皆本县地"⑦这种军事聚落和民间聚落杂厕于州县之间的地理现象。在昌平州界内,因"建有八陵,而每陵之设必有果园,必有皇庄,又奏拨民间地土为护陵",⑧故又导致为明陵服务性村庄的出现。杂厕州县间的军事聚落和驻扎关塞的军人眷口开垦土地所形成的农作区片状分布在沿边地带,显示了军事聚落在某种程度上存在的经济开发职能,从而为在一定条件下演化为居民点聚落准备了客观物质条件。

二、明中叶京畿防务的加强及驻防聚落剧增

历宣德中长城沿线相安无事的阶段之后,至正统中,蒙古瓦剌部日渐强盛起来;十四年(公元1449年)七月,也先兵分四路大举南犯,使"塞外城堡,所至陷没"⑨。"土木之变"后,京畿长城遭到较严重破坏。弘治中,鞑靼部统一蒙古各部,势力强盛,大肆南下扰边。嘉靖中,蒙古俺答汗势力大振,不断南犯,自嘉靖十九年(公元1540年)始,构

① 《明会典》卷18《户部·屯田》。
② 《明史》卷77《食货志》,中华书局本。
③ 《明宣宗实录》卷104,宣德八年八月庚戌。
④ 《明史》卷40《地理志》,中华书局本。
⑤ 康熙《顺义县志》卷上《城池志》,康熙刻本。
⑥ 康熙《昌平州志》卷6《赋役》,康熙十二年澹然堂刻本。
⑦ 万历《怀柔县志》卷3《兵防志》,万历刻本。
⑧ 隆庆《昌平州志》卷4《田赋志》,隆庆元年至二年刻本。
⑨ 〔清〕谷应泰:《明史纪事本末》卷32《土木之变》,上海商务印书馆,民国二十六年。

兵犯塞 30 余年。如二十九年(公元 1550 年)俺答部由间道攻古北口,入犯京畿,"大掠怀柔,围顺义,抵通州,分兵四掠,焚湖渠马房,畿甸大震"①;在京郊"大掠村落居民,焚烧庐舍,火日夜不绝";②史称"庚戌之变"。③ 三十三年(公元 1554 年)秋,俺答部"攻蓟镇墙,百道并进,警报日数十至";四十二年(公元 1563 年)冬,大掠顺义、三河、平谷。④ 史称,自嘉靖十九年(公元 1540 年),俺答犯塞,"或在宣大,或在山西,或在蓟昌,甚或直抵京畿,三十余年迄无宁日,遂使边境之民肝脑涂地,父子夫妻不能相保,膏腴之地,弃而不耕"⑤。直到隆庆五年(公元 1571 年),许俺答封贡之后,才赢得了"东起延永,西抵嘉峪七镇,数千里军民乐业,不用兵革"⑥的安定景象。在明中叶 100 余年中,明朝政府面对鞑靼大举南犯,焚掠京畿的严重破坏,主要采取了加强长城沿线设防,防范蒙古诸部南进骚扰的政策和措施。

"土木之变"后,景帝令"修沿边关隘"⑦在北京地区先后调涿鹿中卫后千户所守御白羊口,建黄花镇城。⑧ 弘治中,洪钟巡抚顺天,整饬边备,建议增筑塞垣。"自山海关西北至密云古北口,黄花镇直抵居庸关,延亘千余里,缮复城堡二百七十所。"⑨较洪武初,自永平(包括山海关)、蓟州、密云迤西 2 000 余里,置关隘戍守 129 处,弘治中长城沿线关隘城堡的密度增大了 3.2 倍。⑩ 其中,在北京地区增建了渤海城、八达岭城、横岭城、镇边城守御千户所。⑪

嘉靖中,在修复加固北京地区数度被毁边墙的同时,三十年(公元 1551 年),分蓟镇为蓟、昌二镇,设提督、都督一员,护视陵寝,防守边关,遂置昌镇。⑫ 后又改提督为镇守总兵,并于宣府镇"东路永宁、四海冶为垣九十二里有奇,堑十之二,敌台月城九十一"。⑬

隆庆万历中,面对"俺答封贡"的民族和解局面,明政府坚持"外示羁縻,内修守备",⑭加强边防的策略。隆庆三年(公元 1569 年),戚继光任蓟镇总兵后,始于延袤 2 000 里的蓟镇边垣,跨墙筑台,虚中为三层,台宿百人,"令戍卒画地受工,先建千二百

① 《明史》卷 327《鞑靼传》,中华书局本。
② [清]谷应泰:《明史纪事本末》卷 59《庚戌之变》,上海商务印书馆,民国二十六年。
③ 俺答入犯京畿的事变发生在嘉靖二十九年,该年系"庚戌"年,因有是称。
④ 《明史》卷 327《鞑靼传》,中华书局本。
⑤ 高拱《高文襄公文集》卷 1,《明经世文编》卷 301,中华书局,1962 年。
⑥ 《明史》卷 222《王崇古传》,中华书局本。
⑦ 《明史》卷 11《景帝纪》,中华书局本。
⑧ [明]刘效祖:《四镇三关志》卷 1《蓟镇建置》,光绪十五年李文田钞本。
⑨ 《明史》卷 187《洪钟传》,中华书局本。
⑩ 按文献记载推算,洪武中平均 15 里多置一处关塞,弘治中约 3.7 里一处关塞。
⑪ [明]刘效祖:《四镇三关志》卷 1《蓟镇建置》,光绪十五年李文田钞本。
⑫ [明]刘效祖:《四镇三关志》卷 1《蓟镇建置》,光绪十五年李文田钞本。
⑬ [清]王者辅原修,张志奇续修,黄可润续纂《宣化府志》卷 14《塞垣》,乾隆二十二年刻本。
⑭ 《明史》卷 222《王崇古传》,中华书局本。

座"，"五年秋，台功成，精坚雄壮，二千里声势相接"。[①] 万历初，又增蓟镇、昌平敌台 200 座。[②] 这些"空心敌台，尽将通人马冲处堵塞"，且规定"每台百总一名，专管调度攻打。台头、副二名，专管台内军器辎重。两防主、客军士三五十名不等……五台一把总、十台一千总，节节而制之"，[③]如此严整的防御体系为前所未见。

这些敌台分属于蓟州镇、昌镇和真保镇。蓟镇东自山海关西抵石塘岭亓连口，分 12 路镇守，其中墙子路、曹家路、古北路、石塘路所属关寨敌台在今北京地区内；昌镇东自慕田峪接蓟州镇石塘路亓连口，西抵居庸关镇边城，分居庸路、黄花路、横岭路三路镇守，所属关寨敌台均在今北京地区内；真保镇北自昌镇镇边城南沿河口，南至故关鹿路口，分紫荆关、倒马关、龙泉关、故关四路镇守，其中紫荆关路所属关寨敌台在今北京地区。

据《四镇三关志》不完全统计，位于北京地区分属于上述诸路的营城关寨达 240 余处，分布在明长城内侧平谷、密云、怀柔、昌平、宛平及房山等州县的山地河谷中。

在居庸关外延庆州地，嘉靖中修缮诸要冲垣墙，其中"东路永宁、四海冶为垣九十二里有奇，堑十之二，敌台月城九十一"。[④] 万历初，"从宣大督抚所请，修南山及中北二路诸边墩营寨"。[⑤] 据《宣化府志》，宣府镇长城分六路防守，东路"东起永宁四海冶，北至靖安堡，边垣一百三十三里，边墩一百五十二座，冲口二十处"，[⑥]其中主要城堡有四海冶城、周四沟城、靖安堡城、刘斌堡城、黑汉岭城等。

按《九边图说》，蓟城原额马步官军 109 390 员名，至隆庆中实有 99 246 员名。据《四镇三关志》，万历初蓟昌二镇主兵为 91 306 员名。这些驻军中的相当一部分即驻扎在上述城寨关堡等军事聚落中。

在这一时期又先后增设了裕陵卫、茂陵卫、泰陵卫、康陵卫、永陵卫、昭陵卫及定陵卫陵寝 7 卫，35 所，集中驻扎昌平州城及明陵区。

与初期比，明代中期北京地区长城沿线卫所驻扎防守状况发生了诸多变化。首先是驻军的大量增加，因"土木之变"后主兵不足，从各地调发客兵轮流驻扎长城沿线以加强防卫；其次是军事驻扎与防守形成的驻防聚落大大增多，由明初的三四十处剧增到 400 余处。因此，除历史上传统的关隘驻军重地之外，还大量增加了对峪、口等具军事意义的地点的军事防守，唯驻军人数较少罢了；最后，随着正统以后卫所营屯制的破坏和收缩，长城沿线驻防的卫所军人的粮饷供给明显出现了多渠道的特点，即所谓粮饷

---

① 《明史》卷 212《戚继光传》，中华书局本。
② [明]谈迁：《国榷》卷 68 神宗万历元年，中华书局，2005 年。
③ [明]戚继光：《练兵杂记》卷 6《敌台解》，四库全书本。
④ [清]王者辅原修，张志奇续修，黄可润续纂《宣化府志》卷 14《塞垣》，乾隆二十二年刻本。
⑤ [清]王者辅原修，张志奇续修，黄可润续纂《宣化府志》卷 14《塞垣》，乾隆二十二年刻本。
⑥ [清]王者辅原修，张志奇续修，黄可润续纂《宣化府志》卷 14《塞垣》，乾隆二十二年刻本。

"有民运、有京帑,又有屯田",屯田塞下,寓兵于农,"然发稆垂颖不足以供铁马之需,奈何不仰给大司农也。且各卫之屯亦有涉泽披榛修正多艰者";兼"京北田亩硗瘠,米价常至腾踊",①刺激并推动了沿边驻扎军人及家庭私人垦荒种植的发展。这些重要变化导致明代中期北京地区长城沿线军事聚落的大量增加及其性质的转化。但就其规模来看,差异很大,演变明显。

按永乐中"隘口通车骑者百户守之,通樵牧者甲士十人守之"②的规定,凡通车骑的大关口以百户即112人防守,仅通樵采的小关口,则以10个兵士驻守之。至明万历初,按戚继光《练兵杂记》,每空心敌台"两旁主、客军士三五十名不等",按《四镇三关志》,大关甲兵60人,小关30人,每墩护兵5名。由此可见,驻守军士的数目在不同关隘处不同,即使在同一关隘处,前后亦有变化。但调发军人防边,"家属随往"③始终未变。明代中期长城沿线关隘驻军以小规模为主,因此长驻之主兵携眷驻扎形成的军事聚落规模均比较小,一般在二三十口人到二三百人之间。唯总兵及副总兵、参将和守备镇守之地官兵较多,连同军人眷口甚或可达二三千人或更多些,不妨以万历初年各主要驻防地驻扎人数为例说明之(表14—2)。

表 14 — 2　明万历初北京地区长城沿线主要驻防地驻军数

驻扎地	人数
昌平城	17 108
黄花路	3 450
居庸路	4 415
镇边路	3 330
巩华城	1 077
隆庆(延庆)城	1 297
永宁城	1 563
四海冶	1 032
周四沟	551
靖安堡	888
黑汉岭	326
刘斌堡	291
石匣镇	703

① ［明］刘效祖:《四镇三关志》卷4《粮饷考》,光绪十五年李文田钞本。

② 《明史》卷91《兵志》,中华书局本。

③ 万历《香河县志》卷5《兵防志》,万历四十八年刻本。

续表

驻扎地	人数
密城守	390
石塘路	431
古北路	320
曹家路	321
墙子路	355
平谷	1 178
合计	39 026

资料来源:《昌平州志·武备》、《嘉靖隆庆志·武备》、《永宁县志·食货》、《密云县志》、《蓟州志·国赋志》。

　　总体上来看,明代中后期军屯制度已遭到很大破坏,但在"俺答封贡"之后,不用兵革、军民乐业"边境偃然"①环境中,各边关营寨的屯田活动还一直存在并发展中,尤其是军人及其家庭余丁在关寨驻扎地附近开垦种地、增加收入、改善生活的情况普遍存在。万历初年,张居正将加强边防建设作为他推行政治改革的一项重要内容,以"积钱谷、修险隘、练兵马、整器械、开屯田、理盐法、收塞马、散叛党"八事考课边臣。② 其中开屯田、积钱谷二事在某种程度上推动了沿边屯田的恢复和发展,收到了一定社会经济效果(表14—3)。

表14—3　明万历中北京地区沿边关镇卫所屯粮统计

关镇卫所	屯田(顷)	内新垦(顷)	牧马地(顷)	本色米豆(石)	折色银(两)
密云中卫	471.01	201.14		3 338	339
密云卫	104.05	20.16		106	39
镇房营	25.21			287	
营州中屯卫	42.50			510	98
将军石关	32			571	
黄崖口关	40.20			690	
延庆卫	883.22	288.33		330	
营州左屯卫	63.72				454
长陵卫	24.36				
献陵卫	120.08	67.51			
景陵卫	451.05	288.43		982.5	474.7

① 《明史》卷213《张居正传》,中华书局本。
② 《明史》卷212《戚继光传》,中华书局本。

续表

关镇卫所	屯田(顷)	内新垦(顷)	牧马地(顷)	本色米豆(石)	折色银(两)
裕陵卫	117.44			282	170.2
茂陵卫	235.46	189.72		350	288
泰陵卫	108.17	74.14	24.04	105.6	201
康陵卫	121.71	89.41		220.5	175
永陵卫	168.56	98.66	23.02	460	204
昭陵卫	207.56	35.71	147.38		
合计	3 216.3	1 353.21	194.44	8 232.6	2 442.2

资料来源:《四镇三关志》卷4《粮饷考》。

由表14—3可知,至万历中,驻扎沿边关寨的卫所驻军新垦田亩达1 353.21顷,占全部屯田的42.1%,而相当于原有屯田的72.6%。屯田的发展,进一步推动了长城沿线各驻扎地军事聚落性质和职能的转化。

一般来讲,位于军事要冲的驻扎地,自古就是重要关塞,其发展具有良好的历史继承性和连续性,如墙子岭、曹家路、古北口、潮河关、石城、大水峪、渤海所、黄花镇、四海冶、居庸关、南口、翠平口、白羊口、沿河口、龙门口等处,受到历代重视,驻军较多,聚落规模较大,坐落在开阔的河谷阶地上。而一般性军事驻扎地却是明代新出现和新兴起的军事聚落,是明代特殊政治背景和民族关系下的产物,规模较小。这些军事聚落一般均选址在长城内侧靠近关寨的河谷阶地上,附近拥有良好水源和可资耕垦的土地,宜于农作,为驻军及其家庭余丁开垦种植提供了理想场所。因此,这些军事聚落在当时已拥有一定的经济职能,系军事与经济的统一体。某些居于交通要冲的军事驻扎地也还兼具交通与商业职能。当官兵年例银和兵饷因政治经济原因被解除时,军人及其眷属即完全可以脱离军事编制,驻防聚落即演变为一般性居民点聚落。如专门传递军事情报,每拨军士仅二三人的打尖兵的居止处,最终也演变为以拨为通名的民间聚落,今昌平境内二拨子三拨子即属此类。[1]

三、明清易代之后长城沿线军镇关堡的演化及居民点的形成与发展

明清之际的社会变革直接导致了明长城沿线军事聚落的性质转变。其实,这一过

---

[1] 《昌平州志》卷4《土地记》。

程早在明代中后期即开始了,明清之际的政权更替推动并加速了其转变的过程。

如前所述,明代发往长城沿线驻防的主兵"家属随往",[①]及"迫近边鄙,故屯田之军寓焉"[②]的事实,决定了明代长城沿线军事聚落兼有经济开发职能的特点,为军事职能解除之后,这些聚落直接演化成一般居民点奠定了物质基础。

自明万历以后,努尔哈赤及其继承者在统一女真各部、创立八旗制度、建立和巩固后金政权的过程中,对曾经是明王朝北方威胁的蒙古诸部,积极推行了以联姻和好为主、征讨挞伐为副的两手策略,赢得了蒙古贵族的长期支持和拥戴,奠定了政治合作相互依存的思想与行为基础,为满族入关之后敦睦长城南北各民族的相互关系,最终撤除长城这一民族矛盾和斗争的防线奠定了基石,因有清代不筑长城的决策。用康熙皇帝的话来讲,就是:"帝王治天下,自有本原,不专恃险阻。秦筑长城以来,汉、唐、宋亦常修理,其时岂无边患? 明末我太祖统大兵,长驱直入,诸路瓦解,皆莫敢当,可见守国之道,惟在修德安民。民心悦,则邦本得,而边境自固,所谓'众志成城'者是也。""且长城延袤数千里,养兵几何,方能分守?"[③]

清代不筑长城,长城军事防御的功能自然也就衰落了,随之而来的就是大量地裁减明代各时期创筑的关寨营屯,压缩长城沿线的驻军。除保留自古以来即拥有重要军事意义的关塞,裁减驻军数额之外,一般关寨和屯居及其实土,均撤归所在州县,成为州县所属聚落的一部分。经明清之际的战争流亡和清初裁撤之后,在北京地区明长城沿线保留下来的关塞驻军数如表14—4所示。与表14—2比较,各驻扎地驻军均大大减少了。

表14—4　清代北京地区明长城沿线驻扎地驻军人数

驻扎地	昌平城	黄花路	居庸路	镇边路	巩华城	石匣镇	密云城	石塘路	古北路	曹家路	墙子路	平谷城	镇罗营	曹河营
人数	494	257	299	284	165	703	334	220	215	176	210	86	145	91

驻扎地	吉家营	黑裕关	司马台	潮河川	白马关	大水裕	延庆城	永宁城	四海冶	周四沟	靖安堡	柳沟城	岔道营	合计
人数	60	85	64	91	104	107	33	35	33	20	24	23	87	4 445

资料来源:《昌平州志》、《密云县志》、《延庆州志》、《蓟州志》。

清初大量裁撤明代各关塞堡寨的卫所驻军之后,所剩马兵、步兵即编设为绿营兵,其人数已较明代大为减少。裁撤掉的驻军及其眷属即归并入所在州县,同时明代分散

---

① 万历《香河县志》卷5《兵防志》,万历四十八年刻本。

② 万历《怀柔县志》卷3《兵防志》,万历四十八年刻本。

③ 《清圣祖实录》卷151,康熙三十年五月丙午。

于州县之间的军屯也归并入了所在州县,这种现象在各类文献中均有记载。

光绪《顺天府志》:延庆卫,"乾隆二十四年(公元 1759 年)改归州属,其居庸关外等处,拨入延庆州。"①

《蓟州志》载:"迨国朝(按清朝)御宇,屯卫全革,遂合蓟州、镇朔、营州三卫并为一里,名曰尚义里。"②

《密云县志》:密云境内诸屯,旧"系卫守备掌管,自康熙四年奉裁去守备,除圈去二十三屯,下剩十二屯,归并本县内为中卫里"。③

《怀柔县志》载:屯驻怀柔的彭城、金吾、永清三卫军士及其家属,一直驻屯到清初,才"以其地并入怀柔,添置附怀里"。④ 其方位和地域大致相当大张家庄、罗山庄、大新庄及北台上庄一带。

这些历史记录充分证明,在明清政权鼎革之际,明代于各地区包括北京所置卫所及其在长城沿线关寨屯堡驻扎形成的聚落已经改变了自己的军事性质,演变为隶属州县的普通居民点聚落,从而为这些聚落按照单一经济开发性质发展提供了前提条件。因此,经过清代尤其近代的开发与发展,在北京地区明长城沿线形成了空前众多的州县领属的聚落,为当今北京市域平原和山地聚落的合理分布与经济全方位发展奠定了基础。

以昌平北部山区为例,据隆庆《昌平州志》,昌平州城东北至西北部的军都山南麓东西百里间,除军事性质的关寨屯堡之外,当时只有九道河、黄花镇、鸡茨村、南冶村、冻台村、渠家庄、涧头村、南口店、姚店、长坡店 10 个州县居民点聚落。九道河即今之九渡河,黄花镇即今之黄花镇,鸡茨村即今之吉寺,南冶即今南冶村,冻台即东台子,均属今怀柔县;其余 5 村均属今昌平县,在今涧头村和南口一线。而历清代和民国时期的 300余年间,东自南冶,西至南口乃至长峪城、镇边城早已形成了星罗棋布的村庄聚落,以及陵园服务性聚落。明十三陵陵区出现的陵园、监、宫门村是最为典型的例子。这类村庄主要有:康陵、泰陵、茂陵、庆陵、裕陵、献陵、定陵、长陵、昭陵、景陵、永陵、德陵及长陵园、泰陵园、康陵园、茂陵园、悼陵监、大小宫门、万娘坟等。而陵区各关口形成的聚落则来自陵卫驻守聚落的演化,如老君堂、沙岭、上下口村、碓臼峪、碓石口、德胜口、西山口等。

由此可见,来源于军事驻守和关寨防卫的聚落在北京地区的明长城沿线及毗邻地区是普遍存在的,且占有一定比重。这些聚落所在的山区河谷阶地和平原台地及其环境条件为驻军及其军余人口就近屯垦提供了土地和水源等基本条件,而明初乃至中叶

---

① 〔清〕周家楣:《顺天府志》卷 63《经政·营制》,光绪十至十二年刻本。

② 〔清〕张朝琮:《蓟州志》卷 2《建置志》,康熙四十三年刻本。

③ 雍正《密云县志》卷 2《村庄》,雍正元年刻本。

④ 〔清〕吴景果:《怀柔县新志》卷 2《里社》,康熙六十年刻本。

的屯种政策更推动了这些军事聚落兼备经济开发的双重职能,在朝代更替军事制度发生变革的情况下,这些聚落便彻底失去了军事驻守职能而演化为一般的居民点聚落,成为山区经济开发和人口殖息的重要场所。因而这些聚落成为改变山地区域人口分布状况的重要动力,明显地改变了北京地区人口分布的传统状况。近代以来,伴随平原地区土地兼并农业衰落和农民生计破产的加剧,人口迁居山地,开发山区的进程加快了。在某种程度上,明代在长城沿线山区的军事驻扎与防守系这一过程的前奏,具有拓荒的价值和作用。

清初确立的不筑长城、修德安民、敦睦民族关系的方略,极大地改变了长城的民族藩篱的职能,降低了其军事上的地位。清代,长城已不是中原农业文化与草原游牧文化的严格分界,这大大便利了口外的农业开发和人口定居。而清初在畿辅的圈地不敷旗丁分配的情况下,清政府先后在口外设置了 132 所皇庄及大量旗丁庄田,开始了口外农业拓殖,因而吸引了内地汉人不断地流徙迁居口外,在租佃的同时,开垦口外荒田,并形成一定规模。① 为此,雍正中,在明长城外缘先后建置了张家口、独石口和多伦诺尔等"口北三厅",及热河和喀喇和屯直隶厅。据《口北三厅志》,乾隆中仅张家口和独石口二厅已拥有村窑 380 个,垦种农户已超过了 7 800 户。而在古北口外,康熙中已形成了农作以时、村落连属,与内地无异的景象,②这里所拥有的内地人民已近数十万之多。③ "自乾隆四十三年改设州县以后,民人集聚渐多,山厂平原尽行开垦",④据《承德府志》,乾隆四十七年(公元 1782 年),仅承德府直属滦平县人口即已达到 14.8 万余人,因而导致古北口外"崖角山巅无隙地"。⑤ 农村聚落迅速兴起并不断涌现的情景,迅速改变了明代长城外缘村居寥落的状况,并为清代中后期乃至近现代口外农业的进一步开发和农村聚落的大量出现及城镇的兴起奠定了基础。因此,清代成为农业文化和农业聚落打破明长城的藩篱向长城以北渗透和发展的重要时期。这一时期不仅改变了明长城内侧众多军事聚落的性质和职能,而且推动了口外农业聚落的兴起与发展,大大缩短了长城内外经济开发深度与广度的差距,也极大地改变了长城内外农业聚落分布的疏密状况及其规模差异,促进了长城沿线聚落和经济的同步发展。

① [清]黄可润:《口北三厅志》卷 1《地舆》,乾隆二十三年刻本。
② [清]张诚《张诚日记》,《清史资料》第五辑,中华书局,1980 年;[清]汪灏:《随銮纪恩》,《小方壶斋舆地丛钞》第一秩,光绪十七年南清河王氏铅印本。
③ [清]王先谦:《东华录全编》康熙卷 87,康熙五十年,光绪二十五年石印本。
④ 《清仁宗实录》卷 226,嘉庆十五年二月己酉。
⑤ [清]和珅:《热河志》卷 5《村行》,乾隆四十六年刻本。

第十五章　皇家宫苑赏石文化流变

中国赏石文化内容丰富,且历史悠久。自古以来中国人主张"天人合一",追求人和自然的和谐统一,积淀形成了赏石中的文化现象。生聚于郊野中的下层社会和自然界保持了千丝万缕的联系,没有必要也不可能搬弄自然山水到自己狭小的庭院中来,而深居简出的上层社会,上自帝王贵族下及官僚文人,为亲近自然便假经济实力和人力在深宫大院中造出山水来。这种饱含着人的智慧和创造的人工构筑山水就被称作假山水体,是一种源于自然山水而又超越自然山水的文化景观,并形成了蕴涵山水景物的私家园林和皇家宫苑两大系统。

从西汉长安太液池中瀛洲、方丈、蓬莱三神山的构筑,至北宋汴京艮岳的叠建,到金元琼华岛万岁山奇石的罗致,再到明清北京城御花园堆秀山及宫苑诸多假山奇石的收藏、搬运、配置和堆砌,自古便形成了皇家宫苑叠置观赏石的传统,消长流变,达到极高水平。神山、艮岳、万岁山、堆秀山名称的变化则反映了一个基本事实:随着山水审美的发展,早期宫苑假山宗教、神学的主导功能已渐渐让位于假山奇石的自然观赏。

宫苑中除构筑假山之外,更多的则是单体异石或称奇石的观赏。异石、奇石,顾名思义,是因质地、色泽或形态特别,在自然界中并非广泛存在而得名,诸如文石、太湖石、灵璧石、江华石、永州石、房山石、钟乳石等。

一、汉唐宋代皇家宫苑赏石的出现与收藏

汉代以来就有记载表明,赏石已成为包括王宫在内的上层社会苑囿的重要组成部分。独立的赏石大概正是在此时成为继假山或叠石之后,在宫苑中出现的新的观赏装饰。西汉长安除太液池三神山构筑之外,还有《汉宫图》描绘的宫殿外配置巨大的山石及芭蕉,虽系宋代赵伯驹所绘,但符合假山赏石和花卉林木在汉代苑囿中多有叠建和栽植的记载。[①]　而《西京杂记》载梁孝王刘武的兔园"有百灵山,山有肤寸石、落猿岩、栖龙岫"等奇石;三国魏文帝芳林园则曾置有"五色大石";南朝宋戴颙的园林则以"聚石引

---

①　程里尧:《中国古建筑大系·皇家苑囿建筑》,中国建筑工业出版社,1993年。

水,植树开涧,少时繁密,有若自然"而著名。《南史·齐文慧太子传》"多聚异石,妙极山水",记录的是南朝齐贵族罗致异石为园林赏石。梁武帝之华林苑曾陈设"长丈六尺"的"奇礓石"。[①] 而《渔阳公石谱》载江南陈后主有石"径长尺余,前耸三十六峰","中凿为研"(按通砚),取名研(砚)山,记录的则是南朝陈后主以异石为砚,将观赏和使用价值合并为一,移至殿内随时观赏。诸石上述记载反映了中国古代山水审美兴起和发展初期,上层社会亲近自然的强烈愿望和基本事实。

隋唐一统政权对地方行政管理的加强和国土开发的深入普遍,推动了对各地物产的了解和开发利用的进程。唐朝以来,地方官员的不断发现和文人学者的描述咏叹,不仅赋予各地异石以文化内容,扩大了异石的社会影响,而且推动了对山水景观的认识和对奇石欣赏水平的提高。李白、杜甫、王维、韩愈、柳宗元、刘禹锡、皮日休、陆龟蒙等人对奇石的赞咏,白居易从外形、质地及色泽的晴雨变化等方面对太湖石的观赏和描述,[②]牛僧儒和李德裕因权力之便,搜罗各地名石布列于洛阳宅第别墅中,[③]均有力地提高了各种奇石的观赏价值和社会影响,打开了中唐之后文人士大夫赏石和咏石的风气。就在李德裕采天下珍木怪石置为平泉别墅园池之赏石景物时,曾进贡"大余之宝"(按是一种瑰奇之石)于唐武宗(公元 841~846 年)。[④] 李昭道《长安曲江图》所绘曲江池旁的皇苑中就立有独立的太湖赏石。[⑤] 奇异之石成为继假山之后,在皇家宫苑中出现的新的单体观赏石。

宋代对奇石的认识和利用在唐代的基础上有长足的进步。这首先表现在介绍各种奇石产地、性状和用途的石谱书,如《宣和石谱》和《云林石谱》以及与石料有密切关系的砚谱书的不断出现。[⑥] 地方官员和文人学士如米芾、苏轼、欧阳修、黄庭坚、范成大等喜好奇石,对奇石的兴趣益加浓厚。[⑦] 宋代名士米芾归纳和总结的相石四字"秀"、"瘦"、"皱"、"透"则集中代表了当时观赏奇石的高水平。其次是在士大夫私家园林叠置假山、布列奇石甚为盛行[⑧]的同时,以艮岳为代表的皇家宫苑假山的构筑和奇石的收集也达到空前的规模。

艮岳位于汴京皇城外东北部,里城景龙门和安远门内,初名万岁山,始筑于宋徽

① 《奇石赏玩》,上海人民美术出版社,1996 年。

② 《全唐诗》卷 448,中华书局,1960 年;《旧唐书·白居易传》载,白居易罢苏州刺史时,得太湖石五,归置洛阳履道里居第,经长时间观赏,因有《太湖石》诗。

③ 《全唐文》卷 708,李德裕《平泉山居诫子孙记》,中华书局,1983 年。

④ [明]陶宗仪等:《说郛三种》《说郛 100 卷》卷 16《云林石谱·孔传题》,上海古籍出版社,1988 年。

⑤ 程里尧:《中国古建筑大系·皇家苑囿建筑》,中国建筑工业出版社,1993 年。

⑥ 《说郛三种》页 96,《石谱》,上海古籍出版社,1988 年。

⑦ 宋代从审美角度观赏奇石,有一品石、公服拜石、壶中九华、研(砚)山、小有洞天、万里江山、重峦积雪、醒酒等典故和米芾相石"秀、瘦、皱、透"四字诀,详见《渔阳公石谱》、《诏代丛书》、《美术丛书》等。

⑧ 《说郛三种》页 68,上海古籍出版社,1988 年;参见李磨《洛阳名园记》,周密《吴兴园林记》等文献。

宗政和七年(公元1117年)十二月,竣工于宣和四年(公元1122年)正月,历时四年多。因其位于京师东北,属艮位,艮为山,所以造山以象之,并更名为艮岳,以寓其与岱、华、嵩、衡、恒诸岳并重之意。宣和六年(公元1124年),以金芝产于艮岳万寿峰,更名寿岳。[①] 艮岳周回十余里,依杭州凤凰山形势"按图度地,庀徒僝工,累土积石"[②]而成。按张淏《艮岳记》,为筑艮岳,"取浙中珍异花木竹石以进,号曰花石纲,专置应奉局于平江,所费动以亿万计,调民搜岩,剔薮幽隐","斫山辇石,虽江湖不测之渊,力不可致者,百计以出之至,名曰'神运'。舟楫相继,日夜不断","大率灵璧、太湖诸石,二浙奇竹异花,登莱文石,湖湘文竹,四川佳果异木之属,皆越海渡江凿城郭而至"。[③] 因有"竭府库之积聚,萃天下之伎艺"和"真天造地设神谋化力,非人力所能为"之说,足见艮岳修造工程之大、耗资之巨,以致闹得东南诸州县民困花石之扰,怨声沸腾,引发了震动全国的方腊起义。[④]

艮岳所在环以宫墙,名之曰华阳宫。按祖秀《华阳宫记》,"筑岗阜,高十余仞,增以太湖、灵璧之石,雄拔峭峙,巧夺天造",华阳宫门内道路左右林立巨石百余株,均为徽宗"瑰奇特异瑶琨之石",以"神运昭功"、"敷庆万寿"名之。"神运昭功石"就是那块广百围"高四丈,载以巨舰,役夫数千人,所经州县,有拆水门、桥梁,凿城垣以过"的太湖石,[⑤]立于道中,筑亭以庇之,并勒三丈碑,御制亲书纪文以记之。"庆云万态奇峰"则是安徽灵璧县进贡的一块高二十余尺的灵璧石。其余赏石或若群臣入侍,或战栗若敬天威,或奋然而趋,又若伛偻趋进,"怪状余态,娱人者多矣"。"其他轩榭亭径各有巨石,棋列星布,并与赐名。"艮岳中有品题的六十五块赏石,见于记载的有"朝升龙"、"万寿老松"、"衔日"、"吐月"、"坐狮"、"金鳌"、"叠翠"、"积雪"、"老人"、"玉京独秀"等块,[⑥]除"神运昭功石"饰以金字外,其余观赏石皆以青黛画列其名。

在女真人南下攻掠之下,那个亲信谗佞,纵情花石的徽宗慌忙传位于太子赵桓即钦宗。靖康元年(公元1126年),"周十余里,运四方奇花异石置其中,千岩万壑,麋鹿成群,楼观台殿不可胜记"[⑦]的艮岳名园便因"围城日久,拆屋为薪,凿石为炮"[⑧]的战火而被破坏了。对此,元代诗人元明善在《题万岁山图》一诗中作了淋漓尽致的概括:

① [元]脱脱《宋史》卷21,22《徽宗纪》,中华书局,1977年。

② 广陵书社编《笔记小说大观》宋徽宗御制《艮岳纪略》,(宋)张淏:《艮岳记》,江苏广陵古籍刻印社,1983~1984年。

③ [元]脱脱《宋史》卷470《佞幸·朱勔传》,中华书局,1977年。

④ [元]脱脱《宋史》卷470《佞幸·朱勔传》,中华书局,1977年。

⑤ [元]脱脱《宋史》卷470《佞幸·朱勔传》,中华书局,1977年。

⑥ 《说郛三种》《说郛》页68,祖秀《华阳宫记》、《说郛》卷16,蜀僧祖考《宣和石谱》,上海古籍出版社,1988年。按祖秀当即祖考。

⑦ [清]毕沅:《续资治通鉴》卷94《宋纪九十四》,中华书局,1957年。

⑧ [宋]宇文懋昭:《大金国志校证》附录《金房图经·京邑·宫室》,崔文印校证,中华书局,1986年。

> 万岁纲船出太湖，
>
> 九朝膏血一时枯。
>
> 阿谁种下中原祸，
>
> 犹自昂藏入画图。

宋代艮岳是中国历史上有明确记载的最早最多的皇家苑囿赏石的集藏，也是后世数百年御苑赏石的主要源流之一。

二、金元明代皇家宫苑赏石的搬运与集中

徽钦二帝北狩，北宋王朝灭亡，艮岳随汴京的陷落遭受到严重破坏。自金人北返至海陵王迁都中都历时又四分之一个世纪。据《金图经》，为规划建设中都，海陵王"先遣画工写京师（按指汴京）宫室制度。至于阔狭修短，曲画其数，授之左相张浩辈按图修之"。金中都营建除"一依汴京制度"，并"择汴京窗户刻镂工巧以往"①及按《揽辔录》调诸路夫匠施工之外，"其屏扆窗牖皆破汴都辇至于此"。《揽辔录》乃范成大作为南宋使臣出使金中都根据目睹事实写成，时在乾道六年（公元1170年）秋，上距北宋亡国仅四十余年，距海陵王修筑燕京宫室仅二十年，故而对金中都宫阙制度和相关史迹记录甚为详备可信。其中虽未直接讲到辇运艮岳观赏石于中都，但按《大金国志·章宗纪》，承安三年（公元1198年）春，章宗"幸蓬莱院，陈玉器及诸玩好，视其款识多宣和物，恻然动色。宸妃进曰：作者未必用，用者未必作，宣和作此以为陛下用耳"。可见，海陵王营建中都不仅辇运了汴京的屏扆窗牖，还辇运了汴京玉石制品和古玩珍宝，艮岳观赏石自然亦在其中。故而后世文献有所谓琼华岛，"踞太液池中，奇石叠垒而成，皆当时辇致艮岳之遗也"。②按《禁扁》，蓬莱院在中都宫城内，有蓬莱殿和蓬莱阁等建筑物。故此处的琼华岛和太液池当是位于中都皇城内，而不是元明清京师皇城内的琼华岛和太液池，即不是元代忽必烈在位于金中都城东北郊外创筑的大都新城中的琼华岛和太液池。这里在金代称作大宁离宫（又名寿宁、寿岳、万宁宫），为大定十九年（公元1179年）所建。周围水面，按中国古代传统，当时显然还不能叫做太液池。据《金台集》，金中都太液池在宫城以西，皇城的西部，金代琼华岛就在其中。③当初，金人辇致艮岳之奇石显然就置于此处。

---

① ［宋］周密：《癸辛杂识》，吴企明点校，中华书局，1988年；《说郛三种》，《说郛（一百二十页）》页21，上海古籍出版社，1988年。

② ［清］鄂尔泰、张廷玉：《国朝宫史》卷16《宫殿·西苑下》，北京古籍出版社，1987年。

③ ［清］于敏中：《日下旧闻考》卷29《宫室》，北京古籍出版社，1981年。

金世宗即位后,为引宋徽宗运东南花石筑艮岳致亡国败家的教训,于宫城东明园屏间画宣和艮岳为戒。但至章宗时,"宸妃尝与主(按指章宗)同辇过御龙桥,见石白如雪,归而爱之,白国主,于苏山(《南迁录》作蓟山)辇至,筑岩洞于芳华阁(前),凡用工二万人,牛马七百乘,道路相望"。[①] 看来,金中都皇城和宫城乃至离宫内不仅有自汴京辇致的奇石,而且还有金朝帝王步徽宗后尘由他处运来的奇石,规模亦堪称宏大。因此,金王朝不仅辇运了汴京艮岳的观赏石,而且继承了在宫城和皇城内叠置观赏石的制度,金王朝"辇致艮岳"奇石具双重含义。

金海陵拆运汴京城池建材和艮岳奇石,使繁盛一时的汴京宫城区和拥有"天下之美,古今之胜"的艮岳益加遭到破坏。但作为金王朝陪都的南京,在仁智殿前仍"有二太湖石,左曰'敷锡神运万岁峰',右曰'玉京独秀太平岩'",[②]前者即"高四丈,载以巨舰,役夫数千人,所经州县,有拆水门、桥梁,凿城垣以过者。既至,赐名'神运昭功石'"[③]的太湖石;后者即宋代原置于寰春堂的太湖石,名称未变。[④] 金人辇运汴京艮岳奇石因其高大沉重难运并不彻底。

蒙古人推翻金王朝统治的战火使中都宫殿苑囿化为一片废墟;再经蒙古国时期近五十年的宫城冷落与皇城区益加残毁,故而忽必烈即位,初到燕京,不得不驻跸燕京近郊。中统三年(公元1262年),整修琼华岛,[⑤]作为驻跸之所;至元元年(公元1264年),又修琼华岛,并改燕京为中都。两修琼华岛实际上是整修大宁宫以为忽必烈的宫殿朝廷,就在这一过程中,大宁宫所在的岛屿被命名为琼华岛,取代了金中都旧城西苑中已废弃的琼华岛的地位。至元四年(公元1267年),刘秉忠奉命创筑新城,恰恰就是以此岛及其周围水面为核心规划设计的。作为新都之镇山,又赐名万岁山或称万寿山,故而周围水面也就获得了传统名称"太液池",取代了金中都皇城西苑内的太液池地位。因此,元大都皇城内的琼华岛名称在金代即已有之的观点是不确切的。和太液池一样,琼华岛不可能在金中都皇城西苑和郊外离宫同时存在。至元八年(公元1271年)改国号为大元,翌年改中都为大都。琼华岛万岁山和太液池遂成为元大都宫苑核心,在从金中都到元大都不仅是朝代上而且是地域上的更迭迁徙过程中,原中都旧城宫苑区残存的观赏石及至元二年(公元1265年)雕成的"渎山大玉海"储酒玉瓮和至元三年(公元1266年)制成的"五山珍御榻"均被陆续集中放置到琼华岛及其宫殿中来。[⑥]

————————————

　　① [宋]宇文懋昭:《大金国志校证》卷19《章宗纪上》,崔文印校证,中华书局,1986年。
　　② [清]于敏中:《日下旧闻考》卷25《地理志》,北京古籍出版社,1981年。
　　③ [元]脱脱:《宋史》卷470《佞幸·朱勔传》,中华书局,1977年;顾炎武《历代宅京记·开封府》记载类似,但赐号记为"昭功敷庆神运石"。张淏《艮岳记》名为"神运昭功敷庆万寿峰"。
　　④ 《笔记小说大观》张淏《艮岳记》,江苏广陵古籍刻印社,1983~1984年。
　　⑤ [元]陶宗仪:《辍耕录》卷1《万岁山》,泰东图书局,1922年。
　　⑥ [明]宋濂:《元史》卷5《世祖纪》,中华书局,1976年。

至元初期成为金中都宫苑奇石向大都新城宫苑中转移的重要时期；而大都宫苑奇石又成为明清宫苑观赏石的重要来源。因此，《金鳌退食笔记》的作者高士奇说："余历观前人记载，兹山（琼华岛万岁山）实辽、金、元游宴之地，明时殿亭皆因元之旧名。其所叠石，巉岩森耸，金元故物也；或云：本宋艮岳之石，金人载此石自汴至燕，每石一准粮若干，俗呼为'折粮石'。"披捡史实，此说虽未必尽信，如琼华岛命名的时代和艮岳观赏石辗转搬运的中间过程等，但琼华岛观赏石早期来历还是清晰的。

据《辍耕录》，元代琼华岛万岁山"皆垒玲珑石为之，峰峦隐映，松桧隆郁，秀若天成"。其他地方，如奎章阁有灵璧石，隆福宫和兴圣宫西均有假山，隆福宫假山南池畔多立奇石曰小蓬莱等。除琼华岛万岁山奇石集中外，宫苑各处亦按照空间点缀的需要分别置有各类观赏石和假山。这些奇石假山主要来自于金人运自于汴京者，甚至到元成宗大德初，宫内广源库官员出售杂物，还发现有库存的"灵璧小峰，长仅六寸，高半之。玲珑秀润，所谓卧沙、水道、展摺、胡桃纹皆具。于峰之顶有白石正圆，莹然如玉"，上有宋徽宗御题八个小字，曰"山高月小，水落石出"，[①]被视为略无雕琢之迹的奇物。除此之外，还有陆续贡献者，如《道园学古录》载，"天子在奎章阁，有献文石者，平直如砥，厚不及寸。其阳丹碧光彩，有云气、人物、山川、屋邑之形状，自然天成，非工巧所能模拟"。因而汪克宽《宣文阁赋》称："公输献巧，匠石殚思。陶人运其埏埴，玉工效其雕几。豫章松柏，剪十寻之夭矫，金璧银镂，致万里之瑰奇。"宫苑诸物源源来自于全国各地，王朝利用政权的力量保障着深宫御苑供应享用，也才造成了"万岁之山，嶕峣崛崒，崖洞谽谺，草木苍郁"[②]的形胜。明初工部郎中、奉命平毁大都宫苑的萧洵也亲眼目睹了"万岁山，高可数十丈，皆崇奇石，因形势为岩岳"[③]的景色。

明初建都南京，皇城中没有苑囿的设置。在北京，为镇杀前朝王气，朱元璋命北伐大将军徐达平毁元朝大内即宫城，并于太液池西元隆福和兴圣二宫遗址上营造燕王朱棣府第，洪武十二年（公元1379年）完成。隆福宫假山和小蓬莱奇石景观作为燕王府第的组成部分，得到保护和利用。永乐迁都，修治西苑，使用作观赏的琼华岛和小蓬莱（后改名兔园山）各种奇石免遭破坏，继续发挥着点缀和观赏的功能，但于兔园山筑鉴戒亭，取殷鉴之意，嘉靖中曾加修葺。

宣德之后时有敕命勋旧辅臣游西苑，览都畿山川形势之举。其中，宣德八年（公元1433年）四月，宣宗作《广寒殿记》，首先描述了琼华岛当时情景，称："北京之万岁山，在宫城之西北隅。周回数里，而崇倍之，皆奇石积垒以成。巍巍乎，矗矗乎，巉峭峻削，盘回起伏，或陡绝如堑，或嵌岩如屋。"显然，明初琼华岛一如元代，仍是奇石丛集之所，未

---

①　［清］于敏中：《日下旧闻考》卷32《宫室》引《澄怀录》，北京古籍出版社，1981年。

②　［清］于敏中：《日下旧闻考》卷31《宫室》引《环谷集》，北京古籍出版社，1981年。

③　［明］萧洵《故宫遗录》，北京古籍出版社，1983年。

遭破坏。进而回顾了永乐中其皇祖太宗万机之暇燕游琼华岛,指顾山川面谕时为皇孙的宣宗:"此宋之艮岳也;宋之不振以是,金不戒而徙于兹,元不戒又加侈焉。"而"昔唐九成宫,太宗亦因隋之旧,去其泰侈而不改作,时燕游以存监首。汝将来有国家天下之任,政务余闲,或一登此,则近而思吾之言,远而不忘圣贤之明训,国家生民无穷之福矣"。宣宗即位,虽用工修葺而不加侈,并"以所授大训,笔而勒诸于石,既以自省,亦以昭示我子孙于万斯年"。[①] 明太宗、宣宗祖孙两代借鉴前朝花石教训,自律戒后,对有明一代特别是前期约束赏石的收集产生了一定的效果。

在宣宗之后诸帝诏赐勋旧重臣游宴琼华岛、太液池的活动中,出现了不少游览西苑的诗文,如王直《记略》称,万岁山"皆奇石垒成,相传金人取宋艮岳石为之,至元增饰加结构焉";"山下一石曰庆云,奇峰万变,盖艮岳之绝奇者。又有康干者;康干,国名。石乃松木入河,水浸渍久而成者,其木理宛然"。康干石实乃外国进贡的一种硅化木化石。

天顺初,李贤《游西苑记》谓"怪石参差","立石为峰,以次对峙";韩雍《赐游西苑记》称"山在池之中,磊(垒)石为之,石床翠屏,分布森列。峰有最奇者名翠云,上刻御制诗",按此翠云石当即王直《记略》中的庆云石。叶盛《赐游西苑记》则更具体地提及了翠屏岩,郭公砖,木变石(按硅化木化石)、太湖石等奇石。[②] 凡此,描述的均是集中在西苑琼华岛万岁山的奇石。据《金鳌退食笔记》记载,在西苑游览诗中也有描述兔园山假山与奇石的诗文。由万岁山"诸殿宇皆仍其旧,未尝修治,我朝列圣恭俭之德于此可见"[③]和鉴戒亭的修造知,明代前期在罗致宫苑观赏石方面未出现宋徽宗那嗜石如命的狂热。

明代中后期奢侈之风盛行和园林住宅建筑在上层社会的兴起,打破了太宗和宣宗在宫苑建筑中崇尚恭俭淳朴的戒律。先是景泰六年(公元1455年)曾建御花房,后是天顺初英宗复辟后在其北狩还居之小南城龙德殿北"垒石为山",[④]额曰秀岩;然后是嘉靖年间御花园的扩修并修建慈宁宫花园;至万历十一年(公元1583年)又在紫禁城承光门内御花园东北隅叠置了堆秀山,使园内"奇石罗布",[⑤]又在太液池东岸芭蕉园,布置了"古木珍石,参错其中"。[⑥] 由此看来,明代中后期宫苑奇石收罗日渐丰富,并主要分布在紫禁城和西苑太液池万岁山即琼华岛一带。虽然就石源而言,以继承前代为主,正如《金鳌退食笔记》所说,琼华岛"所叠石,巉岩森耸,金元故物也"。但另一方面,明代中期

① 《明宣宗实录》卷101,宣德八年四月,台北:中央研究院历史语言研究所,1962年;按《春明梦余录》宣宗有《艮岳记》,但未见著文,疑即《广寒殿记》。

② [清]于敏中:《日下旧闻考》卷35《宫室》引《王文端文集》,北京古籍出版社,1981年。

③ [清]于敏中:《日下旧闻考》卷35《宫室》引《王文端文集》,北京古籍出版社,1981年。

④ [清]孙承泽:《天府广记》卷5《宫殿》,北京古籍出版社,1982年;[明]刘若愚《明宫史》金集《宫殿规制》。

⑤ [明]刘若愚:《明宫史》金集《宫殿规制》谓堆秀山位于"紫禁城之艮隅",北京古籍出版社,1980年。

⑥ [清]于敏中:《日下旧闻考》卷36《宫室》引《莆田集》,北京古籍出版社,1981年。

之后,宫苑观赏石亦根据规划建筑的需要有所增设和新布局(图 15—1)。

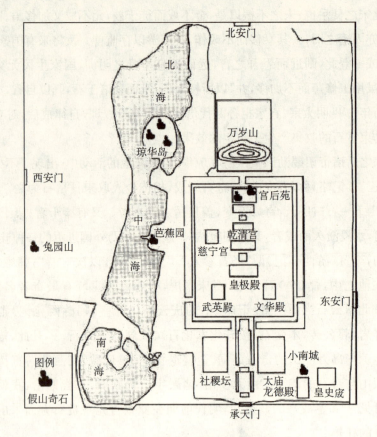

图 15—1　明代皇城假山奇石分布

三、清代宫苑赏石空前罗致与叠建

　　清朝建都北京,京师宫苑制度一仍明旧。在昔日琼华岛万岁山,因清初毁掉山顶亭殿,立白塔建寺,故又名永安寺白塔山。按《国朝宫史》,"永安寺为金源琼华岛(按实为元初命名,如前所述),踞太液池中,奇石垒累而成,皆当时辇致艮岳之遗也",依然是"奇石万垒,岩壑玲珑"的景观。乾隆《御制白塔山总记》和《御制塔山南面记》,塔山即白塔山亦即琼华岛,垒石回环,岩洞幽邃,"玲珑窈窕,刻峭崔嵬,各极其致,盖即所谓移艮岳者也"。[①] 总体上来看,琼华岛四面奇石景观未发生明显变化,但言其微观,"山之南,

---

　　① 〔清〕于敏中:《日下旧闻考》卷 26《国朝宫室》,北京古籍出版社,1981 年;〔清〕庆桂:《国朝宫史续编》卷 67《西苑六》,左步青校点,北京古籍出版社,1994 年。

沿者多而建者少;山之北,革者伙而置者稀"。① 说明琼华岛假山奇石的布局在清代发生了一定的变化。最为典型者,是康熙辛酉二十年(公元1681年)冬,"运是山之石于瀛台,白塔之下,仅余黄壤,宜多植松柏,为青葱郁茂之观"。② 白塔山奇石移走了不少,而在瀛台,"围置奇石,杂置花树",使瀛台"迎薰亭"、"东西奇石古木,森列如屏,自亭东行,过石洞,奇峰峭壁,髣髴蓊蔚,有天然山林之致",收到了"垒石参差积翠间"的点缀效果。③ 清代瀛台,明代称南台,原是一林木阴森,南有村舍水田,帝王阅稼的去处。欧大任《南台》诗即描述了这里的江乡水田农舍稼穑景色。④ 至清初顺治中始建宫室以为避暑之处。康熙二十年(公元1681年),"于水边堆叠奇石,种植花树,层岩山壑,委曲曼回","别具幽致",⑤这里遂成为清代皇城西苑内一处重要的避暑地和赏石集藏地。

在北海北岸,至乾隆中亦堆置了不少奇石以为点缀。按《朝鲜李朝实录中的中国史料》(第十一册):乾隆四十五年(公元1780年)四月,朝鲜使臣黄仁点曾目睹"五龙亭挟宫墙数里之间,左右堆积者,无非太湖石,石皆奇古,而玲珑嵌空,大小不一,一块非一车所可运。问诸彼人,则皆是新造寺观所装点之物"。

除上所述之外,在西苑内,见于《国朝宫史》、《燕都丛考》等文献记载的观赏石还有南海东岸的昆仑石,随安室玲珑如云的太湖石,春明堂前"文理尚在,鳞甲俨然"的木变石,"怀抱爽"亭侧近名曰"插笏"的二剑石,丰泽园戏台前"仿佛狮子林,黝然深谷"⑥的叠石,快雪堂前极秀削的太湖石,中海以西兔园山叠石为山、多立奇石等。

在紫禁城内,明代中期以来在御花园叠置的奇石,至清代沿而未改:"园内奇石罗布,佳树葱郁,有古柏薜萝,皆明代旧物。"⑦而天顺初在小南城叠置之秀岩,因南城至清初改作睿亲王府,⑧并随睿亲王多尔衮病死后削爵籍没改建为寺庙而衰落了。但康乾时期又有多处花园奇石在宫禁内陆续置设。

慈宁宫,明嘉靖中始建,顺治十年(公元1653年)重建,康熙朝为太皇太后居住处;至乾隆十六年(公元1751年)重修,为太后居止处。前为慈宁南花园,其观赏石可能是康熙时自明小南城即清初睿亲王府移置而来,乾隆中益加增设。

宁寿宫花园,又名乾隆花园,位于宁寿宫之北。宁寿宫建于康熙中,为奉养太后之

　　① [清]庆桂:《国朝宫史续编》卷67《西苑六》,左步青校点,北京古籍出版社,1994年。
　　② [清]高士奇:《金鳌退食笔记》卷上《琼华岛》,北京古籍出版社,1980年。
　　③ [清]鄂尔泰,张廷玉:《国朝宫史》卷14《宫殿四》,北京古籍出版社,1987年。
　　④ [清]于敏中:《日下旧闻考》卷36《宫室》引,北京古籍出版社,1981年。
　　⑤ [清]高士奇:《金鳌退食笔记》卷上《瀛台》,北京古籍出版社,1980年。
　　⑥ [清]翁同龢:《翁同龢日记》乙酉(光绪十一年)四月二十四日,陈义杰整理,中华书局,1989年。
　　⑦ [清]于敏中:《日下旧闻考》卷14《国朝宫室》,北京古籍出版社,1981年;陈宗蕃:《燕都丛考》第一编第三章《宫阙》引《故宫考》,北京古籍出版社,1983年。
　　⑧ [清]于敏中:《日下旧闻考》卷40《皇城》,北京古籍出版社,1981年。

所。乾隆三十六年(公元 1771 年)重加修葺,拟为乾隆本人"以俟归政时,老景消荏苒"处,故花园内结石成岩,叠石为屏。乾隆四十一年(公元 1776 年)在北京西山所得"巨孔小穴难计数,诡棱奇砑自萦纠"的湖石,命名"文峰",即置于此宫景棋阁阶前。[1] 除"文峰"湖石外,还有"云窦"石洞及"翠簹"山亭等观赏石景观,均为乾隆时期叠置。又有"水趣山情静可论","乐惟仁者寄于山"的楹联及"寄兴由来在山水"等诗句。故此花园是清代紫禁城内观赏石较为集中的一区。但自乾隆离世后,至清末的百余年间无人居止,荒芜特甚。[2]

建福宫,在乾隆龙潜旧邸重华宫西,葺建于乾隆五年(公元 1740 年)。葺建是宫,原因"其地较养心殿稍觉清凉,构为邃宇,以备慈寿万年之后,居此守制",即作为太后逝后,在大内守丧静居场所。在宫内敬胜斋东有"飞昻"山石,碧琳馆侧"叠石为假山",延春阁前"叠石为山",上有"积翠"亭,"山左右有奇石,西曰飞来,东曰玉玲珑。山之西穿石洞而南,洞口恭勒御题曰鹫峰"。有"奇石尽含千古秀,好花长占四时春"和"地学蓬壶心自远;身依泉石兴偏幽"等与奇石假山有关的楹联。故而这里有"文石耸立,佳木丛生"[3]之誉。吴振棫则认为:"大内宫殿,崇宏肃穆,非苑囿比。乾隆五年(公元 1740 年)葺建福宫……其间幽邃静丽,各极其胜。花竹树石,布列远近,其规制与内宫殊不同也。"[4]

寿安宫,在慈宁宫北,本明代咸安宫旧址,乾隆十六年(公元 1751 年)改建,为先朝嫔御居止处,宫内后庭中亦"叠石为山"。[5]

文渊阁,位于文华殿后,乾隆三十九年(公元 1774 年)创建,用储四库书籍。阁后叠石为假山。[6]

南三所,文渊阁东北、三座门北有殿宇三所,因相对于御花园东之北五所得名。有撷芳殿,覆以绿瓦,为皇子所居,仁宗嘉庆初出宫时的府第。嘉庆中,宣宗与诸皇子也居此。[7] 宫殿之外东南亦有假山奇石。

由此可见,清代宫城之内至少增加了六处假山奇石观赏景观(图 15—2),且主要集中在乾隆时期。

在西郊皇家园林中,则按照造园艺术的需要同样布局了假山奇石等观赏景观。"安

①　[清]于敏中:《日下旧闻考》卷 18《国朝宫室》,北京古籍出版社,1981 年。
②　[清]于敏中:《日下旧闻考》卷 18《国朝宫室》,北京古籍出版社,1981 年。
③　[清]于敏中:《日下旧闻考》卷 16—17《国朝宫室》,北京古籍出版社,1981 年。
④　[清]吴振棫:《养吉斋丛录》卷 17,北京古籍出版社,1983 年。
⑤　[清]于敏中:《日下旧闻考》卷 19《国朝宫室》,北京古籍出版社,1981 年。
⑥　[清]于敏中:《日下旧闻考》卷 12《国朝宫室》,北京古籍出版社,1981 年。
⑦　[清]于敏中:《日下旧闻考》卷 13《国朝宫室》,北京古籍出版社,1981 年;吴振棫:《养吉斋丛录》卷 17,北京古籍出版社,1983 年。

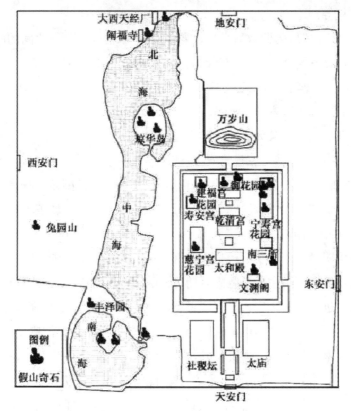

图 15—2　清代皇城假山奇石分布

土阶之陋，惜露台之费"的畅春园，从"捐泰去雕，视昔亭台丘壑林木泉石之胜，絜其广袤，十仅存夫六七"①来看，康熙建园时沿用明武清侯李伟清华园旧基，除略微收缩外，对园内建筑当有新的改作，而林木山石则是那位"胸有丘壑"的青浦人叶洮布置的。②米万钟勺园名"青云片"的观赏石亦被移入御苑，③可能就是毗邻之畅春园内。

圆明园，历雍正至乾隆时期得到空前发展。在园内四十景中，与观赏石有关的景观不乏记录。如清晖园前的石壁，露香斋的假山、玲珑石，碧桐书院外的旋绕山阜，④杏花春馆旁峰石，长春仙馆庭径奇石，古香斋的翛然水石，万方安和的山水清音、高山流水、枕流漱石、洞天深处均有假山奇石，汇芳书院的奇石，文源阁"大孔小穴尽灵透，凸突凹窳仍巉嵯"的玲峰；⑤松峦峻峙的小匡庐，平湖秋月"依山面湖，竹树蒙密"，又有两峰插云；接秀山房"隔岸数峰呈秀"；别有洞天"北依山，南临河"，坐石临流，"奇石峭列，为坻

---

① ［清］于敏中：《日下旧闻考》卷76《国朝苑囿》，北京古籍出版社，1981年。

② 徐珂：《清稗类钞》第一册《宫苑类》，中华书局，1984年。

③ ［清］于敏中：《日下旧闻考》卷84《国朝宫苑》，北京古籍出版社，1981年；吴振棫：《养吉斋丛录》卷26，北京古籍出版社，1983年。

④ ［清］于敏中：《日下旧闻考》卷80《国朝苑囿》，北京古籍出版社，1981年。

⑤ ［清］于敏中：《日下旧闻考》卷81《国朝苑囿》，北京古籍出版社，1981年。

为碛,为屿为奥"等。①

长春园,乾隆修建以为归政后息肩娱老之处,山水清佳。水石之间的茜园门内有奇石,名"青莲朵";标胜亭有假山;小有天叠石成峰,兼挹林泉、崖壑之胜,"古木苍岩,玲珑秀削";海岳开襟的"崑嵝方壶";狮子林的假山;云林石室,"竹林丘壑,皆肖其景";玉玲珑馆"湖石三四峰,湘筠五六个"等。②

清漪园,乾隆十五年(公元1750年)创建;依山临湖,景色秀丽,仍有假山奇石的布局。如乐寿堂前有大石如屏,乾隆御题"青芝岫"、"玉英"、"莲秀"七个大字及君臣摩刻文字,俗称败家石,是中国最大的园林置石;惠山园涵光洞"径侧多奇石,为厂为窦,深入线天,层折而出,仿佛灵鹫飞来",题刻有"松风"、"仙岛"、"云窦"、"玉琴暎"、"堆云积翠"等;北为廓如亭的昆仑石等。③

历史文献均明确地记录了清代皇家苑囿中的假山奇石,丰富多彩。而这些奇石包括宫城内新增各处奇石则主要是乾隆时期(公元1736～1795年)朝廷自京畿房山采办,其次是各地官员进贡和乾隆本人从江南私家园林罗致,陆续运抵京师宫苑各处的。

按乾隆御制《文峰诗》,"西山去京无百里,车载非关不胫走。洞庭湖石最称珍,博大似兹能致否。宋家花石昔号纲,殃民耗物鉴贻后。岂如畿内挺秀质,弗动声色待近取";④及御制《玲峰》歌:"将谓湖石洞庭产,孰知北地多无限。万钟异石大房山,有奇必偶斯为伴……"⑤乾隆时期于宫苑内大量设置的观赏石主要来自北京西山,其中包括树于文源阁的玲峰和那块"长三丈,广七尺,色青而润,米万钟欲致之勺园,达良乡以力竭而止",至乾隆辛未十六年(公元1751年)辇致万寿山乐寿堂,名之曰"青芝岫"的奇石。⑥乾隆御制《玲峰》歌"青芝岫及此玲峰,二物均西山神产",⑦即确切道明了二奇石的产地。其实置于紫禁城宁寿宫景祺阁阶前的"文峰"石也是西山所产。宫苑奇石在乾隆时期主要采自京畿,究其原因,除前引文中所涉及的房山"去京无百里","弗动声色待近取",比宋代花石纲"殃民耗物"的便捷条件之外,就是乾隆十六年(公元1751年)御制《青芝岫》诗中赞誉的"谁云南北物性殊燥湿,此(按指房山)亦有之殆或过之无不及。君不见房山巨石磊岂岌……"⑧。在乾隆帝看来,洞庭湖石美誉天下,而房山湖石有过之而无不及。在其前后《玲峰歌》中,"大孔小穴尽灵透,凸突凹窊仍巇嵯","岫横峰竖各适

---

① [清]于敏中:《日下旧闻考》卷82《国朝苑囿》,北京古籍出版社,1981年。
② [清]于敏中:《日下旧闻考》卷83《国朝苑囿》,北京古籍出版社,1981年。
③ [清]于敏中:《日下旧闻考》卷84《国朝苑囿》,北京古籍出版社,1981年。
④ [清]于敏中:《日下旧闻考》卷18《国朝宫室》,北京古籍出版社,1981年。
⑤ [清]于敏中:《日下旧闻考》卷81《国朝苑囿》,北京古籍出版社,1981年。
⑥ [清]吴振棫:《养吉斋丛录》卷17,北京古籍出版社,1983年。
⑦ [清]于敏中:《日下旧闻考》卷81《国朝苑囿》,北京古籍出版社,1981年。
⑧ [清]吴振棫:《养吉斋丛录》卷17,北京古籍出版社,1983年;徐琦:《清稗类钞》第一册《宫苑类》,中华书局,1984年。

用,造物生材宁可舛"。^① 及《青芝岫诗》"青芝之岫含云苍,崔巍刻削寰直方";^②均抒发了乾隆帝对房山奇石的独钟。

清代主要是乾隆时期,皇家宫苑赏石,除多采自京畿西山外,据《养吉斋丛录》记载,乾隆辛未(公元1751年)南巡杭州,见宗阳宫即南宋德寿宫穹石曰芙蓉石,尝拂拭之,"大吏遂辇送京师,命置之茜园(按长春园内)太虚室,赐名青莲朵"。还有哈密、吐鲁番岁贡的木变石和黑龙江将军进贡的"长六尺余,世所罕见"的木变石,有混同江边砥石山所出的松花石,还有高宗南巡由扬州九峰园选取而运到御园的二奇石,等等。因此,清代宫苑观赏石具有来源广、数量大、品种多、罗致时间相对集中的特点,且在这些方面均远远超越了前代。由乾隆《玲峰》歌中称玲峰石"取自崇冈历平原,原非不胫实车转"及有"百夫辇"一词可知,乾隆搜集各地奇石辇运京师虽不及宋徽宗艮岳之役浩繁骚扰,但亦可见其用工之繁夥。

盖因此类原因,乾隆归政之初即下敕旨:"朕御宇六十年来,国家升平昌阜,大内存贮,珍物骈罗","而嗣皇帝方当以简朴为天下先,原不宜贵奇异奢华之物。是用再行通谕,此后除盐、织、关差向有公项购办备赏物件外,其余内而王公、大臣,外而督抚,不但贡物不必进呈,即如意亦不许备进。其土贡惟麦面、果品、茶叶、药材等项,准其照例呈进,以备荐新分赏之用。不得额外增添陈设、绸缎各物,以示体恤而节繁费"。^③ 理解这段节录的乾隆敕旨,知皇家宫城包括苑囿内存储珍奇宝物甚丰,且日后不再额外增添陈设,应包括观赏石在内。由此亦反证乾隆中罗致观赏石数量之众多。

畅春园、圆明园、长春园经英法联军残毁掠夺之后,因清王朝内忧外患,财政维艰,诸园失修年久。至光绪初"以圆明园荒芜岁久,水道阻塞,不如万寿山昆明湖水面广阔,施工较易,乃辍圆明园工而修万寿山",^④清政府将修复皇家园林以备临幸的注意力转向了清漪园。光绪十一年(公元1885年)下诏重修,改名颐和园,"不三年,园成"。^⑤ 慈禧挪用海军经费重修的颐和园山清水秀,殿宇巍峨;还根据园林布景的需要,叠置了新的假山奇石。除乾隆中已有诸处之外,如排云门外排衙石,又称生肖压石,包括太湖石、笋石;玉澜门外的子母石,玉澜堂后的假山,庆善堂前的太湖石;仁寿门内寿星石系光绪十二年(公元1886年)从墨尔根园移来,门外四处外,门内四处则是民国时期新移。万寿山东南坡"意迟云在"以东路侧叠置各类赏石多达30余处,万寿山东北坡多宝塔东

① ［清］于敏中:《日下旧闻考》卷84《国朝苑囿》,北京古籍出版社,1981年。
② ［清］于敏中:《日下旧闻考》卷81《国朝苑囿》,北京古籍出版社,1981年。
③ ［清］庆桂:《国朝宫史续编》卷71《经费三》,左步青校点,北京古籍出版社,1994年。
④ 徐珂:《清稗类钞》第一册《宫苑类》,中华书局,1984年。
⑤ 徐珂:《清稗类钞》第一册《宫苑类》,中华书局,1984年。

侧,寄澜堂北门外,听鹂馆南,自宝云阁东下"太湖假山,山有洞,回环弯曲,如蚁行九曲珠然",[①]均为新置,因而出现了直到今天仍点缀各处的各种奇异观赏石(图15—3)。这些观赏石中的大部分即来自于圆明园、畅春园、长春园等已废弃的园林中。20世纪初年,随着王室制度松弛,清朝灭亡,苑囿残败,公园兴建,不少御苑赏石逸出或迁出宫城及苑囿。北京中山公园中独立的赏石便是在这种背景下收集的。

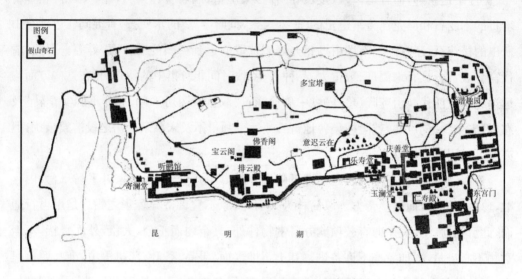

图15—3　清代颐和园假山奇石分布

四、赏石师法自然与艺术欣赏

唐宋以降,皇家宫苑观赏石的流变大体如此。除唐代宫苑观赏石因史料局限难以确指其布局特点外,宋代奇石假山集中叠置于艮岳,金代奇石假山集中叠置于中都城西苑琼华岛;南宋奇石假山集中叠置于行都临安德寿宫,是时,"高庙(按宋高宗)雅爱湖山之胜,于宫中凿一池沼,引水注入,叠石为山,以象飞来峰之景,有堂扁曰冷泉";[②]元代宫苑奇石假山则集中叠置于大都皇城万岁山琼华岛,另在奎章阁有灵璧石,隆福宫和兴圣宫西均置假山,小蓬莱多立奇石;明代宫苑奇石仍沿元代集中叠置于琼华岛外,又在宫城内小南城叠置有假山秀岩,在御花园叠置了堆秀山并布置了奇石,另在西苑芭蕉园亦有珍石布列。至清代尤其乾隆时期,宫苑观赏石则出现了空间布局迅速扩展的势头。

---

　　① 徐琦:《清稗类钞》第一册《宫苑类》,中华书局,1984年。
　　② [宋]吴自牧:《梦粱录》卷8《德寿宫》影印本,台北文海出版社,1981年;[宋]周密辑:《武林旧事》卷4《故都宫殿·德寿宫》夹注,影印本,中华书局,1991年。

除明代已布置者外,清代仅紫禁城内新叠置假山奇石即多达六处,在皇城西苑和西郊皇家园林中则出现了更多的假山奇石,形成新的空间格局,一如上述。

　　清代宫苑假山奇石等观赏景观的迅速兴起,不仅与自古以来山水审美和山水园林塑造的空前发展有关,而且与封建帝王尤其是乾隆个人迷恋山水景观的个人情趣和模拟山水景观的浓厚雅致有关,还与当时国家财政经济实力有关。

　　中国山水审美和山水园林塑造拥有悠久传统,至明清时期形成高潮。仿效自然山水景观构筑为园林佳景的有机组成部分,尤以江南为盛。明末计成著《园冶》则是对明代及其以前我国造园艺术和造园成就的科学总结。其中对掇山与选石的原则和技巧介绍甚为详明。关于掇山,"立根铺以粗石……方堆顽夯而起,渐以皴文而加;瘦漏生奇,玲珑安巧。峭壁贵于直立,悬崖使其后坚。岩、峦、洞、穴之莫穷,涧、壑、坡、矶之俨是;信足疑无别境,举头自有深情。蹊径盘且长,峰峦秀而古",可得"多方景胜,咫尺山林"①的效果。诸赏石中的太湖石"以高大为贵,惟宜植立轩堂前,或点乔松奇卉下;装治假山,罗列园林广榭中,颇多伟观也"。② 这不仅反映了明代造园艺术在假山赏石叠置方面的成就,而且对后世造园艺术产生了深远影响。

　　具有高度文化修养和艺术鉴赏力的清代帝王,尤其是乾隆在山水审美方面亦表现了非凡素养。他在历次巡行和游猎过程中,不仅深入地体验了山林原野生活,陶冶了他崇拜自然,"师法自然"的心境,"山水与我有宿缘,每遇佳景辄欢畅",③及"行遇好山水,自觉中心快"④等诗句均深刻地反映了他亲近自然环境和山水景观的生活情趣;而且他还广泛地接触了江南众多的私家园林,引发了他"略师其意,就其天然之势,不舍己所长",⑤"别开心境"的志趣,移植江南园林于都城宫苑中,如仿造海宁陈氏安澜园、苏州名园狮子林、杭州汪氏小有天园、南京瞻园于圆明园和长春园,仿造无锡秦氏寄畅园于清漪园(颐和园)内,故而收到了圆明园乃"天宝地灵之区,帝王游豫之地,无以逾此"的良好艺术效果。在外国传教士、建筑学家看来,圆明园"欲备天然野趣而得幽隐之便,非欲其仍若严整壮丽之皇居也",故"身入其中者,莫不情为之移,正因其错杂不齐,盖见匠心独造"。⑥ 中国文人则认为"行所流连赏四园,画师写仿双开境,谁道江南风景佳,移天缩地在君怀";而宫内"山水之间发清音,古今以上多同人";"奇石尽含千古秀,好花长占四时春";"景清神谧天常泰,水趣山情静可论","趣为永哉畅非俗,乐惟仁者寄于山"的联咏及"寄兴由来在山水"的诗句均反映了清朝皇帝尤其乾隆皇帝寄情山水,于宫内

　　① 〔明〕计成:《园冶注释》卷3《掇山选石》,陈植注释,中国建筑工业出版社,1981年。
　　② 〔明〕计成:《园冶注释》卷3《掇山选石》,陈植注释,中国建筑工业出版社,1981年。
　　③ 清高宗:《乐寿堂全集定本》卷17《题唐岱重溪烟霭便面》,乾隆十三年武英殿刻本。
　　④ 清高宗:《乐寿堂全集定本》卷18《唐寅山静日全图》,乾隆十三年武英殿刻本。
　　⑤ 清高宗:《御制诗》卷89《题致远斋》,乾隆十四年刻本。
　　⑥ 《中国营造学社汇刊》第二卷第一册,王致诚:《圆明园纪事书札》,中国营造学社,1930～1945年。

叠置假山赏石并配置以自然和人文景观的内心世界和审美意识。除山水园林艺术的发展及乾隆自身"师法自然"、"别开新境"的需求等主客观原因之外,清代宫苑内假山赏石的叠置还与当时社会经济的发展和社会承受能力有关。清代经康雍二代的经营,社会经济已得到恢复和发展,至乾隆时期,由于政治稳定,经济繁荣,财政充裕,给国家整治各项建设事业提供了雄厚的物质基础和财政条件。[①] 如若没有这样的条件,大规模地兴土木叠赏石也都是不可能的。

综上所述,皇家宫苑赏石流变过程表明,古代尤其清代乾隆皇帝对假山奇石的艺术欣赏和师法自然的追求已达到极高的水平。

---

① 清高宗:《御制诗》卷 85《降旨普免天下正供·诗以志事》,乾隆十四年刻本;乾隆退位"帑藏充盈,户部核计已至七千三百余万(两银)",较其即位时国库存银三千余万两,超出四千三百余万两。

附录：《北京历史地图集》编制理论、实践和社会评价

　　历史地图集是反映（表示）人类历史时期区域开发、时间联系、人地关系和地理环境演变的专题地图集。严格地讲，一部完整的区域历史地图集应该是系统而全面地反映各类地理客体历史变迁的系列地图集的总称。它不仅仅反映区域政区沿革和城市变迁，而且还应该更多地反映区域自然地理和人文地理的历史变迁及其规律。业已出版发行的《北京历史地图集》（第一集），实乃有关北京地区政区沿革与北京城市变迁的地图集，它与现在正在编绘之中的续集（第二集），即"北京平原早期人类开发的自然环境地图集"，和第三集，即"北京地区历史人文地图集"，以及拟于将来着手编绘的"北京地区自然环境演变和自然灾害地图集"等共同组成完整的《北京历史地图集》。显然，第一集是第二集、第三集以至第四集编制工作的初步与基础，而续集及三集、四集则是第一集工作的深入发展和完善。这个系列图集最终完成以后，才是在现代历史地理学理论指导下，符合历史地理学基本理论要求的《北京历史地图集》。这里以业已出版发行的《北京历史地图集》（第一集）为主，适当涉及第二集和第三集的内容，以便系统介绍《北京历史地图集》的编制理论、实践，全面反映北京市政区沿革、城市变迁、人地关系与环境演化及其编制价值，或许对于促进我国城市或区域历史地图集的研究编制工作有所裨益。

一、编制《北京历史地图集》的缘起和过程

　　《北京历史地图集》（第一集）的正式出版发行是在中华人民共和国成立四十周年的前夕，而事实上，编制这一图集的思想萌芽却产生于中华人民共和国诞生之初，其间历时几达 40 年，坎坷良多，可以想见。

　　中华人民共和国建都北京，使这一具有三千余年发展历史和近千年规划建设历程的古都的城市改造和规划建设开始了一个新的时期。为适应这种形势的要求，北京市政府专门成立了"北京都市计划委员会"，负责古都北京改造和建设的规划设计。当时在燕京大学任教的侯仁之教授应邀任该委员会委员，负责研究北京城市发展的历史进程、特点和规律，为当时北京城市改造建设的规划提供历史资料和科学依据。新时期的

北京城市规划建设的实践提出了绘制若干北京历史地图的客观要求。为此,侯仁之于1951 年 5 月向北京都市计划委员会副主任、清华大学营建学系教授兼主任梁思成提出了绘制北京历史地图的建议和聘任一名专职绘图员作为助手的申请。侯仁之的建议和申请很快得到梁思成的支持,并代为向中国科学院提出了给已聘任的专职绘图员以适当的生活费补助的申请。梁先生在写给中国科学院领导同志的信中说:"以他(按指侯仁之)对于北京市及其近郊地理的深彻的认识,在北京的地形、历史、水道、河流、土地利用等方面的研究,给都市计划委员会提供并供给了很多极重要、极宝贵的意见和资料。在最近设计的西郊文教区的工作中,他的贡献是极大的。""他以往所发表的论文大多是以文字为主的。现在他正拟开始另一种更重要的工作——以地图说明历史地理","侯先生的工作无论在学术上还是北京市的建设上都将有极大的贡献。许多人都在等待他的地图的制成"。① 梁思成不仅充分肯定了侯仁之在都市计划委员会中卓有成效的工作,而且对侯仁之编制北京历史地图的设想寄予了厚望。他的申请很快得到中国科学院的批准。编绘有关北京历史地图的工作在即。但是,1952 年院系调整后,侯仁之转为北京大学教授,因承担繁重的教学行政事务、都市计划委员会的研究工作已难兼顾,编制北京历史地图的最初工作亦因此而停止。

20 世纪 50 年代初,侯仁之编制有关北京历史地图的设想当时虽未能实现,而且也还没有上升到编制北京历史地图集的高层次的思考,但这毕竟是编制北京历史地图集的思想萌芽。在谈到《北京历史地图集》的编制缘起时,不能不追溯至此。

1958 年,人民大会堂破土动工之后,开挖地基时在附近地区发现有一条深埋的废弃古河道。这条废弃古河道显然是地面密集高大建筑物群的一大隐患,因而受到市政府领导及有关部门的高度重视,遂指定侯仁之组织力量考察研究并复原埋藏在北京城区地下的古河道分布状况,为北京旧城区规划改造和建筑施工提供有益的参考。1965 年春夏之际,侯仁之在向北京市政府负责同志全面汇报他的研究成果时,副市长万里即传达了周恩来总理关于编制北京历史地图集的愿望和意见。当时在北京市城市规划管理局领导的大力支持下,即着手组织人力准备开展这一重要工作。在这里应当附带说明,在谭其骧教授主编的《中国历史地图集》中,按原计划有数幅历代重要的都城图,其中最重要的是元大都城图和明北京城图。这两幅城图的编制是中国科学院考古研究所(后改属中国社会科学院)徐苹芳同志主持的,并于 20 世纪 60 年代初期已接近完成。后来这一计划因故未能实现,但徐苹芳同志对元大都和明北京城的研究复原工作却成为编制的《北京历史地图集》的重要组成部分,或者说已使编制《北京历史地图集》有了良好的开端。只是因为 1965 年秋季开始的"社教"运动和相继而来的"文化大革命",打

---

① 梁思成致"中国科学院负责同志"信的手抄件,1951 年 5 月 18 日。

乱了编制北京历史地图集的工作计划,使研究和编绘工作停顿了十余年。

　　"文化大革命"结束之后,编制北京历史地图集的工作才又重新提到议事日程上来。事先经过多次联系和酝酿,于 1979 年 6 月初,在北京市测绘处(后改为测绘院)召开了北京历史地图集编辑工作筹备会,并决定成立图集编辑委员会。根据工作需要,编委会由来自北京大学地理系和历史系、北京市测绘处、中国科学院地理所、考古所、北京市社会科学研究所(后改社科院)、北京市文物工作队(后改为文物考古研究所)等单位的学者 13 人组成,北京大学教授侯仁之任主编,北京大学教授徐兆奎、北京市测绘处处长张大有、北京市社科所副所长曹子西任副主编。编委会下设编辑工作组由各合作单位的 21 名同志组成,分别承担不同的任务。同年 9 月正式开始工作,工作室设在北京大学图书馆内一间面积仅 10 余平方米的借用房间中,编辑工作组在这里定期举行编务会议、落实任务、拟定图例、设计图幅、研究内容、分析资料、审定图稿等,共度过了三四个冬春。后来连这样的一间工作室也没有了,只得临时租借地方,坚持正常工作。编辑工作全面展开以后,经常性的编辑事务多由徐兆奎副主编主持,而在后期的编辑审定工作中,尹钧科同志也付出了较多的劳动。图稿的技术处理和清绘制版则由北京市测绘院制印厂的历史地图集课题组俞美尔高工及其他多位同志承担。她们为图集的最终完成付出了极大劳动,功不可没。

　　北京历史地图集的内容涉及市域历代政区沿革、城市变迁及郊区园林等项。编制这些内容的图稿,首先需要查阅大量历史文献资料,经过反复的分门别类分析研究、去粗取精、去伪存真,最后以古墨今赤、古今对照的传统制图方法,将不同时期的内容表示在当今北京市域实测地图上,并写出每幅图简要的文字说明。这是一项异常浩繁艰巨而又要求十分严谨精细的工作。在编委会主持指导下,由编辑组全体成员分工合作,历时两年多,图稿工作基本完成。1981 年夏,编委会及时地主持召开了审图工作会议,邀请上海、西安、武汉及北京的有关专家学者数十人参加审图指导。会后,编委会又领导编辑工作组全体同人对图集初稿作了全面的修订和增补,历时五年半才最后完成定稿。在七年多的研究编绘和修订过程中,据不完全统计,前后查阅各种图书文献达 450 余种,共 15 000 余卷,摘录卡片达 10 万余张,撰写有关论文数十篇。但因图集内容涉及上下数千年,时间跨度大,历史文献残缺或记录不全,甚至记录失误在所难免,致使若干应在图面上反映的内容遇到很大困难。在这种情况下,首先是在定期举行的图集编辑工作组全体会议内部,依据已有资料反复进行分析研究,展开学术争鸣;其次是争取在野外地理考察中取得解决问题的线索,为此编委会前后共组织了五十余次野外考察,考察区域涉及北京、天津、河北省市的三十五个区县,行程达五千余公里,使若干疑难问题得到圆满解决。如确认《水经注·鲍丘水》所记东汉至北魏的潞城应在今三河县城子村;辽金潞阴县治不在今通县潞县村,而在其西十余里;金置广阳镇不在今房山区东北境广阳城,而在今大兴县庞各庄、天宫院、郎各庄等村之间等。

全部图稿几经集体讨论和个人修订之后,主编侯仁之、副主编徐兆奎又组织部分编委并邀请有关专家对每一幅图逐一审核,发现问题,订正错误,以保障前后图幅内容的连续、准确、科学、可靠,从而大大提高了图集的总体质量水平。全部图幅定稿之后,对除附图以外的全部主图分头编写了较详尽的文字说明,几经推敲修改,附印于各图幅之后。图集样图装订成册后报请国家测绘总局与外交部条法司审批,最终由北京出版社出版发行。

北京市政府领导一直关心着《北京历史地图集》编制工作的进展,在人力、物力、财力上给予了很大支持。当初作为北京市副市长传达周总理指示的万里委员长还亲笔为《北京历史地图集》题写了书名。

二、编制《北京历史地图集》的理论基础与指导思想

《北京历史地图集》的编制始终是在现代历史地理学理论的指导下进行的。历史地理学的基本理论认为,历史时期的任何地理事物和地理现象都处在不断的发展变化之中,不仅有其今天的现状,更有其发展演化的历史和过去(或谓前天和昨天)。现状乃地理事物历史变化的结果,而过去乃现状来源过程中的具体阶段。因此不了解地理事物的"昨天"乃至"前天",也就无法客观准确地理解和认识地理事物的"今天",更无从预测其未来。复原各个历史断面上的地理面貌,并将其按照时间发展的先后顺序联系起来研究,寻求其发展演变的规律,进而阐明今天地理现象的形成和发展,正是历史地理学的任务。而按照时间的先后顺序将上述文字研究成果直观科学地表现在地图上,以反映地理事物随时间变化的规律性,正是历史地图集的功能和特点。如此作来,显然既具有理论意义,又具有实践价值。早在一百多年前,恩格斯在论述自然科学发展的方向问题时,即曾指出:"如果地球是某种逐渐生成的东西,那么它现在的地质的、地理的、气候的状况,它的植物和动物,也一定是某种逐渐生成的东西,它一定不仅有在空间中互相邻近的历史,而且还有在时间上前后相继的历史。如果立即沿着这个方向坚决继续研究下去,那么自然科学现在就会进步得多。"[①]恩格斯的深刻论述不仅为历史地理学理论和方法论提供了必备的哲学基础,也为历史地图集反映地理事物的时空变化奠定了基石,成为历史地图集编制的理论基础。地理事物中的自然现象遵循上述规律,人文现象当然也不例外。

---

① 恩格斯:《自然辩证法》,人民出版社,1971年。

北京作为一座历史文化名城已有三千余年的发展历史，而作为封建王朝的都城，也已拥有八百余年的历史。其规划建设历经发展，已达到杰出的艺术水平。在西方城市规划学界拥有"世界奇观之一"（丹麦 S. E. Rasmassen）的称誉，甚至被认为"可能是地球表面上人类最伟大的个体工程"（美国 E. N. Bacon）。对于这样一个历史悠久的古城，只有通过复原不同历史时期城市规划建设的面貌，才有可能明确地认识其发展和建设的具体历程，才有可能为进一步改造北京旧城与进行新的规划建设提供客观规律性认识和必要的历史依据。至于环绕北京城市的广大郊区，自古以来即成为北京城市兴起和发展的依托和腹地，二者保持着千丝万缕的自然环境和社会经济联系，不可分割。古代姑置不论，自辽代始，辽南京与析津府、金中都与大兴府、元大都与大都路、明清北京城与顺天府、北洋政府京师与京兆、民国北平城与北平市乃至当今北京城与北京市，实乃经历了一脉相承的发展。同时，各历史时期均以当今北京市域为表现对象，而不以古代各时期的政区范围为限。统一制图区域会大大提高区内地理事物演变的纵向可比性，缩短历史地图集每一图幅与现实的距离、提高历史地图集直接为现实服务的可能性。因此，逐一复原北京郊区在历史上各个时期的政区沿革和河湖水系的变化及古代人类活动的其他重要遗址遗迹和历史地名等，目的在于更客观地揭示北京城市历史变迁的背景，为进一步研究市域各区县自然和人文环境的发展演变历史，提供必要的基础认识；并为复原史前期北京地区人类生活环境，新石器时代文化分布及规律，历史时期人口分布与迁移变化及社会经济文化的发展等提供统一的基础底图。

侯仁之在《环境变迁研究·发刊词》中指出："我们现在比历史上的任何时候，都更需要去认识自然界本身变化的规律，比任何时候都更需要去探讨人类在历史上对于自然界进行干预的经验和教训。只有这样，我们才有可能真正认识现代自然环境的形成过程及其演变规律，才有可能去更好地、更合理地、更有远见地去改造它、利用它。"在这里，侯仁之指出了两个方面的问题，即自然界本身的变化和人类干预下自然环境的演变及规律。对于前者，其形成和演变的进程，一般说来，是相当缓慢的；而在人类活动影响下的变化，人类进化的早期阶段，因人类干预自然的力量极为有限，同样是微弱的。在人类不仅驯化了动物，同时更重要的是驯化了植物即原始农业出现之后，人类才在自然界中真正开始打下了自己的烙印。在此之前，自然环境还基本上是未经人类明显干预的原始景观。复原这一原始景观，即真正追溯到了人类开始明显干预自然界的起点，自此开始，才有可能更客观、更准确地揭示此后的人类历史时期人文景观发展演化的特点与规律，以便更深入地探讨人类生存的地理环境"过去"与"现在"之间发展演变的过程和规律。《北京历史地图集》续集所反映的即原始农业出现初期北京平原上早期人类开发与生存环境，为进一步复原历史时期北京地区经济文化的发展和人口分布迁移等进行了开拓性基础工作。

　　三十年前,侯仁之在分析历史地理与沿革地理的关系时曾指出,按照历史地理学的要求,根据西汉自然条件和生产状况及历史发展的因素,以及《汉书·地理志》所载郡国人口数字,复原西汉人口分布图,并且进行地理学的分析;如果把西汉以后凡有人口数字可以统计的各个朝代或各个时期,都一一进行这样的研究,并阐明其前后变化的原因,那么这样的工作,对当代我国人口地理的研究,必然大有帮助。① 在这里,侯仁之不仅论述了历史时期人口地理研究的方法及意义,而且提出了将研究成果编制为历代人口分布图的设想,此外他还进一步指出了以同样方法对历代都邑兴衰、民族迁移、交通变迁等问题进行类似研究的可行性。毫无疑问,当初的这些设想和规划为后来北京历史地图集的编制作了思想与理论准备。

　　地图作为人类认识自然、改造自然、从事社会活动的必要工具,在我国历来受到重视,有着悠久的发展历史。但在现代历史地理学理论指导下编制反映历代自然环境、人口、经济、交通、文化变迁与发展的历史地图集,而不仅仅局限于反映政区沿革,都邑兴衰和城市变迁及政治历史事件,却是近几十年中形成的思想。现在正着手编制并且可望在近期完成的《北京历史地图集》第三集恰恰兼容了北京地区历代人口分布与迁移、经济开发、交通及诸文化现象历史变迁的内容,故又可称之为历史人文地图集。

　　侯仁之在《北京历史地图集·前言》中曾指出过:"本图集虽定名为《北京历史地图集》,但其内容是以北京市历代政区为主。从金朝起,北京开始成为全国性的政治中心,因之在政区图外又增加历代的北京城区及重要园林、陵寝诸图,所以实际上这还只是一部北京市政区与城市的沿革图。如果按照一部历史地图集的严格要求来说还必须增加其他一系列有重要内容的图幅,例如历代人口的分布、交通的变迁,经济与社会的发展以及自然环境诸要素的变化等,这样才能看到北京城及整个郊区发展演变的全貌。""如果说目前这部图集只能看做是《北京历史地图集》初编的话,那么就应该期待着还有二编、三编相继问世。"数年之后,《北京历史地图集》的二集和三集也正在顺利地编制中,可望在若干年后出版,向学界发行。

　　侯仁之在总结编制《北京历史地图集》(第一集)全部工作的基础上作出的上述结论,不仅涉及历史地理学的理论问题,同时还指出了历史地图集的基本内容和主要功能。此外,他还指出了要区别历史地图集和读史地图集的问题。总结《北京历史地图集》内容的框架结构和编制工作实践,我们认为,历史地图集和读史地图集的本质区别在于:①历史地图集是用地图的形式来反映历史地理学的研究成果,它本身属于历史地理学的作品。而读史地图集是用地图的形式反映历史学的研究成果,它本身属于历史学的作品。也就是说,历史地图集和读史地图集所反映的内容存在明显差异。②历史

---

　　①　侯仁之:《历史地理学的理论与实践》,上海人民出版社,1984 年。

地图集严格坚持地理事物变迁的历代性原则，重在揭示各种地理事物在不同历史时期的分布和演变规律，各图幅之间存在着密切的内在联系。而读史地图集重在清楚地说明各个朝代发生的重大政治历史事件发生的时间、地点、区域范围、演进方向等。因为各个朝代发生的重大政治历史事件之间没有必然的联系，因而各图幅之间缺乏前后相继的连续性和可比性，也难以显示历史事件随时间变化而变化的规律。③历史地图集是在现代实测地图的基础上编绘历史地理内容，具有区域的完整性和计量准确的科学性。而读史地图集可根据需要截取一定的地域绘图，对地图本身的计量要求并不严格，多具有示意性。④历史地图集的功能有助于人们直观地认识不同历史时期各种地理事物的空间分布及演变规律，从而加深人们对各种地理事物的现状的理解和认识，甚至可以预测各种地理事物未来的发展趋势。而读史地图集的功能主要是帮助人们理解重大政治历史事件发生的地理背景，是人们阅读史书、理解历史的辅助工具。

上述二者的本质区别表明，历史地图集和读史地图集是性质完全不相同的两种地图作品，认识这一点，对于编制真正的历史地图集具有十分重要的意义。

三、《北京历史地图集》的总体设计及技术处理

如上所述，《北京历史地图集》将是一个完整的历史地图集系列。因其各分集所反映的内容侧重点不同，故其总体设计和技术处理的方式方法亦有区别。这里所说的《北京历史地图集》的总体设计及技术处理，仅以已出版的第一集为例。

1. 图集的总体设计。《北京历史地图集》是一部普通区域历史地图集，表现范围以今北京市辖境为主。重点反映该区域内历代政区沿革和城市变迁，采用统一、优质底图编绘，考古图及历代政区图均用"古墨今赤"今昔对照的传统表现方法。

地图开本及比例尺的选取，根据北京市域南北与东西长度接近的形状，政区沿革图采取横式矩形分幅，又根据资料的多少和图面表现内容符合地图用途的原则，采用灵活的比例尺。元代以后作为主图的政区图选定比例尺为1∶60万，而金代以前的政区图，图面内容较小比例尺相应缩小为1∶80万或1∶120万。根据城市南北较东西稍长的形状，城区图以立式分幅，元代之后资料渐为丰富，图面内容较多，比例尺扩大为1∶2.75万。按标准印张计算，图面恰为四开大小，故图集定为八开本，展开即为四开。皇城、宫城、园林及陵寝图因面积大小不一，比例尺最小为1∶10万，最大为1∶0.3万。

地图图目及配幅的确定。以历史地理学理论为指导编制历史地图集，要求自身所反映的内容应严格坚持历代性原则，即保持图幅的时代连续性，因此图目选择和编排、除前四幅序图为现势图外，严格地遵循了历史分期原则。第五幅为考古图，反映从旧石

器时期到商周时期遗址分布概况,由四个分幅组成。自春秋战国到民国三十六年(公元1947年),则按朝代顺序,基本上是一个朝代设一幅政区图。自金代北京(时称中都)始为国都,城市的规划建设,包括皇城、宫城、苑囿、陵寝日益受到重视,为历代北京城市建设的重点,在我国乃至世界都市建设史上均占有特殊的地位,故均分别设图,置于各自政区图之后。其编排顺序为:政区图、城区图、皇城图、宫城图、园林图和陵寝图等。其中主图如元代以后的政区图、城区图、皇城图、宫城图及清代苑囿图,因资料多,载幅量大,比例尺较大,均确定为全幅面图,而金代以前各时期的政区图,金中都城图及明、清陵寝图等因相反原因图幅较小,故采用合幅形式,每一幅面配置2~5幅图。如金代政区图与城区图,采用不同比例尺,而清东、西陵则采用相同比例尺均配置在一个幅面上;西晋与十六国时的后赵、前燕、前秦、后燕共五幅图以两种比例尺配置在一个幅面上。而若干小比例尺附图则根据需要分别附于相应图面隅角处,使图幅的幅面变得生动灵活,效果较好。

地图的整饰。地图整饰除1:60万政区图及1:2.75万城区图有统一形式外,其他比例尺的地图则既有统一又有区别,如各图幅的内容部分都印普染底色,政区分区设色,城区采用功能分区设色。图框以白色色带代替,规则图幅用矩形图框,因有护城河而不规则的城图均以护城河水涯线外沿为里线向外绘平行线为图框。白色图框外印制浅色外图框,并分图组设色,以便翻阅。各图图名配置在外图框的适当位置上,"断代"是编制历史地图的重要环节,故每幅图都注明该图所反映内容的具体年代,括注公元纪年,配置在图名之下;比例尺较大的城区图、宫城图、园林图及陵寝图的比例尺以图解与数字相结合的方法,配置于各该图幅的适当位置,而政区图的比例尺则仅以数字表示,配置于上述断限年代的下方。

为便于古令对照,向读者提供北京市域的历代总体概貌和详尽的地图内容,各图均用多层平面表示。政区图有鲜明的蓝、红和更突出的黑色、深钢灰色将古代内容诸要素以不同规格的符号和注记分别显示于第一、二层平面上。而以浅棕色作为第三层平面显示出今内容,地貌则用晕渲法表示。城图、园林图和陵寝图均采用自然象征色,如园林用绿色、城墙用灰色、宫墙用土红色、宫殿用琉璃瓦黄色、水体用蓝色等。为使图面清晰,主次分明,还采用了不同层次的普染色职能分区表示法,使明清北京城及其附属建筑物匀称的平面布局及其立体设计效果在本地图集中生动地再现出来。

2. 图集的技术处理。《北京历史地图集》是一项系统工程,除上述的总体设计外,还涉及诸多技术问题需要妥善处理,如资料搜集和分析整理、地图内容的编辑设计、地图印刷和装帧等方面。

(1) 历史资料的搜集和整理

这是一项异常浩繁的工作,又是编绘历史地图的居第一位的基础性工作。《北京历史地图集》所用资料主要来源于:各正史《地理志》或《郡国志》、《河渠志》以及《本纪》、《列传》;金石与考古资料;历代全国总志及北京的各种地方志;当代人的笔记、杂录、野史;各时期的古地图、近现代地图和地形图资料;野外考察和调查访问获得的资料。

搜集资料的良莠、真伪直接制约着成图的质量,因此对全部资料经过去伪存真、去粗取精、反复分析比较、认真整理加工的过程。除进行地域分析之外,还要进行纵向比较,以求准确地将要反映的内容表示在地图上。其中聚落要素尤其是县级以上的居民地给予了特别注意。一般来说,聚落要素具有良好的历史继承性和存在的连续性,不少聚落自古代形成就一直延续到今天,故聚落资料的整理需要系统化,并力求完整。为此,将文献记载不全或不准确而造成的矛盾和错误予以核实改正至关重要。这一工作则可通过列表方式完成。表格以县为单位,名称为"北京地区历代聚落地名对照"。以芹城为例,其形式如附表1所示。

附表1　北京地区历代聚落地名对照

北魏		隋		唐		……	今		备注
名称	资料来源	名称	资料来源	名称	资料来源	……	名称	资料来源	
芹城	水经注	芹城	隋图经	芹城	通典	……	秦城	1:10万地形图	

通过古今聚落名称对照表的制作,不仅可以反复对照各朝代地名,避免较大聚落的丢漏,而且可以补充某些朝代失载而造成的图上地名容量的不足,因而大大提高了聚落资料的可靠性和准确性,也为古代地名的空间定位奠定了基础。

历史上县级以上行政地名,在不同朝代,其等级、名称及位置常有变化。这些变化必须在图上给予正确的表示。在北京地区这类现象不少且变化复杂,而文献记载也不尽一致,需反复核实订正,为此亦需要以表格形式加以整理(附表2)。

附表2　北京地区历代行政地名对照

辽			……	今			备注
……	四级行政治所	五级行政治所	……	直辖市	县级	村镇	
	顺州	怀柔	……		顺义		

经列表对照比较,将每个县级以上行政聚落在各朝代的行政等级、名称、点位变迁等均能明确地展示出来,使编绘人员作业时,对每个聚落的表示要采用哪一级符号、哪一级名称注记,做到一目了然、清楚明白。此外,为正确确定各朝代各级行政区划境界等级及其相应的图面注记等级,明确各区划间的隶属关系,还对每一朝代分别制作了行

政区划表。

在古代河流资料的搜集整理过程中,经反复分析研究和平衡,保证了每幅图各条河流的连贯性,并有一定数量的河流被表示到图上。如北魏时期的河流有赖《水经注》的记载详细可靠,而北魏之后至元代以前有关北京地区的河流,文献记载极简略,但有些河流直到明、清时仍无变化因而在中间的几幅地图上便作了必要的河流补充,以古河道符号表示,而注记今名称。

城图、宫城图以北京测绘院 1974 年编制的 1∶2.5 万《旧北京一九四九年城郊地图》,国家 1∶5 万地形图及测绘院大比例尺实测地图作为编绘底图,而以前人编制的地图如《乾隆京城图》、宣统《首善全图》以及有关各朝代文献资料作为相关图幅编制的依据与参考,编绘作者原图。

(2) 地图内容的编制设计

政区图是图集的主体图组。因其反映的年代较长,故设计图幅较多。其内容的设计,首先从图组整体考虑出发,抓住各图幅间的共同特点编写编辑设计书;在此基础上再根据每幅图的不同特点拟订出各图幅的补充设计书。其主要内容包括以下四个方面。

① 根据各图的性质和用途,确定其应表示的古、今各行政中心、重要村镇、主要道路、桥梁、长城、遗址、河湖、山脉、山峰等。

② 各图古、今内容的表示,以古内容为主,今内容为辅,古内容详细,今内容简略。

③ 地图内容要素选取的容量,基本依朝代顺序从前到后逐渐增加,但这种增加并不绝对,还应根据资料搜集情况、地图比例尺和朝代特点确定。如聚落选取容量以清代和民国时最多,平均为 75 个/100 平方厘米;隋代因资料少,比例尺大而容量最小,平均为 25 个/100 平方厘米;而北魏早于隋代,但资料较多,故容量较隋代多,平均为 34 个/100 平方厘米。

④ 各图内容要素的分级是在搞清各朝代特点的基础上采取图组统一考虑的办法,使定级尽可能正确、合理。然后再根据各朝代的不同特点作该朝代要素的分级。如聚落的统一分级,是根据各朝代每一级行政建制所辖范围及其治所在当代的重要性,进行反复对照分析确定的,分为国都(都城)、省级、府级、州(郡)级、县级治所及一般聚落六级,而各图的具体分级则又根据各朝代具体情况,并经前后对照平衡确定各朝代聚落的等级。如明代聚落分为六级,而隋代仅有郡治、县治和一般居民点三级。另外,明代某些聚落除行政义之外,还带有军事性质。如明代通州既为州治,又是定边卫和神武卫治所,也是当今通县政府驻地。因此,一个聚落要有三重表示,失之过繁。为突出聚落的行政意义,除按图组共同的图例及注记表示各级聚落外,只用名称注记各级军制意义。为不增加图例,各级军制注记字体及字大,借用各级行政注记字体,字大则套级使用,如军制"都司"同行政"府"级、"卫"同"州"级、"所"与"堡"同"县"级。注记军制名称时用全名,如"神武中卫"、

"定边卫"、"密云后卫"等。读图时从注记即可看出各级军制的全名及其等级。

城区、宫城、园林、陵寝图。着重反映北京为历史悠久的文化古都、文物丰富这一特点。各图表示了相应朝代的皇宫、王府、衙署、园林、皇陵、桥梁、主要宗教与文化的古代建筑物及河湖、山势等。此组图以地形地理图形式出现，比例尺较大，图上各要素尽可能用依比例或半依比例的符号表示，一般不使用非比例符号。对重要建筑物如宫城内宫殿、午门、紫禁城城墙及天坛等重要建筑，各图均突出表示，但表示形式有所区别。如宫城图因比例尺较大，除绘出其范围外，用鲜明颜色进行功能分区普染并详细注记名称；而地区和园林图因比例尺稍小，则以真形实块表示。宫城图内的其他建筑包括一般房屋、门、台阶等都予以详细表示。宫城图内容根据功能并参照古代北京城市规划设计思想特色，突出表示宫殿，其次为宫墙、城门楼等；较突出地表示宫殿所在的宫城、皇城及中央、地方衙署、王府、寺庙、苑囿等。而皇城以外的街区则以最底层平面表示。在各图上分主次注记出各种地名，城区图则舍去部分胡同名称。园林、陵寝图则以等高线加分层设色表示地形。

此外，在每幅地图的背页，附有与该图的主要内容有关的重大政治、经济、文化事件及自然环境演化的简要文字说明，约5万字。面对与图集直接相关而一时又难于解决的问题，记录于图集的后记中，如两汉昌平县故城、两汉至东魏间的军都故城、北魏良乡县治、汉雍奴故城的确切位置在何处；河北涿州市西南松林店汉代古城遗址、涿州市东北的古城、平谷与三河县交界处的城子、京郊清河镇朱房附近古城、石景山古城，究竟名为何城等，还有待于进一步探讨。图集最后附有地名索引，按图组性质分为政区图、城区图和园林、陵寝图三部分分别编制，共17 000条。

图集的印刷。图集印刷的质量如何，体现着图集主题设计思想并直接影响阅读效果。因此，图集的印刷色彩设计应协调统一，用色与配色合理、科学。为达到预期效果，专门设计并制作了图集设色统一色标，作为印色的标准；采用银盐感光拷贝制版，保证了图集各线画符号及注记文字的精细美观；以叠色和专色相结合的方法达到了少用色而分区设色，清晰可辨且主题突出、层次分明的效果。

图集的装帧。《北京历史地图集》是一本具有较高学术水平和艺术价值的高档地图作品，所以采用精装装帧。封面裱以压有由万里书写烫金图名的深绿色胶化纸，外表套以印有代表古都北京风貌的故宫图航空彩色照片护封，古朴美观、大方实用。

四、《北京历史地图集》的社会评价

《北京历史地图集》的学术成就如何？它有怎样的应用价值？这个问题由下面摘引

的国内外学术界的评论和有关职能部门在工作实践中加以应用之后的体验材料,可见一斑。1990 年 2 月 28 日,北京市科委组织了《北京历史地图集》鉴定会,由中国科学院学部委员、遥感应用技术研究所名誉所长、地图学专家陈述彭,中国科学院学部委员、清华大学教授、建筑学专家吴良镛等九位专家学者组成的评审委员会一致认为:"《北京历史地图集》具有形象地反映了我国政治文化中心首都北京的独特风貌,具有高度的学术水平和广泛的应用价值,是一项重大的科学贡献,对于首都城市规划建设,启发爱国主义思想,弘扬中华民族文化,都具有深远意义。"兹将具体鉴定意见择要录下:

"《北京历史地图集》是侯仁之教授倡导的现代历史地理学理论与实践的结晶","以现代历史地理学理论与现代地图测绘技术,研究与反映了北京这个世界文明古都的发展过程"。"这样多层次结构的城市历史地图集,不仅在国内是首创,在国际上,在都城和大城市的同类地图集中也是领先的。"

"《北京历史地图集》以正确的历史观集北京历史地理研究之大成,为北京历史地理的深入研究奠定了坚实基础。""这部图集的成功,反映了我国编制城市历史地图的重大突破,标志着我国历史地理学理论联系实际和为国民经济建设服务的新方向。""在该图集的编纂过程中,进行了大量的野外考察和验证","又通过野外考察验证文献记载的是非,补订文献记载的不足,去伪存真,精益求精,大大提高了图集的科学性"。

"《北京历史地图集》的科学研究成果,已经多方面应用于北京市的城市规划、文物保护等部门。""对今后北京的城市规划、设计、城镇体系研究、文物古迹与城市风貌格局的保护、重大工程选址、水资源的开发和水利建设、地质灾害防治、地名研究与管理、旅游景点的开发等,会具有长远的应用潜力。"[①]

需要说明的是,鉴定会是在《北京历史地图集》出版发行已两年后进行的。正因为如此,使评审委员会专家们形成的鉴定意见建立在广泛听取社会各界对《北京历史地图集》的各种评价的基础之上,因而,这些鉴定意见就具有更实际更权威的价值。

1988 年《北京历史地图集》出版发行后,国内外一些学术权威,对这部图集作了全面中肯的评价。例如,复旦大学谭其骧教授致函侯仁之教授,说:"承惠赠《北京历史地图集》一册……连日翻阅一过。深感研订之精确,编制之得体,印制之精美,皆属上上乘,诚足为历史地之表率。惟实地考察至五十余次之多,行程达五千余公里,其他省市恐无力效法耳,但愿首善之区有些首善之作,则他省市可取以为则,取法乎上,庶几可得乎中,是此册之出版,不仅对研究北京之历史地理有重大价值,亦可为全国编制省级历史地图之模楷也。后记提出存疑之处若干点尤可征。"谭先生还以他渊博的学识、严

---

① 摘引自《〈北京历史地图集〉鉴定意见》。这份鉴定意见于 1990 年 2 月 28 日作出,由陈述彭、吴良镛两院士签字。

谨的学风以及虚怀若谷的态度,提出了数条应予补正修改的意见。1989 年年初,陕西师范大学史念海教授以"历史城市地理与历史区域地理的可喜收获——读《北京历史地图集》"为题,撰写了长篇评论文章。史先生从各个方面评介了这部图集之后,在文章结语中写道:"看过《北京历史地图集》,我感到这部图集确实是我国历史城市地理和历史区域地理研究方面的一项可喜收获,它不仅为北京城市和区域历史地理研究打下了良好基础,为当前北京的城市和区域规划发展提供了有用借鉴,同时也丰富了人们的文化生活,加深了人们对祖国首都北京的认识,对于发展旅游事业也会起到有益的推进作用。由此我想到我国还有许多历史文化名城,其中最著名的如西安、洛阳、开封、杭州、南京等,如果各地政府有关部门都能像北京市政府那样热心筹划组织的话,都可以步其后尘,编绘出各个城市和地区的历史地图集来,这对于各地的文化建设当是一件幸事。"①杭州大学陈桥驿教授在撰文中说:"这是一部非常成功的图集。在《中国历史地图集》陆续公开出版以后不过五六年,就看到此图集的出版,确实是令人兴奋的。因为这不仅表现了历史地图编绘工作在我国的迅速发展,特别重要的是说明了历史地理学这门学科在我国的迅速发展。对于《中国历史地图集》,我曾经指出这是历史地理学界的一部'划时代'的作品,而对于这部《北京历史地图集》,我认为同样具有'划时代'的意义。这是因为,虽然两者都是历史地图集,但是它们的成就以及它赖以获得成就所采用的方法,是有所不同的。《中国历史地图集》是一部小比例尺的大区域历史地图集,而《北京历史地图集》则是一部大比例尺的小区域历史地图集。前者的成功,主要在于从浩瀚的文献资料中,整理出大量的地名和各种地理要素,而把它们编制成许多注记符号,然后再把它们绘入地图之中而各安其位,经得住计量的考验。而《北京历史地图集》却不同,一部小区域的大比例尺历史地图集,假使单单从文献资料上下工夫,图面上势必在许多地方出现空白,而且如前所述,比例尺越大,符合计量标准的困难也就愈大。因此,从文献资料上所获得的许多地名和其他地理要素,其中有不少必须经过野外考察的核对,才能正确无误地绘入地图。因此,《北京历史地图集》的成功,除了文献资料工作以外,野外考察工作所起的作用,尤其值得注意。"②上引谭、史、陈三位著名学者的见解,代表了我国历史地理学界对《北京历史地图集》学术成就及其社会价值的高度评价。

1989 年,在我国测绘系统优秀科研成果评奖活动中,《北京历史地图集》荣获制图印刷一等奖。测绘学界的一些专家学者对《北京历史地图集》同样给予了高度评价。例如中国社会科学院历史研究所地图编审刘宗弼先生认为,《北京历史地图集》是一部"大

---

① 见《中国历史地理论丛》1989 年第一期,第 151~158 页。
② 见《历史研究》1989 年第 5 期,第 181~186 页。

型的专门性的历史地图集","又是一种类型独特的图集"。"在笔者看到的英、法、德、意、苏联、日本、美、加等国编制出版的世界的、地区的、分国的十几部历史地图集中,像这样独特的类型也属第一部。"本图集在设计时,"采用了统一、优质的底图。这不仅有利于古内容的编纂,对图集的质量,也起到了必要的保证"。"古今对照,是我国历史地图上源远流长的一种特色。本图集在设计时采用了这种优良传统,使古今层次分明,便于读者阅读、对比。尤其在古今同点同名或同点异名、异点同名及异点异名方面的表示,更有助于了解古今的演变,有的且可供探讨研究用。"①武汉测绘科技大学地图制图系副教授黄仁涛认为,"《北京历史地图集》是一本集历史地理和历史地图之大成的图文并茂的辉煌作品"。"图集的内容完整,结构严谨,既反映历史变迁,又注意古今对照。在总体设计方面,对不同年代长城内外地区诸元素的表达很注意对比和协调;对各历史年代的诸图,根据内容的多寡,重要程度与否,图幅可大可小,配置灵活;对不同时期的城区,严格遵循历史变迁的规律,协调处理各要素及其关系。在注记、整饰方面,行政等级分明,不同类型的土地利用明晰可辨,主、客体清晰,衬底雅致,晕染效果极好,印制精美,特别值得一提的是,本图集分列了三类地名索引,近九千条,这又大大增加了图集的实用价值。"②国家测绘局测绘科学研究所地图制图室主任张清浦高级工程师认为,《北京历史地图集》"采用了比较灵活的比例尺系列,做到了地图内容及开本的统一"。"图目确定及配幅原则既体现地图内容的系统性,又反映了显图手段的多样性。""整饰质量较高,通过色彩的三属性及三维立体的显图手段,清晰地揭示了地图内容的逻辑关系,达到了既突出主题,又兼顾一般的理想效果。"本图集的"线划要素清晰易读,区域设色均匀协调,封面设计庄重大方"。总之,《北京历史地图集》"在地图设计及制印质量方面达到了国内先进水平"。③ 陈述彭认为:《北京历史地图集》是"以第一流的科学技术,研究第一流的世界文明古都。这部地图集的学术贡献和先进水平是毋庸赘述的,遥遥领先的"。"而地图设计与制印技术之精美,既有民族特色,又达国际水平。"④上引刘、黄、张、陈四位制图专家的评述,代表了我国测绘学界对《北京历史地图集》的设计、制图、印刷、装帧等专业技术水平的高度评价。

《北京历史地图集》出版发行后,还得到北京市一些职能部门和科研单位的广泛应用和热情评价。例如,首都规划建设委员会指出:"这部历史地图集的出版,对北京的城市规划和建设具有很大的实用价值。""给城市规划工作者提供了现成的、丰富的、确实的历史资料","对于现在北京周围地区城镇体系的建设与发展,可以提供历史上的借

---

① 引自刘宗弼先生的评审意见。该评审意见写于 1988 年 9 月 1 日,故仍用"苏联"之名。

② 引自黄仁涛的评审意见,写于 1988 年 8 月 25 日。

③ 引自张青浦的评审意见,写于 1988 年 8 月 29 日。

④ 引自陈述彭的评语,写于 1989 年 10 月 24 日。

鉴。"为北京文物古迹的保护"提供了明确可靠的依据"，"为重大工程的选址和地基勘察，提供了重要线索"。① 北京市文物事业管理局等单位认为《北京历史地图集》对文物工作来说，主要的实用价值有："①可据以确定古遗址、古街道的变迁及范围，对鉴定古遗址、古建筑的年代和划定保护范围提供了可靠的依据；对考古发掘定点提供了基本范围。②可据以确定某些古街区、古建筑的确切名称，对评价其历史价值提供了重要条件。③可作为保护、修缮古建筑、古桥梁工程所需地形及水文地质的基本资料，对文物保护技术提供了重要参考资料。④可作为文物保护与旅游开发合理结合的地理历史资料，为保护景观环境及建设旅游设施提供了规划论证资料。⑤可作为文物学术研究和宣传教育的基础资料，为科学地说明文物价值提供了必要的学术依据。"② 北京市社会科学院学术委员会认为："这部图集为北京史的研究提供了翔实可靠的地理基础，是编纂《北京通史》和进行北京断代史、专题史研究时不可缺少的参考文献和历史底图。"③ 北京水利史研究会认为，"《北京历史地图集》使我们对历史上北京地区河湖水道的变迁有了较全面的了解，据此，对历史上北京地区的水资源状况可以作出较准确的估价，为今天进行北京水利建设和水资源的开发提供重要历史参考资料"。④ 北京市地方志办公室指出，《北京历史地图集》"对当前编纂《北京市志》及各区县志同样具有重要使用价值。建置沿革是地方志编纂中的重要内容，难度很大，极为复杂，很不容易搞清楚……因此，《北京市志》和各区县志中的建置沿革部分的编写，多直接利用这部图集的研究成果"。⑤ 北京市地名办公室说，《北京历史地图集》"是我市地名工作不可缺少的非常重要的文献。……图中所载北京市各种历史地名近18 000个，从地名工作的角度评价，我们认为这也是一部比较完整的北京历史地名录。其中政区、城镇、村落、街道、胡同、城门宫殿、坛庙寺观、园林陵寝以及山、河、湖、泉、道路等主要名称俱有所载。如此丰富的历史地名资料，为今天北京市地名的管理、地名编研和地名档案资料的充实提供了极为有利的条件"。⑥ 上述评论足以反映《北京历史地图集》所具有的广泛的应用价值。

美国康奈尔大学城市与区域规划系建筑艺术与规划研究所约翰·芮傅思教授在致侯仁之教授的信中，称《北京历史地图集》是"一部历史研究的典范著作"，"这部著作的本身以及它所显示的卓越的学术成就，都是极为珍贵的"。美国 Syracuse 大学

① 引自首都规划建设委员会对《北京历史地图集》的评语，写于 1989 年 10 月 28 日。
② 引自北京市文物事业管理局、北京市文物研究所、北京市古建研究所、首都博物馆四单位联合为《北京历史地图集》写的评语，1989 年 10 月 23 日。
③ 引自北京市社会科学院学术委员会对《北京历史地图集》的评价。1989 年 9 月 15 日。
④ 引自北京水利史研究会对《北京历史地图集》的评价，1989 年 10 月 18 日。
⑤ 引自北京市地方志办公室为《北京历史地图集》写的评语，1989 年 10 月 20 日。
⑥ 引自北京市地名办公室为《北京历史地图集》写的评语，1989 年 10 月 23 日。

D. W. Meinig 教授在致侯仁之教授的信中,称《北京历史地图集》"是一项辉煌的成果","最优秀的出版物之一"。① 以研究中国科学技术史闻名于世的英国"中国科学技术史研究中心"主任李约瑟博士说:"当我们收到克利福德·达比教授爵士送交我们一部侯仁之教授的巨著时,我们是何等的高兴。这部著作给人以深刻的印象。它是十分精心完成的,为北京城在历代中的发展,提供了令人惊异的图画,在未来的长时间里对我们的研究者将是极为有用的。"②

　　(本文由韩光辉、尹钧科、俞美尔合写,刊于《中国历史地理论丛》1993 年第 3 期,第 227～250 页)

---

①　两信原件为英文,侯仁之教授分别译成中文,此处引自中文译稿。
②　原信系李约瑟、梁林初(音译)写给侯馥兴的,由侯仁之教授译成中文,此处引自中文译稿。

主要参考文献

1. [汉]司马迁:《史记》,中华书局 1959 年。
2. [汉]班固:《汉书》,中华书局 1962 年。
3. [宋]范晔:《后汉书》,中华书局 1965 年。
4. [晋]陈寿:《三国志》,中华书局 1982 年。
5. [唐]房玄龄:《晋书》,中华书局 1974 年。
6. [唐]李延寿:《北史》,中华书局 1974 年。
7. [北齐]魏收:《魏书》,中华书局 1974 年。
8. [唐]李白药:《北齐书》,中华书局 1972 年。
9. [唐]令狐德棻等:《周书》,中华书局 1971 年。
10. [唐]魏征等:《隋书》,中华书局 1973 年。
11. [后晋]刘昫等:《旧唐书》,中华书局 1975 年。
12. [宋]欧阳修、宋祁:《新唐书》,中华书局点校本。
13. [宋]薛居正等:《旧五代史》,中华书局 1976 年。
14. [宋]欧阳修:《新五代史》,中华书局 1974 年。
15. [宋]司马光:《资治通鉴》,中华书局,1956 年。
16. [元]脱脱等:《辽史》,中华书局 1974 年。
17. [元]脱脱等:《金史》,中华书局 1975 年。
18. [明]宋濂等:《元史》,中华书局 1976 年。
19. [清]张廷玉等:《明史》,中华书局 1974 年。
20. [民国]赵尔巽等:《清史稿》,中华书局 1977 年。
21. 《明实录》,"台北中央研究院历史语言研究所"校印,1961 年。
22. 《清实录》,中华书局影印本,1987 年。
23. 北京文物研究所:《北京考古四十年》,北京燕山出版社,1990 年。
24. 北京大学历史系:《北京史》,北京出版社,1985 年。
25. 尹钧科:《北京历代建置沿革》,北京出版社,1994 年。
26. 曹子西:《北京通史》,中国书店,1994 年。
27. 吴建雍等:《北京城市发展史》,北京燕山出版社,2008 年。
28. 谭其骧:《中国历史地图集》,1982 年。
29. 侯仁之:《北京历史地图集》,1、2 册,1988 年、1996 年。
30. 韩光辉:《北京历史人口地理》,北京大学出版社,1996 年。
31. 余念慈:《幽燕都会》,北京出版社,2000 年。

后　　记

　　在报考研究生备考前后与被录取为历史地理研究生的过程中,就阅读并了解了业师的学术成就,主要在于北京城市历史地理研究和沙漠历史地理考察,及历史地理学理论的探讨。受他的影响,并为完成《北京历史地图集》人口图组的编绘任务,从 20 世纪 80 年代初,就开始研究历史时期北京地区的人口及其演变,六年的时间先后完成了硕士和博士学位论文,并出版了《北京历史人口地理》一书,借此了解了北京城市的方方面面。20 世纪 90 年代在学校又开设了"北京历史地理"及"北京城市史"全校通选课,全面系统地认识了北京城市的发展过程和嬗变。对北京城市了解得越深入,就感到对北京城市越发挚爱。

　　作为北京城市历史地理的研究者和宣讲者,阅读过大量历史文献和研究成果,包括当代学者的大作,深知在哪些方面的问题研究需要再发力。本书在以下几方面做了较深入的研究:①隋唐五代以前区域中心城市的兴起和发展;②辽金元代北京上升为封建帝都、城市规模迅速扩展及城市行政建制警巡院的形成与行政职能的完善;③明清时期北京城市的户籍制度与户口隶属关系及清代北京城市户口的控制;④城市规模与粮食供需的矛盾、粮食依赖与供应及应急措施,对城市贫民赈恤形式和赈恤机构分布特点及其影响机制,古代五方杂处、人口集中的北京城市,粮食供应一直是大问题;⑤城市郊区形成和发展及清代城市郊区界线的确定及意义,八旗驻防向城市郊区转移,驻防聚落的形成和发展显示了城市用地的新方向;⑥明长城的修筑,在北京地区长城沿线形成一系列军事驻防地,清代长城的防御功能消失之后,长城沿线的驻防地逐渐演变为村镇聚落;⑦宫苑赏石作为一种文化现象,在北京城市不断发展,也作为本书的一个专题做了研究;⑧作为附录,《北京历史地图集》的编绘理论、方法及其社会评价也做了介绍。这一系列城市地理和文化地理问题,均是值得特别关注并加以认真研究的。20 世纪后 20 年,北京水源问题已经成为社会各界关注的大问题。南水北调和深层地下水超采,多年来竟成为社会重要关注点。事实上,作为弹丸之地的北京更应该注意和河北等省市精诚合作,打破行政界限,建立流域生态补偿机制,建设并不断扩大国家重点生态功能区,改善并修复流域上游水源补给区森林、草地生态环境,涵养流域生态和水源,与南水北调、开采深层地下水多管齐下,尽力恢复历史上北京平原"平地导源"、"潋洒四出"、"渚而为池"、"冬夏不竭"的水源丰沛景观,以保障北京供水安全与水资源可持续利用。这是地理学者包括历史地理学者的热切愿望。同时，当今城市人口、环境、能源、住房、交通等依然是社会各界倍加关注的问题。

在该书的完成过程中，学生陈喜波、王长松、丁超、林玉军、何峰、刘业成、吴炳乾、向楠等在文字处理、地图绘制、核对资料、完善注释方面做了大量工作，为书稿增色不少。北京市北京学研究基地资助出版，北京联合大学北京学研究所张妙弟、张宝秀，商务印书馆李平、田文祝、刘祚臣、颜廷真对本书的出版给予了很大帮助。在此一并表示感谢。

竭诚欢迎专家学者对书中可能存在的问题提出批评指正。

作者 2010 年 5 月于燕园